上海三联人文经典书库

编委会主任　陈启甸

主　　编　　陈恒　黄韬

编　委　会　（以姓氏笔画为序）

于　沛　王　旭　王晋新　王晓德
王海利　王晴佳　卢汉超　刘　昶
刘北成　刘津渝　刘新成　向　荣
江晓原　宋立宏　张绪山　张　强
李剑鸣　杨巨平　杨熙楠　汪民安
范景中　陈　新　陈仲丹　陈志强
陈　淳　林子淳　林在勇　金寿福
侯建新　查常平　俞金尧　贺照田
赵立行　夏可君　徐晓旭　晏绍祥
高　毅　郭小凌　郭长刚　钱乘旦
黄　洋　彭　刚　彭小瑜　韩东育
魏楚雄

上海三联人文经典书库
89

法西斯主义大众心理学

[奥] 威尔海姆·赖希 著

张 峰 译

THE MASS PSYCHOLOGY OF FASCISM

"十三五"国家重点图书出版规划项目

国家出版基金资助项目

总　　序

陈　恒

　　自百余年前中国学术开始现代转型以来，我国人文社会科学研究历经几代学者不懈努力已取得了可观成就。学术翻译在其中功不可没，严复的开创之功自不必多说，民国时期译介的西方学术著作更大大促进了汉语学术的发展，有助于我国学人开眼看世界，知外域除坚船利器外尚有学问典章可资引进。20世纪80年代以来，中国学术界又开始了一轮至今势头不衰的引介国外学术著作之浪潮，这对中国知识界学术思想的积累和发展乃至对中国社会进步所起到的推动作用，可谓有目共睹。新一轮西学东渐的同时，中国学者在某些领域也进行了开创性研究，出版了不少重要的论著，发表了不少有价值的论文。借此如株苗之嫁接，已生成糅合东西学术精义的果实。我们有充分的理由企盼着，既有着自身深厚的民族传统为根基、呈现出鲜明的本土问题意识，又吸纳了国际学术界多方面成果的学术研究，将会日益滋长繁荣起来。

　　值得注意的是，20世纪80年代以降，西方学术界自身的转型也越来越改变了其传统的学术形态和研究方法，学术史、科学史、考古史、宗教史、性别史、哲学史、艺术史、人类学、语言学、社会学、民俗学等学科的研究日益繁荣。研究方法、手段、内容日新月异，这些领域的变化在很大程度上改变了整个人文社会科学的面貌，也极大地影响了近年来中国学术界的学术取向。不同学科的学者出于深化各自专业研究的需要，对其他学科知识的渴求也越来越迫切，以求能开阔视野，迸发出学术灵感、思想火花。近年来，我们与国外学术界的交往日渐增强，合格的学术翻译队伍也日益扩大，同时我们也深信，学术垃圾的泛滥只是当今学术生产面相之一隅，高质量、原创作的学术著作也在当今的学术中坚和默坐书斋的读书种子中不断产生。然囿于种种原因,人文社会科学各学科的发展并不平衡,学术出版方面也有畸轻畸重的情形(比如国内还鲜有把国人在海外获得博士学位的优秀论文系统地引介到学术界)。

有鉴于此,我们计划组织出版"上海三联人文经典书库",将从译介西学成果、推出原创精品、整理已有典籍三方面展开。译介西学成果拟从西方近现代经典(自文艺复兴以来,但以二战前后的西学著作为主)、西方古代经典(文艺复兴前的西方原典)两方面着手;原创精品取"汉语思想系列"为范畴,不断向学术界推出汉语世界精品力作;整理已有典籍则以民国时期的翻译著作为主。现阶段我们拟从历史、考古、宗教、哲学、艺术等领域着手,在上述三个方面对学术宝库进行挖掘,从而为人文社会科学的发展作出一些贡献,以求为21世纪中国的学术大厦添一砖一瓦。

爱情、劳动和认识是我们生活的
源泉,也应该支配我们的生活。

　　　　　　　　威尔海姆·赖希

目 录

1 中译者序

1 英文版序言　玛丽·希金斯

1 第三修订增补版序言

1 第一章　作为一种物质力量的意识形态

1　　断裂

6　　1928—1933年德国社会的经济结构和意识
　　　形态结构

14　　大众心理学如何看待这个问题

19　　性压抑的社会功能

26 第二章　法西斯主义大众心理学上的家庭权威主
　　　义意识形态

26　　元首与大众性格结构

28　　希特勒的背景

31　　论下中层阶级的大众心理

38　　家庭纽带与民族主义感情

50　　民族主义的自信心

1

53	产业工人的"驯化"

第三章 种族理论
60	
60	种族理论的内容
63	意识形态的客观功能和主观功能
65	种族纯洁、血统中毒与神秘主义

79	第四章 纳粹党徽的象征

84	第五章 权威主义家庭的性经济前提

93	第六章 有组织的神秘主义是一种国际的反性的组织
93	对教会的兴趣
98	反对"文化布尔什维克主义"
105	求助于神秘的感情
114	法西斯主义反动势力所说的文化革命目标

118	第七章 反神秘主义斗争中的性经济
119	宗教感情的三个基本因素
124	宗教靠性焦虑来固定
128	神秘主义在青少年心中的固定
139	健康的自信与神经质的自信

141	第八章 性政治实践的几个问题
141	理论与实践
142	迄今为止反神秘主义的斗争
147	同神秘主义相对立的性幸福
149	从个人身上根除宗教感情
151	性经济的实践与对它的异议

目 录

- 165　非政治的人

第九章　大众与国家　168
- 170　1936年：说出真理，但如何说、何时说？
- 177　"人民大众中发生了什么？"
- 183　"社会主义向往"
- 193　"国家的消亡"
- 202　苏联共产党的纲领（1919年第八次党的代表大会）
- 207　"引入苏维埃民主"
- 218　从合理的社会关系中产生的权威主义的国家机器
- 225　国家资本主义的社会职能

第十章　劳动的生物职能　231
- 231　"自愿的劳动纪律"问题

第十一章　把责任交给生活必需的劳动！　251
- 251　什么是"劳动民主"？
- 254　劳动民主的新意是什么？

第十二章　人类自由斗争中的生物学错误估计　256
- 256　我们对自由发展的兴趣
- 268　生物的僵化、无能力自由与机械的权威主义生活观
- 279　人类自由的武库

第十三章　论自然的劳动民主　290
- 290　为了克服情感瘟疫而考察自然的社会力量

3

- *292* 与政治相对立的劳动
- *299* 论客观的批评和不合理的吹毛求疵
- *301* 劳动是内在地合理的
- *308* 生活必需的劳动与其他劳动
- *318* 特殊用语表

中译者序

在西方现代哲学史、心理学史和社会学史上，威尔海姆·赖希堪称一个悲剧性的人物。生前他屡因骇人的论断和出格的举止而遭众人非议，为世所不容。在党派方面，他先后参加过奥地利社会民主党和德国共产党，但又在党内搞一种与党的政治方针格格不入的性卫生运动，很快被驱逐出党；在民族方面，他作为一个犹太人在希特勒统治下的德国肯定在劫难逃，但一贯恪守中立的丹麦、瑞典和挪威也因别的原因而容不得他，于是他只好几经周折客居美国；在职业上，尽管他是弗洛伊德最得意的门生之一，但他却不限于为个人看病，而扬言要治疗整个病态的人类，以致他作为精神病医生竟被怀疑本身精神就不正常，并被褫夺了国际精神分析学会的会籍；在学术方面，他潜心研究数十年历经艰辛发现的"宇宙生命能"和制造出的"宇宙生命能存储器"，也被判定为一场骗局，他不仅全部心血付之东流，甚至因此断送了性命。

"贤者不得志于今，必贵于后。"然而，赖希死后不久，20世纪60年代风靡西方世界的学生造反运动抬出了他，把他关于社会性压抑的标志画在大学墙壁上，把他的书拿在手中挥舞，把他的话当作语录呼喊，更有甚者，他竟被奉为"西方性革命之父"。

赖希1897年诞生在奥地利加利西亚的一个富有的农场主家庭，童年生活安逸。不幸的是，他14岁时母亲自杀身亡，17岁时父亲又故去，给他原本无忧无虑的少年时代罩上了一层暗淡的阴影。1916年他作为奥地利陆军的一名士兵参加了第一次世界大战，对战争的残酷性有了亲身体验。战争结束后他上了维也纳大学，先学法律后转而学医，1922年获医学博士学位。赖希在大学毕业前就从事了精神分析学活动，是维也纳精神分析学会会员。由于他在精神分析技术上有所创见，颇受弗洛伊德重视，二人结下了忘年之交。据说弗洛伊德的《幻想的未来》和《文明及其不满》两书中就采纳了当时名不见经传的年轻学者赖希的观点。

　　赖希不是一个纯学术研究者,他总想从事他所说的"性政治"实践。1927年他加入奥地利社会民主党不久,就创办了"社会主义性卫生和性学研究会",并出资在维也纳工人区建立了六个性卫生诊所,据他讲,研究会和性卫生诊所吸引了不少群众,曾有数千人蜂拥而来听讲或就诊。奥地利社会民主党认为赖希的这些活动干扰了该党的政治和经济活动,遂于1930年关闭了赖希的性卫生诊所。随后赖希便移居德国柏林,并加入了德国共产党。但赖希雄心未泯,又在德国创建了一个为群众寻求性解放的协会,到1932年会员已发展到4万人。德国共产党出于当时政治状况的考虑,对赖希的性卫生运动深感不安,不仅于1933年2月开除了赖希的党籍,而且还查禁了赖希的"性政治出版社"的书籍。与此同时,赖希在精神分析学界的声望也急剧下跌。为了避免因赖希而招致的麻烦,德国精神分析学会和国际精神分析学会分别于1933年和1934年开除了赖希的会籍。再加上德国纳粹分子的迫害,赖希陷入了十分孤立的地位。

　　从1934年开始,赖希先后移居丹麦、瑞典和挪威,均因受到无端的猜忌、敌视和攻击而无法久留,遂于1939年5月定居美国。在美国赖希先是在纽约新社会研究学校任医药心理学副教授,然后在缅因创立了自己的私人研究所,继续从事他所说的"宇宙生命能"(orgone energy)研究。"宇宙生命能"是赖希声称他在1936年到1940年间发现的一种在宇宙中普遍存在的原始能量,这种能量是可以看见、可以应用的,用验电器或盖格尔计算器可以测定出来。然而,赖希的这一发现始终没有被其他科学家所证实,难怪他在本书中叹息道:"在宇宙生命能实验研究中,我一直奇怪,几万个杰出的学者居然完全忽视了大气的宇宙生命能。"赖希把这种"宇宙生命能"说成是宇宙中一切生命物存在的基础,但这种"宇宙生命能"究竟是什么,他本人也说不清,它像是生物电能,可又不是电能。照他的说法,"宇宙生命能,即宇宙中特殊的生物能量,不是机械地起作用的，它不是神秘的。这种宇宙生命能有着**自身特有的机能**规律，这些规律不能物质地、机械地或僵化地来理解，也不能按正负电流的概念来理解"。究竟如何来理解，人们无从得知。然而，赖希却声称他根据自己的这个发现而造出了"宇宙生命能存储器"，该仪器可以治疗包括癌症在内的一切人类疾病，并将该仪器租给病人使用。1954年3月，美国联邦食品和药物管理局判定赖希的这种仪器是骗人装置，法院下令全部销毁。赖希先是服从法院禁令，而后又反供，结果被法院以不服从政府禁令罪判处两年徒刑。1957年11月3日赖希在服刑后不久即病逝于刘易士堡联邦监狱的精神病区。

《法西斯主义大众心理学》是赖希的一部重要著作，德文第一版于1933年9月在德国出版，紧接着在1934年4月在丹麦出了第二版。该书问世后，遭到了各方政治势力的抵制，1935年德国盖世太保颁布法令查禁此书，与此同时丹麦和挪威共产党也指责该书是"反革命的"。各方政治势力的反对使赖希对政治极其厌恶，遂于1942年8月在缅因发行该书第三修订增补版时，尽力删除马克思主义政党的一些提法，并增加了对各方政治势力的抨击之词。1946年该书英文第一版问世，1970年英文新版印行，此后又分别于1972年、1975年、1978年、1983年多次重印。

顾名思义，《法西斯主义大众心理学》是研究法西斯主义大众心理的。但赖希绝不限于此，实际上他是以法西斯主义大众心理为话题展示他在心理学、社会学、人类学、政治学以及生物物理学上的全部学说，因此有必要在这里理一下赖希思想的头绪，并对赖希在本书中频繁使用的一些自撰术语略加解释。

赖希是"弗洛伊德主义的马克思主义"代表人物之一。尽管他这个"马克思主义者"是带有限制词的，但他毕竟自认是马克思思想的后继者。他承认"马克思主义是一种科学的经济理论"（第三修订增补版序言），并认为他的许多思想得益于马克思的启示。例如，他主张对社会的研究不应限于经济过程，还应研究意识形态及其他各种关系。他认为他的这一主张是受了马克思在《剩余价值理论》中一段话的启发,这段话说:"所有人的关系和职能……都会影响物质生产,并对物质生产发生或多或少是决定的作用。"

然而,赖希并没有把马克思主义当作确定不移的理论,而是认为马克思主义是19世纪社会条件的产物,在20世纪它的许多内容已显得陈旧和过时。例如,他认为马克思主义把社会划分为"资产阶级"和"无产阶级"两大对立阶级,从心理学角度来看就是不正确的,因为性格结构没有阶级之分,只有"反动的"和"革命的"之分。再如,他说马克思主义把"无产阶级"仅限于体力劳动者,而把其他劳动者叫作"知识分子"或"小资产阶级",这也不符合20世纪的社会结构。

总的说来,赖希对马克思主义的肯定多于否定,他极力反对的是他所说的当代"庸俗的马克思主义"。他认为,这种"庸俗的马克思主义"阉割了马克思主义,使马克思主义蜕变为空洞的公式,失去了科学的革命潜力。这种"庸俗的马克思主义"的主要特征是经济决定论,即认为意识形态是唯一地由经济存在决定的,而看不到经济发展对于意识形态发展的依赖性,并把心理学当作非马克思主义的东西排斥出去。因此,庸俗的马克思主义者热衷于讨论危机时期客观的社会经济过程,忽略了对大众心理的研究。法西斯主义的出现使庸俗的马克思主义破了产。庸俗马克思主义者原以为1929年到1933年的经济危机会使大众的意识形态向左转,但实际上却是转向了右的极端,绝大多数群众恰恰是在社会革命的经济前提已经具备时投票支持了法西斯主义右翼政党。从这一事实中赖希得出结论说,经济状况和意识形态是相离异而不是相一致的;就现实政治而言,决定性的不是经济分布,而是意识形态分布。

由此,赖希向自己提出了考察意识形态对经济基础的反作用的任务。他承认马克思关于社会存在决定社会意识、物质的东西转化为精神的东西的论断是正确的,但又认为这种论断留下了两个悬而未决的问题:(1)物质的东西如何转化为意识的东西,在转化

中译者序

过程中人的头脑里发生了什么变化？(2)意识是如何反作用于经济过程的。他认为,只有性格分析的心理学可以填补这个空白。

在他看来,意识形态不仅反映社会的经济过程,而且还把这种经济过程深植于人的心理结构中。如果一种意识形态改变了人的心理结构,它也就成了人身上的一种物质力量,从而对经济过程发生反作用。一般说来,心理结构落后于它们由之而来的社会事件的急剧变化,由此造成了思想和行动与经济状况不相一致的非理性现象,社会经济学只能说明思想和行动与经济状况相一致的合理性现象,而这种非理性现象则要由大众心理学来说明。

赖希把自己的理论以及由这种理论引发的运动叫做"性经济"(sex-economy)。性经济是关于个人性能量的经济学,研究的是个人调节自身生物能的方式,如个人抑制生物能的程度和在性高潮时释放生物能的程度。决定这种调节方式的因素既有社会的因素,也有心理和生物的因素。因此赖希强调把马克思的社会学和弗洛伊德的精神分析学结合起来,并将这二者视为他的性经济社会学的前提或基础。他说:"性经济社会学诞生于把弗洛伊德的深层心理学同马克思的经济理论结合起来的努力之中"。(第三修订增补版序言)

至于性经济同大众心理学、性社会学、性卫生学的关系,实则是同一回事。用赖希的话说,"自然而然,建立在马克思社会学基础和弗洛伊德心理学基础上的性经济社会学的科学,同时本质上是一种大众心理学的和性社会学的科学"。

赖希依据他的性经济社会学对法西斯主义作了独特的解释。他认为,法西斯主义不是某个人、某个民族、某个政治集团的意识形态和行动,不是资本主义的一个特殊形式,"'法西斯主义'仅仅是普通人的性格结构的有组织的政治表现,这种性格结构既不限于某些种族或民族,也不限于某些政党,而是普遍的和国际性的。从人的性格的角度来看,'法西斯主义'是具有我们权威主义机器文明及其机械主义神秘生活观的被压抑的人的基本情感态度"(第三修订增补版序言)。甚至每一个人在性格结构上都具有法西斯主义的情感和思想因素。

赖希还认为,"作为一个政治运动,法西斯主义不同于其他反动党派的地方在于它是由人民大众产生和拥护的"(第三修订增补版序言)。也就是说,法西斯主义有着广泛的大众基础。这个大众基础主要是中下层阶级。有人把法西斯主义的兴起归因于希特勒对大众的欺骗,赖希认为这是不对的。他说:"这种组织大众的成功应归因于大众,而不是希特勒。正是人的畏惧自由的权威主义性格结构,使希特勒的宣传获得了根基。"总之,应为法西斯主义的兴起承担责任的是大众,一切灾难的根源都在大众的性格结构之中。

性格结构(character structure)又称心理结构,是指人们行动和反应的综合方式,与通常静态心理学或道德学的性格概念有所不同。赖希把自己的精神分析技术叫做性格分析(character analysis),并自认这是对传统精神分析学的症状分析的一种改进。

赖希认为,人的性格结构分三个层次,这些层次都是社会发展的沉淀物。第一个层次是表层,表现为含蓄、彬彬有礼、有同情心、负责任、讲道德,但都是虚伪的;第二个层次是中层,表现为残忍、虐待狂、好色、贪婪、妒嫉,这是人的"第二动力",是对原始生物欲望压抑的副产品;第三个层次是深层,又叫"生物核心",表现为诚实、勤奋、爱合作、与人为善。深层性格是人的自然的健康的基础,产生着自然的里比多冲动,但里比多冲动在经过第二个层次时便被扭曲为反常的。

性格结构的三个层次在社会意识形态上分别有自己的代表。自由主义的道德理想和社会理想体现着表层并为之辩护,但由于不了解深层,也就无法克服中层;真正的革命、艺术和科学是出自深层的,但由于没掌握人民大众,迄今为止在实践中也是无力的;法西斯主义体现的是中层,即被扭曲的反常的性格层次。反常的性格层次在现实生活中表现为小人精神,即既渴望权威又希望造反的精神,这种精神是典型的下中层人士的性格。城市下中层阶级在经济上是贫困的,但他们的经济状况和他们的心理结构不相一致,他们不仅没有产生革命的意识,反而按统治阶级的样式重新塑造了自己的人格,表面上装出一副绅士派头,心理上以权威自居。农村中下层阶级的生产方式则直接要求他们结成严格的家庭纽带,这种纽带的前提就是性压抑及由此产生的性道德。

赖希认为,这种性格结构不是人天生固有的,而是几千年的父权制权威主义文明的反映,是社会条件逐渐影响的结果,特别是性压抑的结果。他一再指出:"人的权威主义结构基本上是由于性禁锢和性畏惧嵌入性冲动的生命本质中而造成的。"

在弗洛伊德主义者中间,赖希是最强调性的作用的。他非常看重弗洛伊德关于性能量(里比多)是心理生活的原动力、童年被压抑的性力量后来必以病态表现出来的思想,并着眼于社会条件来考察性压抑的产生及其后果。他认为,性压抑不是人类一开始就有的。在母权制时期就不存在性压抑,只存在性生活的自然的自我调节。但是,随着权威主义父权制和阶级分化的产生,性压抑开始表现出来,性兴趣开始服务于少数人的物质利益,自然的性活动和道德便发生了冲突。性压抑产生的性犯罪感扼制了性能量,使得性能量以各种病态的方式爆发出来。用赖希的话说,"由后来的母权制的革命过程而产生的父权制权威主义性秩序,由于剥夺了妇女、儿童和青少年的性自由,使性成为商品并使性利益服从于经济,它便成了权威主义意识形态的首要基础。从这时起,性生活便被扭曲了,成了必须受到约束的魔鬼似的凶残的东西"。被扭曲的性生活反过来又加强了父权制和阶级分化。

性压抑和权威主义家庭有着不可分割的联系。一方面,性压抑是权威主义家庭存在的基础。"性禁锢和性衰弱构成了权威主义家庭存在的最重要的前提,是下中层阶级人士的结构形态的最根本的基础。"也就是说,权威主义家庭是靠性压抑来维系的。另一方面,权威主义家庭又是实行性压抑的最重要场所。"权威主义社会反对儿童和青少年性活动的斗争……发生在权威主义家庭的框架内,家庭已被证明是成功地进行这种斗争的最好制度。"家庭的作用在于塑造儿童将来适应权威主义社会的性格结构和意识形态。

赖希认为,性压抑产生两方面的效果:一方面是性生活的残酷化。性由于得不到自然的满足,便寻求替代性的满足,于是自然的攻击性就成了野蛮的虐待狂,这是导致法西斯主义分子种种残暴行为的根源。另一方面是产生僵化的性格,导致病态的荣誉、义务和自制的观念,磨灭了人因经济压迫而产生的造反欲望。"性禁锢大大改变了在经济上受压迫的人的性格结构,以致他的行动、感情和思想都违背了他的物质利益。"

法西斯主义故意利用性压抑来达到自己的统治目的。"在意识形态上,法西斯主义是一个在性上和经济上患了不治之症的社会对绝对革命的性自由和经济自由趋势的抵制,它以极度的恐怖把关于抵制这种自由的思想逐渐灌输给了反动者。"所以,法西斯主义把自然的性活动视为颓废、淫荡、纵欲,把"性革命"说成是堕落,反对种族杂交,宣扬"种族纯洁",鼓吹性道德。而在法西斯主义者这些言行背后掩盖着的却是他们的"性高潮焦虑"(orgasm anxiety),即因本能的满足在外部受挫而引起的、并由于内心害怕被抑制的性激动而固定下来的性焦虑。所以赖希说,法西斯主义的"种族意识形态是性高潮无能的人的性格结构的纯粹生物病态表现"(第三修订增补版序言)。这里所说的"性高潮无能"(orgastic impotence)是指缺乏性高潮的力量,即在性交顶点时不能完全释放性激动。赖希认为这是今天普通人最重要的特点,是各种生物病态症状和社会非理性主义的能源。这里所说的"生物病态"(biopathy)是指生物机体由于生物脉动的失调而引起的紊乱,包括在自主的生命机制中发生的一切疾病过程,其核心是在释放生物性激动时的失调。总之,赖希使用这些术语旨在说明法西斯主义分子都是性无能的病态的人。

在赖希看来,"政治反动势力的文化政治的核心是性问题。相应地,革命的文化政治的核心也应当是性问题"。性经济的概念在大众的基础上对社会舞台的实际应用就构成了"性政治"(sex-politics)。革命的性政治倡导对性活动的自然的性经济调节。这种性经济调节既不同于压抑性活动的性道德,也不同淫荡的性混乱,而是性活动的自然的合理的形式。

赖希在本书中还着力考察了作为法西斯主义心理基础的宗教神秘主义。他认为,"法西斯主义是宗教神秘主义的最高表现"(第三修订增补版序言)。法西斯主义和宗教神秘主义的差别仅仅在于,前者带有民族主义的施虐—受虐的特点,而后者带有国际的受虐的特点。但这一差别只是一种脚镣与另一种脚镣的差别。由于二者都排斥和压抑自然的性活动,因而是互相支持的。法西斯主义给教会以大量的物质支持,而教会则给法西斯主义以大量的精神支持。

宗教神秘主义的实质是否认性经济的原则,把性活动当作人类的罪恶。"一切父权制宗教的基本宗教观念是否定性需要。"神秘主义情感是由性禁锢产生的不能得到自然满足的植物性渴望。赖希指出:"植物性疗法可以证明,神秘的经验实际上在自主的生命机制中产生了像麻醉剂一样的过程。""植物性疗法"(vegetotherapy)是赖希常用的一个术语,指解放被约束的植物性能量,从而使病人恢复自己的生物物理能动性的性格分析过程。他认为,植物性疗法揭示了人有一种内在的植物性能量,这种能量由于受到禁锢而不能得到正常满足便产生了种种神秘的情感。其中最根本的禁锢就是性高潮体验的受阻。因此,"神秘的、感伤的和施虐狂的情感同通常的自然的性高潮体验的受阻有一种直接的联系"。

赖希还认为,宗教激动是性活动的替代品。宗教神秘主义者都有内在的性活力,但由于他压抑自己的性活力,他便失去了追求现世幸福的能力。他越是无能为力,他便越相信超自然的力量,追求幻想的幸福。因此,"宗教所谓的摆脱外部世界的自由,实际上意味着以幻想的替代性满足取代现实的满足"。但是,宗教神秘主义者不可能根除自己的性欲,而且幻想的满足也永远达不到真正的满足的程度。因此,他永远摆脱不了性焦虑,而宗教正是靠性焦虑得以稳固的。所以,"生殖器的羞怯和快乐焦虑一直是一切反性的父权制宗教的有力核心"。

针对宗教神秘主义的做法,赖希提出了性经济的任务。首先,大张旗鼓地宣传自然的性满足的权利,"只有在医学上和社会上以明确而直接的方式解释性满足的权利时,才容易了解与性压抑相关联的神秘主义的政治反动作用",而不要去同教会一起谴责和禁锢青少年的性活动。其次,正确引导性造反。道德主义习俗的解体最初表现为病态的性造反,性经济学家应给这种造反以合理的形式,将其引导进性经济的渠道。再次,用自然的性满足抵制不合理的满足,用赖希的话说,"在宗教—神秘的青少年中,性经济的任务应是用自然的生殖器的要求抵制第二的(同性恋的)和神秘的冲动"。总之,性经济要求增强人的性意识并实行自然的性生活调节,因为"明确的性意识和自然的性生活调节注定着每一种神秘主义的破产"。

赖希认为,恩格斯为建立真正的民主作出了努力,这主要表现在他关于国家消亡的思想上。列宁进一步把恩格斯的这一思想具体化为两步行动,第一步是建立无产阶级专政,作为从权威主义社会走向非权威主义的自我调节的社会秩序的过渡形式,第二步是实现社会的自治。"想要人民以活生生的和具体的方式来决定生产、产品分配、社会调节、人口增长、教育、性生活、国际关系等等。这就是列宁根据马克思和恩格斯的观点非常有力地而且一再强调的'国家消亡'的本质。"列宁的第一步行动已经取得了成功,但第二步行动,即用社会自治取代无产阶级国家机构,却没有成功。在斯大林时代,苏联不仅没有向社会自治进一步发展,反而倒退回了专制主义,不仅没有促使国家消亡,反而加强和扩大了无产阶级国家的权力。总之,"在苏联,没有丝毫迹象表明哪怕作出一丁点儿的努力准备让劳动群众接管社会管理工作"。

但赖希又认为,所有这一切不能归罪于斯大林个人,而应归罪于人民大众的生物病态的性格结构,归罪于人民大众无能力自由。他指出:"大众由于他们长达一个世纪的压抑,不可能是自由的。""人民大众以其今天的样子,是不能接管国家,接管社会职能的。"所以,在人民大众无能力自由的情况下,苏联国家机器具有团结和领导苏联人民的合理职能,它的继续也是必然的。但是,我们不能因此而认为国家机器必将永远存在下去。因为"人民大众无能力自由不是内在固有的。人民并非永远无能力自由。因此,从根本上说,他们可以成为有能力自由的"。人民大众无能力自由是由于性压抑等各种压抑造成的,所以,真正的民主革命运动的唯一任务是指导人民大众直接意识到并摆脱各种压抑,为社会进程担负起责任。无产阶级专政的国家应该鼓励人民大众的自由渴望,尽一切努力使人民大众能够自由,"应该用工人的现实的和实际的自治来代替国家的无产阶级专政"。如果它不这样做,反而压制人民大众的自由渴望,它就是法西斯主义国家。总之,"只有在国家明确而毫不含糊地废除自身的情况下,劳动民主才可能有机地发展"。

"劳动民主"(work-democracy)是赖希就自己的社会主张所提出的概念。赖希说:"劳动民主不是一个意识形态体系。它也不是由政党、个别政治家或任何具有一种共同意识形态的集团的宣传强加于人类社会的一种'政治'体系。""劳动民主是所有由合理的人际关系支配的生活职能的总和。"这些职能包括自然的爱情、生活必需的劳动和科学的认识。与以往的民主自由的理想和纲领相比,劳动民主的新意在于,在社会学史上它第一次认为人类社会的可能的未来管理来自一开始就呈现并发展起来的自然过程,而不是当作来自应该创造的意识形态或条件的,也就是说,强调未来管理的自然的有机性。因此,劳动民主不主张创造新东西,而主张清除妨碍自然职能的障碍。用赖希的话说,"积极的文明的唯一意义在于为爱情、劳动和认识的自然职能的展现创造最好的条件"。

本着这一思想,赖希强烈地反对一切政治,把政治和劳动绝对对立起来。他认为，人类活动分为两种，一种是合理的生活职能，即生活必需的劳动，另一种是不合理的生活职能，主要是政治，他甚至把政治叫作"瘟疫"。劳动是人类社会存在的基础，这是不言而喻的。而政治对人类社会有百害而无一利。迄今为止政党制度给社会造成的只是灾难，人们的一切争斗也只是出于政治利益。政治家不仅不劳动，反而扰乱和破坏劳动；不仅不了解劳动，反而向劳动者许诺一切不可能实现的希望，欺骗劳动者。因此，"劳动民主主义者认为，政治在本性上是而且一定是不科学的，也就是说，它是人类无能、贫乏和压抑的一种表现"。所以赖希提出："让我们一劳永逸地打倒政治吧！"他断言，"20世纪以其惨重无比的灾难标志着一个新的社会时代的开始，即摆脱政治"。

与对政治的贬低相反，赖希非常推崇劳动，但他的推崇不是泛泛地，而是有所区别地。他认为，人类劳动有两种类型，一种是强制性的无快乐的劳动，另一种是自然的快乐的劳动。前者是不可取的，只有后者才是可取的。20世纪的劳动是强制性的，是同生物的快乐需要相对立的，是机械生活观和机器文明的产物。因此，"劳动民主的一个最迫切的任务是使劳动的条件和形式同劳动的需要和劳动的快乐和谐起来，一句话，消除快乐和劳动的对立"。为消除快乐和劳动的对立，首先必须保证劳动群众有完全满意的性生活，因为劳动和性活动出自同样的生物能量，得到满足的性能量可以自发地转化为劳动的兴趣。所以，赖希一再强调构成劳动民主的三种生活职能，即爱情、劳动和认识是有机统一的。

以上我们简略概述了赖希《法西斯主义大众心理学》一书的基本思想，接踵而来的问题便是：对于赖希的这些思想应作何评价呢？我们认为，赖希作为一个反资本主义斗士，在法西斯主义刚一呈现之时就敏锐地捕捉到了一些具有根本意义的问题，并作了较为深入的探讨，他的一些观点不无可资借鉴之处。但他思想偏颇，语言过激，得出的大多数结论缺乏充足的根据，难免给人以武断和牵强附会之感。他看到了一些教条的马克思主义者忽视意识形态的作用的倾向,提醒人们重视意识形态对经济基础的反作用和一定条件下的决定作用,这无疑是有道理的。但他把马克思主义仅仅当作经济社会学,执意用弗洛伊德主义"补充"和"改造"马克思主义,忽视了两者的原则区别和不同的理论基础,因而不能不招致失败的结果。到头来不仅马克思主义者唾弃他,甚至弗洛伊德主义者也羞于与他为伍。他注意到了法西斯主义的兴起有着大众心理基础,并最早从心理学角度就此作了分析,比起那种单纯把法西斯主义当作一种经济现象或政治现象的观点来,这在研究层次上无疑有新的开拓。但他把法西斯主义归结为大众的权威主义性格结构的表现,让大众为法西斯主义承担责任,把大众推到了历史的审判台上,这不仅抹煞了法西斯主义的阶级性质,而且也使他看不到广大人民群众一旦觉醒便有埋葬法西斯主义的伟力。他依据一定的事实说明了性压抑在人的权威主义性格形成中起的作用,这在某种程度上印证了恩格斯在《家庭、私有制和国家的起源》中表述的思想,有积极的反封建的意义。但他进而把性压抑说成是万恶之源,把性革命当作改造社会的法宝,这不仅不符合在发达资本主义国家里性压抑已基本缓解而资本主义的种种弊端依然存在的事实,而且他的性革命主张不管他怎样加以辩解,经过西方狂热青年的折射,在实际生活中总要导致有违于他的初衷的荒诞效果。他积极倡导他奉之为理想的劳动民主,把自然的爱情、生活必需的劳动和科学的认识赞颂为最基本的生活职能,这在历史观上不能说没有进步意义。但他不顾政治是经济的集中表现这一基本道理,由此引出了打倒一切政治的结论,从而找不到战胜法西斯主义的正确道路,他的劳动民主的理想也必然流于空想。总之,赖希是一个悲剧性的人物,他的悲剧性就在于,他提出并研究了一些很有意义的问题,但由于基本立场的错误,总不能得出正确的结论。读者通过《法西斯主义大众心理学》一书可以详细了解赖希如何提出和分析这些问题,得出结论,进而全面了解赖希的思想和理论,以便对这些问题作进一步的研究。

赖希作为"弗洛伊德的马克思主义"的重要代表,在国际哲学界和心理学界颇负盛名。《法西斯主义大众心理学》中译本是迄今为止赖希在中国唯一翻译出版的著作,对于我们分析研究"弗洛伊德的马克思主义"这一西方马克思主义的主要思潮,是必不可少的。习近平总书记2016年5月17日在哲学社会科学工作座谈会上指出:"我看过一些西方研究马克思主义的书,其结论未必正确,但在研究和考据马克思主义文本上,功课做得还是可以的。"这样一个论断,用来评价和衡量赖希的《法西斯主义大众心理学》,也是非常中肯的。借鉴西方马克思主义学者研究马克思主义的有益成果,进而推进马克思主义中国化,发展当代中国的马克思主义,这便是今天再版赖希这本书的意义所在。

译　者

2016年8月于北京

英文版序言

　　1946年,《法西斯主义大众心理学》英文版第一版问世。在该版中,赖希表明,他的用来研究法西斯主义的性经济理论,已经"经受了时间的检验"。自从本书德文版第一版问世以来,至今差不多已有40年了,现在我们推出这个更准确的新译本,旨在表明本书不仅是一部具有历史意义的著作,而且它也将继续"经受时间的检验"。事实上,今天压抑的力量和自治的力量之间正在进行着激烈的斗争,明显地证明赖希思想的效力比以前有更稳固的基础。如果有人试图驳倒赖希思想的根本正确性,他就不得不反对关于物理的宇宙生命能的知识,反对可应用于一切生物现象和社会现象的普遍起作用的原则。也许这听起来像是夸夸其谈,也许这一发现本身像是幻想,但可以预断,这将有助于抵制出于传闻的、乏味的和机械的误解而对赖希思想产生的不合理的抨击,也将有助于抵制同样不合理地对赖希思想采取的神秘地接受或断章取义地选择的做法,即任意地把赖希的思想分成可取的和不可取的东西的做法。这后一个问题特别复杂,因为人们总爱根据自己狭隘的兴趣和偏见来判断赖希的著作,却不能深入未知的认识领域,这种倾向非常猖獗。例如,许多证据表明,尽管赖希再三告诫人们不要在政治上利用他的发现,可是持不同政见的年轻人仍然急于为自身的目的而抓住赖希早期著作的某些部分大做文章,同时置赖希早期著作向生物学和生理学领域的逻辑发展于不顾。把赖希早期从事精神卫生运动的著作和他关于人类性格结构的研究同他后来关于生命能量的关键发现割裂开来,就如同把肉体的人同生命本身割裂开来一样,都是行不通的。如果实事求是地去理解和利用《法西斯主义大众心理学》,如果"被阻挠的"生命终将解放自身,**和平**和**爱情**不再是空洞的口号,那么,就应该承认并理解生命能量的存在和作用。如果人们想去把握自身中迄今为止显得神秘的力量的话，那么，不管受到什么样的嘲笑和责骂，都应该矢志不渝。

在这部奇特的著作中，赖希把他关于人类性格结构的诊断知识应用到了社会和政治舞台上。他果断地摒弃了这样的观点，即法西斯主义是某一个人或某一个民族的意识形态或行动，或者是某一个种族集团或政治集团的意识形态或行动。他也否定了马克思主义思想家所作的纯粹社会经济的解释。他把法西斯主义理解成其基本生物需要和冲动几千年来一直受到压抑的普通人的非理性性格结构的表现。他认真分析了这种压抑的社会功能，以及权力主义家庭和教会在其中起的关键作用。赖希表明了每一种有组织的神秘主义形式，包括法西斯主义，是如何依赖于大众未满足的情欲高潮渴望的。

令天，这部著作的重要性不可低估。萌生有组织的法西斯主义运动的人类性格结构，现在依然存在，并支配着我们目前的社会冲突。如果我们想清除我们时代的混乱和极度痛苦，我们就必须注意使它们得以萌生的那种性格结构，我们就必须弄懂法西斯主义大众心理学。

威尔海姆·赖希儿童福利基金会理事
玛丽·希金斯
1970年于纽约

第三修订增补版序言

　　对人类性格疾病广泛而艰辛的治疗工作使我得出了一个结论：一般来说，在评价人类各种反应时，我们所对付的是生物心理结构的三个不同层次。正如我在《性格分析》一书中所论证的，性格结构的这些层次是社会发展的沉淀物，它们自主地起作用。在人的性格表面层次上，正常人是含蓄的、彬彬有礼的、富有同情心的、负责任的、讲道德的。如果性格的这个表面层次同深层的自然核心有直接联系，那么就不会有人类动物的任何社会悲剧了。不幸的是，事实并非如此。社会合作的表面层次同一个人自我的内心深处的生物核心并无联系；它是由**第二个**层次即中间的性格层次所产生的，这个第二层次完全是由残忍的、虐待狂的、好色的、贪婪的、妒嫉的冲动所构成的。它代表着弗洛伊德的"无意识"或"被压抑的东西"；用性经济的语言来说，它代表着所有所谓的"第二倾向"的总和。

　　宇宙生命能的生物物理学使我们有可能把弗洛伊德所说的无意识，即人的反社会的东西，理解成对原始生物欲望压抑的副产品。人们如果穿透这个反常的第二层次而深入到人类动物的生物基础，就会发现第三即最深的层次，我们把这个层次叫做**生物核心**。在这个核心中，在有利的社会条件下，人基本上是诚实的、勤奋的、爱合作的、与人为善的动物，即便他受到刺激，也会合情合理地去憎恨。然而，如果不首先排除不真实的、虚伪的社会表层，就根本不可能深入到这最深处的如此充满希望的层次，以解开现代人的性格结构。不过，脱掉修养的外衣，最先显露的不是自然的社会性，而是反常的虐待狂的性格层次。

　　正是这种不幸的性格结构造成了这样的事实：每一个出自生物核心而投入行动中的自然的、社会的或里比多的冲动，都不得不经由第二反常倾向层次,从而被扭曲。这种扭曲改变了自然冲动最初的社会性质,使它成了反常的,从而禁锢了生命的每一种真正的表现。

现在,让我们把我们的人类性格结构拿到社会和政治领域里看一看。

不难看出,人类社会的各种政治和意识形态集团是和人类性格结构的各个层次相对应的。然而,我们易于犯唯心主义哲学的错误,即把这种人类性格结构看成是永恒不变的。**在社会的条件和变革已经改变了人最初的生物要求,并使之成为人的性格结构的一部分之后,性格结构便以意识形态的形式再生产着社会的社会结构。**

自从原始的劳动民主的社会组织形式解体后,人的生物核心已经不具有社会的表现。人身上"自然的"和"崇高的"东西,即把人同人的宇宙联系起来的东西,只是在伟大的艺术品,特别是音乐和绘画中才得到真正的表现。然而,如果我们所说的社会是指人类共同体,而不是指少数富有的上层阶级的文化的话,那么,迄今为止这种东西对人类社会的形成并没有发挥根本影响。

在自由主义的道德理想和社会理想中,我们看到了对性格表面层次的旨在自制和宽容的特性的宣扬,这种自由主义出于克服"人身上的怪物"即我们所说的"第二倾向"层次或弗洛伊德所说的"无意识"之目的,强调自己的伦理道德。而最深处的第三层次即核心层次的自然的社会性,对于自由主义者来说则是不相干的。他们哀叹人类性格的反常,并企图靠伦理规范来克服这种反常,但20世纪的社会灾难证明,这样做并没有取得很大的成功。

每一种真正革命的东西,每一种真正的艺术和科学,都来自人的自然的生物核心。就此而言,不论是真正的革命者还是艺术家或科学家,都没有赢得人民群众的好感,更不用说作为他们的领袖发挥作用,或者他即使做到了这一点,也从未能在最根本的利益领域里把握人民群众。

同自由主义和真正的革命相对比,法西斯主义的情况很不相同。它的本质既不体现表层,也不体现深层,而基本上体现的是第二层次即第二倾向的中间性格层次。

当我开始写这本书的时候,法西斯主义普遍被当作一种"政党",它像其他"社会集团"一样,提倡一种系统的"政治观念"。根据这种评价,"法西斯主义党是凭借武力或通过'政治花招'而确立法西斯主义的"。

与这种观点相反,我的关于各个阶级、种族、民族、宗教信仰的男女大众的医学经验告诉我,"法西斯主义"仅仅是普通人的性格结构的有组织的政治表现,这种性格结构既不限于某些种族或民族,也不限于某些政党,而是普遍的和国际性的。从人的性格的角度来看,"**法西斯主义**"**是具有我们权威主义机器文明及其机械主义神秘生活观的被压抑的人的基本情感态度**。

正是现代人的机械主义的神秘的性格产生了法西斯主义党,而不是相反。

错误的政治思维造成的结果是,甚至在今天还把法西斯主义当作德国人和日本人的特定的民族特性。由这个初始的错误观念产生出所有更进一步的错误解释。

过去和现在都把法西斯主义当作一小撮反动派别的专政,这有损于争取自由的真正努力。我们之所以固执地坚持这种错误,原因在于害怕承认事实真相:法西斯主义是一种**国际**现象,它渗透到**所有**民族的**所有**人类社会的肌体中。这个结论是与过去15年的国际事件相吻合的。

我从事性格分析的经验使我深信,任何一个人在其性格结构上都具有法西斯主义的情感和思想因素。作为一个政治运动,法西斯主义不同于其他反动党派的地方在于它是由**人民大众产生和拥护的**。

我完全意识到了作出这种论断所要承担的重大责任。为了这个被割裂的世界,我希望劳苦大众能明确他们对法西斯主义应负的责任。

应该对通常的军国主义和法西斯主义作出截然的区分。威廉皇帝的德国是军国主义的，但不是法西斯主义的。

不管法西斯主义在何时何地出现，既然它是一个由人民大众产生的运动，它也就表露出在大众个体的性格结构上所显现的特点和矛盾。与通常的看法相反，它不是一个纯粹反动的运动，毋宁说它代表着**造反**情绪和反动社会观念的混合。

如果我们把革命理解为向人类社会不可容忍的条件的合理造反，而所谓合理就是"穷根究底"（"彻底的"="根本的"="根源"）并改善一切，那么，法西斯主义**决不是**革命的。当然，它能以革命情绪的伪装出现。但是，那种用鲁莽的痛骂来对付疾病的医生，我们并不把他叫作革命者，革命者是平心静气而有勇气地认真地考察疾病的原因并同疾病作斗争的人。法西斯主义的造反总是出现在由于畏惧真理而把革命情感扭曲为幻想的地方。

法西斯主义按其纯形式是普通人性格的一切**非理性**反应的总和。在那种没有勇气承认非理性在人的历史上起过巨大作用的迟钝的思想家看来，法西斯主义的种族理论只不过是一种帝国主义旨趣，或者更粗俗地说，是一种"偏见"。不负责任的圆滑的政治家也是这么认为的。事实上，这些"种族偏见"的范围和广泛传播证明了它们起源于人类性格的非理性部分。种族理论不是法西斯主义的产物。恰恰相反，法西斯主义倒是种族仇恨的产物，是它的政治上有组织的表现。所以，存在着德国的、意大利的、西班牙的、盎格鲁-撒克逊的、犹太人的和阿拉伯人的法西斯主义。**种族意识形态是性高潮无能的人的性格结构的纯粹生物病态表现。**

种族意识形态的虐待狂般的反常特点，也表现在它对宗教的态度上。人们认为法西斯主义是向异教的复归，是宗教的主要敌人。事实远非如此，法西斯主义是宗教神秘主义的最高表现，作为这种最高表现，它是以一种特定的社会形式出现的。法西斯主义激发了性反常产生的宗教狂，它把旧的父权制宗教的吃苦的受虐狂特点变成了一种施虐狂宗教。一句话，它把宗教由受苦哲学的"另一个世界"移植到了施虐狂凶手的"这个世界"。

法西斯主义的精神是"小人"的精神，小人被奴役、渴望权威，同时又喜欢造反。所有法西斯主义独裁者都有小人的反动社会背景，这决不是偶然的。在这一社会事实被纳入普遍压制生命冲动的框架中之后，工业巨头和封建军国主义者为了自己的目的而利用了这一社会事实。以法西斯主义的形式，机械主义的权威主义文明从被压制的小人那里收获的只是若干世纪以来在被征服的人民大众中以神秘主义、军国主义、自发主义的方式种下的东西。这种小人很好地研究了大人物的行为，以一种扭曲的怪诞的样式再现了它。法西斯主义者是我们病入膏肓的高度工业化文明的庞大军队的军士级教练员。小人以高级政治的喧嚣作丑恶表演，这不能不受惩罚。这种小军士级教练员在每一事情上都胜过了帝国主义的将军，在军乐上，在正步走上，在下达命令和服从命令上，在害怕动脑筋上，在外交、战略和策略上，在着装和阅兵式上，在授勋和"授予荣誉称号"上。同忍饥挨饿的职员之子希特勒相比，威廉皇帝在所有这些事情上都像是一个可悲的笨蛋。当一个"无产的"将军在胸前挂满了勋章时，他证明了小人"毫不逊色于""真正的"大将军。

广泛而彻底地研究被压制的小人的性格，密切了解他的背景生活，对于理解法西斯主义所依靠的力量来说，是必不可少的前提。

在许许多多被凌辱的人类动物向**虚假的**自由主义（不要误解为**真正的**自由主义和**真正的**宽容）的空洞说教的造反中，表现出来的正是这种由第二倾向构成的性格层次。

如果按主导性的政治环境，只到德国人或意大利人那里，而不到美国人和中国人那里寻找法西斯主义疯子，如果不对**这种疯子本身**穷根究底，如果我们不熟悉每天都在孵化这种疯子的社会制度，那么，便不可能消除这种疯子的毒害。

我们只有以根基牢固的关于生活过程的知识来**客观地**和**实际地**对付法西斯主义，才能粉碎法西斯主义。在政治花招上、外交手腕和表演上，法西斯主义是举世无双的。但它无法回答**实际的**生活问题，因为它完全以意识形态的反射镜或民族一律的样式来看待一切事物。

当一个法西斯主义人物(不管以何种形式)迷信关于"民族的尊严"(而不是谈论人的尊严)或"拯救神圣的家庭和种族"(而不是劳苦人民的共同体)的说教时,当他自我膨胀并手持印有口号的护照时,我们不妨平静而简单地当众问他:

"你实际上正在干什么呢?这样做会有利于自己的民族同时又不残害别的民族吗?你的所做所为像一个同慢性病作斗争的医生,像一个为儿童的生活带来乐趣的教育者,像一个努力消灭贫困的经济学家,像一个为多子女的母亲减轻忧愁的社会工作者,像一个努力改善生活区卫生条件的建筑师吗?你不要喋喋不休。要么给我们直接而具体的回答,要么就住嘴!"

由此可以认为,靠政治花招是决不可能战胜国际法西斯主义的。应该用国际规模的自然的劳动、爱情和认识组织来埋葬它。

在我们的社会里,爱情和认识依然无力支配人类存在。事实上,积极的生活原则的这些伟大力量并没有意识到自己的巨大作用、自己的必要性、自己对社会存在的压倒一切的重要性。正是由于这个原因,人类社会在取得了战胜法西斯主义政党的军事胜利一年后的今天[①],发现自己仍然处在深渊的边缘。只要劳动者、所有有生命力的(而不是过时的)知识学科的自然科学家、自然爱情的给予者和接受者,不能很快意识到自己重大的责任,我们文明的衰落就是不可避免的。

生命冲动可以不依赖于法西斯主义而存在,但法西斯主义不能离开生命冲动而存在。法西斯主义是依附在生命机体上的吸血鬼,是当爱情在春天开始焕发时扼杀既定的自由政权的冲动。

个人自由和社会自由,我们和我们子孙生活的自我调节,它们将和平地还是依靠暴力向前推进?这是一个令人担心的问题。没有人知道答案。

然而,理解在动物和新生婴儿身上的生命功能的人,懂得热心

---

① 这可能是作者在1946年出版英文第一版时作的修改,故其时间概念与本序言的写作时间1942年不一致。后文遇有类似情况,似亦可这样理解。——译者注

劳动的意义的人,不管他是一个技师还是研究员或艺术家,是知道答案的。他们思考问题用的不是政党操纵者在这个世界上散布的概念。生命冲动不可能"靠暴力夺取权力",因为它不知道用什么来对付权力。这个结论是否意味着,生命冲动将永远任凭政治强盗行为来摆布,将永远是这种行为的牺牲品,它的殉难者?它是否意味着自封的政治家将永远吮吸生命的血?如果这样,这就是一个虚假的结论。

作为医生,我的工作是治病。作为研究者,我应该阐明自然中未知的关系。如果一个夸夸其谈的政治家来到我身边,强迫我置我的病人于危难之中而不顾,把我的显微镜丢在一边,我是不会让自己受干扰的。如果他老是赖着不走,我会把他扔出去的。我是否非得对入侵者采用武力来维护我的工作,一点儿也不取决于我或我的工作,而取决于入侵者蛮横的程度。但不妨设想,所有从事生活必需的劳动的人都能**及时地**识别这种夸夸其谈的政治家,他们会以同样的方式行动。也许这个简单化的例子包含着某种暗示,回答了生命冲动或迟或早终将挺身反对入侵者或破坏者的问题。

《法西斯主义大众心理学》构思于1930—1933年德国危机时期,写于1933年,第一版于1933年9月问世,第二版于1934年4月在丹麦出版。

自那时到现在,10年已经过去了。本书对法西斯主义意识形态的非理性性质的揭露,常常博得各个政治营垒的一种近乎狂热的喝彩,但这种喝彩不是建立在准确认识基础上的,没有导致相应的行动。本书的各版本——有时是用假名写的——大批穿过德国边境进入德国。德国非法的革命运动向它表示了热烈的欢迎。一个时期,它成了和德国反法西斯主义运动密切联系的一种思想源泉。

1935年,法西斯主义者查禁了本书,连同所有政治心理学文献[①]。除德国本土之外,本书在法国、美国、捷克斯洛伐克、斯堪的纳维亚各国得以印行,并得到深入细致的讨论。只有那些用经济观点来看待一切的社会党人和那些掌握政权机构的拿薪水的政党官员,过去不知道而且现在也不知道本书为何物。例如,在丹麦和挪威,本书受到共产党领导人的激烈抨击,被指责为"反革命的"。相反,有意义的是,那些法西斯主义集团里有革命倾向的青年却理解了本书对种族理论的非理性性质所作的性经济解释。

1942年,一位英国人士建议把本书译成英文,从而使我面临着在本书写成10年之后来检验它的有效性的任务。检验的结果表明它准确地反映了最近10年在思想上发生的伟大革命。这次检验也是对性经济意识形态的合理性及其对本世纪社会革命的意义的验证。我没有用多长时间便完成了这一任务。随着对本书的修订和补充,我为自己15年前犯的思想错误,为已经发生的思想上的革命,为反法西斯主义斗争使科学承担的重负,感到震惊。

首先,我尚可庆幸自己取得了极大的成功。对法西斯主义意识形态所作的性经济分析,不仅经受住了时间的批评——它的根本观点完全被过去10年的事件所证实,而且,在马克思主义纯经济的

---

① 《德意志国家法律报》(一个公布新法律的官方公报)1935年4月13日第213号载:根据1933年2月4日的法令,恩斯特·帕莱尔〔赖希的化名〕的文章《什么是阶级意识》和威尔海姆·赖希的文章《辩证唯物主义与精神分析学》,这两个人在哥本哈根、布拉格和苏黎世出版的有关性政治的第一套和第二套政治心理学书籍,以及列入这两套书的所有其他出版物,应由普鲁士警察没收并禁止发行,因为它们构成了对公共安全和秩序的威胁。

〔35〕41230　柏林ⅠⅠ2B1
盖世太保　1935年4月9日

1935年5月7日第214号载:根据国家总统1933年2月28日颁布的法令,外国的性政治书籍出版社(丹麦哥本哈根、捷克斯洛伐克布拉格和瑞士苏黎世的性政治书籍出版社)出版的所有政治心理学丛书,禁止在我国发行,直至新的通知下达之时。

Ⅲ P.3952 53　柏林
R. M. d. I. 1935年5月6日

庸俗观念没落的同时它却依然有生命力,尽管德国马克思主义政党曾力图用那种庸俗观念来对付法西斯主义。在它最初为**促进大众心理学**而发表10年后,需要有一个新的版本。而30年代的马克思主义者没有一个能提出这样的要求,它们的作者都谴责性经济。

我对本书第二版的修正反映了我思想上已发生的革命。

1930年前后,我还没有形成关于男女劳动者的**自然的劳动民主关系**的观念。最初对人类性格结构形成所作的性经济研究,局限在马克思主义政党的思想框架里。当时我积极参加自由的社会主义和共产主义文化组织,经常不得不在我的性经济见解中运用习惯的马克思主义社会学概念。即便这样,在同各种党的官员令人为难的争论中,也显露出性经济社会学与庸俗经济主义之间的重大矛盾。由于我仍然相信马克思主义政党的根本科学性,所以我很难理解为什么当雇员群众、产业工人、小商人、学生等等蜂拥参加性经济组织以获得现实生活知识时,党员们却激烈攻击我的医学工作的社会效果。我决不会忘记一位来自莫斯科的"红色教授",他奉命参加1928年在维也纳的一次讲演,为维护"党的路线"而反对我。特别是,这位教授断定"恋母情结完全是胡说八道",这种东西根本不存在。而14年后,他的俄国同志们却在由德国元首驱使的德国机器人的坦克下流血身亡。

人们肯定期望那些声称为人类自由而战斗的政党会为我的政治和心理学著作的效果拍手称快。然而,正如我们研究所的档案令人信服地证明的那样,事情恰恰相反。我的大众心理学著作的社会效果越大,党的政治家采取的抵制措施也就越激烈。早在1929—1930年,奥地利社会民主党人就把我们组织的演讲人关闭在他们文化组织的大门之外。1932年,社会主义以及共产主义组织不顾其成员的强烈反对,仍然禁止设在柏林的"性政治出版社"的出版物发行。我本人也受到警告说,一旦马克思主义者在德国掌权,就会把我处决。同年,德国共产主义组织把宣传性经济的医生排斥在他们会议厅的大门之外。这也违背了这些组织的成员的意志。这两种组织都把我开除了,理由是我把性学引入了社会学,并说明了它对人类性格结构形成的影响。从1934年到1937年,共产党官员反复告诫欧洲法西斯主义派别警惕性经济的"危险"。这在文件上可以得到证实。像众多的力图逃避德国法西斯主义迫害的难民一样,性经济出版物也被挡在了苏联边界。没有任何有效的证据证明这样做是合理的。

在修订《法西斯主义大众心理学》的时候,这些当时对我来说毫无意义的事件,已经完全清楚了。性经济——生物学知识被挤缩在马克思主义术语中,就像一头大象被塞进一个散兵坑里一样。早在1938年修订我的《青年》①一书时我就注意到,经过8年时间每一个性经济词语都已获得了自己的意义,而我收入该书中的每一句党的口号却成了无意义的。《法西斯主义大众心理学》第三版也是这种情况。

今天,人们普遍认识到,"法西斯主义"不是一个希特勒或一个墨索里尼的行为,而是**大众的非理性性格结构的表现**。与10年前相比,今天人们更清楚地认识到,**种族理论是一种生物学神秘主义**。我们还获得了更多的知识,使我们能够理解人的性高潮的渴望,我们已经开始预断,**法西斯主义的神秘主义是性高潮的渴望,这种渴望被自然的性生活的神秘扭曲和禁锢所限制**。对法西斯主义问题所作的**性经济**论述,在今天比在10年前更有效。相反,在本书中所使用的马克思主义政党的概念却不得不被完全清除,并代之以新的概念。

这是否意味着马克思主义的经济理论在根本上是虚假的呢?我想用一个例子来回答这个问题。谁会认为巴斯德时代的显微镜或达·芬奇设计的水泵是虚假的?马克思主义是一种科学的经济理论,它是在19世纪初期和中期的社会条件下产生的。但社会进程并没有停止不前,它发展成为20世纪的完全不同的进程。在这个新的社会进程中,我们发现了所有在19世纪存在的本质特点,

---

① 指《青年的性斗争》一书。

就像我们在现代的显微镜中重新发现了巴斯德显微镜的基本构造,或在现代供水设备中重新发现了达·芬奇提出的水泵基本原理一样。然而,无论是巴斯德的显微镜还是达·芬奇的水泵在今天对任何人都没有用处。由于随着全新的概念和技术出现了全新的进程和功能,它们已成了过时的。欧洲的马克思主义政党之所以失败和落空(我不是幸灾乐祸地说这种话的),正是因为它们极力用属于19世纪的概念来解释20世纪的法西斯主义这种全新的东西。它们之所以失去它们作为社会组织的原动力,乃是因为它们未能保持并发展每一科学理论内在固有的生命力。我决不后悔我作为医生在马克思主义组织中工作过多年。我的社会知识并不是来自书本,从根本上说,我是从亲身参加人民大众争取有尊严而自由的生存的斗争中获得这种知识的。事实上,我最好的性经济观点是从这些人民大众的思想**错误**中产生的,正是这些错误使人民大众为法西斯主义瘟疫创造了条件。作为医生,我逐渐了解了国际劳动者及其问题,而任何党的政治家是不会这样去了解他们的。党的政治家看到的只是"工人阶级",他想把"阶级意识灌输给"这种工人阶级。我把人视为一种生物,这种生物身处他自己所造成的最恶劣社会条件的支配下,并在心中将其作为自己性格的一部分而忍受着这些条件,徒劳地试图摆脱这些条件。纯经济的观点和生物—社会学的观点之间的裂痕是不可弥合的。"阶级的人"的理论极力反对动物的"人"的社会的**不合理**性质。

今天每一个人都知道,马克思主义的经济观念曾或多或少渗透并影响了现代人的思维,然而个别经济学家和社会学家常常意识不到他们思想的根源。像"阶级"、"利润"、"剥削"、"阶级冲突"、"商品"和"剩余价值"这样的概念,已成了共同的知识。正因为如此,今天没有任何一个政党,就它接触社会学发展的实际情况,而不是就其已改初衷的口号而言,可以被看作马克思主义科学财富的继承人和活生生的代表。

在1937年到1939年之间,"劳动民主"这一新的性经济概念产生了。本书第三版对这一新的社会学概念的基本特点作了阐释。它囊括了马克思主义最好的仍然有效的社会学发现。我还考虑了过去100年里在"工人"这一概念上所发生的社会变化。我从经验中得知,正是"工人阶级的唯一代表"和以前的以及新兴的"国际无产阶级的领袖",反对这样扩大工人这一社会概念,认为这样做是"法西斯主义的"、"托洛茨基的"、"反革命的"、"敌视党的"等等。把黑人和实际的希特勒主义排除在外的工人组织,并不是当然的新的自由社会的创造者。毕竟,希特勒主义并不限于纳粹党或德国国内;它既渗透进了工人组织中,也渗透进了自由的民主团体中。法西斯主义不是一种政党,而是一种特定的生活观,是对人、爱情和劳动的态度。这样说并不否定这样一个事实:战前的马克思主义政党奉行的政策破产了,没有任何前途。正如性能量的概念在精神分析学组织中丧失掉了,只有随着宇宙生命能的发现才能重新强大并恢复青春一样,国际工人的概念也在马克思主义政党的实践中失去了它的意义,只有在性经济的社会学框架内才能复兴。因为性经济学家的活动只有在社会必要劳动的框架内,而不是在反动的、神秘化的、非劳动的生活框架内,才是可能的。

性经济社会学诞生于把弗洛伊德的深层心理学同马克思的经济理论结合起来的努力之中。本能的过程**和**社会经济的过程决定着人类存在。但我们反对任意地把"本能"和"经济"结合起来的折衷主义企图。性经济社会学解决了那种使精神分析学家忘记社会因素,同时又使马克思主义忘记人的动物根源的矛盾。正如我在别处所说的那样,精神分析学是性经济的母亲,社会学是性经济的父亲。**但一个孩子不单是他父母的总和。**他是一个新的独立的生物;他是未来的种子。

根据对"劳动"概念所作的新的性经济解释,本书的术语有了下列变化。"共产主义的"、"社会主义的"、"阶级意识"等概念,被更专门的社会学和心理学术语所取代,如"革命的"和"科学的"。这些术语意指"彻底的革命化"、"合理的活动"、"对事物穷根究底"。

我这样做考虑到了这样一个事实:今天不是共产主义的或社会

主义的政党,而是**与它们截然不同的**许多**非政治**集团和带有各种政治色彩的社会阶级,正成为越来越革命的,即正努力追求一种全新的合理的社会秩序。这已经成了我们普遍的社会意识的一部分——甚至旧的资产阶级政治家也在谈论它——由于它反对法西斯主义瘟疫,世界已被卷入一个重大的国际性的**革命**大动荡过程中。100多年前,创造"无产阶级"和"无产阶级的"两个词,是为了标明存在着一个完全被欺骗的社会阶级,这个阶级注定要大规模地贫困化。肯定,这样的范畴在今天仍然存在,但19世纪无产阶级的后代现在已经成了专业化的、有高度技术的、必不可少的、可靠的产业工人,他们意识到了自己的技艺。"阶级意识"等词,被"**对自己技艺的意识**"或"**社会责任**"所取代。

在19世纪的马克思主义那里,"阶级意识"限定在**手工**劳动者身上。那些在其他关键职业上,即社会不能没有的职业上被雇佣的人,被叫作"知识分子"或"小资产阶级",并同"手工劳动无产阶级"相对立。这种图式化的不再能行得通的排列方法,对德国法西斯主义的胜利起了非常根本的作用。"阶级意识"的概念不仅太狭窄,而且也根本不符合手工工人阶级的结构。为此理由,我用"**生活上必需的劳动**"和"**劳动者**"这两个术语代替了"工业劳动"和"无产阶级"的概念。这两个术语包括了**所有从事对社会的存在来说必不可少的劳动的人**。除了产业工人而外,还包括医生、教师、技术人员、实验室工人、作家、社会管理人员、农民、科学工作者等等。这个新的概念弥合了那种普遍造成劳动者社会分裂从而导致黑色和红色法西斯主义的裂痕。

马克思主义社会学由于缺乏大众心理学知识,从而把"资产阶级"同"无产阶级"对立起来。从心理学观点来看,这是不正确的。性格结构并不限于资本家;在各行各业的劳动者中间它也是普遍存在的。有自由的资本家,也有反动的工人。**在性格上**,没有什么"**阶级特性**"。为此理由,"资产阶级"和"无产阶级"这些纯经济概念被"**反动的**"和"**革命的**"或"**自由精神的**"概念所取代,后者同人的性格相关联,而不是同人的社会阶级相关联。法西斯主义瘟疫迫使我们起了这些变化。

恩格斯在他的《反杜林论》中概括的辩证唯物主义,开始成为一种**能量机能主义**。这种**向前**的发展由于生物能量,即宇宙生命能的发现(1936—1938)而成为可能。社会学和心理学获得了一个坚实的生物学基础。这种发展不能不对我们的思维产生一种影响。我们思想的扩展使得旧的概念起了变化,新的概念取代了那些失去效力的概念。马克思主义的"意识"一词被"**动态结构**"所取代;"需要"被"**宇宙生命能的本质过程**"所取代;"矛盾"被"生物学和性格学上的僵化"所取代,等等。

庸俗马克思主义的"私人企业"概念是对人的非理性的完全误解;这样理解的目的是想说明,社会的自由发展排除了**每一种**私人财产。自然,政治反动势力广泛地利用了这一观点。非常明显,社会发展和个人自由同所谓的废除私有财产没有任何关系。马克思的私有财产概念不是指人的衬衫、裤子、打字机、卫生纸、书籍、床铺、存款、房子、不动产等等。他用这个概念唯一指的是私人占有的**社会**生产资料,即那些决定着社会一般过程的生产资料,也就是说,铁路、自来水厂、发电厂、煤矿等等。"生产资料的社会化"之所以成了一个难题,正是因为它已被混淆,成了按被剥夺者的意识形态来"没收私人的"厨房、衬衫、书籍、住宅等等。在上一个世纪,社会生产资料的国有化已使所有资本主义国家或多或少开始侵犯私人对后一类东西的占有。

既然劳动者的性格结构和争取自由的能力受到了禁锢,不能适应社会组织的急速发展,那么,"**国家**"便起了那些实际上应由**劳动者的**"**公社**"所起的作用。就所谓的马克思主义的堡垒苏联来说,谈不上"生产资料的社会化"。马克思主义政党简单地把"社会化"同"国有化"混为一谈。刚刚过去的这场战争表明,美国政府也有对运转不佳的工业实行国有化的权限和手段。当人们认识到,今天由于战争的原因,在资本主义国家只有一些独立的所有者幸存下来,而许多托拉斯都要对国家负责时,特别是当人们认识到,苏联的社会工业肯定不是由在这些工业中从事劳动的人民来经营,而是由国家官员集团来经营时,生产资料的**社会化**,它们从单个人的私人占有向社会占有的转变,听起来根本不那么可怕。**在劳动人民大众在性格结构上成熟起来,即意识到他们管理生产资料的责任之前,社会生产资料的社会化就不是谈论的话题,或者说是不可能的**。今天,占绝对多数的大众既不愿意这样做,也没有成熟的能力这样做。此外,大工业的社会化,把大工业唯一交给手工劳动者掌管,把技术人员、工程师、经理、行政管理人员、分配者等等排除在外,这在社会学上和经济学上都是愚蠢的。今天,这种想法受到了手工劳动者本身的反对。如果不是这么回事,那么,马克思主义政党早就在所有地方夺取政权了。

这是对下列事实的最本质的社会学解释:越来越多的19世纪的私人企业正在变成国家资本主义的计划经济。应该明确地指出,即使在苏联,也不存在国家社会主义,存在的是**在严格的马克思主义意义上的**僵化的国家资本主义。在马克思看来,"资本主义"的社会条件并不像庸俗的马克思主义者所认为的那样,来自个别资本家的存在,而是来自特定的"资本主义生产方式"的存在。简言之,它来自**交换经济**,而不是来自**使用经济**,它来自人民群众的**雇佣劳动**,来自**剩余价值**生产,不管这种剩余价值是有利于**凌驾于社会之上的国家**,还是有利于占有社会生产的个别资本家。按这种严格的马克思主义意义,资本主义制度在俄国仍然存在。只要人民群众被不合理地驱使,像现在这样渴望权威,资本主义制度就将继续存在下去。

性经济的性格结构心理学为社会经济观补充了一种对人的性格和生物性的新解释。俄国消灭了个体资本家,并以国家资本主义取代了私人资本主义,但**没有在人民大众典型的、无望的、屈从的性格结构上引起一丝一毫的变化**。

此外,欧洲马克思主义政党的政治意识形态所依据的经济条件,是从17世纪到19世纪这200年间的经济条件,在此期间出现了机器。而20世纪的法西斯主义则产生了关于**人的性格、人类神秘主义**和**渴望权威**的基本问题,这个问题可往回**追溯6000年**。在这里，庸俗马克思主义也想把一头大象塞进散兵坑里。性经济社会学关心的人类性格结构，在过去200年里并没有进化；恰恰相反，它反映着一种父权制的权力主义文明，这种文明可追溯几千年。的确，性经济学甚至可以认为，过去3000年[①]的资本主义时代的可恶暴行（掠夺成性的帝国主义、欺骗劳动者、种族征服等等）之所以可能，原因仅仅在于无数群众的性格结构，这些群众完全依赖于权威，缺乏自由，极端信奉神秘主义。这种性格结构不是人天生固有的，而是社会条件灌输的。这种灌输现在一点没变，但它显示了一条出路，即**重新构造性格**。如果"彻底"意味着"穷根究底"的话，那么，性经济的生物物理学观点在严格的积极的意义上，比庸俗马克思主义者的观点彻底得多。

由此可以认为，过去300年的社会措施，如同把一头大象（6000年）硬塞进一个散兵坑里（300年）一样，对付不了法西斯主义的广泛瘟疫。

因此，应该把国际人类交往中自然的生物的劳动民主的发现，理解为对法西斯主义的回答。即使当代性经济学家、宇宙生命能的生物物理学家或劳动民主主义者都未能活到看见它的完全实现和它对社会生活中的非理性所取得的胜利，它也将是一个真理。

威尔海姆·赖希

1942年8月于缅因

[①] 根据上下文，应为"过去300年"。——译者注

第一章　作为一种物质力量的意识形态

断裂

在希特勒之前,德国自由运动是由卡尔·马克思的经济和社会理论激发起来的。因此,了解德国法西斯主义必须从了解马克思主义开始。

在国家社会主义党①在德国掌握权力后的几个月里,甚至那些一再证明自己具有革命坚定性和献身精神的人,也开始对马克思关于社会过程的基本观点的正确性表示怀疑了。这些怀疑的产生是由于一个无可辩驳的但一开始就不可理解的事实:法西斯主义,这个无论其目标和性质都在政治上和经济上反动的极端代表,已经成了一个国际现实,而且在许多国家已经明显不容置疑地压倒了社会主义革命运动。这一现实正是在高度工业化的国家里得到了最强烈的表现,从而加剧了这一问题。在世界各个地区,民族主义的兴起抵销了工人运动在现代历史阶段上的失败,而按马克思主义的说法,正是在这个阶段上"资本主义生产方式在经济上已经成熟到了要爆炸的程度"。除此之外,人们对第一次世界大战爆发时工人国际的失败和1918年到1923年间俄国之外革命起义遭到镇压有着根深蒂固的记忆。一句话,这些怀疑是由严峻的事实产

---

① 全称"德国国家社会主义工人党",简称"纳粹党"。——译者注

生的怀疑；如果它们被证明是正确的，那么，马克思主义的基本思想就是虚假的，假若人们仍然想达到工人运动的目标的话，工人运动就需要从根本上重新定向。然而，如果这些怀疑被证明是不正确的，马克思的基本社会学概念是正确的，那么，就不仅需要广泛而彻底地分析工人运动连续失败的原因，而且尤其需要充分说明未曾预料到的法西斯主义群众运动。只有这样，才能形成一种新的革命实践。①

除非能说明这样或那样的理由，否则这种情况就不可能改变。显而易见，不论是求助工人阶级的"革命阶级意识"，还是求助库埃的作法——隐瞒失败并用幻想掩盖重要的事实——即当时时髦的做法，都不能达到这一目的。人们不能津津乐道于工人运动还在"前进"，这里或那里还在抵抗，还在号召罢工。决定性的东西不是正在进步，而是与政治反动势力的国际性增强和进展相比，进步的速度如何。

年轻的劳动民主的性经济运动引起了人们对彻底澄清这一问题的兴起，这不仅因为它是总的社会自由斗争的一部分，而且主要因为它要达到的目标同自然的劳动民主的政治和经济目标不可分割地联系在一起。为此理由，我们试图说明，特殊的性经济问题是怎样同与工人运动的前景有关的一般社会问题交织在一起的。

在德国1930年前后的一些会议上，出现了一些聪明的、直率的、但有民族主义和神秘倾向的革命者——例如，奥托·斯特拉瑟——他们这样来指责马克思主义者："你们马克思主义者喜欢引用马克思的理论来辩护。马克思认为理论只能由实践来证实，而你们的马克思主义已经证明是一种失败。你们总是转弯抹角地解释工人国际的失败。'社会民主党的缺陷'是你们对1914年失败的解释；你们靠指出他们'背信弃义的政治'和他们的幻想来说明1918年的失败。而且你们又用现成的'解释'来说明，在目前的世界危机中大众正转向右翼，而不是转向左翼。但你们的解释掩盖

---

① 参见本书序言。

第一章 作为一种物质力量的意识形态

不了你们失败的事实！80年过去了,哪里有社会革命理论的具体证明？你们的根本错误在于,你们反对或嘲笑灵魂和精神,你们不理解哪种东西推动每一事物。"这就是他们的论据,马克思主义的拥护者对此没作任何回答。人们越来越清楚地看到,这些马克思主义者的政治群众宣传,唯一热衷于讨论在危机时期的**客观**的社会经济过程（资本主义生产方式、经济无政府状态等等）,求助的只是少数已经站在左派前线的人。渲染物质需要和饥饿是不够的,因为**每一个政党都在这方面大做文章**,甚至包括教会,致使国家社会主义党人的神秘主义最终战胜了社会主义的经济理论,而且是在经济危机和灾难最恶化之时。因此,人们不得不承认,在这种宣传中,在这种一般的社会主义观中有一种明显的疏漏,而且这种疏漏是它的"政治错误"的根源。这是马克思对政治现实的理解上的错误,然而对它的纠正的一切前提又包含在辩证唯物主义的方法中。这些方法根本没有得到使用。从一开始就可以简单明了地说,在马克思主义者的政治实践中,他们**没有考虑到大众的性格结构和神秘主义的社会效果**。

那些从事而且实际上卷入1917—1933年革命左派的马克思主义行动中的人,不得不注意到,这种行动限于**客观**经济过程和政府政治的领域,它既不注意也不理解所谓的历史的"主观因素",即大众的意识形态的发展和矛盾。尤其是,革命左派未能生动地运用自己的辩证唯物主义方法,保持自己的生命力,并从新的角度用这种方法来理解每一**新的**社会现实。

可以用辩证唯物主义来理解**新的**历史现实,但辩证唯物主义的这种用处没有得到发扬。法西斯主义是马克思和恩格斯都不熟悉的一种现实,列宁也只是刚刚看到它的初始形式。反动的现实观闭眼无视法西斯主义的矛盾和实际条件。反动的政治自动地利用了那些反对进步的社会力量；它之所以能够成功,仅仅是因为科学忽视了发掘**那些**肯定具有战胜反动力量的必然性的革命力量。正如我们下面将看到的那样,倒退的社会力量和非常旺盛的进步的社会力量,都出自下中层阶级的造反中,正是这些下中层阶级后来构成了法西斯主义的**大众基础**。这个矛盾被忽略了。的确，在希特勒掌握政权前短暂时期，下中层阶级的这种作用是非常不明朗的。

当每一新过程中的矛盾被理解时，人类生存的每一领域里的革命活动也就自动产生了。它将构成同那些正按真正**进步**方向运动的力量的同一。在卡尔·马克思看来，"彻底的"意思是"穷根究底"。如果人们穷究了事物的**根底**，如果人们把握了它们的矛盾的作用，那么克服政治反动势力也就是稳操胜券的了。如果人们没有穷根究底，那么不管他们是否愿意，他们都会以机械主义、经济主义甚至形而上学而告终，不可避免地失去他们的立足点。因此，只有说明了社会现实的矛盾在哪里被**忽略**，批判才有意义，有实践价值。马克思的革命性不在于他写了这一或那一声明，或者指出了革命的目标；他的主要革命贡献在于，他承认工业生产力是社会的进步力量，他按其同现实生活的联系来描绘资本主义经济的矛盾。工人运动的失败肯定意味着我们对那些阻碍社会进步的力量的认识是非常有限的，甚至对某些主要因素是完全无知的。

像许多伟大思想家的作品一样，在马克思主义政治家手中，马克思主义也蜕化成空洞的公式，失去了它科学的革命潜力。他们完全陷入日常政治斗争中，以致不能发展马克思和恩格斯传下来的至关重要的生命哲学的原理。为了证明这一点，人们只需把索尔兰德的"辩证唯物主义"著作或萨尔金德以及皮克的任何著作同马克思的《资本论》或恩格斯的《社会主义从空想到科学的发展》比较一下，就可以了。灵活的方法被归并为公式，科学的经验主义被归并为僵化的正统思想。而与此同时，马克思时代的"无产阶级"却已发展成庞大的产业工人阶级，中产阶级小店主成了工业和公共服务行业雇工的巨人。科学的马克思主义蜕化成"庸俗的马克思主义"。这是许多杰出的马克思主义政治家给那种把整个人类生活限定为就业和报酬率问题的经济主义所取的名称。

这种非常庸俗的马克思主义认为，1929—1933年的经济危机规模空前，**必然会**使受伤害的群众产生左派倾向的意识形态。尽

第一章　作为一种物质力量的意识形态

管甚至在1933年1月失败之后仍然有关于德国"革命复兴"的谈论,但现实形势表明,那种指望能导致群众在意识形态上向左发展的经济危机,实际上已使整个人口中无产者阶层在意识形态上走向右的极端。结果是,向左发展的经济基础同向右发展的社会广大阶层的意识形态之间出现了断裂。这种断裂被忽略了,没有人打算探问一下为什么生活在绝对贫困中的广大群众会成为民族主义者。诸如"沙文主义"、"精神变态"、"凡尔赛和约的结果"之类的解释没有多大用处,因为我们用这类解释说明不了贫乏的中层阶级成为彻底的右翼分子的趋势;这类解释的确理解不了在这种趋势中起作用的过程。事实上,不但中层阶级向右转,而且广大的、情况并非一直最糟糕的无产阶级也向右转。人们未能看出,中层阶级由于俄国革命的成功而开始警惕,求助于新的看起来奇怪的预防措施(如罗斯福的"新政")。这些措施当时未被理解,工人运动忽视了对它们的分析。人们也未能看出,在法西斯主义向群众运动发展的初期阶段,从一开始它就反对上中层阶级,因此,单就它是一个群众运动而言,就不能轻易地把它"**仅仅**当作大金融的堡垒"。

问题在哪里呢?

马克思主义的基本思想抓住了这样一个事实:劳动力被当作商品来剥削,资本集中在少数人手中,少数人必然使大多数劳动人民进一步贫困化。正是从这一过程出发,马克思揭示了"剥夺剥夺者"的必然性。根据这一思想,资本主义社会的生产方式容纳不下它的生产力。**社会的**生产和私人靠资本而占有产品之间的矛盾,只有通过生产方式与生产力的平衡才能解决。社会的生产必须由社会占有产品来配套。这种同化过程的第一个行动是社会革命。这就是马克思主义基本的经济学原理。所以说,只有当贫困的大多数人建立起"无产阶级专政",作为大多数劳动者对少数现在被剥夺了生产资料的占有者的专政时,这种同化才能实现。

根据马克思的理论,社会革命的**经济**前提已经具备:资本集中在少数人手中,民族经济向世界经济的成长完全同民族国家的关税制度不一致;资本主义经济很难实现它的生产能力的一半,它的基本无政府状态是无可怀疑的。高度工业化国家的绝大多数人过着悲惨的生活;欧洲有5000万人失业;上亿的工人勉强糊口,几乎一无所有。但是剥夺剥夺者的目标未能实现,与所期望的恰恰相反,在"社会主义和野蛮状态"的十字路口上,它走向的是社会最初经历的野蛮状态。因为国际法西斯主义的增强和工人运动的落后使得只能这样。那些仍希望从这场意料之中的第二次世界大战(这场战争当时已是现实)中爆发革命的人——也就是说,那些指望大众手中的枪口会转向国内敌人的人——没有跟得上战争新技术的发展。我们完全有理由没想,在下一次战争中武装大众是完全不可能的。根据这一设想,战斗将针对的是大工业中心的。非武装的工人,而且将是由可靠的精选出来的战争技术人员来进行的。因此,重新确定人们思维和人们评价的方向,是一种新革命实践的先决条件。第二次世界大战就是对这些期望的一个证明。

1928—1933年德国社会的经济结构和意识形态结构

如果合理地考虑,人们会期望经济上不幸的工人群众对他们的社会状况产生强烈意识;人们会进一步期望这种意识稳固起来,成为使他们摆脱社会悲惨命运的一种决定因素。一句话,人们会期望社会上不幸的劳动者起来向奴役他们的陈规陋习造反,并且宣告:"毕竟,我认真负责地干了社会工作。社会的福祸取决于我和像我一样的人。我本人对应做的工作尽到了责任。"在这种情况下,工人的思想("意识")就和他的社会状况是一致的。马克思主义者把这叫作"阶级意识"。我们想把这叫作"对自己技艺的意识"或"对自己的社会责任的意识"。劳动大众的社会状况和他们对这种状况的意识之间的断裂,意味着劳动大众不是去改善他们的社会地位,而是使之恶化。正是不幸的大众,帮助政治上极端反动的法西斯主义者掌了权。

这个问题关系到这些作为一种历史因素的大众的意识形态作

第一章　作为一种物质力量的意识形态

用和情感态度，是**意识形态对经济基础的反作用**的问题。如果大众物质上的不幸状况没有导致社会革命，如果客观地考虑，危机却产生了反对革命的意识形态，那么，在危机年代大众意识形态的发展就阻碍了"生产力的繁华"，用马克思主义的概念来说，阻碍了"革命地解决垄断资本主义的生产力和它的生产方式之间的矛盾"。

德国各阶级的构成可表述如下。这种表述引自库尼克《确定德国人口的社会构成之尝试》，《国际》1928年；伦兹编《无产阶级政策》，国际工人出版社1931年。

	有收入者（千）	包括家庭成员（百万）
产业工人*	21789	40.7
城市中层阶级	6157	10.7
下层和中层阶级农民	6598	9.0
资产阶级（包括财产占有者和大农场主）	718	2.0
人口（包括妻子儿女）	35262	总计 62.4

* 马克思所说的"无产阶级"。

城市中层阶级的分布	（千）
小商人的低级阶层（家庭工业、佃农、一个人经营的商店、不足三个人经营的商店）	1196
有三个以上雇工的小商店	1403
白领工人和职员	1763
教职人员和学生	431
有小笔独立财产者和小私有者	644
	总计 5437

工人阶级的分布	
工业、商业贸易方面的工人	11826
农业工人	2607
家庭工人	138
佣人	1326
领取社会救济金者	1717
低级白领工人（每月收入在250马克以下）	2775
低级职员（和领取养老金者）	1400
	总计 21789

农村中层阶级	
小农场主和佃农（有5公顷以下土地）	2366
中等农场主（土地在5到50公顷之间）	4232
	总计 6598

这些数字来自1925年德国人口普查。

有必要指出，这些数字表示的分布是唯一按照社会经济地位统计的，而意识形态的分布则与此不同。因此，从**社会经济上**看，1925年的德国共有：

	有收入者	包括家庭成员
工人	21789000	40700000
中层阶级	12755000	19700000

而对意识形态结构的大致估计则显示出以下分布：

工业、商业贸易等方面的工人和农业工人	14433000
下中层阶级	20111000
家庭工人（个体生产）	138
佣人	1326

第一章　作为一种物质力量的意识形态

续表

	有收入者	包括家庭成员
社会救济金领取者	1717	
低级白领工人（在像柏林的"北星公司"那样的大企业中雇佣的）		2775
低级职员（例如，税务审计员、邮局雇工）		1400
		7356（经济"无产阶级"）
城市中层阶级		6157
农村中层阶级		6598
	总计 20111	

不管有多少中层阶级雇员投票支持左翼政党，不管有多少工人投票支持右翼政党，令人吃惊的是，我们得出的**意识形态分布**的数字大致符合**1932年的选票数**：共产党人和社会民主党人总共获得1200万到1300万张选票，而德国纳粹党和德国民族党人获得1900万到2000万张选票。因此，**就现实政治而言，决定性的不是经济分布，而是意识形态分布**。一句话，下中层阶级的政治重要性比以前估计的更大。

在1929—1932年德国经济急剧衰退期间，德国国家社会主义工人党的选票从1928年的80万张跃到1930年秋的640万张、1932年夏的1300万张和1933年1月的1700万张。根据贾格的计算（《希特勒》，《红色建设》1930年8月），1930年国家社会主义党总共获得的640万张选票中工人投的票几乎占了300万张。在这300万张选票中，有60%—70%是雇员投的，30%—40%是产业工人投的。

就我所知，卡尔·拉德克早在1930年纳粹第一次高涨后就明白无误地理解了这一社会学过程的疑难方面。他写道：

在政治斗争的历史上,没有任何东西与此相类似,特别是在这样一个牢固确立了政治分化,每一个新的政党都不得不为旧的政党坚持的立场而战斗的国家。最有特色的莫过于,不论是在资产阶级文献中还是在社会主义文献中都根本没有提到过这个在德国政治生活中居第二位的党。这个党没有历史,它突然出现在德国政治生活中,就像一个海岛借助火山喷发力量而突然出现在海洋中一样。

《德国选举》,《红色建设》1930年8月

我们现在不怀疑这个海岛有了历史,并且遵循着一种内在的逻辑。

马克思主义面临一个选择:要么"落入野蛮状态",要么"上升为社会主义"。根据以往的所有经验来看,这是一个由被统治阶级的意识形态结构决定的选择。要么这种结构与经济状况相一致,要么它与经济状况不相一致,举例来说,要么如我们在亚洲多数社会中所看到的那样,消极地忍受剥削,要么像今天的德国这样,经济状况与意识形态相断裂。

因此,根本问题在于:什么东西造成了这种断裂,或者说,什么东西妨碍经济地位与大众的心理结构相一致?总之,这是一个理解大众心理结构的性质及其同它由之而来的经济基础的关系的问题。

为了理解这一点,我们首先必须完全摆脱庸俗的马克思主义观念,这些观念只会禁闭认识法西斯主义的道路。从本质上看,这些观念可表述如下。

庸俗马克思主义,根据它的一个公式,完全把经济存在同整个社会存在割裂开来,认为人的"意识形态"和"意识"**唯一直接**由人的经济存在来决定。因此,它造成了经济与意识形态之间、"结构"与"上层建筑"之间的机械对立;它使意识形态刻板地、片面地依赖于经济,看不到经济发展对于意识形态发展的依赖性。正是因为这个原因,所谓"意识形态的反作用"问题对它来说是不存在的。

第一章　作为一种物质力量的意识形态

尽管庸俗马克思主义像列宁所理解的那样,也在谈论"主观因素的落后",但它实际上并不这样做,因为它以前把意识形态当作经济状况的产物的观点太僵化了。它没有从意识形态中寻找经济的矛盾,它没有把意识形态当作一种社会力量。

事实上,它极力不去理解意识形态的结构和动态;它把这作为"心理学"而丢弃一边,认为心理学不是"马克思主义的";它把主观因素的操纵,所谓历史中的"心理生活",留给了政治上反动的形而上学唯心主义,留给了非犹太人和罗森贝格人,这些人使"心灵"和"灵魂"**唯一**对历史的进步担负起责任,并奇怪地以这种论点获得了巨大的成功。对社会学**这一**方面的忽视,正是马克思亲自批判过的 18 世纪唯物主义东西。对庸俗的马克思主义者来说,心理学是十足的形而上学体系,他根本不想对反动的心理学的形而上学特点与心理学的基本因素之间作出任何区分,而后者实际上是由革命的心理学研究提供的,我们的任务是要发展它们。庸俗的马克思主义者不想提出建设性的批评,而是简单地否定,觉得自己把"动力"、"需要"或"内在过程"这些事实当作"唯心主义的"来反对,自己就是"唯物主义者"了。结果,他陷入严重的困难中,遭到一个又一个的失败,因为他仍然不得不在政治实践上使用实际的心理学,不得不谈论"大众的需要"、"革命意识"、"罢工意志"等等。庸俗的马克思主义者越是极力否定心理学,他越是发现自己在实行形而上学的重心理主义,以及更坏的乏味的库埃主义。例如,他极力用"希特勒的精神变态"来解释历史状况,或安慰群众,劝说他们不要失去对马克思主义的信仰。无论如何,他都要断言,正在取得进展,革命定会成功等等。他最终堕落到这样的程度,在给人民注入幻想的勇气时,实际上却说不出有关局势根本的东西,不理解所发生的事情。政治反动势力并没有迷失方向,找不到摆脱困境的道路;尖锐的经济危机既能导致社会自由,也能造成野蛮状态,这些事实对他来说无异于一部天书。他不想从社会现实中来引出自己的思想和行动,而是使现实符合自己的意愿,以此来在想象中改变现实。

我们的政治心理学考察的不过是这种"历史的主观因素",既定时代人的性格结构及其形成的社会意识形态结构。不同于反动的心理学和重心理主义的经济学,这种政治心理学并不企图通过抛出关于社会过程的"心理学观念"来对马克思主义社会学称王称霸,而是给马克思主义社会学以正当权益,如存在产生意识的观点。

马克思主义的这个观点的大意是,从起源上说,"物质的东西"(存在)转化成"意识形态的东西"(在意识中),而不是相反。这个观点留下了两个悬而未决的问题:(1)这是**如何**发生的,在这个过程中人的头脑发生了什么情况;(2)以这种方式形成的"意识"(从现在起我们把它当作心理结构)如何反作用于经济过程。性格分析的心理学由于揭示了由存在条件决定的人的心理生活的这一过程,从而填补了这个空白。这样一来,它也就正确说明了"主观因素",这是庸俗的马克思主义者未能理解的。因此,政治心理学具有一种明确规定的任务。例如,它不能解释阶级社会或资本主义生产方式的起源(每当它企图这样做时,结果总是反动的胡说——例如,资本主义是人的贪婪的征状)。然而,正是政治心理学——不是政治经济学——可以考察在一个既定时代人的性格结构,考察他如何思考和行动,他存在的矛盾是如何产生的,他如何努力对付这种存在,等等。可以肯定,它只考察个体男女。然而,如果它专门考察一类人、阶级、职业集团等**共有的**典型的心理过程,并排除个体差异,它也就成了**大众心理学**。

这个观点直接来自马克思。

> 我们开始要谈的前提并不是任意想出的,它们不是教条,而是一些只有在想象中才能加以抛开的现实的前提。这是一些*现实的个人*,是他们的活动和他们的物质生活条件,包括他们得到的现成的和由他们自己的活动所创造出来的物质生活条件。
>
> 《德意志意识形态》①

---

① 见《马克思恩格斯选集》中文版第 1 卷第 24 页,着重号系赖希所加。——译者注

第一章　作为一种物质力量的意识形态

> 人本身是他自己的物质生产的基础，也是他进行的各种生产的基础。因此，所有对人这个生产主体发生影响的情况，都会在或大或小的程度上改变人的各种职能和活动，从而也会改变人作为物质财富、商品的创造者所执行的各种职能和活动。在这个意义上，确实可以证明，所有人的关系和职能，不管它们以什么形式或在什么地方表现出来，都会影响物质生产，并对物质生产发生或多或少是决定的作用。
>
> 《剩余价值理论》[①]

因此，我们现在谈论的不是什么新东西，我们不是在修正马克思，正如通常所认为的那样，"所有人的关系"不仅指作为劳动过程一部分的条件，而且也指人的本能和思想的最隐秘、最切身和最高的表现，即妇女、青少年和儿童的性生活，社会学对这些关系的考察水平及其在新的社会问题上的应用。希特勒正是以某一种这样的"人的关系"，造成了一种不应被嘲笑为不存在的历史局面。马克思未能提出性社会学，因为当时还没有性学。因此，现在出现了一个把纯经济的关系和性经济的关系结合进社会学框架中，并摧毁神秘主义者和形而上学者在这个领域里的霸权的问题。

当一种"意识形态对经济过程有一种反作用"时，这意味着它一定成了一种物质力量。当一种意识形态成为一种物质力量时，只要它能够吸引群众，我们就应该进一步探究：这是如何发生的？一种意识形态因素如何能产生一种物质的结果，也就是说，一种理论如何能产生一种革命效果？对这个问题的回答，也应该是对反动的大众心理问题的回答；换句话说，它应该解释"希特勒的心理变态"。

---

① 见《马克思恩格斯全集》中文版第26卷Ⅰ，第300页，着重号系赖希所加。——译者注

每一种社会形态的意识形态不仅具有反映这个社会的经济过程的作用，而且更重要地，还具有把这个经济过程深植于**作为社会之基础的人民的心理结构**中的功能。人以两种方式屈从于他存在的条件：直接通过他的经济和社会地位的影响，间接依靠社会的意识形态结构。换句话说，相应于他的物质地位发挥的影响和社会的意识形态结构发挥的影响之间的矛盾，他的心理结构也不得不产生一种矛盾。例如，工人既屈服于自己的劳动境遇，也屈服于社会的一般意识形态。然而，不管属于什么阶级，既然人不仅是这些影响的对象，而且也在自己的**活动**中产生这些影响，那么人的思想和行动就一定像它们由之而来的社会一样是矛盾的。但是，只要**一种社会意识形态改变了人的心理结构，那么，它就不仅在人身上再生自身，而且更重要地，还会成为人身上的一种积极力量、一种物质力量，而人则发生具体的变化，并因而以一种不同的矛盾的方式来行动**。这样而且只有这样，社会意识形态对它由之而来的经济基础的反作用才是可能的。一旦把"反作用"理解成社会上能动的人的性格结构的作用，它也就失去了它表面的形而上学的和心理学的特点。这样一来，它也就成了对性格进行自然的社会考察的对象。因此，那种认为"意识形态"变化的速度慢于经济基础的变化的观点，有明确的说服力。与某种确定的历史状况相一致的性格结构的基本特性，是在童年形成的，而且比技术生产力保守得多。由此可以认为，随着时间的推移，**心理结构落后于它们由之而来的社会条件的急剧变化，而且后来会同新的生活方式相冲突**。这就是所谓的传统的性质，即旧的社会状况和新的社会状况之间的矛盾的基本特性。

大众心理学如何看待这个问题

我们现在开始认识到，大众的经济状况和意识形态状况之间不一定一致，的确，二者之间可能存在着相当大的裂隙。经济状况不是径直地、直接地转化为政治意识的。如果不是这样的话，那么很

第一章　作为一种物质力量的意识形态

早以前就会有社会革命了。根据社会条件和社会意识的这种断裂情况，社会考察应该循着两条线索进行。尽管心理结构来自经济存在，但用来理解经济状况的方法一定不同于用来理解性格结构的方法：前者应在社会经济学上来理解，而后者应在生物心理学上来理解。让我们用一个简单的例子来说明这一点：当忍饥挨饿的工人由于工资被缩减而举行罢工时，他们的行动就是他们经济状况的直接结果。那些因饥饿而偷盗的人也属于这类情况。一个人因饥饿而偷盗，或工人因被剥削而罢工，这不需要任何进一步的心理学证明。在这两种情况下，意识形态和行动是同经济压力相符合的。经济状况和意识形态相一致。反动的心理学根据假定的非理性动机去解释偷盗和罢工；结果总是反动的合理化行为。社会心理学以一种完全不同的眼光来看待这一问题：应该解释的不是饥饿的人去偷盗或被剥削的人去罢工，而是为什么绝大多数饥饿的人**不去**偷盗，为什么绝大多数被剥削的人**不去**罢工。因此，社会经济学完全可以说明一种服务于一个合理目的的社会事实，即那种满足一个直接需要并反映和放大经济状况的社会事实。但是，如果一个人的思想和行动与经济状况**不一致**，也就是说，是非理性的，社会经济学的解释就很难成立了。庸俗的马克思主义者和那些头脑狭隘的不承认心理学的经济学家，面对这种矛盾束手无策。一个社会学家越是倾向于机械主义和经济主义，他就越不了解人的心理结构，他就越是在大众宣传的实践中求助于肤浅的重心理主义。他不是去探索和解决大众个体中的心理矛盾，而是求助于无聊的库埃主义，或者根据"大众精神变态"来解释民族主义运动。[①] 因此，探索大众心理的路子恰恰开始于**直接的**社会经济学解释无的放矢的地方。这是否意味着大众心理学和社会经济学服务的目的相交叉呢？否！因为大众的同直接的社会经济状况相矛盾

[①] 由于这种经济学家既不知道也不承认心理过程的存在，所以，"大众精神变态"一词对他来说并不意味着我们所说的意思，即具有重大历史意义的社会环境。在他看来，这是一种没有任何社会意义的东西。

的思想和行动,即非理性的思想和行动,本身就是以前的**更早的**社会经济状况的产物。人们靠所谓的传统去解释社会意识的压抑,但不曾去考察确定"传统"的是什么,它塑造了哪些心理因素。头脑狭隘的经济学家一直看不出,最根本的问题不是工人对社会责任的意识(这是不证自明的),而是**禁锢这种责任意识的发展**的东西。

忽视人民大众的性格结构,探索必将是徒劳的。例如,共产党人说,正是社会民主党人误入歧途的政策使得法西斯主义者掌权成为可能。实际上,这个解释等于什么也没有解释,因为社会民主党人的要害正是散布幻想。一句话,它没有产生一种新的行动方式。那种认为以法西斯主义为形式的政治反动势力"愚弄"、"腐蚀"并"催眠"了群众的观点,像别的解释一样是站不住脚的。只要法西斯主义存在,这就是而且仍将是法西斯主义的职能。这些解释之所以难以站住脚,乃因为它们指不出一条出路。经验告诉我们,这些解释不管怎样一再重复,都不能使群众信服。换句话说,光有社会经济的探索是不够的。探询一下那些不能而且不会辨认出法西斯主义职能的**大众中正出现什么东西**,难道不更有的放矢吗?说"工人**应该**相信……"或"**我们**不理解……",这无济于事。为什么工人不相信,为什么他们不理解呢?工人运动中的左派和右派之间翻来复去地讨论的这些问题,也应该被看作是毫无结果的。右派认为,工人天生不想战斗;而左派反驳这种说法,断定工人是革命的,右派言论是对革命思想的背叛。这两种论断由于未能看到问题的复杂性,严格地说都是机械的。必须作出一种现实主义的估价,即普通工人本身具有一种矛盾,也就是说,他既不是截然革命的,也不是截然保守的,而是处在分化点上的。他的心理结构一方面来自社会状况(这为革命态度奠定了基础),另一方面来自权力主义社会的整个气氛——二者不相一致。

承认这种矛盾,并准确了解工人身上反动的东西和进步革命的东西如何互相抵销,这具有决定性的重要意义。自然,这也适

第一章　作为一种物质力量的意识形态

用于中层阶级的人。他在危机中反抗"制度",这很容易理解。然而,从社会经济的角度来看不容易理解的是,尽管他已经处于经济不幸的地步,他却害怕进步,并成为极其反动的。一句话,在他身上也存在着造反情绪同反动的目的及意图之间的矛盾。

例如,在我们分析作为一场战争的直接原因的特定经济和政治因素时,我们并没有对这场战争作出充分的社会学解释。换句话说,1914年前德国的并吞野心紧紧盯住布列依和隆依的矿山、比利时的工业中心,放在德国在近东的殖民地扩张上;或者说希特勒帝国的兴趣集中在巴库的油井、捷克斯洛伐克的工厂等等上面,这只是问题的一部分。可以肯定,德国帝国主义的经济利益是**直接的决定性因素**,但我们还应妥当考虑到世界大战的**大众心理**基础,我们应探寻**大众的心理结构**何以能吸收帝国主义的意识形态,把帝国主义的口号变成直接违背德国人民的和平的和不关心政治的态度的行动。仅仅把这归因于"第二国际领导人的过失",是不够的。**为什么无数具有热爱自由、反帝国主义倾向的工人大众允许自己被蒙蔽呢**?害怕合乎良心的抵制所带来的后果,只能说明事情的一小部分。那些经历过1914年战争动员的人知道,劳动大众明显有各种各样的情绪。从少数人的自觉抵制,到相当广泛的人口阶层对命运的奇怪的屈从(或十足的冷淡),再到明显的军事热情,各种情绪都有。不仅在中层阶级中是这样,而且在大部分产业工人中也是这样。某些人的冷淡,像其他人的热情一样,无疑都是战争的大众结构基础的一部分。在两次世界大战中大众心理的这种功能,只能用性经济的观点来理解,即,**帝国主义的意识形态具体地改变了劳动大众的结构,使之适应了帝国主义**。说社会灾难是由"战争精神变态"或"大众的糊涂"引起的,纯粹是废话。这些解释什么也说明不了。此外,假定大众容易成为糊涂虫,这对大众的评价也太低了。问题的要害在于,**每一社会制度都在它的大众成员**

中产生一种结构,它需要用这种结构来达到它的主要目的。① 没有大众的这种心理结构,就不可能有战争。社会的经济结构和作为社会成员的大众的心理结构之间有一种本质联系,这不仅意味着占统治地位的意识形态是统治阶级的意识形态,而且对于解决实际政治问题来说更重要的是,一个社会的经济结构的矛盾也深植在被奴役的大众的心理结构中。否则,一个社会的经济规律只有通过服从于这些规律的大众的活动才能成功地达到具体结果,便是不可思议的。

可以肯定,德国的自由运动了解所谓的"历史的主观因素"(同机械唯物主义相反,马克思把人当作历史的主体,列宁正是立足于马克思主义这一方面之上),所不了解的是**非理性的、似乎无目的的行动**,也就是说,不理解**经济和意识形态之间的脱节**。我们应该能解释神秘主义是如何战胜科学社会学的。只有当我们的探索路线能使我们的解释自发地产生一种新的行动方式时,这一任务才能完成。如果劳动者既不是截然反动的,也不是截然革命的,而是处在反动的倾向和革命的倾向的矛盾中的,如果我们成功地说明了这种矛盾,那么,结果一定是一种用革命力量抵销保守的心理力量的行动方式。每一种神秘主义都是反动的,而且反动的人都是神秘主义者。嘲笑神秘主义,或极力把神秘主义当作"糊涂"或"精神变态"而不加以注意,并不能产生反神秘主义的纲领。如果正确地理解了神秘主义,那么必然就会有解毒药。但为了完成这一任务,就必须用我们所有的认识手段来彻底理解社会状况和结构形

---

① 马克思说:"统治阶级的思想在每一时代都是占统治地位的思想。这就是说,一个阶级是社会上占统治地位的物质力量,同时也是社会上占统治地位的精神力量。支配着物质生产资料的阶级,同时也支配着精神生产的资料,因此,那些没有精神生产资料的人的思想,一般地是受统治阶级支配的。占统治地位的思想不过是占统治地位的物质关系在观念上的表现,不过是以思想的形式表现出来的占统治地位的物质关系;因而,这就是那些使某一阶级成为统治阶级的各种关系的表现,因而这也就是这个阶级的统治的思想。"(参见《马克思恩格斯选集》中文版第1卷第52页。——译者注)

第一章　作为一种物质力量的意识形态

态之间的关系,特别是理解按纯社会经济的依据未能解释的**非理性**的观念。

性压抑的社会功能

甚至列宁也注意到了大众在起义之前和起义过程中有一种特定的非理性行为。关于 1905 年的俄国士兵起义,他写道:

> 士兵们对农民的事情充满着同情;只要一提起土地,他们的眼睛就会突然发亮。军队中的权力不止一次落到了士兵群众的手里,但是他们几乎没有坚决地利用这种权力;士兵们动摇了;过了几天,甚至过了几个小时,他们杀了某个可恨的军官,就把其余拘禁起来的军官释放了,同当局进行谈判,然后站着给人枪毙,躺下来给人鞭笞,重新套上枷锁。
>
> 《论宗教》第 65 页①

任何神秘主义者都根据人的永恒的道德天性来解释这种行为,并认为这种道德天性禁止向神圣模式和"国家权威"及其代表造反。庸俗的马克思主义者完全无视这些现象,他既不能理解也不能解释它们,因为从纯经济观点出发是无法解释它们的。弗洛伊德的观点非常接近事情的真谛,因为它承认这种行为是幼年对父亲人物的犯罪感的结果。然而,它未能向我们说明这种行为的社会学根源和功能,因此拿不出实际的解决办法。它还忽略了这种行为同广大群众的性生活的压抑和扭曲之间的联系。

为了进一步说明我们考察**群众**的这些非理性的心理现象的方式,有必要粗略地看一下**性经济**的探索路线,这个问题在别的地方还要详谈。

---

① 《列甫·托尔斯泰是俄国革命的镜子》,参见《列宁选集》中文版第 2 卷第 373 页。——译者注

性经济是一个研究领域，很多年前由于机能主义在这一方面的应用从而从关于人类性生活的社会学中产生了它，它已经有了一些新的见解。它从下列前提出发：

马克思发现，社会生活是受经济生产的条件和这些条件在一个确定的历史时刻造成的阶级冲突所支配的。在对被压迫阶级的统治中，社会生产资料的占有者很少求助于野蛮力量；它的主要武器是它对于被压迫者的意识形态权力，因为国家机器的主要支柱正是这种意识形态。我们已经提到，在马克思看来，具有心理和生理性情的活生生的生产者，是历史和政治的第一个前提。能动的人的性格结构，即马克思意义上的所谓的"历史的主观因素"，却没有得到考察，因为马克思是一个社会学家，而不是心理学家，因为当时科学的心理学还不存在。为什么人允许自己被剥削，在道德上被凌辱，一句话，为什么人几千年来都屈服于奴役，并没有得到回答。马克思已确定的东西只是社会的经济过程和经济剥削的机制。

大约半个世纪后，弗洛伊德使用了一种他所说的**精神分析学**的方法，发现了支配心理生活的过程。他最重要的、对现存的许多观念具有压倒一切的革命影响（起初使他仇视世界）的发现如下：

意识只是心理生活的一小部分；它本身是由无意识地发生的因而不易自觉控制的心理过程支配的。每一种心理体验（不管看起来多么无意义），例如梦、无用的动作、心理疾病和精神错乱的模糊发音，都有一种功能和"意义"，如果人们能成功地追溯出它的病因，它完全是可以理解的。这样一来，曾经完全蜕化为一种大脑物理学（"大脑神话学"）或一种神秘的客观的**格式塔**理论的心理学，就进入了自然科学的领域。

弗洛伊德的第二个伟大发现是，甚至儿童也有一种活跃的性活动，这种性活动同生殖没有关系，也就是说，**性**与**生殖**、**性的**与**生殖器的**，不是同一回事。对心理过程的分析解剖进一步证明，性，或毋宁说它的能量，即**里比多**（身体的里比多），是心理生活的原动力。因此，生活的生物前提和社会条件在头脑里相重合。

第一章 作为一种物质力量的意识形态

第三个伟大发现是,儿童的性活动(父母与孩子关系中最关键的东西,即俄狄浦斯情结,是它的一部分)一般是由于害怕因性行为和性念头受惩罚而被压抑的("害怕阉割");儿童的性活动受到禁止并从记忆中被根除掉。因而,尽管儿童时期的性压抑摆脱了意识的影响,但它并没有减弱性的力量。恰恰相反,压抑强化了它,并使它在头脑的各种病理失调中表现出来。由于在"文明人"中间很少有不符合这个规则的例外,所以弗洛伊德说他把所有人都当作自己的病人。

与此相关的**第四个**重要发现是,人的道德准则根本没有神圣的起源,而是来自幼年时期父母或父母代理人使用的教育措施。归根到底,这些反对儿童性活动的教育措施是最有影响力的。最初在儿童的欲望和父母对这些欲望的压制之间出现的冲突,后来成了个人**身上**本能和道德之间的冲突。在成人身上,那些本身无意识的道德准则,不利于理解性和无意识的心理生活的规律;它支持性压抑("性阻力"),并要求广泛抵制对儿童时期性活动的"揭示"。

每一个这样的发现(我们只提到了对于我们的主题来说最重要的发现)都通过自身的存在而构成了对反动的道德哲学,特别是宗教形而上学的严重冲击,因为这两种东西都主张永恒的道德价值,认为世界处在一种客观的"力量"支配之下,除了把性限定在生殖功能上而外,还否认儿童时期的性活动。然而,这些发现未能发挥重大影响,因为立于其上的精神分析社会学阻碍了它们以进步的和革命的冲动方式所提出的大部分东西。在这里我们不便证明这一点。精神分析社会学试图像分析一个人那样来分析社会,把文明的进程和性满足绝对对立起来,把破坏的本能当作永远支配人类命运的首要的生物学事实,否认原始母权制时期的存在,由于回避自身发现的结果而最终成了一种跛脚的怀疑主义。它敌视根据这些发现而进行的努力,倒退了许多年,它的代表顽固地反对这些努力。但所有这一切丝毫动摇不了我们维护弗洛伊德的伟大发现,反对任何一种不管出自任何缘故的攻击的决心。

性经济社会学的探索路线依据的正是这些发现,这条路线并不是用弗洛伊德来补充、取代或调和马克思,或用马克思来补充、取代或调和弗洛伊德的典型尝试。在上面一段话中,我们提到在历史唯物主义中有一个领域,精神分析学应在这个领域起一种科学的作用,而这种作用是社会经济学不能够完成的,即理解意识形态的结构和动态,而不是理解它的历史基础。由于结合了精神分析学提供的见解,社会学能达到一个更高的标准,并能更好地支配现实;人类性格结构的性质将最终被把握。只有头脑狭隘的政治家才会指责性格分析的结构心理学不能够提出直接的实际建议。而且只有政治上喋喋不休的人才会执意谴责它被一种保守的生活观所扭曲。而真正的社会学家将承认精神分析学对儿童性活动的理解是一种非常有意义的革命行动。

自然而然,建立在马克思**社会学**基础和弗洛伊德**心理学**基础上的性经济社会学的科学,同时本质上是一种大众心理学的和性社会学的科学。它拒斥弗洛伊德的文明哲学①,它开始于精神分析学的诊断心理学探索路线终结的地方。

精神分析学揭示了性压制和性压抑的结果和机制及其在个人身上的病理后果。性经济社会学进一步探询:**出于什么样的社会学原因,性被社会所压制,并被个人所压抑?** 教会说,是出于要从地狱中获得拯救之缘故;神秘的道德哲学说,这是人的永恒伦理道德的天性的直接结果;弗洛伊德的文明哲学认为,这是为了"文化"的利益。人们难免产生怀疑,禁不住要问儿童的手淫和成年人的性交怎么可能破坏煤气站的建立和飞机的制造。显而易见,要求压制和压抑性活动的并不是文化活动本身,而只是这种活动的目前**形式**,如果能消除儿童和成年人可怕的灾难,人们愿意牺牲这些形式。所以,这个问题与文化无关,而与社会制度有关。如果人们研究了性压制的历史和性压抑的病因,人们就会发现,不能把它们追溯到文化发展的开端,换句话说,压制和压抑不是文化发展的先

---

① 尽管这种哲学是唯心主义的,但其中蕴含的关于现实生活的真理要比所有社会学和某些马克思主义社会学蕴含的真理之总和更多。

第一章 作为一种物质力量的意识形态

决条件。只是到了相对较晚的时候,随着权威主义父权制的建立和阶级分化的产生,性压制才开始表现出来。正是在这个阶段,性兴趣普遍开始服务于少数人对物质利润的兴趣,在家长制婚姻和家庭中,这种状况采取了一种稳固的有组织的形式。随着性的限制和压制,人类感情的性质起了变化;一种性否定的宗教开始出现,并逐渐演变成它的性政治的组织,即有着各种形式的教会,它的目的不过是根除人的性欲以及由此而来的哪怕一丝一毫的幸福。从现在**盛行**的剥削人类劳动力的角度看,所有这一切都有充分的理由。

为了理解性压制与人类剥削之间的关系,有必要考察一下使得父权制权威主义社会的经济情况和性经济情况交织在一起的社会基本制度。如果不把握这种制度,就不可能理解一个父权制社会的性经济和意识形态过程。对一切时代、一切国家和每一社会阶级的男男女女的精神分析表明:**社会经济结构同社会的性结构和社会的结构再生产的交错,是一个人最初的四五年里在权威主义家庭中进行的**。后来教会只是继续了这种作用。因此,权威主义国家从权威主义家庭中获得了巨大的利益:**家庭成了塑造国家的结构和意识形态的工厂**。

我们已经发现了使得权威主义体系的性利益和经济利益结合在一起的社会制度。现在我们应该探询一下这种结合是**怎样**发生的,**怎样**起作用的。不言而喻,只有当一个人完全意识到提出这个问题的必要性时,对反动的人(包括工人)的典型性格结构的分析才能有答案。对儿童自然的性活动的道德禁锢(其最后阶段严重损害儿童**生殖器的**性活动),使儿童感到害怕、羞愧、畏惧权威、顺从,以及权威主义意义上的"善良"和"驯良"。它对人的造反力量起了一种削弱作用,因为人们极为畏惧每一种至关紧要的生命冲动。既然性是一个被禁止谈论的话题,那么一般的思想和人的批判能力也成了被禁止的。简言之,道德的目的是产生逆来顺受的主体,这些主体不管多么悲伤和蒙耻都要适应权力主义秩序。因此,家庭是小型的权威主义国家,儿童必须学会适应家庭,以便为后来总的适应社会做好准备。**人的权威主义结构——这应该是明确确定的——基本上是由于性禁锢和性畏惧嵌入性冲动的生命本质中而造成的。**

如果我们考虑一下普通的保守工人的妻子的情况,我们也就容易理解了为什么性经济把家庭当作权威主义社会体系再生产的最重要源泉。在经济上,这种妻子像自由的劳动妇女一样是悲忧的,有着同样的经济状况,但**她投票支持法西斯主义党**;如果我们进一步弄清楚普通的自由的妇女的性意识形态同普通的保守的妇女的性意识形态之间的实际差别,那么我们就会认识到性结构的决定性重要性。保守的妇女有着反对性活动的道德禁锢,使得她意识不到自己的社会状况,这些道德禁锢使她害怕"性布尔什维克主义",从而也使她稳固地听命于教会。从理论上说,有这样一种情况:那些机械地思考问题的庸俗马克思主义者假定,当经济上的痛苦又加上了性痛苦时,人就会特别敏锐地辨别社会状况。如果这个假定是真实的,那么,大多数青少年和大多数妇女一定比大多数男子更喜欢造反。但现实显示了一幅完全不同的画面,经济学家完全不知道如何对付它。他发现不可理解的是,反动的妇女甚至对他的经济纲领不屑一顾。我们的解释是:对一个人首要的物质需要的压制所达到的结果不同于对一个人的性需要的压制所达到的结果。前者激励造反,而后者——就它使得性需要被压抑、不被意识到并作为一种道德防卫而固定下来而言——则阻止向这**两种**压制进行造反。的确,这种对造反的禁锢本身是无意识的。在普通的非政治的人的意识中,甚至找不到它的痕迹。

结果造成保守主义、畏惧自由,一言以蔽之曰,反动的思维。

依靠这个过程,不仅性压制加强了政治反动势力,并使群众个体成为消极的和非政治的,而且它还在人的性格结构中产生了第二种力量——一种积极支持权威主义秩序的人为兴趣。如果由于性压抑的过程,性不能得到自然的满足,那么性就要寻求各种各样的替代式的满足。例如,自然的攻击性被扭曲成野蛮的虐待狂,这种虐待狂构成了由一些人煽动的帝国主义战争的一部分大

第一章　作为一种物质力量的意识形态

众心理基础。再举一例,从大众心理学的观点来看,军国主义的效果基本上是建立在一种里比多机制上的。同我们博学的政治家相比,实际上一个售货女郎或一个普通的秘书更能理解一套军服的性效果、有节奏的正步走的刺激性欲的效果、军事程序的表现癖的性质。然而,政治上的反动势力却故意利用这些性兴趣。它不仅为男人设计了华丽的制服,而且还把征募新兵的事情交给有魅力的妇女来干。在结束本章时,我们不妨只提一下好战的政权征募新兵的招贴画,上面写着:"到外国旅行去——参加皇家海军吧!"而且用外国女郎的形像来描绘外国。为什么这些招贴画有效力呢?因为我们的青年已由于性压制而开始在性生活上挨饿。

禁锢自由意志的性道德,以及那些顺从权威主义兴趣的力量,从被压抑的性活动中获得了它们的能量。我们对"意识形态对经济基础的反作用"过程的一个本质部分有了更好的理解:**性禁锢大大改变了在经济上受压迫的人的性格结构,以致他的行动、感情和思想都违背了他的物质利益。**

因此,大众心理学能使我们具体说明并解释列宁的观察。1905 年的士兵在他们的长官身上不自觉地感知到了他们童年时的父亲形象(凝固为上帝的概念),这些父亲否定了性活动,扼杀了生活的乐趣,但人们既不能也不想杀掉他们。士兵的悔悟及其在夺取权力后的犹豫不决,是其对立面的表现,即转化成怜悯的仇恨,怜悯是不可能变成行动的。

因此,大众心理学的实践问题是唤醒那些总是帮助政治反动势力取得胜利的消极的大多数人,并清除那些阻碍从社会经济状况产生的自由意志发展的禁锢。一旦摆脱了各种束缚并纳入自由运动的合理目标的渠道,普通人民大众的心理能量就能在足球赛上激发起来,笑谈廉价的音乐喜剧就不再会被阻止。从这个观点出发,我们进行了下列性经济考察。

第二章　法西斯主义大众心理学上的家庭权威主义意识形态

元首与大众性格结构

如果在未来某个日子里，社会过程的历史允许反动的历史学家有时间沉思德国的过去的话，那么，他肯定会从希特勒1928年到1933年的成功中领悟到这样一点：一个伟人只要用"他的思想"燃起大众的热情，他就创造了历史。事实上，国家社会主义党的宣传就是建立在这种"元首意识形态"之上的。就国家社会主义党的宣传家理解他们成功的技巧的程度而言，他们能够懂得国家社会主义运动的历史基础。当时发表的一篇由国家社会主义党人威廉·斯塔佩尔写的题为《基督教与国家社会主义》的文章，很清楚地说明了这一点。他说："正是因为纳粹主义是一种**初步的**运动，所以它不可能获得'证据'。只有当这一运动靠辩论而得到了自己的权力时，证据才会有效。"

按照这种奇谈怪论，国家社会主义党人的集会演说非常注意熟练地操纵大众个体的**情感**，并**尽可能**回避有关的论证。希特勒在他的《我的奋斗》一书的每个地方，都强调真正大众心理学的策略是无需论证的，任何时候都要把大众的注意力固定在"伟大的最终目标"上。在**掌握**政权**后**这种最终目标是什么样子，可以用意大利法西斯主义来说明。同样，戈林的反中产阶级经济组织的法令、断然拒绝党徒期望的"第二次革命"、不实现所许诺的社会主义措施

第二章　法西斯主义大众心理学上的家庭权威主义意识形态

等等,也显示了法西斯主义的反动职能。下列观点恰恰表明了希特勒多么不理解他成功的机制:

> 我们决不可放弃的这个宏伟蓝图,再加上稳定而始终如一的重视,使我们最终成功地成熟起来。于是,使我们感到惊奇的是,我们将看到这种不屈不挠导致多么可怕的结果——导致我们几乎无法理解的结果。①

因此,根据希特勒在资本主义历史上的反动角色,肯定无法解释希特勒的成功,因为如果他在宣传中公开宣扬这种角色,他所取得的效果会与原来的意图适得其反。对希特勒的大众心理效果的考察,应从这样一个前提出发:一个元首或一种观念的提倡者,只有**当他个人的观点、他的意识或他的纲领与广大个人的普通结构相类似时**,才能取得成功(如果不是在历史的前景中,那么至少也是在有限的前景中)。由此产生这样一个问题:**这些大众结构产生于什么样的历史的和社会的状况?** 这样一来,大众心理学的探索路线就从"元首思想"的形而上学转向了社会生活现实。**只有当元首的个性同广大集团的结构相合拍时,"元首"才能创造历史**。他对历史是起**永久**的影响还是只起**暂时**的影响,唯一取决于他的纲领是符合社会进步过程的方向还是阻碍这些过程。因此,如果一个人企图仅仅根据国家社会主义党人的煽动、"大众的糊涂"、他们的"受骗",或像后来的共产党人和别的政治家那样,使用模糊空洞的"纳粹精神变态"的词语,来解释希特勒的成功,他就错了。因为需要理解的问题是,为什么大众**被证明易于受骗、糊涂和精神变态**。没有对**大众做法**的准确认识,就不可能解决这个问题。仅仅断定希特勒的运动是一种反动运动,是不够的。纳粹掌握大众的成功是与这个假定的反动作用不一致的。为什么千百万人认可自

---

① 阿道夫·希特勒《我的奋斗》,拉尔夫·曼海姆译,波士顿,霍顿·米夫林公司1943年,第185页。着重号系赖希所加。

己被压制呢？这个矛盾只能靠大众心理学，而不是靠政治学或经济学来解释。

国家社会主义利用各种各样的手段来对付各种各样的阶级，并迎合它在一个特定时期所需要的社会阶级来作出各种各样的许诺。例如，在1933年春季，纳粹运动的**革命**人物在纳粹宣传中特别强调努力争取产业工人，而且在抚慰了波茨坦的贵族之后"庆祝了"五一节。然而，把这种成功只归因于政治上的欺诈，就会同自由的基本观念发生矛盾，并在实践上排除社会革命的可能性。应该回答的是：**为什么大众在政治上允许自己被欺诈？**大众有评价各个政党的宣传的能力。他们为什么看不出，希特勒在向工人许诺要剥夺生产资料占有者的同时又向资本家许诺将保护他们的权利呢？

对于理解国家社会主义来说，希特勒的人格结构和他的生活史是一点也不重要的。然而，有趣的是，他的思想来源于下中层阶级，这个思想来源大致符合渴望接受这些思想的大众结构。

正如每一场反动运动所表明的那样，希特勒依赖于下中层阶级的各个阶层对他的支持。国家社会主义显露出作为小资产阶级大众心理之特点的一切矛盾。现在的问题是：(1)理解这些矛盾本身；(2)深入考察它们在帝国主义生产条件中的共同起源。我们将仅限于研究性意识形态的问题。

希特勒的背景

起来造反的德国中层阶级的这位元首，本身就是一个职员的儿子。他谈到过一次冲突，这次冲突颇能说明中层阶级大众结构的特点。他的父亲想让他当职员，但儿子反对父亲的计划，"决不"屈服。他成了一个画家，同时陷入贫困之中。然而，尽管他反抗父亲，但同时他又敬重和承认父亲的权威。这种对权威的矛盾态度——**反抗权威与接受和屈从权威并行不悖**——是从青春期到成年期每一个中层阶级性格结构的基本特点，而且特别体现在那些

第二章　法西斯主义大众心理学上的家庭权威主义意识形态

来自物质上受限制的环境的人身上。

希特勒一往情深地谈到他的母亲。他向我们保证他一生只哭过一次，也就是在他母亲去世时。他对性的拒斥和他对母亲神经质的偶像化，明显地表现在他关于种族和梅毒的理论上（见第三章）。

作为一个生活在奥地利的年轻民族主义者，希特勒决心同奥地利王朝斗争，因为这个王朝听任"德意志祖国被斯拉夫化"。他在同哈普斯堡人的论战中，指责他们中间有几个人染有梅毒，这种指责是非常引人注目的。如若不是"毒害民族"的思想和对梅毒的整个态度一再风行，并在他掌权之后构成他的国内政策的一个核心部分，人们是不会进一步注意这种因素的。

起初，希特勒同情社会民主党人，因为他们领导了争取普选权的斗争，也许会削弱他鄙视的"哈普斯堡政权"。但希特勒遭到社会民主党的拒绝，该党强调阶级差别，否定民族、国家权威、社会生产资料私有制以及宗教和道德。最终促使他摆脱社会民主党的事情是他被邀加入工会。他拒绝了，并用他起初关于社会民主党的作用的看法来证明他的拒绝是有道理的。

俾斯麦成了他的偶像，因为俾斯麦带来了德国民族的统一，并同奥地利王朝作了斗争。犹太主义者吕格和德国民族主义者舍奈勒在造就希特勒的后来发展中起了决定性的作用。从此时起，他的纲领便建立在民族主义—**帝国主义**的目的之上，他打算用不同于过去"资产阶级"民族主义者使用过的、更合适的手段来达到这些目的。**他承认有组织的马克思主义力量的效力，他承认大众对于每一政治运动的重要性，据此来确定他选择的手段。**

> 假定双方的战斗力相等，那么，直到国际的世界观——在政治上被有组织的马克思主义来领导——碰上了民族的世界观，而这世界观也是同样团结地组织起来和领导起来时，成功才属于永恒真理一边。
>
> 《我的奋斗》第 384 页

国际的世界观获得成功的原因在于,它的代表是一个组织成冲锋部队的政党;而相反的世界观失败的原因在于,迄今它缺少一个统一的机关来代表它。不是靠无限自由地解释一种总观点,而只是以有限的因而一体化的政治组织形式,一种世界观才能战斗并取胜。

《我的奋斗》第385页

希特勒很快看出了社会民主党政策的不一致性和包括德国民族党在内的旧资产阶级政党的软弱无力。

所有这一切仅仅是缺乏一种全新的带有暴风雨般征服意志的反马克思主义哲学的必然结果。

《我的奋斗》第173页

我越是潜心琢磨政府对于作为马克思主义暂时表现的社会民主党的态度上的必然变化,我就越认识到缺乏取代这种学说的有用的替代品。如果假定社会民主党已经破碎,那将会给群众带来什么呢?根本没有任何一个运动能把或多或少自发地成长起来的大批工人纳入它的影响范围。认为那些脱离了这个阶级政党的国际狂热分子不会一下子加入资产阶级政党,或者加入一个新的阶级组织,这是愚蠢的,甚至比愚蠢更糟。

《我的奋斗》第173页

"资产阶级"政党,正如它们自称的那样,根本不能够把"无产阶级"群众吸引到它们的阵营,因为在这里两个世界是互相对立的,部分自然地、部分人为地分裂的,它们的相互关系只能是斗争。年轻者将胜利——而这就是马克思主义。

《我的奋斗》第174页

国家社会主义的反苏态度几乎从一开始就是明显的。

第二章　法西斯主义大众心理学上的家庭权威主义意识形态

> 如果想要欧洲的土地，基本上只能靠牺牲俄国来获得，这意味着新的德意志帝国应该再沿着过去条顿骑士的道路进军，用德国的剑来获得德国的犁和民族的日常食物。
>
> 《我的奋斗》第140页

希特勒知道自己面临着下列问题：如何运用国家社会主义的思想来取得胜利？如何有效地同马克思主义斗争？如何去影响大众？

希特勒把这些问题记在脑子里，去求助于大众的**民族主义**感情，决心发展自己的宣传技术，并坚持不懈地应用它，从而像马克思主义所做的那样，在大众的基础上进行组织。

因此，他想要的东西——并且公开承认的——是用他从马克思主义那里借来的方法，包括马克思主义组织大众的技术，来补充民族主义的帝国主义。**但这种组织大众的成功应归因于大众，而不是希特勒**。正是人的畏惧自由的权威主义性格结构，使希特勒的宣传获得了根基。因此，在社会学上有关希特勒的重要东西，不是来自他的个性，而是来自**大众**给予他的重要性。使这一问题显得更加复杂的是，希特勒把握了大众，以十足的蔑视态度想靠大众的帮助来实行他的帝国主义。用不着举很多例子来证明这一点，看看**一个**坦率的表白也就足够了："人民的情绪永远是上面输入到舆论中的东西的十足排泄物。"（《我的奋斗》第128页）

尽管如此，大众的性格结构仍能吸收希特勒的宣传。这种性格结构是如何构成的呢？

论下中层阶级的大众心理

我们已经表明，希特勒的成功既不归因于他的"个性"，也不归因于他的思想在资本主义中所起的客观作用。正因为如此，也不归因于追随他的大众的十足"糊涂"。我们强调的是事情的核心：**什么东西使大众追随一个其领导层无论在客观上还是在主观上都**

同劳动大众的利益截然对立的政党呢？

在回答这个问题时，我们首先应该记住，国家社会主义运动在它最初的成功突袭时，依靠的是所有所谓的中层阶级的广大阶层，即几百万私营和公营职员、中产阶级商人和下中层阶级农场主。**从它的社会基础来看，国家社会主义是一个下中层阶级的运动，不管在哪里都是这样**，不管是在意大利还是在匈牙利、阿根廷或挪威。因此，这种以前站在各种资产阶级民主派一边的下中层阶级，一定经历了一种内在的转变，使它改变了自己的政治立场。下中层阶级的社会地位以及与此相应的心理结构，为自由资产阶级的意识形态同法西斯主义者的意识形态之间的基本相似性和差别提供了一种解释。

法西斯主义的下中层阶级与自由民主派的下中层阶级是同一个阶级，只是处于资本主义的一个不同的历史时期而已。在1930年到1932年的选举中，国家社会主义党获得的新选票几乎全部来自德国民族党，很少一部分来自德意志帝国其他各党。即使在1932年普鲁士选举中，也只有天主教中心保持着它的地位。只是到了后来的选举，国家社会主义党才又成功地打入了产业工人群众中。中产阶级过去是而且现在继续是纳粹党徽的主要支柱。正是这个拥护国家社会主义事业的阶级，登上了政治法庭，并在资本主义制度经历的最严重的经济灾难时期（1929—1932）阻碍了社会的革命重建。政治反动势力对中产阶级的重要性的估价是绝对正确的。1932年3月8日德国民族党的一份传单上写道："中产阶级对于一个国家的存在具有决定性的重要意义。"

1933年1月30日以后，中产阶级的社会重要性问题才引起左派的广泛讨论。在此之前，中产阶级很少被人们注意，这部分地是因为一切注意力都集中在政治反动势力的发展上和国家的权威主义领导层上，部分地是因为建立在大众心理学基础上的探索路线对于政治家来说是陌生的。从此时起，"中产阶级的造反"在各个地方越来越突出。人们在讨论这个问题时，注意到了两种主要观点：一种认为法西斯主义"不过"是上中层阶级的党卫队，另一种不

第二章　法西斯主义大众心理学上的家庭权威主义意识形态

忽视这个事实，但强调"中产阶级的造反性"，结果这种观点的拥护者被指责忘记了法西斯主义的反动作用。为了证明这个指责，人们引用了一些例子，如赛森被提名为经济独裁者，解散了中产阶级经济组织，断然拒绝了"第二次革命"。一句话，大约从 1933 年 6 月底开始，法西斯主义十足的反动性变得越来越明显，越来越公开。

在这些非常热烈的讨论中，某些含糊之处是显而易见的。在掌权之后，国家社会主义越来越表明自己是一种帝国主义的民族主义，坚决要把一切"社会主义的"东西从运动中清除出去，并利用一切可利用的手段准备战争。这个事实同另一个事实并不矛盾，即**从法西斯主义的大众基础来看，它实际上是一个中产阶级运动**。如果希特勒不许诺将反对大商业，他绝不会赢得各中层阶级的支持。由于这些阶级**反对**大商业，它们便帮助希特勒取得了胜利。由于他们施加了压力，当局不得不采取**反资本主义**措施，如同后来在大商业的压力下当局又不得不放弃这些措施一样。如果反动运动的大众基础上的主观兴趣同客观的反动作用区别不开——这两者是互相矛盾的，但在初期的纳粹运动的**总体**上又是一致的——那就不可理解了。前者从属于法西斯主义大众的反动兴趣，而后者从属于法西斯主义的反动角色。法西斯主义所有的矛盾都起源于法西斯主义这两方面的对立，正像这两方面的统一以"国家社会主义"这**一种**形式标志着希特勒运动的特点一样。就国家社会主义不得不强调它作为一种中产阶级运动的特点（在掌权**之前**和此后不久）而言，它事实上是**反资本主义的和革命的**。然而，由于它没有剥夺大商业的权利，而且不得不巩固并坚持它已得到的权力，所以，它的资本主义职能越来越突出，直至最终成为帝国主义和资本主义经济制度的一个极端的辩护士和斗士。在这一方面，它的领导人是否具有或者有多少人具有忠诚的或不忠诚的社会主义倾向（按他们所说的这个词的意思），完全是无关紧要的，就像有多少领导人是不是彻头彻尾的骗子和权力贩子无关紧要一样。我们不能根据这两点考虑来确定一个彻底的反法西斯主义政策。为理解德国法西斯主义及其矛盾心理所必需的一切,都能从意大利法西斯主义的历史中了解到,因为后者也显出了这两种既总体上相一致又尖锐地相矛盾的职能。

那些要么否认法西斯主义大众基础的作用,要么不能给其以公平对待的人,因这样一个事实而麻木不仁:由于中产阶级既不掌握主要生产资料,又不靠这些生产资料来工作,所以,它根本不可能是历史的永久动力,因此摇摆在资本和工人之间。他们看不到,正如我们从意大利和德国法西斯主义那里了解到的那样,中产阶级可以是而且实际上也是"一种历史的动力",如果不是**永久地**,至少也是**暂时地**。我们这样说不仅意指对工人组织的破坏、无数的牺牲品、野蛮行为的爆发,而且尤其意指它阻止经济危机酿成一场政治起义,一场社会革命。显然,一个民族的中产阶级阶层的范围越大、地位越重要,它们作为一种有效的社会力量的意义也就越是决定性的。从1933年到1942年,我们碰到了这样一个怪事:法西斯主义能够战胜作为一种**国际**运动的社会革命国际主义。社会党人和共产党人滋长了关于革命运动相对于政治反动势力的进步的幻想。这意味着政治上自杀,即使是出于最好的意图。这个问题极其值得注意。在过去十年中所有国家的中产阶级各阶层所经历的过程,比起一个平庸的众所周知的事实,即法西斯主义构成极端的政治反动势力来说,更值得注意。单纯关于法西斯主义反动性质的事实,并不是一种有效的相反的政治政策的依据,从1928年到1942年的事件充分证明了这一点。

中产阶级卷入了这场运动,并以法西斯主义形式表现为一种社会力量。因此,问题并不在于希特勒或戈林的反动目的,而在于中产阶级各阶层的社会利益。就其性格结构而言,中产阶级具有的社会权力大大超出了它在经济上的重要性。正是这个阶级,保存了几千年的父权制,保持着它的生命,连同它的一切矛盾。

法西斯主义运动的存在,无疑是民族主义的帝国主义的社会表现。然而,这个法西斯主义运动之所能成为一场群众运动并能确掌权力(只有这样才能实现它的帝国主义作用),这应归因于它从

第二章　法西斯主义大众心理学上的家庭权威主义意识形态

中产阶级那里获得的充分支持。只有依次考虑这些对立和矛盾，才能理解法西斯主义现象。

中产阶级的社会地位取决于：（1）**它在资本主义生产过程中的地位**；（2）**它在权威主义国家机构中的地位**；（3）**它的特定的家庭状况**，这家庭状况又直接取决于它在生产过程中的地位，而且是理解它的意识形态的关键。小农场主、官僚和中产阶级商人的经济状况的确有一些差别，但他们家庭状况的基本性质是**一样的**。

19世纪资本主义经济的迅速发展，连续而快速的生产机械化，各个生产部门以垄断的辛迪加和托拉斯而混合，构成了下中层阶级商人和手艺人进一步贫困化的基础。小企业无力同廉价的、更经济地运行的大工业相竞争，走上破产，一蹶不振。

"中产阶级不能不被残酷地从这个体系中清除掉。面临的问题是：要么我们都将陷入巨大的黑暗惨淡的无产阶级化之中，都将获得同一种东西，即一无所有，要么活力和勤勉将使个人能重新靠艰苦劳动而获得财产。做中产阶级还是做无产阶级！这就是问题所在！"德国民族党人在1932年选举共和国总统之前就是这样告诫人们的。国家社会主义党人没有这么直率。他们在宣传中留心不去制造中产阶级和产业工人之间的大裂痕，他们用自己的方法更能取得成功。

反对大百货商场的斗争在纳粹党的宣传中起了很大作用。国家社会主义为了大商业的利益所扮演的角色同它为了作为它的主要支柱的中产阶级的利益所扮演的角色之间的矛盾，表现在希特勒同尼克博克的谈话中：

"我们不会因一个男子服饰用品商店[①]而影响德美关系。……这些企业的存在是对布尔什维克主义的一种鼓励。……它们破坏了许多小企业。因此，我们将不容忍它们。但你放心，你们在德国的这种性质的企业，我们不会按对待德

[①] 指柏林伍尔沃思商店的命运。

国的类似企业那样来对待它们。"①

外国私人债务是中产阶级的一个巨大负担。由于希特勒的对外政策取决于对外要求的实现,他同意偿付这些私人债务。但他的信徒们主张废除这些债务。因此,下中层阶级反抗"这种制度",即它用来理解社会民主党的"马克思主义政权"的那种制度。

尽管这些下中层阶级的阶层在危机的压力下渴望形成有组织的联盟,然而,小企业的经济竞争却不利于确立一种像产业工人那样的稳固感。下中层阶级的人,由于所处的社会状况,既不能与他们的社会阶级联合力量,也不能与产业工人联合力量。之所以不能与他们的社会阶级联合力量,是因为竞争是这里通行的规则;之所以不能与产业工人联合力量,是因为他们最害怕的正是无产阶级化。然而,法西斯主义运动却造成了下中层阶级的联盟。在大众心理学上,这种联盟的根据是什么呢?

下层阶级和中层阶级的公私营职员的社会地位提供了对这个问题的回答。普通职员的经济地位比普通的技术熟练的产业工人的经济地位更糟。这种更贫困的地位在某种程度上是靠不怎么乐观的职业前景来补偿的,政府职员则是靠终身年俸来补偿的。因此,在这个阶级中盛行对政府权威的依赖,对自己同事的竞争,这种竞争性不利于关系的稳固。职员的社会意识的特点不在于他和他的同事共有的命运,而在于他对政府和"国家"的态度。这种态度是由**同国家权力**的完全**自居作用**构成的②,在公司雇员中则是由同公司的自居作用构成的。职员像产业工人一样是顺从的。但他

---

① 在3、4月掌权后,人民群众抢劫了这些百货商场,但纳粹党的领导人很快制止了这种做法(禁止随意干扰经济,解散中产阶级组织,等等)。
② 精神分析学理解的**自居作用**,指这样一个过程:一个人开始**感到**和另一个人相**一致**,采取这个人的特点和态度,并在幻想中把自己摆在他人的位置上;这一过程必然使自居的人发生一种实际的变化,因为自居的人使自己的模式特点"内在化"了。

第二章　法西斯主义大众心理学上的家庭权威主义意识形态

们为什么没有产业工人那样一种稳固感呢？这归因于他们在权威和体力劳动者机构之间所处的中间地位。尽管他们对上级俯首贴耳，但对那些居于他们之下的人来说，他们又是权威的代表，因而享有一种有特权的道德的（而不是物质的）地位。在大众心理学上，这种典型的主要人格化应在军队的军士中寻找。

管家、贴身男仆和贵族家庭的其他此类佣人，是这种自居作用力量的一个典型例子。他们由于采用统治阶级的态度、思维方式和举止而起了一个根本变化，在努力最大限度地抹去他们低下出身的痕迹时，经常笨拙地模仿他们侍候的人。

这种同权威、公司、国家、民族等等的自居作用，可以概括为"**我就是国家、权威、公司、民族**"。这种自居作用构成了一种心理现实，是一个对已成为物质力量的意识形态的最好说明。佣人或职员的头脑里最初只是想要像上级一样，但逐渐地由于压抑性的物质依附的作用，他们的整个人格都按统治阶级的样式被重新塑造了。下中层阶级的人总是准备去迎合权威，他们扩大了**自己的经济地位和意识形态之间的裂隙**。他们生活在物质上受限制的环境中，但表面上却装出一副绅士的派头，常常到了滑稽可笑的程度。他们吃的食物既低劣又不够，但非常看重"一套体面的服装"。大礼帽和燕尾服成了这种性格结构的物质象征。最适合用来对一个民族的大众心理作出第一印象评价的，莫过于他们的服装。特别能把下中层阶级人士的性格结构同产业工人的性格结构区别开来的，正是这种迎合态度。[①]

这种同权威的自居作用究竟有多么深呢？我们已经知道，这种自居作用是存在的。然而，问题在于——除了对他们直接起影响作用的经济生活条件而外——情感因素是如何增强并巩固下中层阶级人士的态度的，以致他们的性格结构在危机时期，甚至在失业破坏着直接经济基础时也不会波动。

[①] 这只适用于欧洲。在美国产业工人采取了下中层阶级的习惯，从而模糊了二者的界限。

我们上面说过,下中层阶级各个阶层的经济地位是不同的,但它们家庭状况的基本特点却是一样的。**正是在这种家庭状况中,我们找到了我们前面描述的性格结构的情感基础的关键。**

家庭纽带与民族主义感情

起初,下中层阶级各个阶层的家庭状况与直接的经济地位是一致的。家庭——除职员的家庭而外——也构成一种小规模的经济企业。小商人家庭的成员经营自己的生意,用不着为外来的帮助而支付费用。在中小农庄里,家庭与生产方式的一致性表现得更为明显。大家族的经济(例如扎格鲁达)基本上是建立在这种实践上的。在家庭与经济紧密交织在一起的情形中,可以找到解决下列问题的关键:为什么农民被"束缚于土地"和"传统"上,因而非常容易受政治反动势力的影响?这并不是说经济存在方式是决定农民对土地和传统依附的唯一因素;而是说,农庄主的生产方式要求所有家庭成员结成一个严格的家庭纽带,这个纽带以意义重大的性压制和性压抑为前提。正是在这个双重基础上,产生了典型的农民看问题的方式。它的核心是由家长制的性道德构成的。在别的地方,我描述过苏联政府在农业集体化中碰到的困难,造成这些困难的原因不仅是农民"对土地的热爱",而且更重要的是受土地制约的家庭纽带。

> 首先,为整个民族保留一个相当大的作为基础的农民阶级,我们对此给予再高的评价也不过分。我们现在的许多苦难,都是由农村人口和城市人口之间的不健康的关系造成的。稳固的小农和中农,在任何时代都是抵御像我们今天碰到的这样的社会疾病的最好力量。此外,只有这样才能解决一个民族在内在经济运行中每天的口粮问题。工业和商业要放弃它们不健康的领导地位,去适应供需平衡的国民经济的总框架。
>
> 《我的奋斗》第 138 页

第二章　法西斯主义大众心理学上的家庭权威主义意识形态

这就是希特勒采取的立场。尽管在经济学上这样说没有什么意义,尽管政治反动势力很难阻止大农业的机械化和小规模农业的解体,但从大众心理学的角度来看,这种宣传是有意义的,因为它对中下层阶级各阶层的紧密结合的家庭结构起了一种影响。

家庭纽带和农村经济形式之间的这种密切联系,最终是由掌权后的纳粹党来表现的。既然就其大众基础和意识形态结构而言,希特勒的运动是一个下中层阶级的运动,那么它最早的措施之一——打算笼络中产阶级——就是1933年5月12日颁布的《农业所有制新秩序》法令,这个法令恢复了旧时代的建立在"血缘和土地不可分割的统一"基础上的法典。

这里我们摘录几段有特色的文字:

> 血缘和土地的这种不可分割的统一,是一个民族健康的必不可少的前提。在德国,过去几个世纪的农村立法,从法律上也保护了这种出自一个民族的自然的生活感情的纽带。农庄是祖先的农民家庭的不可出卖的遗产。后来硬性提出的外来的立法,破坏了这种农村立法的合法基础。然而,在国家的许多地区,对民族的基本生活观有健康意识的德国农民,坚持以过去的习惯把农庄一代接一代地传下来。
>
> 一个觉醒起来的民族的政府绝对有义务通过法律调节德国习俗靠限定继承权法保留的血缘和土地的不可分割的统一,来保证民族的觉醒。
>
> 作为遗产继承人而在主管地区法院注册的农庄或林地所有者,应该根据限定继承权法来继承他的财产。这种继承下来的农场的所有者,叫做农场主。一个农场主只能拥有一个按这种法律继承的农场。农场主的孩子中只有一人可以接管这个被继承的农场。他是合法的继承人。可以为共同继承人提供农庄,直到他们在经济上独立时为止。如果不是因他们自身的过失而陷入贫困境地,他们在以后岁月里也有权在该农庄居住。没有注册的但又有注册资格的农庄的转让,按限定继承权

法管理。

一个按继承权继承下来的农庄,所有者必须是一个属于德国公民并且具有德国血统的农场主。所谓具有德国血统的人,只是指他前四代的男性祖先或其他祖先中无一人是犹太人或有色人种的人。显然,根据这个法律条文,每一个条顿人都具有德国血统。同一个非德国血统的人结婚,所生后代永远不得按这个法律继承农庄。

这个法律的目的是保护农庄在继承过程中免遭沉重债负和有害的肢解,保证它是自由农场主的家庭的永久遗产。同时,这个法律的目的也是为了有益地分配农业土地。大多数自给自足的中小农庄尽可能均匀地遍布全国,这对于保护国家和人民健康是必要的。

这个法律表达了什么样的倾向呢?它是和大农业的利益不一致的,大农业打算兼并中小农庄,并加剧大土地所有者同无财产的农村无产者之间的分化。但农村中产阶级的保存,充分补偿了大农业这个打算的失败,大农业对农村中产阶级有相当大的兴趣,因为这个阶级代表着它的权力的群众基础。小土地所有者不仅仅是作为**财产私有者**而与大土地所有者相统一的。这本身没有太多的意思。这里重要的是保存中小财产所有者的意识形态气氛,即以家庭单位运转的小企业中存在的气氛。正是这种气氛,产生了最好的民族主义斗士,并使妇女充满了民族主义热情。这就解释了为什么政治反动势力总是空谈"农民的保护性道德的影响"的原因。总之,这是一个性经济问题。

个人主义的生产方式和权威主义家庭在下中层阶级中的交织,是"大家庭"的法西斯主义意识形态的众多根源之一。以后在另一章中我们还会碰到这个问题。

尽管法西斯主义意识形态宣扬"共同利益重于个人利益"以及"协作观念",但小商业在经济上的彼此争斗,仍然符合中下层阶级典型的家庭私囊和竞争。法西斯主义意识形态的基本因素,如"元

第二章　法西斯主义大众心理学上的家庭权威主义意识形态

首原则"、"家庭政策"等等，具有一种个人主义的特点。法西斯主义中集体的东西来自大众基础中的社会主义倾向，正像个人主义的因素来自大商业的利益和法西斯主义领导层一样。

从人的自然组织的角度来看，这种经济和家庭状况，如若不是由男女之间的一种特殊关系，即我们所说的父权制以及从这种关系中派生出来的性方式来保证，就会破碎。

在经济上，城市中层阶级人士的地位并不比体力劳动者更好。因此，他基本上要依赖他的家庭和性生活方式来努力同劳动者区别开来。他经济上的损失不得不以一种性道德主义方式来补偿。在职员那里，这种动机是他同统治政权的自居作用的最有效因素。既然一个人没有和上中层阶级平起平坐，却又以上中层阶级自居，那么就不得不用性道德主义意识形态来补偿经济上的限制。从根本上说，性生活方式和依赖于这些性生活方式的文化生活方式，有助于他同下层阶级区别开来。

以一个人的性态度为核心而且通常被叫作"市侩作风"的这些道德主义态度的总和，在**荣誉**和**义务**的观念上——我们说的是观念，而不是行为——达到了顶点。应该正确地估价这两个词对下中层阶级的影响，否则我们对它们的研究就没有太大的意思。这两个词在法西斯主义的独裁意识形态和种族理论中一再出现。实际上，正是下中层阶级的生活方式，它的生意习惯，造成了一种完全相反的行为。不诚实的性格是私人经商生活的一部分。当一个农场主在买一匹马时，他就极力贬低这匹马。而当他一年后再卖这匹马时，他就把这匹马形容得更年幼、更好、更强壮。一个人的"义务"感是由商业利益，而不是由民族性格特点塑造的。自己的商品总是最好的，而别人的商品总是最坏的。贬损自己的竞争者——通常这种贬损一点也不诚实——是一个人"做生意"的基本工具。小商人对顾客的谄媚和恭敬行为，证明了经济生存的强烈压力，长期下去它一定扭曲最好的性格。然而，"荣誉"和"义务"的观念在下中层阶级的生活中起了非常决定性的作用。不能只根据一个人极力想掩盖自己残忍的唯利是图的背景，来解释这一点。因为从"荣誉"和"义务"的观念中产生的狂喜,不管多么虚伪,都是确实无疑的。问题仅仅在于它的来源。

这种狂喜是从无意识的情感生活的根源中产生的。起初人们并不注意这些根源,人们高兴得忘乎所以,忽视了这些根源同上层的意识形态的联系。然而,对下中层阶级人民的分析,使人们对性生活与"义务"和"荣誉"的意识形态之间的关系的重要性确信无疑了。

举例来说,父亲的政治和经济地位反映在他同家庭其他成员的父权制关系上。在每一个家庭中,权威主义国家在父亲这个人物身上找到了它的代表,所以,家庭成了它的权力的最重要工具。

父亲的权威主义地位反映了他的政治作用,并显示了家庭与权威主义国家的联系。在家庭中,父亲占居的地位就像在生产过程中他的老板相对于他而占据的地位一样。父亲在他的子女中,特别是在他的儿子中,再生了他对权威的臣服态度。下中层阶级人士对元首人物的消极的奴隶态度,就是在这些条件下产生的。可以毫不夸张地说,希特勒元首地位就是建立在这种下中层阶级的态度上的。他写道:

> 居压倒多数的人民在天性和态度上是如此地脆弱,以致用严肃的推理远不如用情感和感情更能支配他们的思想和行动。
>
> 这种感情并不复杂,而是非常简单,千篇一律。它并没有多方面的细微区别;它只是肯定和否定;爱或恨,正确或错误,真理或谎言,决不一半这一半那,决不要么部分、要么全部。

《我的奋斗》第 183 页

这并不是一个"内在气质"的问题,而是权威主义社会制度在其成员的性格结构中的再生产的一个典型例子。

为维护父亲的这种地位实际上必需的东西,是对妇女和儿童最严格的性压制。尽管妇女在下中层阶级的影响下产生了一种顺从态度——一种为被压制的性造反所强化的态度——但儿子除了对

第二章　法西斯主义大众心理学上的家庭权威主义意识形态

权威的服从态度而外,还产生了一种强烈的同父亲的自居作用,这种自居作用构成了情感上同权威的自居作用的基础。一个社会的支持性阶层的心理结构就这样被构造出来,以致它们像一架精密机器的部件那样准确地适合于经济框架并服务于统治政权的目的。这其中的奥妙将长期是一个难解之谜。总而言之,我们描述的一个社会的经济制度在群众心理上的结构再生产,是政治观念形成过程中的基本机制。

只是到了很晚的时候,经济和政治竞争的态度才促进了下中层阶级的心理结构的发展。在这一阶段形成的反动思想,是可追溯到在权威主义家庭气氛中成长的儿童的早期的心理过程的第二个连续物。举例来说,儿童与成年人之间的竞争是存在的,但更有意义的是还存在着同一家庭的儿童之间在和父母的关系上的竞争。这种在以后成年时期并在家庭之外的生活中主要表现为经济竞争的竞争,在儿童时期主要是同一家庭的成员之间在强烈的爱与恨的情感关系上进行的。这里我们不来详细探究这些关系,这本身就是一个研究领域。我们只想指出,性禁锢和性衰弱构成了权威主义家庭存在的最重要的前提,是下中层阶级人士的结构形态的最根本的基础;这些性禁锢和性衰弱借助于宗教畏惧而被包裹起来,而宗教畏惧又注入了性犯罪感,深深地根植于情感之中。由此我们碰到了宗教与否定性欲的关系问题。性衰弱导致自信心低落。一方面,它由性生活的残酷化来补偿,另一方面,它由僵化的性格特点来补偿。强制性地控制一个人的性活动,坚持性压抑,导致了病态的、有情感色彩的荣誉和义务、勇敢和自制的观念[1]。但是,这些心理态度的病态情感是与一个人的个人行为的现实情况很不一致的。那些在生殖器上获得满足的人是诚实的、有责任心的、勇敢的和理智的,用不着为此事而过多操心。这些态度是他的个性的一个有机部分。而那种生殖器无能、性结构充满矛盾的人,

---

[1] 国家社会主义党人恩斯特·曼的《斗争的道德》,对于认识这些关系来说,是一本特别有用的书。

一定老想着控制他的性活动,保持他的性尊严,勇敢地面对诱惑,等等。抵制手淫诱惑的斗争,是每一个青少年和每一个儿童都毫无例外地体验到的。反动者的性格的所有因素都是在这种斗争中发展起来的。在下中层阶级中,这种结构得到了最大的强化,并被最深地包嵌起来。每一种神秘主义都从这种强迫性的性压制中获得了它最积极的能量,在某种程度上也获得了它的内容。就各类产业工人受到同样的社会影响而言,他们也产生了相应的态度。然而,与下中层阶级相比较,由于他们生活方式上的独特差别,性肯定的力量在他们身上要明显得多,也更自觉得多。这些结构由于无意识的焦躁而在感情上锚定下来,并被那些像是完全非性的性格特点掩盖起来,从而导致单靠理性的论证不能揭示个性的这些深层次。这种说法对实际的性政治具有什么样的重要性,我们将留在下一章讨论。

这里不可能详细讨论在何种程度上**无意识的**抵制自身性欲的斗争产生了形而上学的和神秘的思想。我们只提一个有关国家社会主义意识形态的典型例子。我们一再碰到一系列这样的用语:**个人荣誉**、**家庭荣誉**、**种族荣誉**、**民族荣誉**。这个排列顺序是与个体结构的各个层次相一致的。然而,它没有把社会经济基础包括在内,如**资本主义**,或毋宁说父权制;强制性婚姻制度;性压制;个人抵制自身性欲的斗争;个人的补偿性的荣誉感,等等。"民族荣誉"的意识形态在这个排列顺序中占据着最高的地位,它是和民族主义的非理性核心相等同的。然而,为了理解这一点,有必要再偏离一下我们的主要论题。

权威主义社会反对儿童和青少年性活动的斗争,以及由之而来的一个人自我的斗争,发生在权威主义家庭的框架内,家庭已被证明是成功地进行这种斗争的最好制度。性欲自然地迫使一个人同世界发生各种联系,以各种各样的形式与世界密切接触。如果性欲受到压制,那么它就只有一种可能性:在家庭的狭窄框架内发泄。性禁锢既是个人的家庭封闭的基础,也是个人的自我意识的基础。人们应该认真注意这样一个事实:形而上学的个人情感行

第二章　法西斯主义大众心理学上的家庭权威主义意识形态

为和家庭情感行为,只是同一个基本的性否定过程的两方面,而注重现实的、非神秘的思想则对家庭持松散态度,对禁欲主义的性意识形态无动于衷。在这一点上重要的是,权威主义家庭的纽带是靠性禁锢建立起来的;正是儿童与母亲以及母亲与孩子的这种最初的生物纽带,构成了性现实的障碍,并造成一种无法解除的性固定,无力形成别的关系①。与母亲的纽带是一切家庭纽带的基础。在**主观的情感核心中**,**祖国和民族**的概念**就是母亲和家庭的概念**。在各中层阶级中间,母亲是儿童的祖国,如同家庭是"小型的民族"一样。这将使我们用不着认识其更深刻的内涵便能理解国家社会主义党人戈培尔为什么用下面的话作为 1932 年国家社会主义党年历上的戒律:"决不要忘记你的祖国是你生命的母亲。"在 1933 年"母亲节"之际,安格里夫声称:

> 母亲节。民族革命已经扫除了一切渺小的东西!观念又一次领导,而且完全领导家庭、社会、民族。母亲节的观念完全符合德意志观念象征的荣誉:德意志母亲!在其他任何地方都不会像在新德国这样给予妻子和母亲如此殊荣。她是家庭生活的保护人,而正是从家庭生活中生长出那些将重新领导我们民族前进的力量。她,德意志母亲,是德意志民族观念的载体。"母亲"的观念同"德意志"的观念**是不可分割的**。难道还有比我们互相为母亲争光更能使我们紧密团结的东西吗?

不管在经济上和社会上说这些话是多么地虚假,但从人类结构的角度看,它们是真实的。因此,民族主义感情是家庭纽带的直接继续,同样扎根在同母亲的固定的②纽带中。这在生物学上是无法

---

① 因此,弗洛伊德发现的"恋母情结"并不完全是一个原因,因为它也是社会强加于儿童的性限制的一个结果。尽管父母完全意识不到自己在干什么,实际上却执行了权威主义社会的意图。

② 即不可分离地、不自觉地生根的。

解释的。因为,就这种同母亲的纽带发展成一种家庭的和民族主义的纽带而言,它本身就是一种**社会的**产物。在青春期,如果性限制没有使它永恒化的话,它会为其他依恋,即自然的性关系留下地盘。但正是由于社会促成的这种永恒化,它在成年人身上成了民族主义感情的基础;只是在这一阶段,它成了一种反动的社会力量。如果产业工人的民族主义情感远不如下中层阶级工人的情感那样明显,那么,这应归因于前者具有的不同的社会生活以及由此而来的较松散的家庭纽带。

此时我不希望有人为此不安,指责我们想使社会学"生物学化",因为我们非常清楚,产业工人家庭生活之所以不同也是由产业工人在生产过程中的地位决定的。然而,我们还应该问,为什么产业工人明显易于接受国际主义,而下中层阶级的工人强烈倾向于民族主义呢?在客观的经济状况中,只有考虑到上面描述的产业工人的经济状况和家庭状况之间的联系,才能辨别出造成这种差异的因素。用别的方式是辨别不出来的。只要一谈到社会制度的固定,马克思主义理论家就奇怪地拒绝把家庭生活当作一种**同等重要**的因素,当作形成人类结构的**决定性**因素。这种奇怪的拒绝态度应追溯到这些理论家的家庭纽带。家庭纽带是最强烈的和最富有情感的,这一事实不可能被估计得过高。①

可以进一步探索一下家庭意识形态和民族主义意识形态之间的本质联系。家庭像民族一样是彼此割裂的和对立的。在这两种

---

① 那种尚未摆脱同自己的家庭、同自己的母亲的纽带的人,或那种至少不清楚或没有排除它们对他的判断的影响的人,不会去考察意识形态的形成。那种想把这些事实当作"弗洛伊德的东西"不予考虑的人,只能证明自己犯了科学愚昧病。人们应该进行论证,不应该空谈,没有专门知识不行。弗洛伊德发现了恋母情结。没有这个发现,革命的家庭政治学就是不可能的。但弗洛伊德没有对家庭形态作出这样的估价和社会学的解释,就像机械的经济学家没有把性理解成一种社会因素一样。尽管已经证明辩证唯物主义曾被不正确地使用,但毫无疑问,在弗洛伊德之前每一个工人都发现了恋母情结。摧毁法西斯主义,不是靠口号,而是靠知识。错误是可能的,而且会被纠正,但科学的愚钝却是反动的。

第二章　法西斯主义大众心理学上的家庭权威主义意识形态

情形中,这种割裂和对立的最终基础都是一种经济的基础。下中层阶级家庭(职员、低收入白领工人等家庭)不断为食物和其他物质琐事而烦恼。因此,下中层阶级大家庭的扩张趋势,也再生了一种帝国主义的意识形态:"民族需要空间和食物。"为此理由,下中层阶级人士特别容易受帝国主义意识形态影响。他能与人格化的民族概念完全统一起来。正是以此方式,家庭帝国主义从意识形态上在民族帝国主义中再生出来。

在这一方面,刊登在《该死的钩十字》小册子[①]上的戈培尔的一段话是有意思的。戈培尔写这段话是为了回答犹太人是不是人的问题。

> 如果有人用鞭子抽你母亲的脸,你会对他说"谢谢你"吗!他还算个人吗?凡这样做的人就不是人,而是畜生!犹太人给我们的德意志母亲不知带来了多少更恶劣的灾难,而且现在仍然这样对待她!犹太人已使我们种族堕落,耗干了我们的精力,破坏了我们的风俗,败坏了我们的力量。……犹太人是活生生的腐朽的魔鬼,向人民下了罪恶的毒手。

人们应该知道把阉割作为对性快乐的惩罚的念头多么重要,人们应该懂得杀牲祭神的幻想的性心理背景以及这种反犹太主义的背景,此外,人们还应正确估价反动者的性犯罪感和性焦躁。这样才能判断这些无意识地写下的话怎样触动着普通读者的无意识情感。正是在这些话中和它们无意识的情感冲击中,我们找到了国家社会主义的反犹太主义的心理学根源。过去人们认为这些话不过是一种"糊涂"。肯定,这些话是糊涂的。但人们忽视了,在意识形态上法西斯主义是一个在性上和经济上患了不治之症的社会对绝对革命的性自由和经济自由趋势的抵制,它以极度的恐怖把关

[①] 慕尼黑埃塞出版社,第16页和18页。下面引文中着重号系赖希所加。——译者注

于抵制这种自由的思想逐渐灌输给了反动者。这也就是说,经济自由的确立是和旧制度的解体(特别是那些统治性的性政策)齐头并进的,而反动者以及产业工人(就他是反动的而言)对此是不能立即适应的。在反动思想家的头脑里,"性自由"就是性混乱和性放荡,正是对性自由的畏惧最严重阻碍了摆脱经济剥削枷锁的渴望。只要这种对性自由的误解流行开来,就会出现这种情况。只有当人民大众弄不清楚这些决定性问题时,这种误解才会不断流行。正是因为这个理由,性经济应当在理顺社会关系上起一种根本作用。反动的心理结构越是广泛而深深地控制着劳苦大众,教育人民群众勇于承担社会责任的性经济工作也就越具有决定性的重要意义。

在经济因素和心理结构因素的这种相互作用中,正是权威主义家庭代表着再生产每一种反动思想的最突出、最根本的源泉;它是一个生产反动的意识形态和反动的心理结构的工厂。因此,"保卫家庭",即保卫权威主义大家庭,是每一种反动政策的第一句文化箴言。这就是在"保卫国家、文化和文明"的言辞下从根本上被掩盖起来的东西。

纳粹党1932年竞选总统的竞选宣言(阿道夫·希特勒《我的纲领》)声称:

> 女人在天性上命定是男人的配偶。因此,男人和女人无论在生活上还是在工作中都是伴侣。正如几个世纪以来的经济发展已经改变了男人的工作领域一样,它必然也改变了女人的领域。除了必须一起劳动而外,男人和女人的义务就是保存人本身。在两性的这个最崇高的使命中,我们还发现了他们个人才能的基础,这是天意按它永恒的智慧永久不变地给予他们二者的。因此,为生活的配偶和工作的伴侣提供一个可能的家庭基础,这是最高的任务。它的最终破坏将意味着每一种更高的人性的结束。不管女人的活动领域伸延得多么远,真正有机的合逻辑的发展的最终目的应永远是创造一个家庭。家庭是国

第二章　法西斯主义大众心理学上的家庭权威主义意识形态

家完整结构中的最小的但最有价值的单位。工作给男人和女人带来了荣誉,但孩子提高了妇女的荣誉。

在"保护农民意味着保护德意志民族"的标题下,这篇宣言说:"在对健康农民的保护和鼓励中,我进一步看到了防止社会灾难和防止我们民族的种族衰落的最好措施。"

在这一方面,如果人们不想犯错误的话,不可忘记农民传统的家庭纽带。该宣言继续说:

> 我认为,一个民族为了增强自己的抵御力,不应只按照理性的原则生活,它还需要精神的和宗教的支持。我们文化的布尔什维克主义的事件对民族实体的毒害和瓦解,差不多比政治的和经济的共产主义的影响更是灾难性的。

纳粹党,作为一个像意大利法西斯主义一样由于迎合大土地所有者的利益而取得了最初成功的党,不得不努力赢得中小农场主,不得不在他们中间为自己建立一个社会基础。在这一点上,它自然不能在宣传中公开维护大土地所有者的利益,而是不得不直接求助于小农场主,特别是求助于他们中间由于家庭状况和经济状况的迭合而产生的心理结构。只是就下中层阶级的这个因素而言,才有理由说男人和女人是工作中的伴侣。它并不适用于产业工人的情况。甚至对农民,它也只是在形式上适用,因为农民的妻子实际上是农民的奴仆。国家等级组织的法西斯主义意识形态的原型和现实表现,应到农民家庭的等级组织中寻找。农民家庭是一个小型的民族,家庭的每一个成员都以这种小型的民族而自居。因此,在整个家庭都经营一种小企业的农民和下中层阶级中,出现了这种易于接收大帝国主义意识形态的基础。在农民和下中层阶级中,母性的偶像化是很明显的。这种偶像化同反动的性政治是怎样联系在一起的呢?

民族主义的自信心

在下中层阶级大众的个体结构中,民族的纽带和家庭的纽带是一致的。一种不仅与这个阶级相平行而且实际上也出自于它的过程特别地强化了这些纽带。从大众的角度看,民族主义的元首是民族的人格化。只要这个元首实际上是按照大众的民族感情来使民族人格化的,就会产生一种大众同他的个人纽带。如果他知道如何在大众个体中唤起情感的家庭纽带,他也就成了一个权威主义的父亲式的人物。他吸引着所有一度准备献给既严厉又起保护作用的感人的父亲(在孩子的眼里是感人的)的情感态度。当我们同国家社会主义同情者讨论纳粹党纲的不合理性和矛盾性时,经常会听到有人说希特勒知道怎样做得更好——"他会完全正确地处理每一件事情"。这里明确表达了孩子对父亲的保护态度的需要。从社会现实看,正是人民大众的这种对保护的需要,使得独裁者能"处理每一件事情"。人民大众的这种态度阻碍了社会的自我管理,即合理的独立和合作。真正的民主是不可能而且也不会建立在这种态度上的。

然而,最要命的是大众个体同"元首"的**自居作用**。"大众个体"由于自己的教养而越是变得无能,他同元首的自居作用也就越明显,儿童对保护的需要也就越是伪装上同元首保持一致的感情形式。这种自居倾向是民族自我陶醉的心理学基础,即个人从"民族的伟大"中获得的自信心的心理学基础。反动的下中层阶级人士在元首身上,在权威主义国家中领悟到**自身**。根据这种自居作用,他感到自己是"民族传统"的维护者,"民族"的维护者,而同样根据这种自居作用民族并不阻止他同时蔑视"大众",把大众视为一个人。他的夸大了的自认为属于一个统治者种族和有一个英明元首的思想,模糊了他的物质状况和性状况的灾难,以致随着时间的推移,他再也看不出他已完全陷于一种无意义的盲目的忠诚地位。

第二章　法西斯主义大众心理学上的家庭权威主义意识形态

那种意识到自己本领的人,即那种克服了顺从的心理结构的,以自己的劳动自居而不是同元首相自居,以国际劳动大众自居而不以民族祖国自居的人,代表着与此相反的东西。不是在同元首相自居的基础上,而是在意识到从事社会存在必不可少的工作的基础上,**他感到自己是一个领袖**。

在这里起作用的情感力量是什么？这并不难回答。激发起这种根本不同的群众心理类型的那些情感,和那些在民族主义者身上发现的情感是一样的。所不同的只是激发起这些情感的东西的内容。自居的需要是同样的,但自居作用的对象是不同的,也就是说,是工人同事而不是元首,是自己的工作而不是一种幻想,是地球上的劳动者而不是家庭。简言之,对自身本领的国际意识是同神秘主义和民族主义相对立的。但这肯定并不意味着可以忽略自由的工人的自信心;只有反动者才醉心于"为共同体服务",以及在危机时期"一般利益高于个人利益"。它仅仅意味着,自由的工人的自信心来自对自己本领的意识。

在过去15年里,我们曾面临一个难以理解的事实：在经济上,社会分化为十分明确的社会阶级和职业。根据纯经济的观点,社会意识形态来自特定的社会状况。所以,一个阶级的特定意识形态或多或少应符合这个阶级的社会经济状况。与其集体的劳动习惯相一致,产业工人不得不产生一种强烈的集体感情,而小商人不得不产生一种强烈的个人主义。大商行的雇员不得不具有一种类似于产业工人感情的集体感情。但我们已经看到,心理结构和社会状况很少相一致。我们要把意识到自己本领的有责任心的工人同神秘的民族主义的反动主体区别开来。我们在每一社会职业阶级中都会碰这两种类型。有上百万反动的产业工人,也有许许多多的教师和医生意识到了自己的本领并为自由事业而战斗。因此,社会状况和性格结构之间不存在简单的机械的联系。

社会状况只是外部条件,对个人的意识过程有一种影响。各种社会影响是通过**本能的动力而排他性地**控制情感的,现在应该考察这些本能的动力。从一开始就很明显,饥饿不是这样的一种本能动力,至少它不是决定性的因素。如果它是,那么在 1929—1932 年的危机期间就本该发生国际革命了。不管这对过了时的纯经济观点是多么危险,但却是一个合理的论点。

当精神分析学家在社会学上笨拙地力图把社会革命解释成"婴儿对父亲的造反"时,他们头脑里想的"革命者"是来自知识界的。的确有这种情况,但它并不适用于产业工人。在工人阶级中间,父亲对孩子的压制确实非常严厉,它有时甚至比下中层阶级中间的压制更残酷。但这不是问题所在。主要能把这两个阶级区别开来的东西可以在他们的生产方式中以及由这些方式而产生的性态度中找到。要害在于:在产业工人中间父母也压制性活动,但产业工人的孩子所碰到的矛盾是下中层阶级中不存在的。在下中层阶级中,**只有**性受到压制。这个阶级的性活动是性动力和性禁锢之间的矛盾的纯粹表现。在产业工人中却不是这么回事。按照他们的道德主义意识形态,产业工人有他们自己的——有时明显、有时不明显的——性观点,这些性观点是同道德主义意识形态直接对立的。此外,他们的生活条件和他们在工作中的密切合作也起了影响。所有这一切都不利于他们的道德主义的性意识形态。

因此,普通产业工人不管他在其他方面多么糊涂和保守,都因自己公开的不受限制的性态度而有别于普通下中层阶级的工人。他们比典型的下中层阶级的工人更无可比拟地易于接受性经济的观点。正因为他们缺乏那些国家社会主义和教权主义的意识形态所需的根本的态度,即以权威主义的国家权力,以"至上的元首",以民族而自居,他也就更易受影响。这也证明了,国家社会主义意识形态的基本因素有着一种性经济的根源。

小农场主由于其个人主义的经济并由于其家庭状况的极端孤立,非常容易接受政治反动的意识形态。这就是社会状况和意识形态不相一致的原因。以最严格的家长制习惯和与之相应的道德为特点,小农场主仍然在自己的性活动上发展了自然的——尽管是被扭曲的——形式。与下中层阶级工人相对照,如同产业工人中的情况一样,农村青年在早期阶段就开始性交;然而,由于严格的父

第二章　法西斯主义大众心理学上的家庭权威主义意识形态

权制教育,这种青年在性生活上是非常混乱的,甚至是残酷的;性活动是在秘密处进行的;性冷淡是姑娘们的通病;性谋杀和冷酷的嫉妒以及对妇女的奴役,在农民中是典型的性现象。歇斯底里症在哪里都没有像在乡村里那样猖獗。父权制婚姻是严格受农村经济所支配的农村教养的最终目标。

过去几十年里,产业工人中间开始产生一种意识形态过程。这一过程的物质表现最明显地体现在纯工人贵族的文化中,但在普通产业工人中间也有所体现。20世纪的产业工人不是19世纪卡尔·马克思时代的无产阶级。在很大程度上,他们接受了资产阶级社会阶层的习惯和观点。当然,形式上的资产阶级民主没有消除经济差别,正如它没有消除种族偏见一样。然而,那些在一定限度内有了基础的社会倾向,已经抹去了各社会阶级之间的性格结构和意识形态的界限。英国、美国、斯堪的纳维亚各国、德国的产业工人正越来越资产阶级化。为了理解法西斯主义是如何渗透进工人阶级的,应该追溯一下从资产阶级民主到"紧急权限法令",到中止议会,到公开的法西斯主义专政的过程。

产业工人的"驯化"

法西斯主义从两方面侵袭了工人团体:一是靠直接的物质腐蚀而从"游民无产者"(一个人人都反对的表达词)一方面,二是既靠物质腐蚀又靠意识形态影响而从"工人贵族"一方面。德国法西斯主义以它政治上的无耻,向每一个人许诺一切。在贾默博士的《资本主义》(《进击》,1931年9月24日)一文中,我们发现他说:

> 在什切青的德国民族党集会上,胡根伯格公开抨击具有使人耳目一新的独特性的国际资本主义。然而,同时他又强调国家资本主义的必要性。
>
> 这样一来,他再一次把德国民族党人同国家社会主义党人明确区别开来了;因为后者非常清楚,全世界正在崩溃的资本

主义经济秩序,应由一种不同的秩序来取代,因为即使在国家资本主义中也不会有任何正义。

这听起来简直像是共产主义的语言。这是法西斯主义宣传直接地并带有故意欺骗意图地求助于产业工人的革命热情的一个例子。但关键的问题在于为什么国家社会主义的产业工人没有看出法西斯主义是向每一个人都许诺一切。大家知道,希特勒同工业巨头谈判,接受了他们的财政支持,并许诺禁止罢工。因此,尽管革命组织的细致工作使普通工人意识到了这些矛盾,但普通工人没有正直地正视这些矛盾,这应归因于他们的心理结构。希特勒在和美国记者尼克博克的谈话中,就提到了承认外国私人债务的问题:

  我深信,国际银行家将很快认识到,在国家社会主义党的政府领导下,德国将是一个可靠的投资场所,将甘心情愿地按大约3%的利率还息。

《德国的选择》第 211 页

如果革命宣传的基本任务是"使无产阶级觉醒",那么,仅仅通过求助于他们的"阶级意识"是做不到的,仅仅通过不断地用客观的经济和政治状况来打动他们也是做不到的,而且肯定也不能靠不断揭露对他们实行的骗局来做到。革命宣传的最首要的任务应是最有同情心地考虑**工人中间的矛盾**,把握这样一个事实:并不是明确的革命意志被掩盖了或模糊了,而是无产阶级心理结构上的革命冲动一方面没有发展起来,另一方面同相反的反动的结构因素混同起来。提炼广大群众的革命情感的精华,无疑在唤醒他们的社会责任心的过程中是基本的任务。

在"平静的"资产阶级民主时期,产业工人面临着两种根本的可能性:以在整个社会上占据着更高地位的资产阶级自居,或以他

第二章　法西斯主义大众心理学上的家庭权威主义意识形态

自己的产生着反对反动的生活方式的社会阶级自居。追求第一种可能性，意味着妒忌反动者，模仿他们，如果有机会的话，吸取他们的生活习惯。追求第二种可能性，意味着拒斥反动者的意识形态和生活习惯。由于这两种社会的阶级的习惯同时发挥着影响，因此这两种可能性是同样强有力的。革命运动也未能理解这些看起来无关的日常习惯的重要性，经常不去利用它们。即使"下层人"有革命的头脑，一旦有条件他也会购买下中层阶级的套房；即使他是一个共产党人，他后来也会压制妻子；"体面的"星期日服装、"优雅的"舞步和上千种其他"陈腐的东西"，如果一天天重复下去，所产生的巨大的反动影响是成千种革命集会和传单根本无法抵销了的。狭窄的保守生活起着一种连续不断的影响，渗透到了日常生活的每一方面；而工厂劳动和革命传单只有一种短暂的效果。把宴会"当作赢得群众的手段"，以此迎合工人中的保守倾向，这是一个重大的错误。反动的法西斯主义在这一方面要老练得多。初露萌芽的革命生活方式没有培养起来。在一个工人的妻子为了参加这样的"宴会"而买的"夜礼服"中，包含着比上百篇文章中更多的关于工人的反动结构的真理。当然，夜礼服和家庭啤酒晚会只是工人中的一个过程的外部表现，证明了这样一个事实，即接受国家社会主义宣传的基础已经存在。除此之外，当法西斯主义者许诺"消除无产者"并以这个许诺而取得成功时，成功的原因90%是夜礼服，而不是经济纲领。我们应该更加注意，格外注意这些日常生活琐事。正是围绕着这些琐事，而不是围绕着那些只激发暂时热情的政治口号，社会进步或它的对立面有了具体的形式。在这方面有重要的富有成果的工作在等待着我们。在德国，过去对群众所做的革命工作差不多唯一限定在"反饥饿"的宣传上。这种宣传的基础尽管实际上也是**重要的**，但已证明太狭窄。在幕后，在群众个体的生活中正发生成千上万不同的东西。例如，年轻工人有上千个性问题和文化问题，一旦他把饥饿平息到很小程度，这些问题就开始折磨他。反饥饿的斗争具有第一位的重要性，但也应该把人类生活的隐蔽过程放到这种闹剧的强烈灯光下，在这种闹剧中我们同时既是观众又是演员；应该不加抑制地而且不畏惧后果地这样做。

劳动者在力图发展自己的生活观和观察事物的自然方式时，无疑表明自己是有无限创造力的。对日常生活问题的把握，会给受反动势力感染的群众以无敌的动力。详细、具体、恰当地研究这些问题，是必不可少的。它将加速并保证革命的胜利。请不要提出陈旧的反驳，把这些提议说成是空想的。只有靠强调劳动民主的生活方式的一切可能性，对反动的思想采取战斗的立场，并战斗地发展人民群众有生命力的文化种子，才能保证持久的和平。尽管反动的社会不负责任行为支配了社会责任心，但工人还会完全去接近革命的，即合理的行动。这也是在群众中绝对必需进行心理学工作的另一个理由。

一旦法西斯主义开始渗透进工人阶级，体力劳动的衰落（这是一种趋于模仿反动的白领工人的基本因素）就构成了法西斯主义所依赖的心理基础。法西斯主义许诺消灭阶级，即消灭无产者的地位，这样它也就影响了体力劳动者所感觉到的社会低下地位。只要农民依然移向城市而成为工人，他们也就带来了一种新的农村家庭的意识形态，正如我们已经表明的那样，这种意识形态是滋生帝国主义—民族主义意识形态的最好土壤。除此之外，在工人运动中有一个意识形态过程，我们在估价高度发达的工业国家和工业仍不发达的国家中革命运动的机会时，几乎没有注意这个过程。

考茨基注意到，高度工业化的英国的工人在政治上倒不如工业不发达的俄国的工人激进。[①] 在过去 30 年里，世界各个国家的政治事件已经清楚地表明，革命起义最容易在工业不发达的国家里发生，如中国、墨西哥和印度，而不容易在英国、美国和德国这样的国家里发生。尽管在后几个国家里有着扎根在过去传统中的有纪律而且组织严密的工人运动，情况依然如此。如果本身就是一种

---

① 《社会革命》第 2 版，第 59—60 页。

第二章 法西斯主义大众心理学上的家庭权威主义意识形态

病理征兆的官僚化来自工人运动,那么西方社会民主党和工会中的牢固的保守主义就不是什么意外的东西了。**从大众心理学的观点来看,社会民主党是建立在它的信徒的保守结构基础上的**。如同法西斯主义的情况一样,这里的问题主要不在于该党领导人所追求的政策,而在于工人的心理基础。我只想指出几个可以解开一两个谜的有关事实。这些事实如下:

在资本主义早期,资产阶级和无产阶级之间除了鲜明的经济分化而外,还有一种同样鲜明的意识形态分化,特别是心理结构分化。社会政策的贫乏、使人精疲力尽的16甚至18小时工作日、产业工人的低生活标准——恩格斯的《英国工人阶级状况》一文作了经典地描述——排除了资产阶级对无产阶级的任何心理结构上的同化。19世纪无产阶级的心理结构是以逆来顺受地服从命运为特征的。这种包括农民在内的无产阶级的心理情绪是一种漠不关心和麻木不仁的情绪。资产阶级思想是贫乏的;结果,如果有合适的机会的话,这种麻木不仁阻挡不了革命情感的突然爆发,阻挡不了这些情感发展到出乎意料的强烈和坚决程度。在资本主义后来几个阶段,情况却有所不同。如果一个有组织的工人运动成功地赢得了社会政治上的改进——如缩短工时、争取公民权、社会保障——这具有加强工人阶级力量的效果,但同时也出现了一个相反的过程:随着生活标准的提高,在心理结构上开始被中产阶级同化。随着一个人社会地位的提高,"他的眼睛开始向上看"。在繁荣时期,这种采取中产阶级习惯的倾向得到了增强,而在危机时期,采取这种习惯的后果却阻碍了革命情感的充分展开。

在危机时期社会民主党的力量状况,恰恰表明了工人完全沾染上了这种保守主义。因此,这种力量是无法用纯政治的理由来解释的。重要的是要理解它的基本因素。有两个事实非常突出:一是同元首的情感纽带,也就是说,毫不动摇地相信政治领袖的绝对正确性①(尽管存在着种种决不会物质化为行动的批评),二是在性道德上被下中产阶级的保守主义所同化。中产阶级的这种同化作用在每一地方都受到了上中产阶级的有力支持。社会民主党人在一开始,在法西斯主义还没有取得胜利时,的确应该挥舞他们的棍棒。相反,他们却把这些棍棒收存起来了,而且只用来对付革命工人。对社会民主党的群众来说,他们有一种更危险的权宜之计,即各个领域的保守意识形态。

后来,当社会民主党的工人发现自己陷入将使自己沦落到苦力地位的经济危机中时,他们身上几十年来形成的保守结构便严重阻碍了革命情感的发展。要么尽管他们批评并否定社会民主党人的政策,也仍留在社会民主党人的阵营中,要么他们转向纳粹党,寻求一种更好的替代物。由于革命情感和保守情感之间的深刻矛盾、犹豫不决和优柔寡断,以及对领袖的失望,他们走了阻力最小的道路。他们是否放弃保守倾向,并充分意识到自己在生产过程中的责任,即达到革命意识,唯一取决于革命党的领导是否正确。因此,共产党人断定,正是社会民主党的政策把法西斯主义扶上了马。从心理学的观点看,这个断定是正确的。如果没有革命的组织,那么,**对社会民主党的失望,再加上悲惨地位和保守思想之间的矛盾**,必定导致法西斯主义。例如,在1930—1931年英国工党政策惨败之后,法西斯主义开始侵袭工人,工人在1931年的选择

---

① 1932年在莱比锡一次大会后,我同参加这个关于政治危机的大会的社会民主党工人做了交谈。他们赞同一切反对社会民主党宣传的"走向社会主义的道路"的论点,但几乎不对他们自己和共产党人做什么区别。我问其中一人,为什么他们不相应地进而摆脱他们的领袖?他的回答使我感到震惊——这同他前面表明的观点多么不一致。他说:"**我们的领袖肯定知道他们在做什么。**"这就非常明确地表明了社会民主党工人所碰到的矛盾:同领袖的纽带阻碍了把对领袖政策的批评物质化为行动。根据这一点便不难理解,如果我们企图通过辱骂其领袖来赢得社会民主党工人,我们就犯了重大错误,既然他以自己的领袖而自居,他肯定只会对这种污辱反感。德国社会民主党的内部腐朽显然是在希特勒掌权前不久一小撮暴徒逮捕社会民主党的内务部长塞弗林时产生的。1200万社会民主党人没有阻止这件事。

第二章　法西斯主义大众心理学上的家庭权威主义意识形态

中转向了右派,而不是转向了共产主义。民主的斯堪的那维亚各国也受到了这种发展状况的严重威胁。①

罗莎·卢森堡认为,革命斗争不可能靠"苦力"。我们面对的是什么样的苦力,是经历保守的心理结构化**之前**还是**之后**的苦力呢?起先我们碰到的是一种几乎顽固不化的呆笨的但又有很大革命行动能力的苦力。后来我们碰到的是**失望**的苦力。还有比激发他们的革命倾向更困难的事情吗?法西斯主义还能多久利用群众对社会民主党的失望和群众"向制度的造反"来达到自己狭隘的目的呢?回答这一重大问题也许是困难的,但有一点是肯定的:国际革命运动如果想给法西斯主义以致命打击的话,它就必须去解决这个问题。

---

① 在很大程度上,1940 年挪威政府的垮台也应追溯到社会民主党的保守主义的这种影响。例如,社会民主党政府曾禁止军事组织游行,但在 1939 年挪威法西斯主义者却是唯一仍然上街列队行进并操练的人。这种"自由主义"大大鼓励了奎斯林的背叛。

第三章 种族理论

种族理论的内容

种族理论是德国法西斯主义的理论枢纽。在法西斯主义的意识形态上,所谓的 25 点经济纲领只是一种应急手段,旨在"从遗传上改进德意志种族,使它免遭种族杂交",因为在国家社会主义党人看来,杂交总要导致"高级种族"衰落。的确,他们的意图正是到人种混杂中追溯文化衰落的根源。因此,"保持血统和种族的纯洁"是一个民族最崇高的任务,人们必须准备为实现这一任务而牺牲一切。在德国和德军占领的国家,为了把这一理论付诸实践,可以不惜以任何手段来迫害犹太人。

种族理论出发的前提是,每一种动物只和自己的同类婚配是一个"铁的定律"。只有在例外的情况下,如被别的种族占领,才可能出现违背这个定律的种族杂交。然而,一旦出现这种事情,自然就要报复,使用它掌握的各种手段来反对这些犯法行为,要么使劣种不能生育,要么限制后代子孙的繁殖力。两种不同"水平"的生物杂交,其后代必然是居于二者之间的东西。但自然的目的是培育更高级的生命,因此,杂种化违背了自然的意志。自然的选择在每天的生存斗争中都起作用,斗争的结果是弱者即低劣的种族被淘汰。这符合"自然的意志",因为如果占绝大多数的弱者排挤了只占少数的强者,那么每一种改进和更高级的品种就会停止下来。因此,自然使软弱的物种承受较苛刻的生活条件,以此来限制它们

第三章 种族理论

的数目；而且，它也不允许其他物种不加区别地繁殖；它们都要依据能量和健康而听任冷酷的自然选择。

国家社会主义党人进而把这个假定的自然定律应用到民族问题上。他们的思路是这样的：历史的经验说明，"雅利安血统"与"低等"民族的"混合"，总要导致文明奠基者的退化。优等种族的水平降低了，接着便是生理和精神上的退化；这标志着进一步"衰落"的开始。

希特勒说，"只要德裔居民不犯玷污血统的罪"[①]，也就是说，只要他不同非德裔的民族杂交，北美大陆就会强大下去。

"所以，同非德裔民族的杂交，完全违背了永恒造物主的意志。"[②]这些观点显而易见是神秘的；大自然"根据理性"来"进行管理"和"行使意志"。这些观点是生物学的形而上学的逻辑顶点。

希特勒认为，人类分为三个种族：文明的奠基者、文明的支持者和文明的破坏者。只有雅利安种族是文明的奠基者，因为它建立了"人类创造力的基础和城墙"。亚洲的民族，例如日本人[③]和中国人，只不过是接过了雅利安文明并把它改造成自己的形式而已。因此，它们是文明的支持者。而犹太种族则是文明的破坏者。对建立一种更高级的文明来说，"低等人"的存在是主要的先决条件。古昔，被用来拉犁的是被征服的人，只是到了很晚以后才改用马拉犁。作为征服者，雅利安人统治着低等民众，并根据雅利安人的需要支配这些民众的活动，以达到雅利安人的目的。然而，由于被统治的民族学会了语言，并采取了"主人"的习惯，以及主人和奴隶之间截然分明的界线被模糊了，雅利安人也就失去了他的血统的纯洁性，丧失了"他们在天堂的居住权"。这样一来，他们也失去了他文化上的天赋。我们不要忘记阿道夫·希特勒代表着文明的

---

① 《我的奋斗》，第 286 页。
② 同上。
③ 政治上的非理性主义明显表现在一个优等种族和一个劣等种族后来的军事联盟上。

繁荣。

> 血统混杂和由之而来的种族水平的衰落,是古老的文化奄奄待毙的唯一原因。因为人们不会因战争失败而灭亡,只会因失去抵抗力而灭亡,而抵抗力又只能包含在纯血统中。
>
> 《我的奋斗》第296页

在这里我们不难对这种根本观念进行客观的和技术上的驳斥。这种观念的论据来自达尔文的关于自然选择的假说,达尔文的假说中的某些因素是反动的,正如他关于物种起源于低级有机体的证明是革命的一样。此外,这种观念掩盖着法西斯主义意识形态的帝国主义功能。因为如果雅利安人是文明的唯一奠基者,那么,他们就可以靠自己神圣的命运而要求统治世界。实际上,希特勒的一个根本要求就是扩张德意志帝国的边界,特别是"向东",即向苏联领土扩张。因此,我们可以看出,炫耀帝国主义战争完全属于这种意识形态的范围之内。

> ……我们进行战争的目的是崇高的、威力无比的,是人们能接受的:它是我们民族的自由和独立,我们未来的生活食品以及我们民族荣誉的保证。
>
> 《我的奋斗》第177页

从客观上看,这些意识形态符合德国帝国主义的利益,但这里我们唯一感兴趣的是这些意识形态的非理性根源;我们大多数人都对这种种族理论存在的矛盾和不协调之处感兴趣。那些用生物学规律来支持自己的理论的种族理论家们,忽略了这样一个事实,动物的育种是一种人工现象。问题并不在于狗和猫对杂交是否有一种"本能的反感",而在于大牧羊犬和赛跑狗、德国人和斯拉夫人是否有同样的反感。

种族理论家像帝国主义一样由来已久,他们想在杂交的民族中

第三章 种族理论

保持种族的纯洁性，而各民族的杂交已由于世界经济的扩展而大为进展，以致种族纯洁性只对笨蛋来说才有意义。这里我们不想谈论别的谬误——仿佛种族限制是自然的规则，而它的反面，即同类中间的杂婚不是自然的规则。在现在的考察中，我们无须涉及种族理论的合理性内容，因为这种理论不是从事实出发去进行评价，而是从评价出发去歪曲事实。如果法西斯主义分子只是出于非理性的感情而不是出于论证而自我陶醉地深信他的条顿主义的崇高优越性，那么靠论证是无法击败这种法西斯主义分子的。因此，试图向一个法西斯主义分子证明黑人和意大利人在种族上并不"低劣于"条顿人，是无济于事的。他自认是"优等的"，而且就此为止。我们只能靠揭露种族理论的非理性功能，才能驳倒它。它的非理性功能有两种：一是表达某种在有民族主义倾向的人中盛行的**无意识的**和**情感的**思潮，二是掩盖某些心理倾向。在此我们只讨论后一种功能。我们特别注意到希特勒把一个雅利安人和一个非雅利安人的杂交叫做"乱伦"，而通常只有那些有血缘关系的人之间的性交才被视为乱伦。按照那种打算作为新世界即"第三帝国"之基础的"理论"，该如何解释这些愚蠢行为呢？如果我们记住，这种假说的非理性的情感基础归根到底是由于某些存在因素而产生的，如果我们不再认为揭示这些生活观（它们已在合理的基础上产生了）的非理性根源是走进形而上学领域，那么我们也就打开了通向形而上学根源本身的道路。我们不仅理解了形而上学思维得以产生的历史条件，而且也理解了它的物质实质。让结果自己说话吧！

意识形态的客观功能和主观功能

不把一种意识形态的客观功能和主观功能区别开来，就经常会导致误解一种意识形态与它的**历史**的功能的关系。在开始时，应根据一个独裁者的观点得以产生的经济基础来理解这些观点。因此，法西斯主义的种族理论和民族主义的意识形态，一般同一个力图解决经济困难的统治阶级的帝国主义目的有具体的联系。第一次世界大战的德国民族主义和法国民族主义都求助于"民族的伟大",而在"民族的伟大"背后掩盖的是德国和法国大商业的经济扩张倾向。这些经济因素并没有构成相应的意识形态的实质,只是构成了它们生长的社会土壤,简言之,它们构成了对这些意识形态的产生来说必不可少的条件。有时民族主义在社会上根本不能得到实质的表现;它也不能因此而和种族的观点相一致。在过去的奥匈帝国,民族主义并不和种族相一致,而是和奥匈"祖国"相一致。1914年,当贝思曼-霍尔韦希求助"条顿主义来反对斯拉夫主义"时,如果他不想自相矛盾的话,他一定是要反对奥地利这个主要的斯拉夫国家。因此,我们认为,尽管一种意识形态的经济条件使我们看出了它的物质基础,但这些条件没有直接告诉我们它的非理性核心。直接构成这个核心的是人的性格结构。处在一个社会的特定经济条件下,人在自己的意识形态中再生产出历史的经济过程。**通过形成意识形态,人重新塑造了自身;人的物质核心应到他形成意识形态的过程中去寻找**。因此,意识形态具有双重的物质基础:社会的经济结构和产生这种结构的人的典型结构,这种典型结构本身又是由社会的经济结构决定的。因此,显而易见,一种意识形态的非理性形态也会使人的结构成为非理性的。

　　法西斯主义的结构的特征是形而上学的思维,非正统地信仰并迷恋抽象的伦理理想,以及相信元首神圣的命运。这些基本特征是与一个更深的层次相联系的,这个层次的特点是一种同元首—理想或民族的强烈的权威主义纽带。在国家社会主义的大众身上,对"主人种族"的信仰成了结成同"元首"的纽带的主要源泉,也成了他们自愿承认斯拉夫人低人一等的基础。但除此之外,同元首的强烈的自居作用也起一种决定性的影响,因为它掩饰了一个人作为大众中微不足道的一员的现实地位。每一个国家社会主义党人虽然都是臣民,却自认是一个"小希特勒"。但这里我们不谈这一点,先来看看这些态度的性格—逻辑基础。我们应该找出这样一些动态功能:尽管人们本身是由教育和整个社会环境所决定的,但这些动态功能重新塑造了人的性格结构,以致在他们身上能够形成一种带反动的—非理性的性质的倾向,以致大众完全被封闭在他们同"元首"的自居作用中,不能忍受贴在他们身上的"低下"标签的污辱。

如果我们不被意识形态的耀眼效果弄得眼花缭乱,如果我们集中注意它的非理性内容,如果我们知道如何说明它对意识形态过程的性经济方面的影响,那么,已成陈规的"种族中毒"和"血统中毒"的等同也就倾刻惹人注目了。这意味着什么呢?

种族纯洁、血统中毒与神秘主义

"……在人民受到政治的、伦理道德的毒害的同时,许多年来民族机体健康也一直受着同样可怕的毒害,……〔通过〕梅毒……"①其主要原因应到滥施爱情中寻找:

> ……原因主要在于我们滥施爱情。即使它没有造成这种可怕的瘟疫,它对人也有重大危害,因为伴随着这种堕落的道德践踏足以缓慢地但确定无疑地摧毁一个民族。我们精神生活的犹太化和我们婚配本能的拜金主义化将或迟或早毁掉我们所有子孙。……
>
> 《我的奋斗》第 247 页

希特勒这样来概括他的观点:

> 血缘罪恶和种族亵渎是现世的原罪,是听命于现世的人的结局。
>
> 《我的奋斗》第 249 页

---

① 《我的奋斗》,第 246 页。

因此，照这种观点看来，种族杂交导致血统混杂，进而导致"血统上毒害民族机体"。

……〔由于梅毒而造成的〕这种普遍毒害的最明显的结果可以……在我们的孩子身上找到。尤其是，他们成了我们的不加抑制地扩展的性生活毒害的可悲产物；父母的罪恶在孩子的疾病中显示出来。

《我的奋斗》第248页

在这里，"父母的罪恶"只能指他们在种族上与外来血统，特别是与犹太血统杂交，从而使得犹太人的"世界瘟疫"侵入了"纯洁的"雅利安血统。值得注意的是，这种血统中毒论竟同关于"世界犹太人卡尔·马克思"毒害条顿主义的政治命题密切联系在一起。对梅毒的非理性的畏惧构成了国家社会主义的政治观点和它的反犹太主义的一个主要根源。于是，**种族纯洁，即血统纯洁**[①]，成了一种值得不惜一切手段为之努力并为之战斗的东西。

---

① 1933年8月23日的伦敦《泰晤士报》刊登了这样一个故事："美国驻柏林大使的儿子和女儿及其他外国人于8月13日星期天在纽伦堡看到一个姑娘被游街，这个姑娘的头被剃光，她的被剪下的辫子钉在她肩膀上悬挂的牌子上，牌子上写着：'我已委身于一个犹太人'。"

其他几个外国人也目睹了这个场面。纽伦堡经常有一些外国旅游者，在市中心几乎人人都可以看到这位姑娘以这种方式被游街的场面。有一位目击者说，这个姑娘体态娇弱，尽管被剃光了头非常难堪，但仍显得很漂亮。这个姑娘在车站旁的国际旅馆的圆形场地出来进去，从一个餐馆到另一个餐馆，游过了主要街道，所行之处交通被人群堵塞。她的押送者是冲锋队员。一个可靠的旁观者估计，在她身后大约跟着2000人。她偶尔跌倒，又被高大健壮的冲锋队员拉起，这些冲锋队员有时把她架起来，以便让较远距离的观众看到她。每当她被架起，人们便向她呵斥和嘲弄，并起哄要她讲话。

柏林附近的诺伊鲁平的一个姑娘由于在唱纳粹哀歌时没有起立，便被冲锋队拉去游街，她脖子上挂着两块标语牌，上面写着："我，无耻的畜生，在唱哀歌时胆敢坐着，嘲弄了国家社会主义革命的牺牲者。"

后来，这位姑娘又一次被游街。当地报纸上公布了"观看"时间，因而有很多人围观。

第三章 种族理论

希特勒一再强调,不能靠论证、证据和知识来赢得群众,只能靠感情和信仰。在国家社会主义的语言中,在凯泽林、德里斯、罗森堡、斯特佩尔等人的语言中,模糊性和神秘性是非常明显的,分析一下这种特性肯定是有益的。

在法西斯主义的神秘主义中,是什么东西如此吸引群众呢?

只有通过分析一下罗森堡在证明法西斯主义种族理论时(《20世纪的神话》)提供的"证据",我们才能作出回答。在一开头,罗森堡就写道:

> 一个种族的灵魂的价值,即那些作为新世界观的动力的价值,尚未成为活生生的意识的一部分。然而,灵魂意味着从内心来看的种族。反过来说,种族是灵魂的外部世界。
>
> 《20世纪的神话》第22页

这里我们看到的是一个典型的国家社会主义语言的例子,这种语言乍一看来似乎毫无意义,似乎作者有意掩饰它的意义。为了理解这些陈述的政治的—非理性的作用,人们应该熟悉并承认它们对群众结构的重要影响。罗森堡继续写道:

> 因此,种族的历史同时是自然和灵魂的神秘主义的历史;但反过来说,关于血统的宗教的历史又是各民族、各民族的英雄和思想家、各民族的发明家和艺术家兴衰的伟大世界历史。

承认了这一事实,就会认识到,"血统之战"和"生存现象的直觉神秘主义"并不是两个分离的事物,而是同一个事物以不同方式的表现。"血统之战"、"生存现象的直觉神秘主义"、"各民族的兴衰"、"血统中毒"、"犹太的世界瘟疫"都是同一条路线的一部分,这条路线从"血统之战"开始,以对马克思的"犹太唯物主义"的血腥恐怖和对犹太人的种族灭绝而告终。

单靠嘲笑这种神秘主义是不可能推进自由事业的,而应该揭露它,并追溯出它的基本的非理性内容。这种神秘主义的较大一部分,即它的最重要的东西,是一种生物学的能量过程,是一种被不合理地和神秘地接受的反动的性意识形态的极端表现。"**灵魂**"**及其"纯洁性"的信念,就是非性的信念**,"**性纯洁**"**的信念**。从根本上看,它是因父权制权威主义社会而产生的性压抑和性羞耻的一种症状。

罗森堡说:"千方百计地解决血统与环境、血统与血统的问题,对我们来说是最终的可达到的现实性,在它背后不再有值得我们去追求和探索的东西。"他错了。我们要毫不拘谨地去探索,我们不仅要毫不伤感地去揭示"血统与血统之间"的活生生的过程,而且还要摧毁国家社会主义信念的支柱。

我们将让罗森堡自己去证明,法西斯主义种族理论的核心是对自然的性生活及其性高潮功能的极度畏惧。罗森堡试图以古希腊人为例来证明这样一个命题的有效性,即各民族的兴衰应归因于种族杂交和"血统中毒"。根据他的理论,希腊人最初是北欧种族纯洁性的代表。宙斯和阿波罗神以及雅典娜女神是"最诚恳的虔诚的象征","高贵和快活"的保护神,"秩序的维持者,内在力量和艺术价值的和谐的教育者"。他断定,荷马并非很少对"欣喜若狂"感兴趣。关于雅典娜,他写道:她是

……消耗生命的光明的象征,智慧而有思想的贞女,出自宙斯的头脑;希腊民族的保护女神和它进行战斗的可靠的盾。

希腊灵魂的这些非常虔诚的创造,是北欧民族纯洁的、自由自在的内部生活的证明;在最崇高的意义上说,它们是他们对自己种类的自信心的表白和表现。

《20世纪的神话》第41页

接着,他把这些据说象征着纯洁、崇高和虔诚的神,同近东民族的神作了比较:

第三章 种族理论

希腊的神是光明和上天的英雄,而非雅利安人的近东人的神则具有世俗的特征。

罗森堡认为,得墨特尔和赫耳墨斯神是这些"种族灵魂"的有机产物。**狄俄尼索斯,这位狂欢、放纵、耽于声色的淫乱之神,代表着"伊特拉斯坎外来种族的入侵,并标志着希腊文明开始衰落"。**

罗森堡牵强附会地极力维护自己的种族理论,他非常任意地把神分为两类:他把那些代表希腊文化发展的"肯定"过程的神叫做希腊的神,而把其他也是起源于希腊文化的神说成是外来的神。罗森堡断定,那种"在种族上虚假地"并错误地解释希腊文化的历史研究,应对我们误解希腊历史负有责任。

在敬畏和崇拜中,伟大的德国浪漫主义者感觉到了黑暗之网是如何笼罩光明的天堂之神的,他们更深深地投入本能的、无定形的、超凡的、性的、狂喜的、地神的状态之中,投入对母亲的崇拜之中。所有这一切仍被认为是希腊人的特点。①

《20世纪的神话》第43页

各种形式的唯心主义哲学都没有考察"狂喜"和"本能"在某些文化时代得以存在的条件,相反,它们着迷于从一种文化世界观出发来对这些现象进行抽象的评价,而这种文化世界观则把自己抬高到凌驾于"尘世"(自然的)之上,并由于这种抬高而等于零。我们也要对这些现象进行评价,但这种评价依据的是那些表现为一种文明"衰落"的征兆的社会过程的条件。这样,我们就能识别那些推进的力量和那些阻碍的力量,把衰落的现象理解成一种历史的事件,最后但并非最不重要的是,找出新文化形式的种子并促使它发芽。当罗森堡着眼于20世纪权威主义文明的衰落向我们提起希腊人的命运时,不管他是不是主张"复活"条顿主义,他都是站

---

① 着重号系赖希所加。

在保守的历史倾向一边的。如果我们成功地理解了政治反动的观点，我们也就充分洞察了这种对文化革命及其性经济核心的态度。对反动的文化哲学家来说，只有两种可能：听从和怀疑，或者用"革命的"手段倒转历史的车轮。但如果一个人已经转移了自己文化世界观的焦点，已经在一种古代文明的崩溃中看出的不是整个文明的没落而只是**某种**文明即权威主义文明的没落时，那么，他对以前被说成是肯定的或否定的这些文化因素的评价，也就发生了一种自然的转变。他认识到，古老的形式"正在以"新的文明形式，即建立在真正自由基础上的文明形式而"起作用"。这主要是一个理解革命对这些被政治反动势力视为衰败之征状的现象所采取的态度的问题。例如，这意味着后者声称拥护人种学上的父权制理论，而前者声称拥护母权制理论。除了客观的历史因素而外，在这两种相反的社会学思潮中还有一些利益在起作用，这些利益符合以前未知的性经济过程。母权制是一种在历史上证明了的制度，它不仅和自然的劳动民主组织相一致，而且也和在自然的性经济基础上组织起来的社会相一致。[①] 相反，父权制不仅具有一种权威主义经济，而且它的性经济组织也是灾难性的。

教会早就失去了它对科学研究的控制，但它却继续散布关于"人的道德本性"和一夫一妻性情等等的形而上学学说。正是因为这个理由，巴霍芬的发现造成了使传统发生混乱的威胁。母权制令人惊奇的事情，主要不在于它有完全不同的亲族关系，而在于它要求的对性生活的自然的自我调节。正如摩尔根和恩格斯所承认的那样，在母权制社会中，社会生产资料不是私人古有。罗森堡作为一个法西斯主义理论家，别无选择，只能否认古希腊文化起始于母权制开端（一个**证明了的**事实），并作出假设。"在狄俄尼索斯这个阶段，希腊人采取了一些无论在身体上还是在精神上都有异于他们文化的特点。"

---

① 见摩尔根《古代社会》，恩格斯《家庭、私有制和国家的起源》，马林诺夫斯基《野蛮人的性生活》和赖希《性道德的开始》。

第三章 种族理论

与基督教意识形态（正如我们后面将看到的）相比较，法西斯主义意识形态使人的性欲渴望脱离在权威主义父权制下产生的人类结构，并把它同各种族联系起来：**北欧人的性欲渴望等于光明的、尊贵的、天堂的、非性的、纯洁的**，而**"近东人的"则等于本能的、恶魔的、性的、狂喜的、性高潮的**。这就解释了为什么巴霍芬的"直觉而浪漫的"考察被当作关于只"像是"古希腊生活的理论而受到反对。在法西斯主义种族理论中，臣服于权威的人的性焦虑是以一种绝对的形式来表现的，永恒化为"纯洁的"，并同动物似的性欲的东西形成对立。因此，"希腊的东西"和"种族的东西"成了"纯洁的东西"、"非性的"东西的散发物；而"在种族上外来的东西"、"伊特拉斯坎人的东西"是同"动物的东西"联系在一起的，因而是"低等的"。根据这种思路，父权制成了雅利安人的人类历史的起源：

> 在历史上，种族价值之间的第一次伟大的决定性战斗是在希腊的土壤上进行的，这是一场为了北欧人的性质而进行的决战。由此开始，人接近了来自阳光、来自生命本身的生活；所有我们叫作希腊文化的东西和我们从古代接受的伟大遗产，都起源于光明和天堂的法则，起源于父亲的精神和天性。
>
> ——罗森堡

由后来的母权制的革命过程（酋长家庭在经济上独立于母系氏族、日渐增多的部落间的产品交换、生产资料的发展等等）而产生的父权制权威主义性秩序，由于剥夺了妇女、儿童和青少年的性自由，使性成为商品并使性利益服从于经济，它便成了权威主义意识形态的首要基础。从这时起，性生活便被扭曲了，成了必须受到约束的魔鬼似的凶残的东西。根据父权制的要求，母权制的天真无邪的感觉享受成了黑暗势力的淫荡的放纵。狄俄尼索斯成了"罪恶的渴望"，父权制仅仅把它当作某种混乱而"肮脏"的东西。父权制的人被那些已成为扭曲了的和淫荡的人类性结构所包围和渗透，第一次被束缚在一种意识形态中，在这种意识形态看来，性与肮脏、性与庸俗或魔鬼有着不可分割的联系。

然而,在次要方面,这种评价也有一种**合理的**根据。

随着对贞洁的过分要求,妇女迫于自己性需要的压力而成了不贞洁的;男人的性野蛮行为,以及由此而来的妇女把性行为当作不体面的事情的观念,取代了自然的性高潮的感觉享受。可以肯定,私通的性交在任何地方都没有消声匿迹。随着价值观的改变,随着以前在母权制社会中保护和认可私通的制度被废除,私通同官方道德发生了冲突,被迫成为私下存在的。对性交的社会态度的变化也影响着内心性体验的变化。于是自然的道德和"崇高的道德"之间产生的这种冲突,干扰了个人满足自己需要的能力。与性生活联系在一起的犯罪感,分裂了自然的、性高潮的性结合过程,造成了对性能量的压抑,使得性能量后来以各种方式爆发出来。精神神经病、性变态和反社会的性生活成了长期的社会现象。在最初的母权制劳动民主中有积极价值的儿童和青少年的性活动,成了只在形式上有所不同的制度压抑的牺牲品。随着时间的流逝,这种被大大扭曲、干扰、野蛮化的并堕落的性活动,维护着它所起源的意识形态。那些否定性活动的人,现在可以有根据地指出它是某种野蛮而肮脏的东西。不容忽视的是,这种肮脏的性活动不是自然的性活动,而仅仅是父权制的性活动。后来的资本主义父权制的性学既受庸俗观点的影响,同样也受这种价值观的影响。这注定它是完全无益的。

后面我们将会考察宗教神秘主义是如何成为这些价值观和意识形态的组织核心的。但目前我们只须记住,宗教神秘主义完全否认性经济的原则,并判定性活动是人类的罪恶活动,只有来世能把我们从这种罪恶现象中拯救出来。另外,民族主义的法西斯主义则把性淫荡转嫁给"外来的种族",从而把这些种族贬低到低等地位。从此,对"外来种族"的贬低便和后来的父权制帝国主义有机地结合起来。

在基督教神话中,和上帝一起出现的是他的对应物魔王,即"冥间主神",神圣的上帝对地狱主神的胜利成了人类崇高的象征。

第三章　种族理论

这种对立在希腊神话中也被描述为情欲的生物性活动与要求贞洁的努力之间的斗争。对抽象的道德主义者和神秘的哲学家来说，这种对立表现为两种本质或"人类观念"的搏斗，一方从一开始就被当作庸俗的，而另一方则被视为"真正的人"或"超人"。然而，如果追溯一下这种"本质之斗"以及依附于这些本质的价值的物质根源，如果把它们按它们在社会学结构的位置来排列，而且性活动作为一个历史因素有其应有的地位的话，那么，我们就会看到这样一些事实：从母权制向父权制组织发展的每一个部落，都不得不改变它的成员的性结构，以产生与它的新生活方式相一致的性活动。这是一个必然的变化，因为权力和财富从民主的氏族向首领的权威主义家庭的转换，主要是靠对人民的性冲动的压制来完成的。正是以这样的方式，性压制成了引起社会分化为阶级的一个基本因素。

婚姻和婚姻所必需的法定嫁妆，成了一种组织向另一种组织转变的支轴。① 由于女方氏族给男方家庭的结婚礼物加强了男方的，特别是首领的权力地位，那么，等级较高的氏族和家庭的男性成员便产生了一种强烈兴趣，想使这些婚姻纽带长期化。换句话说，在这一阶段，只有男人对结婚感兴趣。这样一来，在任何时候都很容易解体的自然的劳动民主的简单联盟，变成了永久的一夫一妻制的父权制婚姻关系。永久的一夫一妻制婚姻成了父权制社会的基本制度，今天依然如此。为了维护这类婚姻，有必要施加越来越大的种种限制，并约束自然的生殖冲动。这不单适用于遭受越来越大的剥削的"下层"阶级，而且那些以前不知道道德和性活动之间的裂隙的阶级，现在也被迫体验到了这种正在加深的冲突。但是，不能假定这种强制性的道德只有一种外部效果。在它被**内在化**之前，在它成为一种在结构中根深蒂固的性禁锢之前，它的全部力量是感觉不到的。在这一过程的不同阶段，这种冲突的不同方面将占主导地位。在最初阶段，占上风的是性需要，后来强制性的道德

---

① 这方面的证据可在《性道德的开始》一书中找到。

禁锢便盛行开来。当整个社会组织陷入政治动乱状态时，性活动和强制性道德之间的冲突也就必然达到了尖锐的顶点。有人把这种状态视为道德的沦丧，也有人认为它是"性革命"。无论如何，自然的性活动的惊人进展被视为"文化的堕落"。这种惊人进展之所以被当作一种"堕落"，仅仅是因为它构成了对强制性道德的威胁。从客观上看，只有性专制的制度才会垮台，这种制度总想在个人身上保留强制性道德主义的价值，以利于权威主义婚姻和家庭。只是在父权制达到十分发达的程度时，古希腊人才开始有了书写的历史，在这些希腊人中，我们发现了这样一些性组织：男性的绝对统治，上层阶级的名妓和中下层阶级的卖淫；与此相应，妻子沦为可怜的奴仆，只被当作生育机器。柏拉图时代的男性至上权完全是同性恋。[①]

当希腊国家的政治和经济事务走下坡路时，晚期希腊的性经济矛盾便表现出来。在法西斯主义者罗森堡看来，在狄俄尼索斯时代"冥界诸神"开始与"阿波罗神"相混合，于是他们有一些灭亡了。罗森堡说，阳具形象成了晚期希腊世界观的象征。因此，在法西斯主义者看来，向自然的性活动的复归是颓废、淫荡、纵欲和性猥亵的标志。然而，这并不纯粹是法西斯主义的幻想；这符合由这种时代的人民的经验方式中燃起的矛盾所造成的实际状况。"狄俄尼索斯（酒神）节"是与我们反动阶级的化装舞会和狂欢聚会相一致的。但人们应该准确了解在这些节日中出现的事情，以免不由自主地把这种"狄俄尼索斯"现象当作性体验的缩影。在任何场合，放荡的性渴望与被道德削弱的体验能力之间不可解决的矛盾，都不如在这种节日上所暴露的那么明显。"无限制的性满足的狄俄尼索斯法则意味着希腊人同各个部落和种类的亚洲人之间的不加限制的种族杂交。"[②]试想，在4000年的一个历史学家把20世纪的性节日说成是德国人同"各个部落和种类"的黑人和犹太人之间不

---

① 同样的原则也支配着法西斯主义男性领导层（布卢埃、罗姆等人）的意识形态。
② 《20世纪的神话》，第52页。

第三章 种族理论

加限制的杂交,人们该作何感想呢?!

在这一点上,我们明显看出了种族杂交思想的意义。它是对狄俄尼索斯的抵制,这种抵制扎根在父权制社会婚姻的经济利益中。因此,即使在伊阿宋①的故事中,强制性婚姻也被说成是抵制希腊妓女行为的堡垒。

"希腊妓女"是一些拒不服从强制性婚姻枷锁、坚持自己决定自己性生活权利的妇女。然而,这种要求同早期儿童教育发生了冲突,而早期儿童教育则削弱了性体验的能力。

因此,希腊妓女进行一个接一个的冒险,以逃避同性恋,要么她同时在两方面过着一种被打扰和散乱的生活。希腊妓女行为是由男性同性恋来补充的。男人由于自己强制性的婚姻生活而投向妓女怀抱并沦为酒色之徒,以图恢复自己性体验的能力。法西斯主义者赞同最严格的父权制形式,而且实际上在他们的家庭生活方式上复活了柏拉图时代的性生活——意识形态上的"纯洁",现实实践中的散乱和反常。不难理解,这些法西斯主义的性结构一定类似于柏拉图时代的性状况。罗森堡和布卢埃只承认国家是在同性恋基础上组织起来的男性国家。非常奇怪的是,这种意识形态竟产生了关于民主无价值的观点。毕达哥拉斯之所以遭到反对,乃因为他是主张人人平等的预言家,是"民主全球主义、善和女性共同体的预报者"。这种对于"善和女性共同体"的内在联系的看法,在反革命的斗争中起了核心作用。在5世纪以前,罗马贵族统治靠的是300个贵族家庭产生的300个元老院议员,这种统治的民主化可以追溯到这样一个事实:从5世纪开始,贵族和平民之间可以通婚,这导致"种族退化"。因此,由于通婚而产生的政治制度民主化被说成是种族衰退的标志。在这里,种族理论的反动特点暴露无遗,因为希腊人和罗马人不同阶级之间的性交被当作毁灭性的种族杂交,把被压迫阶级的成员同那些外来种族的成员等

---

① 伊阿宋是希腊神话传说中的忒萨利亚王子,曾率领亚尔古英雄到海外觅取金羊毛。——译者注

同起来。在另一点上,罗森堡说工人运动是"充满亚洲主义渣滓的大城市的柏油人性①的上升"②。**因此,所谓的与外来种族的杂交,实际上指的是与被压迫阶级的成员性交**。在这种说法的更深层次上有一种想划线的政治反动倾向,从经济的角度来看,这些划线是严格的,但从对中产阶级妇女强加的性限制产生的性道德主义角度来看,这些划线是根本不存在的。然而,对立阶级之间的性交同时也意味着潜在地破坏了阶级统治;它产生了"民主化"的可能性,也就是说,使"贵族"青年无产阶级化的可能性。因为每一社会秩序的下层社会阶层都产生一些性观念和习惯,这些观念和习惯构成了对每一权威主义秩序的统治者的严重威胁。③

如果归根到底这种关于统治阶级成员与被统治阶级成员杂交的观念根源于种族杂交的观念,那么显然我们就有了一把钥匙,可以解决性压抑在阶级社会中所起的作用问题。在这里,我们可以区别开几种功能。例如,我们知道物质压迫唯一与下层阶级相关联,但我们没有任何根据假定在性压抑上也是如此。性压抑同阶级社会的联系要复杂得多。在这里我们只想挑出其中两个功能谈一谈:

1. 既然性压抑根源于婚姻的经济利益和继承法,那么它就是在统治阶级内部开始的。起初,贞洁的道德最严格地用在统治阶级的女性成员身上,其目的在于维护那些通过对下层阶级的剥削而获得的财产。

2. 在早期资本主义,在亚洲庞大的封建社会里,统治阶级**尚未**对被奴役阶级的性压抑发生兴趣。正是当物质上被压迫的阶级开始组织起来,开始为社会政治的改进而战斗并提高广大群众的文化水平时,性道德的禁锢也就出现了。只是在这时,统治的种姓开始对被压迫阶级的"道德"表现出兴趣。因此,随着有组织的工人

---

① "柏油人性"指人与人的剧烈竞争。——译者注
② 《20世纪的神话》,第60页。
③ 参见对印度父权制社会"不纯的种姓"的评价。

阶级兴起，也出现了一个相反的过程，即意识形态上同化于统治阶级。

然而，在这一过程中他们没有放弃自己的性习惯；尽管从此时起道德主义的意识形态越来越牢固，但这些性习惯依然和道德主义的意识形态一起存在。这就造成了前面描述过的反动的趋势与渴望自由的趋势之间的人类结构矛盾。在历史上，这一矛盾在群众结构中的发展是与由于资产阶级民主而造成的封建专制主义的解体相一致的。当然，剥削只是经历了一种形式的变化，但这一变化必然使得群众在性格结构上发生变化。这些就是罗森堡作了神秘解释的事实。他认为，最初的地神波塞冬，由于被无性女神雅典娜所拒绝，便化作蛇形在雅典娜神殿的地下实行统治，就像"巨蛇皮同"在德尔斐的阿波罗神殿地下实行统治一样。"但是北欧的忒修斯①没有杀绝所有地方的亚细亚野蛮人；一旦雅利安种族开始睡下，外来的妖怪就一再跳出来，这些妖怪就是亚洲的混血主义和东方人的身体粗野。"

不难看出，"身体粗野"指的是什么。它是指那种能把被压迫阶级成员同统治阶级区别开来的性自发冲动的残余，这种自发冲动在"民主化"过程中逐渐被削弱了，但从未完全丧失。在心理学上，蛇波塞冬和巨蛇皮同代表着性淫荡，其象征是男性生殖器。不论在社会结构中还是在个人心理结构中，性享受都被压抑了，转入地下了，但依然存在。对克制自然的性活动有直接兴趣的封建上层阶级（例如日本人），感觉到自身受到了被压迫阶级的更根本的性习惯的威胁，由于上层阶级不仅没有控制自己的享受，而且还看到这种性习惯在自己阶级中以扭曲的颠倒的形式重新出现，它也就愈发感到可怕。因此，群众的性习惯不仅对统治阶级构成一种心理危险，而且也构成一种社会危险；尤其是，统治阶级感觉到它是对统治阶级家庭制度的一种威胁。只要统治的种姓在经济上强大并处在上升时期，他们就不难在性道德上完全同群众隔离开来。

---

① 希腊神话中传说的雅典王子。——译者注

这方面的一个例子就是 19 世纪中叶的英国资产阶级。但在他们的统治发生动摇的时期，尤其是在出现了根本危机（例如自 20 世纪开始在中欧和英国出现的危机）的时期，对性活动的道德限制在统治阶级内部也就松懈了。性道德主义的解体开始于家庭纽带的断裂。起初，完全和上层阶级及其道德保持一致的中层和下中层阶级，是官方的、被强烈维护的反性的道德的真正斗士。正是当下中层阶级的经济表现出崩溃迹象时，自然的性活动也就一定对性制度的继续存在构成了一种特殊威胁。由于中下层阶级是权威主义秩序的主要依靠，所以权威主义秩序就认为这个阶级的"道德"、这个阶级"免遭低等种族影响的污染"是极其重要的。如果中下层阶级由于失去了它在产业工人与上层阶级之间的中间经济地位，因而也丧失了它对性所持的道德主义态度，那么这对任何专制者来说都不啻于一种非常重大的威胁。因为"巨蛇皮同"也潜伏在下中层阶级中间，准备打碎它的枷锁，从而克服它的反动倾向。正是为此理由，在危机时期独裁权力总要逐步加大它的"道德宣传"，"加强婚姻和家庭纽带"。因为正是权威主义家庭构成了从下中层阶级可悲的社会状况通向反动的意识形态的桥梁。如果经济危机、中产阶级的无产阶级化和战争彻底破坏了强制性的家庭，那么，在大众结构中非常牢固地树立起来的权威主义体系也就受到了严重威胁。我们以后再更详细地讨论这个问题。我们应该同意来自慕尼黑的国家社会主义生物学家和种族理论家伦格的说法，他在 1932 年国家社会主义团体"德意志国家"的一次会议上断定，权威主义家庭是文化政治的核心。但我们还可以补充说，它既是反动的文化政治的核心，又是革命的文化政治的核心，因为这些见解具有深远的社会后果。

第四章 纳粹党徽的象征

我们已经满意地说明,应把法西斯主义看作一个大众问题,而不应看作希特勒个人或国家社会主义党的政治的问题。我们已经证明了贫困的人民大众如何可能以一种骚动方式转向一个头号反动党派一边。现在为了一步步地深入由这种对性政治作用的考察而得出的实际结论,首先有必要注意一下法西斯主义者为了对相对不受限制的大众结构进行反动束缚而使用的**象征**。法西斯主义者本身没有意识到他们的技术。

国家社会主义没有用多长时间就把那些大多数不是失业就是还很年轻的工人集合成冲锋队了。然而,在很大程度上,这些工人是以呆笨的方式来革命的,而且依然坚持权威主义态度。正是为此理由,国家社会主义的宣传是矛盾的;它的内容是由它维护的阶级来决定的。只是在它对大众的神秘感情的操纵上,它才是明确的和一致的。

在与国家社会主义党的追随者的谈话中,特别是在与冲锋队员的谈话中,我们明显会感觉到,国家社会主义的革命术语是赢得大众的决定性因素。我们时常听到国家社会主义者否认希特勒代表着资本。我们听到冲锋队员向希特勒告诫,他不应背叛"革命"的事业。我们听到冲锋队员说,希特勒是德国的列宁。这些从社会民主党和自由中间派转向国家社会主义的人,毫无例外都是有革命精神的群众,在此之前他们要么是非政治的,要么就是在政治上不确定的。而那些从共产党转向国家社会主义的人经常是革命的因素,他们只是没有弄懂德国共产党的许多矛盾的政治口号的意思而已。在某种程度上,他们这些人对于希特勒党的外部特点、它的军事特点、它的自信产生了深刻印象。

首先,在出于宣传目的而使用的象征中较突出的是旗帜的象征。

> 我们是党徽的军队
> 高举着红旗,
> 为了德国的工人
> 我们铺设通向自由的道路。

就其情感内容而言,这段歌词显然是革命的。国家社会主义者有意用革命的旋律唱着反动的词句。在希特勒的报纸上出现的数百条政治公式,也是按这些方式构造的。例如:

> 政治资产阶级行将退出历史戏剧的舞台。而迄今为止被压迫的阶级,握拳皱眉的劳动人民,工人阶级,现在登上了这个舞台,要完成它的历史使命。

这简直像是共产主义宣传的回音。国家社会主义大众的革命特点明显表现在旗帜的灵巧标志上,就此希特勒写道:

> ……作为国家社会主义者,我们在我们的旗帜上看到了我们的纲领。在红色中,我们看到了这个运动的社会观念,在白色中,看到了国家主义观念,在党徽中,看到了为雅利安人的胜利而斗争的使命,同样也看到了创造性劳动的观念的胜利,这一胜利过去一直是而且也将永远是反犹太人的。
>
> 《我的奋斗》第 496—497 页

红和白暗示着人的矛盾的结构,这是不言而喻的,但我们不明白**党徽**为在情感生活中起什么作用。为什么这一象征非常适合用

第四章 纳粹党徽的象征

来激发神秘的感情呢？希特勒认为，它是一个反犹太人的象征。但这个卍标志只是到了很晚以后才有这种意义。无论如何，这个反犹太主义的非理性内容问题，仍然悬而未决。把自然的性活动误解为某种"肮脏和淫荡"的东西，这才是种族理论的非理性内容。在法西斯主义者的头脑里，犹太人和黑人在这一方面没有什么区别。美国法西斯主义者也是这样认为的。在美国，反黑人的种族斗争主要是在性防卫领域里进行的。黑人被当作是强奸白人妇女的好色的猪。希特勒在谈到黑人军队占领莱茵兰时说：

> 只是在法国，犹太人控制的商品交换的意图与有沙文主义倾向的民族国务活动家的欲望之间在今天比以往任何时候都有着更大的内在一致性。但在这种一致性中，包含着对德国的巨大危险。为此理由，法国现在是而且仍将是最可怕的敌人。这个正在从根本上越来越黑人化的民族，因其同犹太人统治世界的目的相联系，对欧洲白人种族的存在构成了一种持久的危险。因为，在欧洲的心脏莱茵黑人血统造成的污染，像犹太人冷酷的算计开始使我们欧洲大陆在心脏上失去纯洁，并由于低等人的腐蚀而使白人种族丧失至高无上地位的基础一样，完全是和我们民族的这个宿敌的邪恶的施虐报复欲一致的。
> 　　　　　　　　　　　　　　《我的奋斗》第 624 页

我们应该养成密切注意法西斯主义者一言一语的习惯，不能把这些话当作空话或废话而忽略掉。这样我们就能更好地理解这种理论的情感内容。当把这种理论同民族中毒理论联系在一起来考虑时，这种理论很像是一种迫害狂。卍还具有一种能激发一个人最深处情感的内容，但在某种意义上这完全不同于希特勒所能梦想到的东西。

首先，在闪米特人中间，即在格拉纳达的阿尔汉布拉的默特尔宫中，可以发现卍。赫塔·海因里希在根奈萨莱特湖旁的东若尔

81

达尼亚埃德—迪克犹太教堂废墟上找到了这种符号。它的形状如下①：

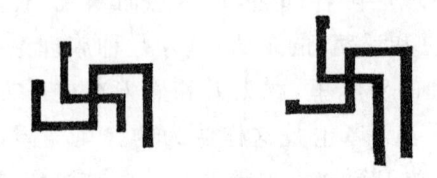

这种卐符号通常是刻在一个平面上的，前者是雄性始基的象征，后者是雌性始基的象征。珀西·加德纳在希腊找到了这种符号，当地把它叫做赫梅拉，是太阳的象征，也代表雄性始基。洛温塔尔在苏斯特的圣母马利亚祭坛罩上发现了一个14世纪的卐形饰，并作了描述。在这个事例中，卐形装饰有阴门和双重十字架。卐是风雨天的象征，平面是肥沃大地的象征。斯米高斯基发现了一个以印度吉祥十字架为形式的卐形饰，四个尖头的每端均带有三个点②：

利希滕伯格也发现了一种在上面这种卐的三个点处带有一个颅骨图形的卐形饰。**因此，卐最初是一种性象征**。随着时间的推移，它有了各种意义，包括作为劳动之象征的水车轮的意义。从情感的角度来看，劳动和性活动最初是一回事。这样我们就可以解释比尔曼斯和彭杰洛兹在圣托马斯·阿·贝凯特的主教冠上发现

---

① 赫塔·海因里希：《钩状十字架，四角三叶草和石榴》，见《性科学杂志》1930年，第40页。
② 引自约翰·洛温塔尔：《论钩状十字架的象征》，见《性科学杂志》1930年，第44页。

第四章　纳粹党徽的象征

的卐形饰的刻文,这刻文的时代可追溯到印欧语时代:

"万福大地,人的母亲。你可以投入上帝的怀抱。为人的利益而结出丰硕之果。"

在这里,繁殖力在性上表现为大地之母和上帝之父的性行为。根据泽勒敏的说法,印度的词典编辑者用卐来表示公鸡和好色之徒,意即钩状十字架是性本能的象征。

我们如果再看一下前面的两个卐符号并排的图形,不难发现它们图解式地但明显可辨认地代表着两个联锁的人形。左边的图形示意躺着的**性行为**,右边的图形示意站立的性行为。因此,卐符号代表着一种基本的生活机能。

卐标志对一个人的无意识情感所起的影响,并不足以说明法西斯主义大众宣传的成功,但它肯定有助于这种成功。随便对不同时代和社会地位的男女测验一下便可得知,很少有人看不出卐的意思;大多数人如果观察它一会儿,或迟或早都会推测出它的意思。因此,我们可以假定,这种描绘两个联锁人形的象征对有机体的深层起了有力的刺激作用,这种刺激证明能使一个人更强有力,更不满足,更勃发性欲。此外,如果这种象征作为荣誉和信誉的标志,它就更容易被接受。这样一来,道德主义的自我的防卫冲动也就有了余地。然而,我们不能假定,我们想通过揭露其性的意义来贬低这种象征的作用。首先,我们肯定不想贬低性行为;其次,我们会遭到强烈的反对,因为道德主义的伪装会抵制人们承认我们的尝试。性经济的精神卫生学想的是别的事情。

第五章　权威主义家庭的性经济前提

既然权威主义社会是借助于权威主义家庭而在群众的个体结构中再生产出来的,那么,政治反动势力就不得不把权威主义家庭当作"国家、文化和文明"的基础来加以维护。在它的这种宣传中,它可以依赖大众的深处的非理性因素。反动的政治家在宣传中不会泄露他的真正意图。德国大众也不会对号召"征服世界"的口号作出响应。政治宣传是一种对大众产生心理影响的问题,在政治宣传中直接对付的不是经济过程,而是人类结构。本着这种考虑,我们标明了精神卫生学工作的确定方式,如不利用这种方式,我们在大众心理问题上就会犯错误。所以,革命的性政治不应只指出权威主义家庭的客观基础。如果它想对大众心理有影响的话,它就应该求助于人在生活和爱情上对幸福的渴望。

从社会发展的观点来看,不能把家庭当作权威主义国家的基础,而只能当作一种支持权威主义国家的最重要的制度。然而,我们必须把它视为**政治反动势力的细胞**,即产生反动的男男女女的最重要的核心。它是从确定的社会过程中产生并发展起来的,成了保护那种塑造着它的权威主义体系的最重要的制度。在这一方面,摩尔根和恩格斯的发现至今仍然是有效的。但我们感兴趣的不是家庭的历史。我们关心的是一个重要的当代的性政治问题,即性经济如何能最有效地反对那种权威主义家庭起着决定作用的反动的性政治和文化政治?绝对有必要准确地论述权威主义家庭的基础和作用,特别是因为在这一问题上甚至革命派都不明确。

权威主义家庭包含着一个矛盾。如果我们想建立一种有效的

第五章　权威主义家庭的性经济前提

性经济的群众卫生学的话，就必须非常详细地了解这个矛盾。

为了保存权威主义家庭制度，单靠妻子儿女对丈夫和父亲的经济依附是不行的。对被压迫阶级来说，这种经济依附之所以是持久的，仅仅取决于尽可能不让妇女和儿童意识到自己是一个性存在物。**不应把妻子当作一个性存在物，而只应当作一个生孩子者**。从根本上说，与劳动群众的母亲遭到的野蛮对待完全不同的对母性的理想化和物化，成了防止妇女获得性意识，防止被强加的性压抑崩溃，防止性焦虑和性犯罪感失控的手段。**在性问题上觉醒起来的妇女，一旦得到肯定和承认，将意味着权威主义意识形态的彻底崩溃**。保守主义的性改革总是犯这样一个错误：只把"妇女对自己身体的权利"当作一种口号，不能明确无误地把妇女当作一个性存在物来维护，至少没有把她当作一个母亲来维护。而且，保守主义的性改革使自己的性政策主要立足于生育功能上，而不是彻底破除那种把性活动与生殖等同起来的反动观点。因此，它不能强有力地抵制神秘主义。

那种赞美"大家庭的幸福"的意识形态，对保护权威主义家庭来说是必要的。不仅按好战的帝国主义利益来说，它是必要的，而且它最基本的目的也正是**掩盖与妇女的生育功能相对的妇女的性功能**。例如，我们发现，在哲学家韦宁格的著作里对"母亲"和"妓女"所作的截然区别，依据的就是反动者对性欲和生殖所做的区别。按照这种观点，**为了性快乐而进行性活动**就是对妇女和母亲的贬低，只有"妓女"才是要求快乐并为之而生活的女人。性活动只有在出于生殖之目的时才是道德的，而生殖范围之外的性活动是不道德的，这种观念是反动的性政治的最重要特点。这种观念即使是由像萨尔金德和斯托里亚罗夫那样的共产党人来表达的，也同样是反动的。

侵略性的帝国主义要求，妇女只能是生孩子的机器，她们不能违背这一功能。一句话，这意味着**不能用性满足来抵销她们的生育功能**。然而，撇开这一点不谈，一个意识到自己性活动的妇女决不会自愿地留意那些在她的思想上造成奴役的反动口号。性满足和生育之间的这种对立仅仅适用于权威主义社会,而不适用于劳动民主。这是一个有关妇女生孩子的社会条件的问题:是在有利的社会保证的条件下,还是在不能为母亲和孩子提供妥当保护的条件下。换句话说,如果妇女生孩子没有任何社会保护,没有抚养她们后代的社会保证,而且如果她们自己不能决定将有多少孩子,而是自愿地、不加疑问地履行这种功能,那么,与妇女性功能相对的母性也就被理想化了。

如果我们想弄懂希特勒的党像中间派政党一样主要依靠妇女的选票这一事实,那么我们就应该弄清楚非理性主义。在这里起作用的非理性机制,造成了作为生孩子者的妇女与作为性存在物的妇女之间的对立。我们记住了这一点,也就能更好地理解法西斯主义的下列态度:

> 保护已经存在的大家庭,是一个社会感情问题;保护大家庭形式,是一个生物学观和民族性的问题。大家庭必须受到保护,不是因为它是饥饿的;它作为德国民族的一种有价值的必不可少的部分,必须受到保护。它之所以有价值而且必不可少,不仅因为它是未来人口数量的唯一保证〔客观地讲,这是它的帝国主义功能——作者〕,而且因为只有在它中间能找到对民族道德和民族文化最有力的支持。……保护现存的大家庭是同保护大家庭的形式结合在一起的,因为这两个问题是不可分割的。……保护大家庭的形式是一件具有民族的、文化的和政治的必要性的事情。……这种观点还坚决反对废除第218条,主张怀孕是不可侵犯的事情。中止妊娠是违背家庭的意义的,家庭的任务正是培养下一代——更不用说中止妊娠将意味着大家庭的最终破坏了。

这就是《人民观察家》在1931年10月14日说的话。因此,政治反动者的家庭政治也是中止妊娠问题的关键,这比以前显得突出的因素,如工业后备军和帝国主义战争的炮灰,更重要得多。在

第五章 权威主义家庭的性经济前提

经济危机年代,那种主张保持工业后备军的论点几乎完全失去了它的中肯性,因为在经济危机的1932年,德国有几百万失业工人,全世界有4000万失业工人。当政治反动势力一再告诉我们为了大家庭和"道德秩序"的利益而必需保留流产法时,当社会民主党的社会卫生学家格罗思简在这一方面按照国家社会主义党人的路线进行论证时,我们应该同意他们的看法,即"权威主义家庭"和"道德主义伦理学"是极其重要的反动力量。我们不应该把这些东西当作不重要的东西丢在一边。这是一个靠压制妇女的性需要来使妇女依附于权威主义家庭的问题;这是一个有关这些妇女对丈夫行使的反动影响的问题;这是一个维护反动的性宣传对数百万被压抑并容忍压抑的妇女产生的影响的问题。从革命的观点看,绝对有必要追踪一下政治反动势力,不管它的影响在哪里出现。应该追寻一下它在哪里维护它的制度。因此,首先应注意的是那种作为一种制度来"保护国家"的权威主义家庭,其次才是所有反动的性政治问题。这同所有经营小生意的中产阶级成员的基本兴趣是一致的。因为对他们来说,家庭构成着或至少有助于构成一种经济统一体。法西斯主义意识形态正是从这种观点出发来看待国家和社会、经济和政治的。被下中层阶级的旧的经济方式所决定,也正是以这种观点出发,促使反动的性学宣扬国家是一个"有机的整体"。对现代文明的挣工资者来说,家庭同社会存在方式不再有任何直接的相互联系。家庭不是在经济上固定下来的。因此,现代的挣工资者能够把国家当作社会的一种强制性机构;对他的性学和性经济来说,那种认为国家是一个"有机整体"的"生物学"观点是无效的。如果能证明工人容易受这种反动观点影响的话,那么这应归因于他接受的权威主义家庭教育。小农场主和下中层阶级人士,如果他们的家庭状况同他们的经济状况没有有机联系的话,会更容易看出自己的社会责任。

世界经济危机已经表明,家庭和经济之间的这种联系由于小企业的经济崩溃而松散了。但经常提到的下中层阶级的基本特点,即它的权威主义家庭纽带,仍然起作用。因此,更容易接受的是法西斯主义的"大家庭"意识形态,而不是那种控制生育的革命意识形态。这主要是因为,革命运动未能说清楚这个问题并把它摆在首要地位。

尽管这一切都是一目了然的,但如果我们不能联系到其他与之相矛盾的因素来评价它,我们就会犯错误。如果我们考虑不到遭受性禁锢的人身上存在的矛盾,我们的评价就必然是虚假的。一开始,性道德主义的思想感情与具体的性存在方式之间的矛盾就是决定性的。我们不妨举一个例子:在西部德国过去有许多明显带有"社会主义"性质的控制生育的集团。在1931年的沃尔夫—金勒的竞选运动中,把流产法交付表决。表决结果显示出,那些投票支持中间党派或纳粹党的妇女是**赞成废除这个法律的**,而她们的党却强烈反对废除这个法律。这些妇女为了得到性的满足,也投票支持性经济的控制生育的政策。她们之所以同时也投票支持中间党派和纳粹党,不仅是因为她们一点儿不了解这些党派的反动意图,而且也因为她们仍旧充满着关于"纯洁的母性",关于母性与性生活相对立的反动的意识形态;她们大多数人仍然处在权威主义意识形态的影响之下。尽管这些妇女完全不知道权威主义家庭在专制中的社会作用,但她们却摆脱不了政治反动势力的性政治的影响。她们对控制生育持肯定态度,但她们害怕革命世界加给她们的责任。

性反动势力毫不犹豫地想方设法利用性焦虑来达到自己的目的。既然革命一方没有进行相应的性经济的反宣传,那么信奉基督教或民族主义观点的普通工人的妻子或下中层阶级的妇女,就不得不受下列宣传的影响。

1918年,反布尔什维克主义战斗同盟贴出了这样的标语:

德国妇女们!

你们是否意识到了布尔什维克主义为你们准备了什么东西?

布尔什维克主义想使妇女社会化;

第五章　权威主义家庭的性经济前提

1. 废除17到32岁的妇女的财产权。
2. 所有妇女都是人民的财产。
3. 以前的所有者仍保持对自己妻子的优先权。
4. 每一个想使用人民财产的样品的人,都必须经工人委员会批准。
5. 任何男子都无权一个星期使用一个妇女三次以上,并且不得超过三个小时。
6. 每一个男子都必须检举对他进行反抗的女子。
7. 每一个不属于工人阶级的男子,为了获得这种使用公共财产的权利,每月必须缴纳100卢布。

这种宣传所造成的精神痛苦就像它的虚假性一样明显,但普通妇女对它的最初反应却是一种恐怖之感。当然,一个进步妇女会作出下列反应:

我承认,对我们工人来说,只有一条路能摆脱目前的不幸,这条路就是社会主义。但它应该保持在某些适当的限度内,不要把每种东西都当作错误的和不必要的东西来反对。否则,这将导致习俗的野蛮化,这种野蛮化会比目前悲惨的物质状况更糟糕。不幸的是,社会主义所攻击的正是一种非常重要而且崇高的理想:婚姻。在某种程度上,性布尔什维克主义要求的正是完全的自由、完全的放荡。每一个人都能够为所欲为地过自己的生活,尽情地放纵,自由而且不受任何限制。丈夫和妻子不再必须结合在一起,而是随心所欲地今天和这个女人在一起,明天和另一个女人在一起。这就叫作自由、自由恋爱、新的性道德。但这些漂亮的名称并不能掩盖这样一个事实,即这里潜伏着重大危险。男人最崇高和最高尚的感情,如爱情、忠诚、牺牲精神,会因这些作法而受到贬损。一个男人或女人能同时爱许多别的女人或男人,这是不可能的——它违背了天性。结果将是可怕的野蛮化,会毁灭文化。我不知道在苏联这些事情怎么样,但可以肯定,要么俄国人是古怪的民族,要么他们就不会允许这种绝对自由和某些法令继续存在。……因此,尽管社会主义和理论非常美妙,尽管我在所有经济问题上同意你们的见解,但在性问题上我不能同意你们的看法,并且我时常因此而对整个事态表示怀疑。

《一位劳动妇女给编辑的信》

这封信明显反映了普通人碰到的冲突:**他不得不相信,他必须在强制的性道德与性混乱之间作出选择。普通人根本不知道性活动的性经济调节,这种调节根本不是出于强制的性道德,就像不是出于无政府主义一样。**他以混杂的冲动对强加的严格强制作出了反应;他抵制这两者。道德是一个负担,本能也是一个可怕的危险。受权威培养和约束的人,根本不知道自我调节的自然法则;他没有任何自信心。他之所以害怕自己的性活动,乃因为他从未学会自然地过性生活。因此,他拒绝为自己的行为和决定负起责任,他要求指引和指导。

按照始终如一的革命性政治所能取得的成功来衡量,革命运动在性政治上尚未取得任何成功,因为它未能运用合适的武器来抵销政治反动势力利用人被压抑的性力量所取得的成功尝试。如果性反动势力只是使它关于人口的政治论点流行开来,那倒用不着去无事生非。但它利用了妇女和姑娘的性焦虑,并因此取得了成功。事实上,它在社会的各个层次上熟练地把它的人口目的同对人民的强制性道德禁锢联系起来。几十万有组织的基督教工人就是这方面的证明。

这里不妨再举一个关于政治反动势力使用的宣传方法的例子[1]:

---

[1] 《处在深渊边缘的世界:俄国文化布尔什维克主义对其它民族的影响》,见《德意志人民日历》,1932年,第47页。

第五章　权威主义家庭的性经济前提

在布尔什维克分子压倒一切的反对整个资产阶级世界的斗争中，他们从一开始就特别注意家庭"这种讨厌的旧政权的特别强大的残余"。早在1924年6月10日，共产国际的全体会议就宣称："只要家庭和家庭关系的旧观念继续存在，革命就是软弱无力的。"根据这种态度，就直接爆发了反家庭的激烈斗争。重婚和多配偶制不被禁止，因而是许可的。布尔什维克分子对于婚姻的态度，是以戈伊巴格教授提出的下列关于婚姻纽带的定义为特征的："婚姻是以不怎么危险而较方便的方式满足性需要的一种制度。"1927年人口普查的统计数字表明了在这种条件下家庭和婚姻的解体程度。伊兹威斯提亚写道："在莫斯科，人口普查揭露了大量的一夫多妻或一妻多夫案件。经常有两三个妇女认定同一个男子为她们的配偶。"毫不奇怪，德国教授塞尔海姆把俄国的家庭描述成下述样子："这是向史前时期的性秩序的彻底倒退，而历史上婚姻和有利的性秩序恰恰是从这种史前时期的性秩序中发展起来的。"

强制性的婚姻和家庭关系也受到了攻击，宣扬的是完全的性交自由。著名的女共产党员斯米多维奇制定了一个性道德图式[①]，让大多数小伙子和姑娘的行为符合这个图式。这个图式探究下列东西：

1. 工人阶级的每一个学生，即使他未成年，也有权利和义务满足自己的性要求。

2. 一个年轻姑娘，不管是一个大学生还是一个工人或中学生，当被一个男子所欲望时，她就有义务满足这种欲望，否则她就是资产阶级小姐，算不上真正的共产主义者。

《真理报》公开地声称："在我们中间，只存在男人和女人的性关系。我们不承认爱情的存在。应把爱情当作某种心理学的东西来鄙视。在我们中间，只有生理学有权利存在。"由于这种共产主

[①] 斯米多维奇的评论实际上是讽刺性的，被认为是对青少年性活动的批评。

义态度,每一个妇女和姑娘都有义务满足男性的性冲动。由于她们肯定不会总以完全自愿的方式这样做,所以在苏联强奸妇女已成了名符其实的瘟疫。

为了粉碎政治反动势力的这些谎言,我们不能简单地靠揭露它们实际上是谎言而置之不理;因此也不能靠抗议,即断言人们实际上是"道德的"或革命并不摧毁权威主义家庭和道德主义等等。事情的真相是,性活动在革命过程中发生了变化,旧的强制性管理瓦解了,这是不能不承认的。如果在这些问题上我们的阵营容忍禁欲主义态度并允许它继续起作用,那么我们也就弄不清楚正确的性经济立场。下面我们将非常认真地探索这件事。

那些力图在这一领域取得真正自由的人的性政治,不能解释(不是一两次,而是一再地)并确定性生活的性经济调节。他们不能理解并减轻妇女对性健康的畏惧。然而,最根本的是,他们不能不断地而且始终如一地指出反动的性概念同性经济的性概念之间的差别,从而在自己的阵营中获得明确的认识。经验表明,只有当普通人有了非常清楚的认识时,他才能接受性经济对性活动的调节。

反革命运动产生于政治反动势力的信条,而这些信条又是受到了下中层阶级的经济存在方式和意识形态的神秘主义支持的。政治反动势力的文化政治的核心是性问题。相应地,革命的文化政治的核心也应当是性问题。

正是性经济为强制性道德和性自由主义之间的矛盾所产生的混乱提供了政治答案。

第六章 有组织的神秘主义是一种国际的反性的组织

对教会的兴趣

为了弄清楚性经济卫生学的任务,我们应该密切注意政治反动势力在文化政治战线上进攻和防御的方式。我们容易把政治反动势力的神秘发言人当作"不相干的东西"打发掉。正如我们已经注意到的那样,当政治反动势力成功地进行某种意识形态宣传时,我们不能把这唯一归因于糊涂。我们想指出的是,它的每一个成功事例,根子上一定有一个大众心理的问题。某种我们现在还没有把握住的东西,正在大众中继续存在,正是"这种东西"使大众的思维和行动违背了自己生死攸关的利益。这个问题是根本性的,因为如果大众不持这种态度,政治反动势力也就无能为力了。正是群众自愿地吸收了这些观念——我们称之为专制者的"**大众心理土壤**"——才形成了法西斯主义的力量。因此,完全弄清楚这一点,是绝对必要的。

由于劳苦大众受到的经济压力日益增长,强制性的道德压力也就变得越来越严酷。为预防劳动大众对社会压力的反抗,只能靠强化劳动大众的性犯罪感和他们对现存秩序的道德依附性。这究竟是怎么一回事呢?

既然神秘的传染是大众吸收法西斯主义意识形态的最重要的心理前提,那么,了解神秘主义的一般心理效果也就成了考察法西斯主义意识形态的必不可少的一部分。

当帕彭政府①驱逐了布鲁宁而在1932年春季掌权时,它最初的行动之一就是宣布它打算进行一次"更严格的民族道德教育"。希特勒政府进一步执行了这一纲领。②

一个从事青年教育工作的编辑说:

> 只有当青年学会遵守人民和国家的原则,……即学会为整体负责任并能为之而作出牺牲时,他们才能妥善应付困难的命运和未来的高度要求。软弱和过于看重每一个个人的爱好,对一个准备经受许多生活困难的青年来说,是不妥的。只有当青年学会客观地工作、清晰地思维并履行自己的义务时,当他们习惯于以一种有纪律的服从方式遵守教育共同体的管理并自愿服从其权威时,他们才会有充分的准备服务于人民,服务于国家。为了教育青年对国家有一种真正的感情,应该……靠深刻领会我们壮丽的民族遗产……,用建立在德意志民族的历史和文化价值基础上的德国教育来充实和深化。为了教育青年理解国家和共同体的价值,应从基督教的真理中汲取最强大的内在力量。
>
> 对人民和祖国的忠诚和责任,深深地扎根在基督教的信仰中。因此,维护基督教学校和一切教育的基督教基础的权利和自由发展,将永远是我的特殊义务。

这种对神秘信仰力量的炫耀的根源是什么呢?这是我们现在想了解的东西。政治反动势力断定关于"对国家的忠诚"的教育是

---

① 帕彭为希特勒上台铺平了道路,后来又作为一个法西斯主义外交家起了重大作用。
② 下面是1933年8月来自汉堡的一条新闻《"不道德的"水上运动员集中营》:"汉堡警察局已向警察发出指示,密切注意水上运动员的行为,这些运动员经常'不遵守公共道德的规则'。警察局发出公告说,它将对那些违犯规定的划艇运动员采取严厉的步骤,把他们投入集中营,以使他们学会礼仪和道德。"

第六章　有组织的神秘主义是一种国际的反性的组织

从"基督教的真理"中汲取它最强大的内在力量的,这一点儿不错。然而,在我们拿出这方面的证据之前,我们应简练地概述一下在政治反动阵营中有关基督教概念所存在的一些区别。

国家社会主义的大众心理的基础不同于威廉大帝的帝国主义的基础,因为前者拥有一个贫困化的中产阶级,而德意志帝国则以一个**富裕的**中产阶级为群众基础。因此,威廉大帝的帝国主义的基督教一定不同于国家社会主义的基督教。尽管如此,这些意识形态上的变化并没有削弱神秘世界观的基本原理,毋宁说反而加强了它的作用。

从一开始,国家社会主义就把《旧约全书》当作"犹太人的东西"而抛弃了——这至少是国家社会主义的著名倡导者罗森堡的观点,他属于右翼分子。同样,罗马天主教会的国际主义也被视为"犹太人的东西"。国际的教会不得不被"德意志民族的教会"取代。在纳粹掌权后,教会的确被协调起来了。这限制了它的政治范围,但大大扩大了它的意识形态的权力领域。

用费德的话说:

> 肯定,有一天德意志民族还将为它对上帝的感知和体验找到一种形式,这种形式将以它的日耳曼血统为标志。肯定,只有到那时,**血统**、信仰和国家的三位一体才将完成。[①]

必须不惜一切代价来避免把犹太人的上帝当作神圣的三位一体。耶稣本人是一个犹太人这一事实确实使纳粹分子感到为难,但斯塔佩尔很快找到了摆脱这种两难困境的方式。他认为,既然耶稣是**上帝**的儿子,就不能把他当作犹太人。应该用"一个人自己良心的体验"来取代犹太人的教义和传统;应该用"个人荣誉的观念"来取代虔诚。

关于人死后灵魂转移的信仰,被斥责为"南海岛民的骗局"。

[①] 戈特弗里德·费德:《纳粹党的纲领及其世界观基础》,第49页。

圣母马利亚纯洁受胎说,也被斥责为此类东西。关于这一论题,沙纳格尔写道:

> 罗森堡把关于神圣圣母的纯洁受胎,即她摆脱了原罪的教义,同关于耶稣的纯洁诞生("因圣灵而成胎")的教义混为一谈……

宗教神秘主义大规模传播的原因在于,它的主根在关于**追求快乐的性行为是原罪**这一学说中。国家社会主义坚持这种观点,并借助于另一种意识形态而充分利用了这种观点,以便和它自身的目的相一致:

> 十字架隐喻着关于勇于献身的耶稣的学说,这种形像使我们感到一切力量都崩溃了,并通过它的……可怕的痛苦表现使我们感到悲痛,使我们感到谦卑,渴望权力的教会的意图就是如此……。德意志教会将逐步用指导性的火的精神取代其它教会实行的十字架象征,在最高的意义上使英雄人格化。[①]

一句话,这是用一种脚镣代替另一种脚镣:用民族主义的施虐—受虐的神秘主义取代受虐的、国际的、宗教的神秘主义。这样一来,它就成了这样一个问题:

> ……承认德意志民族荣誉是最崇高的行为标准,以便为之而生活……。国家将允许每一种宗教信仰都有自由的范围;它将允许各种形式的道德教义都有发言权,条件是它们不妨碍对民族荣誉的肯定。

我们已经了解了民族荣誉的意识形态是怎样来自权威主义意

---

① 《20世纪的神话》,第577页。

第六章　有组织的神秘主义是一种国际的反性的组织

识形态的,以及后者又是怎样来自对性活动的性否定管理的。不论是基督教还是国家社会主义,都没有抨击强制性的婚姻制度:对前者来说,婚姻除了具有生育功能而外,还是一种"完善的毕生的结合";对国家社会主义党人来说,它是一种有生物学根基的保护种族纯洁性的制度。对它们二者来说,在强制性婚姻之外,根本没有性活动。

进一步说,国家社会主义并不想在历史的基础上,而是想在"现实的"基础上维护宗教。这一变化应该从基督教性道德的解体方面来解释,因为仅仅根据历史的要求已不再可能坚持这种道德了。

> 人种学上的种族国家仍将有一天在宗教中找到它最深刻的根源。直到我们对上帝的信仰不再同过去的一个特定事件相关联,而是一再通过永远持续的经验而同一个民族、一个国家以及个人的本地生活和活动错综复杂地交织在一起时,我们的世界才将重建起来。①

我们不要忘记,"本地生活和活动"意味着"道德的"生活,即性否定。

正是这一点把国家社会主义党人同教会区别开来了,也正是这一点代表着它们的共同参照点,可以把对宗教的反动作用来说无关紧要的东西同实际上有效的东西区分开来了。②

---

① 路德维希·哈泽:《国家社会主义月刊》Ⅰ,第 5 期,第 213 页。
② 诚然,国家社会党人否弃了 1930 年 7 月 15 日的巴伐利亚契约和 1929 年 7 月 1 日的普鲁士契约。然而,这种否弃是为了 1931 年的捐赠,这种捐赠共达 4122370 马克。巴伐利亚僧侣的薪俸从 1914 年的 587 万马克增长到 1931 年(严重的危机年代!)的 1970 万马克,并没有受到抨击。我们从罗伯特·伯克的《契约盯着你》一文中获取了关于巴伐利亚契约的资料。根据 1925 年 1 月 25 日的契约,教会享有下列权利:

　　1. 僧侣是国家官员。

(转下页)

历史的因素、教义、某些靠暴力维护的信条,如果人们能在它们的功能上用别的同样有效的东西取而代之的话,它们实际上也就成了无意义的了。国家社会主义想要"宗教的经验"。实际上,这是它唯一关心的事;它只是打算给它一个不同的根据。这种"永远持续的经验"是什么呢?

反对"文化布尔什维克主义"

民族主义的和家庭的情感是同宗教感情密切交织在一起的,而宗教感情或多或少又是模糊的和神秘的。关于这一论题的文献数不胜数。至少眼下我们不必要进行这一领域详细的学术批判。我

(接上页)2. 国家承认,1817年的世俗化(剥夺教会财产)是对教会的严重损害,国家让教会有权索回它的财产或它的6000万金马克的货币价值。

3. 国家应该把它来自巴伐利亚林业的近50%的收益作为它对教会的一部分赔偿金;因此,它实际上已把林业的收益抵押给了教会。

4. 教会有权根据国内税收登记来征税(教会税)。

5. 教会有权获得新财产,并视为自己的所有物;这种财产不可侵犯,并将受到国家保护。

6. 国家有义务为教会高级僧侣提供"与他们的高职和等级相符合的生活年金"。

7. 教会,它的教士和2800名僧侣在从事他们宗教的工业活动(出版书籍、生产啤酒和烈酒)中将享有无限制的自由。

8. 应该给慕尼黑和维尔茨堡大学任命一个哲学教授和一个历史教授;这些教授应取得教会的信任,他们的课程应论证基督教会的教义。

9. 国家保护小学的宗教教育,主教或他任命的人有权反对或要求国家权力当局纠正天主教学生的公共宗教生活的冤情和他们有害的或不妥当的(!)影响。

根据保守的预算,巴伐利亚的天主教会享有契约、基金的保证金——现金汇款、商品价值、免征的不动产和商业税,以及个人收益——共达1万亿马克。

巴伐利亚国家在1916年付给天主教会1300万马克;1929年付给28468400马克;1931年付给26050250马克。

显然,教会为国家提供的服务是有利可图的。1933年7月德意志和梵蒂冈缔结的契约并没有使教会和国家产生全新的关系(对大众心理来说没有决定性的东西)。教会的基本经济功能仍是不可侵犯的。

第六章 有组织的神秘主义是一种国际的反性的组织

们想理出我们主要问题的线索。如果法西斯主义非常成功地依赖着大众的神秘思维和情感，那么，只有当理解了神秘主义并通过教育和卫生学消除了大众的神秘感染时，才能有效地抵制法西斯主义。单靠普及科学的世界观是不够的，因为它进展得太缓慢，以致难以跟上神秘感染迅速传播的速度。原因仅仅在于我们对神秘主义本身的理解是不完全的。对大众的科学启蒙主要关心的事情是揭露教会高职人物和教会官员的腐败情况，并不了解占压倒多数的群众的情况。科学的阐释只诉诸于群众的理智，而不诉诸他们的感情。然而，如果一个人有神秘的感情，他就会对揭露教会高职人士的伪装无动于衷，不管揭露得多么明快。详细地揭露国家是如何用工人的钱来支持教会的，给他造成的印象不会比马克思和恩格斯对宗教的历史分析给他造成的印象更深。

诚然，无神论运动也力图用情感手段来启发大众。例如，德国自由思想家的青年入会节就致力于这种工作。尽管如此，基督教青年组织的成员人数还是达到了共产党和社会民主党的成员总和的近30倍。在1930年至1932年，基督教青年组织的成员接近150万，而共产党的成员只有5万，社会党的成员只有6万。根据国家社会主义党的统计，该党在1931年就吸收了4万青年加入组织。我们从1932年4月的《无产阶级自由思想家之声》中获得了这方面的详细数字。根据这份报纸，各青年组织人数如下：

德国天主教青年联合会	386879
天主教少女联合中心	800000
天主教未婚男子联合会	93000
南德意志天主教青年妇女联盟	25000
巴伐利亚天主教图书俱乐部联合会	35220
高等院校天主教学生联合会（"新德意志"）	15290
德意志天主教劳动女青年联盟	8000

德国风林俱乐部民族联合会　　　　　　　　10000[①]

重要的是社会构成。德国天主教青年联合会的社会构成如下：

工人　　　　　　　45.6%
熟练工人　　　　　21.6%
农村青年　　　　　18.7%
商人　　　　　　　5.9%
学生　　　　　　　4.8%
职员　　　　　　　3.3%

无产者的成份占压倒多数。在1929年，该组织年龄结构如下：

14—17岁　　　　　51.0%
17—21岁　　　　　28.3%
21—25岁　　　　　13.5%
25岁以上　　　　　71%

因此，4/5的青年处在青春期或后青春期！

共产党人在努力争取这些青年人时强调了阶级问题，没有强调信条问题，而天主教组织却恰恰在文化和哲学战线上保持了自己的优势。共产党人写道：

> 如果我们的工作是明确的和始终如一的，那么，阶级成分问题将证明比阻碍性的信条问题更强有力，在青年天主教徒中也是这样。……我们不应强调信条问题，而应强调阶级成分问

[①] 数字摘自1931年《青年组织手册》。

第六章　有组织的神秘主义是一种国际的反性的组织

题,强调那种约束我们并作为我们共同命运的悲惨状况。

相反,天主教青年领袖却在 1931 年《青年工人》第 17 期上写道:

> 共产党最大的而且可能是最严重的危险在于,它很早就把手伸向了青年工人和工人的子女。我们非常高兴,政府有力地抵制了颠覆性的共产党。然而,我们尤其期望德国政府果断解决共产党同教会和宗教的斗争。

八个天主教组织的代表占据了柏林关于"保护青年免遭污秽和淫海影响"的检察团的职位。1932年,青年中心的一个宣言声称:

> 我们要求国家利用一切可利用的手段保护基督教遗产免遭污秽出版物、淫海文学和色情电影——所有这一切都败坏并歪曲了民族感情——的毒害影响。

因此,教会不是在共产主义运动攻击它的地方,而是在一个完全不同的地方来维护它的神秘功能的。

前面提到的《自由思想家之声》声称,"非正统的无产者青年的任务是""向基督教劳动青年"表明"教会和他们的组织的作用在于贯彻法西斯主义的措施和拥护危机法案及经济措施"。那么,为什么基督教青年工人**群众**会抵制这种对教会的攻击呢?共产党人期望基督教青年**亲眼**看出教会在执行一种资本主义功能。为什么基督教青年看不到这一点呢?显然,这是因为这种功能对他们来说是隐而不见的,因为他们的权威主义教养已使他们成了轻信者,不能进行批判。人们还不可避免地注意到,教会在青年组织中的代表所说的话是**反对**资本主义的,所以青年不容易感觉到共产党人和僧侣各自采取的社会立场之间的对立。起初,好像只在性领域才存在着截然分明的界线。似乎与教会相对立的共产党人对青少年的性活动采取了一种肯定态度。然而，人们很快就看出，共产党组织不仅置这一决定性领域于不顾，甚至认为自己有必要和教会一起去谴责和禁锢青少年的性活动。德国的"性政治家"①组织毫不犹豫地提出了青少年的性活动问题并试图解决它，而共产党人则像某些教会代表一样采取了严厉的措施来反对德国的"性政治家"。共产党人的牧师萨尔金德也是一个精神分析学家，但他在苏联的性否定工作上是一个权威，这是不言而喻的。

仅仅指出权威主义国家控制并利用儿童教养院、教会和学校，作为把青年约束在它的制度和观念世界上的手段，是不够的。国家还使用它的整个权力机关来保证这些机构完好无损。因此，简直可以说，只有社会革命才能废除它们。然而，彻底消除它们的反动影响又是社会革命的一个最根本的前提，因而也是废除它们的一个前提。许多共产党人把这当作"红色文化战线"的主要任务。为了完成这一任务，**至关**重要的是要弄清楚权威主义儿童教养院、学校和教会发挥如此重大影响的方式和手段，揭示靠这些影响来控制青年的过程。像"奴役"或"野蛮化"这样的一般概念不能提供充分的解释。"野蛮化"和"奴役"只是结果。我们想了解的是独裁的利益在群众结构中得以站稳脚跟的过程。

《青年的性斗争》曾试图表明对青少年性活动的压抑在这一过程中所起的作用。在本书中，我们想考察政治反动势力的文化目标的基本因素，辨明革命工作所必须依赖的情感因素。在这里我们也应坚持这样一个原则，即密切注意文化反动势力强调的每一种东西。因为它强调的东西不是偶然的，而且也不是"分散"人们注意力的手段。它是核心的竞争场所，革命世界同反动世界的哲学及政治的斗争是在这个场所里进行的。

如果我们不具有为成功地参与这种冲突所必需的知识和训练，那么我们就不得不退出哲学和文化领域（**其核心是性问题**）的斗争。然而，如果我们能成功地在文化问题上站稳脚跟，我们就有了

---

① "Sexpol"：德国的一个从事群众的性政治活动的组织的名称。——译者注

第六章　有组织的神秘主义是一种国际的反性的组织

为劳动民主铺平道路所必需的一切东西。不妨再一次重申：**性禁锢妨碍普通青少年以合理的方式思维和感觉**。我们应该知道，对神秘主义的反击需要有合适的手段。为此目的，了解它的机制就尤其是必不可少的。

我们不妨引用一下在这一论题上的众多典型著作的一本，即1931年布劳曼牧师写的《布尔什维克主义死敌与革命先锋》。等一会儿，我们也引用别的著作。它们论证的基本要点是一样的，而细枝末节上的小差别在这里是无关紧要的。

> 每一种宗教都是通过与上帝的结合而从世界及其权力中解放出来。因此，只要人身上仍有某种宗教的东西，布尔什维克主义就根本迷惑不了人。[1]

可以肯定，神秘主义的作用在这里明确表达出来了：使人们不去注意日常的不幸，"从世界中解放出来"，其目的是防止人们反抗自己不幸生活的现实根源。但我们不必过于停留在对神秘主义的社会功能的科学发现上。最重要的是，从有科学倾向的青年同有神秘倾向的青年之间的讨论中获得的丰富经验，对我们的反神秘主义工作有实际的价值。这些讨论为我们提供了了解神秘主义的线索，因而提供了了解群众个体的神秘感情的线索。

一个青年工人组织邀请一位新教牧师来讨论经济危机。他来了，后面跟着大约20个18到25岁的基督教青年保护者。在他的谈话中，尽管他显而易见地从部分正确的论述转向了神秘的观点，但他提出了下列观点：他解释说，现存不幸的原因是战争和激进计划。世界大战是人的堕落和卑鄙的一种表现，是一种不公正，一种罪恶。资本主义剥削也是一种极大的罪恶。（由于采取一种反资本主义的态度，并期待基督教青年的反资本主义感情，他的影响是难以消除的。）他继续说，资本主义和社会主义本质上是一样的。

---

[1]《布尔什维克主义死敌与革命先锋》，第12页。

苏联的社会主义也是资本主义的一种形式。社会主义对某些阶级来说必然是不利的，就像资本主义对别的阶级来说是不利的一样。每一种资本主义都应"受到申斥"。布尔什维克主义对宗教的反对是一种罪恶行为；宗教对不幸状况没有责任。有毛病的是资本主义对宗教的滥用。（这是一位明显进步的牧师）从这番表述中应得出什么样的结论呢？既然人是卑鄙的和邪恶的，**那么就根本无法消除他的不幸状况，他不得不忍受、挣扎**。资本家也不是幸福的。作为一切苦恼之根源的人的内在苦恼，即使在苏联的第三个五年计划实现后也不会消失。

一些革命青年力图表达自己的观点。他们指出，这不是个别资本家的问题，而是"制度"的问题。这是一个关于受压抑的是大多数人还是日渐减少的极少数人的问题。说人不得不忍受悲惨生活，这根本无济于事，只会对政治反动势力有利。如此等等，不一而论。最后大家都认为，对立的观点是不可能调和的，谁都不会放弃自己以前的信念，而改信一种与此不同的信念。这位牧师的青年助手们坚持他们领袖的话。他们的物质状况像共产党人的物质状况一样贫困，但他们每一个人都深信无法摆脱不幸，人们应该充分利用这一点，去"信仰上帝"。

在讨论之后，我问一些共产主义青年，为什么他们不提出主要的问题，即教会坚持性禁锢。他们回答说，这个论题太棘手，太困难，会产生一种炸弹式的效果；而且，他们也不习惯于在政治讨论中谈论这些事情。

在此之前的某个时刻，在柏林西部的一个地区举行了一次群众集会，在会上教会的代表和共产党的代表都解释了他们各自的观点。参加集会的1800人中整整一半是基督教徒和下中层阶级人民。我作为主要发言人，把性经济的立场概括为几个问题。

1. 教会认为，使用避孕物干扰了自然的生殖，因而是违背天性的。如果自然如此严格，如此智慧，为什么它不产生那样一种性器官，以致人们不必靠性交就经常能随心所欲地生育子女，而是要人一生当中平均进行两三千次性交呢？

第六章　有组织的神秘主义是一种国际的反性的组织

2. 出席集会的教会代表能否公开声明，他们只是在想生育子女的时候才从事性交呢？（他们是新教牧师）

3. 上帝为什么在一个人的性器官中造成两种腺体：一种用于性刺激，一种用于生殖？

4. 他们如何解释，早在生殖功能开始起作用之前，甚至小孩子都显示出一种性活动？

教会代表对这些问题的回答是很窘迫的，引起了听众阵阵大笑。当我开始解释在权威主义社会的框架内教会和反动科学对快乐功能所起的否定作用，即压抑性满足打算在经济领域产生谦卑和普遍顺从时，全部听众都站在了我这一边。神秘主义者受到了打击。

群众集会上的广泛体验表明，只有在医学上和社会上以明确而直接的方式解释性满足的权利时，才容易了解与性压抑相关联的神秘主义的政治反动作用。这一事实需要进行彻底的阐释。

求助于神秘的感情

"反布尔什维克"的宣传说，"布尔什维克主义"应该被当作"每一种宗教的头号敌人"，特别是"有精神价值的"宗教的头号敌人。由于布尔什维主张"唯物主义"，所以它只承认物质商品，而且只对生产物质商品感兴趣。它一点不理解精神价值和心理财富。

这些精神价值和心理财富究竟是什么呢？通常指的是忠诚和信仰；至于别的，都用一个模糊的"个性"概念囊括了。

> 由于布尔什维克想窒息每一个体的东西，它也就要摧毁总能给人以个性特点的家庭。为此理由，它仇视一切民族的奋斗。所有民族都要尽可能成为同质的，并听命于布尔什维克主义。……但是，只要人身上依然有宗教的痕迹，那么想窒息一个人的个人生活的所有努力都将是徒劳的，因为在宗教中一再喷发出来个人摆脱外部世界的自由。

当神秘主义者谈到"布尔什维克主义"时,他指的并不是列宁建立的政党。他对本世纪初发生的社会冲突没有什么印象。"共产党人"、"布尔什维克分子"、"红色"等等成了反动的口号,同政治、政党、经济等等根本不沾边。这些词汇就像法西斯主义者口中的"犹太人"一词一样,是非理性的。它们表达着反性的态度,这种态度是与权威主义的人的神秘—反动的结构相关联的。因此,罗斯福被法西斯主义分子叫做"犹太人"、"红色分子"。即使被如此称呼的人根本没有肯定儿童和青少年的性活动,这些口号的非理性内容也总是涉及现实的性活动。俄国共产党人甚至比许多美国的中产阶级人士更少肯定性活动。如果人们想抵制作为一切政治反动势力之首要原因的神秘主义,人们就不得不弄懂这些口号的非理性主义。下面不论我们在哪里碰到"布尔什维克主义"这个字眼,也都要想到"性高潮的焦虑"。

那种同时也是法西斯主义分子的反动人物,承认家庭、民族和宗教之间有一种密切联系。社会学研究曾经完全忽视了这一事实。从一开始,性经济的诊断就得到了肯定:宗教所谓的摆脱外部世界的自由,实际上意味着以幻想的替代性满足取代现实的满足。这完全符合马克思主义的理论,即宗教是麻痹人民的鸦片。这不单是一个比喻。植物性疗法可以证明,神秘的经验实际上在自主的生命机制中产生了像麻醉剂一样的过程。这些过程**就是性机制中的刺激,这些刺激引起麻醉般的状态,并渴望性高潮的满足。**

然而,我们首先应掌握关于神秘情感和家庭情感之间的关系的更准确的信息。布劳曼以一种典型的反动意识形态的方式写道:

> 但布尔什维克主义还有另一种消灭宗教的方式,即通过系统地摧毁婚姻和家庭生活。它非常清楚,宗教的伟大力量来自家庭。正是为此理由,它使结婚和离婚成为极其方便的事,以致俄国的婚姻差不多成了自由恋爱。

他在提及苏联的五天为一周的"毁灭文化的"效果时说:

第六章　有组织的神秘主义是一种国际的反性的组织

　　这有助于破坏家庭生活以及宗教……。最扰乱人心的是布尔什维克主义在性领域造成的大混乱。由于它破坏了婚姻和家庭生活，它也就助长了各种不道德的放荡，以致允许兄弟姐妹、父母子女之间进行违反天性的性交。〔这是指苏联废除对乱伦行为的惩罚〕布尔什维克主义不承认任何道德禁令。

苏联文坛没有用关于自然的性过程的准确表述来反击这些反动的攻击，而常常是力图防卫。它认为，说苏联的性生活是"不道德的"，这是根本不真实的；婚姻正在重新巩固起来。这些防卫的企图不仅在政治上是无效的，而且也不符合事实。**从基督教的观点来看**，苏联的性活动的确是不道德的。由于具有权威主义和神秘的含义的婚姻制度已被废除，所以根本谈不上巩固婚姻。大约在 1928 年以前，苏联最流行的婚姻形式相当于美国的所谓按习惯法同居的婚姻；它既是合法的，也是实际的。因此，俄国共产主义松开了强制性的婚姻和家庭纽带，并且消除了道德主义。[①] 它纯粹是一件使人民群众意识到自己的矛盾的事情，这种矛盾就是：尽管他们私下迫切地渴望社会革命所完成的东西，但他们也赞同道德主义。然而，为了完成这一任务，澄清强制性家庭、神秘主义和性之间的关系就是必不可少的。

我们在前面已经表明，民族主义情感是权威主义家庭情感的直接继续。但神秘的感情也是民族主义意识形态的一个根源。因此，父权制的家庭态度和神秘的精神框架是大众中的法西斯主义和帝国主义的民族主义的基本心理因素。简言之，可以在大众的基础上从心理学上证明，当一场社会灾难驱动大众时，神秘的教养就成了法西斯主义的基础。

在 1942 年 8 月 14 日的《纽约时报》上，奥托·托里苏斯就日本

---

① 然而，大约自 1934 年以来，旧的反性的和道德主义的观念又重新出现了，这标志着俄国的性革命的失败，包括向强制性婚姻和反动的性立法的回复。参见《性革命》。

人的帝国主义意识形态写了下面这些话。(人们仿佛觉得他已经研究了我们的《法西斯主义大众心理学》)

今年2月在东京出版的一本小册子中,包含着日本人战争精神的令人吃惊的表现,以及不仅在支配日本政府的军事集团和超民族主义集团中,而且也在知识分子中风行的野心。这本小册子是藤泽教授写的,他是日本政治思想和哲学的主要代表之一。

按照这本最畅销的小册子的说法,日本作为人类和世界文明的发源地,正在进行一场圣战,要使互相撕杀的人类重新组合成一个大家庭,在这个大家庭中每一个民族将在日本天皇神圣而至高无上的统治下获得自己应有的地位。天皇是处在"绝对的宇宙生活中心"的太阳女神的直接后裔,各民族曾偏离了这个中心,现在它们应回到这个中心来。

这个小册子纯粹是以泛泛的论证概括了来自神道教神话的观念,使之系统化,并应用到目前的战争上。日本政治家们在松冈洋右的领导下把这种神话发展成为一种帝国主义的教义,以证明日本的扩张政策合理。但正是为此理由,这本小册子求助于在日本人天性中最根深蒂固的一切宗教的、种族的和民族的观念和情感。在这个意义上,藤泽教授是日本的尼采和瓦格纳,他的小册子成了阿道夫·希特勒的《我的奋斗》的日本翻版。

如同《我的奋斗》的遭遇一样,外界几乎根本不注意日本人的这种思想倾向,不是将它视为纯粹的幻想,就是把它贬到神学领域。但这几年它已为导致目前战争的日本扩张政策提供了意识形态背景,不提到它,就不可能理解日本对美国的最后调子。

这本小册子的权威性表现在,藤泽教授曾是国际联盟秘书处的一个常驻代表,是九州帝国大学的政治学教授,他以各种语言出版了许多日本政治学著作。现在他是帝国统治联合会

第六章　有组织的神秘主义是一种国际的反性的组织

的研究部主任,积极组织日本人民参战,负责使这些观念风靡全世界。

这本小册子的头几段话就显示出它的整个气味,这几段话是:

"在我们诗的语言中,日本经常被叫做'太阳国',这表达着神圣气氛、大一统和无所不包的意思。只要在头脑里记住它的哲学含义,人们就能把握1939年9月27日在三方条约缔结时发表的帝国公告的要义。在公告中,我们仁慈的天皇庄严宣布,应把伟大的正义事业推进到地球的尽头,以使世界成为一个大家庭,使各民族各得其所。公告的这段重要的话阐明着我们威严的至上统治权的特点,它迫切需要成为无所不包的大家庭的头脑,在这个大家庭的怀抱里,所有民族都将在和谐而合作的动态秩序中占有自己的地位。

"我们的天皇义不容辞的责任是尽最大力量恢复'绝对的宇宙生活中心',重建曾在遥远的古代在各民族中盛行过的基本的垂直统治秩序;他这样做,是想改造目前的无法律而且混乱的弱肉强食的世界,使它成为一个大家庭,在这个大家庭中实行完全一致和尽善尽美的和谐。

"这就是日本从遥远的古代以来就承担的神圣使命的目标。一句话,要使我们的神圣统治中包含的宇宙生命力遍布整个世界和地球,从而使所有被隔离开来的民族在精神上以亲兄弟般的虔诚感情重新结合起来。

"只有这样,世界上的所有民族才会放弃他们的首先在现行的国际法中表现出来的个人主义态度。"

藤泽教授说,这是"神的方式"。在用神秘的术语解释了这一点后,他继续说:

"据此,人们可以知道,在美国盛行的资本主义的个人主义是背离宇宙真理的,因为它忽视了无所不包的生活中心,只重视猖狂的和无约束的自我。被苏维埃俄国抬高到官方学说地位的独裁的共产主义,也证明是同宇宙真理不相容的,因为它无视个人的首创精神,仅仅实行对国家的严格官僚控制。

"值得注意的是,国家社会主义德国和法西斯主义意大利的指导原则同大家庭的原则有很多共同之处,这是这些轴心国同民主国家和苏联的众多区别之一。正是由于这种精神的团结,日本、德国和意大利形成了一条共同战线,反对……那些维护旧秩序的国家。"

藤泽教授解释说,太阳国正在同罗斯福总统和丘吉尔首相的政府战斗,这些政府妄图实现它们统治东方的"狼子野心"。但多亏天皇日日夜夜向太阳女神的神灵作了诚挚的祈祷,终于动员起来了神圣的力量,彻底打击了那些违背不可亵渎的宇宙规律的力量。

藤泽教授写道:"现在的大东亚实际上是〔太阳女神,即神话传说的日本王朝的祖先的〕第二代后裔,这后裔永远存在于天皇不朽的生命中。"

因此,藤泽教授得出结论:

"太阳国发起的圣战或迟或早将唤醒所有民族注意到这样一个宇宙真理:它们每个民族的生命来自天皇体现的一种绝对的生命中心,如果不把它们重新组织成一个由天皇指导的无所不包的大家庭,就不可能实现和平与和谐。"

藤泽教授又虔诚地说:

"这一崇高的思想无论如何不应被当作无情压制软弱民族的帝国主义来理解。"

这些观念也许是令人吃惊的,但更令人吃惊的是藤泽教授为它们寻找的"科学"根据。尽管所有日本编年史和历史都承认,在日本帝国建立之时(日本政府推算帝国建立在公元前2600年,但历史学家认为其日期大约在纪元年开始时),日本岛的居民还是原始的野蛮人,其中一些人是生活在树林里的"长尾巴的人",但藤泽教授仍无动于衷地断言,日本是整个人类及其文明的故乡。

藤泽教授解释说,日本最近的发现和为数不多的档案,加

第六章　有组织的神秘主义是一种国际的反性的组织

上西方一些权威人士的著作,证明了"一个惊人的事实,即在史前时代,人类就形成了一个以天皇为首脑的世界性家庭体系,日本作为父母国受到高度尊敬,而其它所有国家则被叫作子国或属国"。

作为这方面的证据,这位教授援引了一幅"在1280年由某个希尔福德"提供的世界地图,在这幅地图上,"东方位于顶部,日本人居住的地方叫做'天国'"。

藤泽教授继续说:

"对日本史前编年史作过彻底研究的著名学者,一致作出结论说,人类的摇篮既不是帕米尔高原,也不是底格里斯河和幼发拉底河沿岸,而是日本腹地的中部山区。这一有关人类起源的新理论正引起一些人的强烈关注,这些人满怀信心地看待日本拯救迷失方向的人类的神圣使命。"

根据这种学术观点,那些据说建立了巴比伦文明(其它一切文明都由此发展起来,包括埃及、希腊和罗马文明)的苏摩人,是和早期在埃尔都的日本定居者属于同类的。藤泽教授解释说,这就说明了日本的和《旧约全书》的史前证据的一致性。他说,这也符合中国人的情况,中国人也是靠日本而文明起来的,而不是相反。然而,日本的历史记载,日本人学会阅读或书写是大约在公元400年由朝鲜人和中国人教给他们的。

这位教授说,不幸的是,"由于一再发生地震、火山喷发、洪水、海啸和冰冻,以日本为绝对统一中心的世界秩序崩溃了;由于这些可怕的灾难,整个人类都在地理上和精神上疏远了日本父母国"。

但好像太阳国"奇迹般地避免了所有这些自然灾难,它的神圣的至高无上的君主天皇继承了中断数代的血统,承担起把这漂浮涣散的人类重新塑造成一个像史前时代有过的那样的大家庭的神圣使命。

藤泽教授又说,"显然,没有人比天皇更适合完成这一拯救人类的神圣工作"。

托里苏斯并不理解他描述的现象。他认为,这是民族帝国主义故意制造的神秘面纱。然而,他的报告明确证明性经济的判断是正确的,这个判断就是:一切法西斯主义的、帝国主义的和独裁的神秘主义形式归根到底是对呆板的生活感觉的神秘歪曲,这种歪曲来自父权制的和权威主义的家庭和国家组织。

尽管民族的感情来自母亲的纽带(家庭感情),但神秘的情感却产生于与这种家庭纽带不可分割的相联系的反性的气氛中。权威主义家庭纽带的前提是对感觉的性活动的禁锢。毫无例外,所有在父权制社会里长大的儿童,都要屈从这种感觉上的禁锢。不管性活动显得多么醒目和"自由",都不可能使专家意识不到这种根深蒂固的禁锢。事实上,正是这种对性高潮体验能力的**禁锢**,成了在后来的性生活中产生的许多病理表现的基础,这些表现包括不加区别地选择配偶、性烦躁、病态的性放荡倾向等等。这种禁锢是每一种权威主义培养方式的特点,并被体验为无意识的内疚感和性焦虑,它的不可避免的结果("性高潮无能")就是不能满足的**无意识的强烈的性高潮渴望**,这渴望伴随有太阳神经丛区域生理上的紧张感。感觉渴望在胸和腹部的明显集中化,有其生理学的意义。①

起初,心理生理有机体的持续紧张感构成了幼儿和少年的白日梦的基础。这种白日梦很容易变成和发展成关于神秘的、感觉的和宗教的自然的情感。神秘的权威主义者的气氛充满着这些情感。因此,普通儿童获得了一种结构,这种结构在实践上不得不吸收民族主义、神秘主义以及各种迷信的神秘影响。童年可怕的童话、后来的侦探小说、教会的神秘气氛,只是奠定了基础,使得生物心理机制后来容易接受军事义务和祖国义务的影响。在评价神秘主义的作用时,神秘的人表面上是不是粗暴乃至残忍,这并不重要。一个马图斯卡、哈尔曼或库尔顿的情感和宗教神秘主义,是同他们的施虐狂式的残忍有密联切系的。这些相反的情感的产生可

---

① 见我在1942年的《性高潮的功能》一书中的诊断表述。

第六章 有组织的神秘主义是一种国际的反性的组织

归因于同一种根源:由性禁锢而产生的并且不能得到自然满足的、不可遏制的**植物性渴望**。因此,一方面这种强烈的渴望很容易成为肉体的施虐狂的发泄,另一方面(由于存在着内疚感)又表现为神秘的宗教经验。残杀儿童的凶手库尔顿在性生活上是有障碍的,这一事实已由他妻子的证词所证明;我们的心理诊治"专家"未曾碰到这种病例。施虐狂的残忍与神秘的情感的聚合现象,一般在性高潮的正常体验能力受阻的情况下都会发生。我们时代的屠杀群众的刽子手就属于这种情形,中世纪宗教法庭的审判官或西班牙菲力浦二世的残暴和神秘主义也属于这种情形。[1] 如果一个歇斯底里病人扑灭不了神经疲弱中的剩余的冲动,或者说一个强迫性精神神经病人扑灭不了无效而荒唐的强迫性征状上的这种冲动,那么,父权制权威主义的强迫性秩序就会为施虐狂的—神秘的发泄提供充分的机会。[2] 这种行为的社会合理化抹去了它的病态特点。把美国的各种神秘教派、印度的佛教意识形态、各种各样的神学和人类学倾向等等当作父权制性经济的重要社会表现来彻底研究一下,是有价值的。在这里我们只需指出,神秘集团仅仅是集中代表了那些以较普遍而不怎么麻烦、但又同样清晰的形式在人民的各个阶层中所表现的事实。神秘的、感伤的和施虐狂的情感同通常的自然的性高潮体验的受阻有一种直接的联系。观察一下听下流音乐的听众的行为将比阅读 100 本性学教科书更有助于了解这一问题。这种神秘体验的内容和方向是不同的而且多变的,但它们的性经济基础却是常见的和典型的。不妨把这种体验同真正的革命者、卓越的自然科学家、健康的青少年等等的现实主义的、非感伤的、至关重要的体验比较一下。

---

[1] 关于这方面的情况,见德·科斯特的杰作《关于乌兰斯比格的传说》。就我所知,这部杰作在自由的人性上是无与伦比的。
[2] 吸吗啡上瘾的人在性高潮上是无能的。因此,他们试图人为地摆脱他们的冲动,但他们决不会完全成功。一般说来,他们是施虐狂的、神秘的、自负的、同性恋的,并倍受那种毁灭人的焦虑所折磨,他们企图通过野蛮行为来摆脱这种焦虑。

在这一点上，有人会明确提出异议，认为在母权制秩序中过自然生活的原始人也有神秘的感情。我们需要用非常彻底的证据来说明母权制的人和父权制的人有一种根本差别。这一点可主要用这样的事实来证明，即宗教对性活动的态度在父权制社会中起了变化。最初它是一种性的宗教，后来它成了反性的宗教。原始人作为一个肯定性活动的社会的成员，他们的"神秘主义"一方面是直接的性高潮的体验，另一方面又是对自然过程的泛灵论解释。

法西斯主义反动势力所说的文化革命目标

社会革命集中一切力量来清除造成人类苦难的社会基础。由于优先考虑使社会秩序革命化的必要性，便模糊了性经济的目标和意图。只有首先完成最紧迫的任务，即从实践上为解决非常紧迫的问题确立**前提**，革命者才能开始解决这些非常紧迫的问题。相反，反动者却不遗余力地着手解决那些被首要的而直接的任务所遮蔽的最终的革命文化目标。

> 文化布尔什维克主义旨在破坏我们现存的文化，打算为了人的世俗幸福而重构它……

这就是库尔特·赫顿在1931年由**人民联盟**出版的《文化布尔什维克主义》中发出的战斗号召。政治反动势力的谴责是同文化革命实际上所打算的东西相关呢，还是它出于煽动的理由而无中生有地硬把这些目标塞给文化革命呢？如果是前一种情况，就必须维护和阐明这些目标的必要性。如是后一种情况，就应当充分证明这是一种虚假的转嫁罪责，也就是说，否定政治反动势力转嫁给革命的东西。

政治反动势力如何看待尘世的幸福与宗教的对立呢？库尔特·赫顿写道：

第六章　有组织的神秘主义是一种国际的反性的组织

　　首先：文化布尔什维克主义最激烈的斗争是指向宗教的。因为只要宗教还活着，宗教就是抵御它的目标的最强大的堡垒。……宗教使整个人类生活都服从于某种超自然的东西和永恒的权威。它要求否定、牺牲并放弃每个人自己的愿望。它使人类生活充满了责任、内疚、判断和永恒。它禁止放纵地纵容人的冲动。文化革命是人的文化革命，是对一切追求快乐原则的生活领域的征服。①

　　在这里我们清楚地看出了反动势力是排斥尘世幸福的。这个反动领袖感觉到了对稳固的帝国主义的神秘主义（"文化"）的威胁。他比那种意识到自己目标的革命者更敏锐地意识到了这种威胁，因为后者必须首先集中自己的力量和知识来改变社会秩序。早在普通革命者认识到革命将构成对权威主义家庭和神秘道德主义的破坏之前，这位反动领袖就看出了这种危险。在这方面，社会革命者经常是有偏见的。这位反动领袖绝对地而且持久地坚持英雄主义，认可苦恼，固守贫困；因此，不管他是否愿意，他都代表了帝国主义的利益（例如日本）。然而，为此目的，他需要神秘主义，也就是说，他需要性禁锢。在他看来，幸福基本上是性满足，他的这种评价是正确的。革命者也要求大量的克制、义务、放弃，因为首先必须为幸福的可能性而战斗。在实际的群众工作中，革命者容易忘记——有时可能忘记——真正的目标不是劳动（社会自由导致不断缩减工作日），而是各种形式的性表现和性生活，从性高潮到最高的成就。劳动现在是而且仍将是生活的基础，但在社会框架内，劳动从人手中转交给了机器。这是劳动经济的本质。

　　下列话可以在许多神秘和反动的著作中找到，但不一定像库尔特·赫顿这样作了如此清晰的概括：

　　　　文化布尔什维克主义不是最近的事情。它以早在原始时

---

① 着重号系赖希所加。——译者注

代就已深植人心中的一种冲动为基础：强烈地渴望幸福。它是对尘世的天堂的原始怀旧。……信仰的宗教被快乐的宗教所取代。

然而，我们想知道：**我们为什么不应有尘世的幸福？快乐为什么不应是生活的实质？**

在**这**个问题上让群众投票吧！任何反动的生活观都将经不住检验。

诚然，这位反动领袖以一种神秘的方式觉察到了神秘主义同强制性婚姻和强制性家庭的联系，但他的这种觉察是正确的。

为了履行这种责任（出于快乐的原委），人类社会建立了婚姻制度，婚姻作为一种毕生的配偶关系，旨在为性关系提供保护性的框架。

这位反动领袖紧接着提出了一个关于"文化价值"的完整名册，这些文化价值像零件适合机器一样适合反动意识形态的构造：

婚姻是一种纽带，家庭是一种义务，祖国是一种自在的价值，道德是权威，宗教是一种来自永恒的职责。

这种对人类血质的僵化性的描述再精确不过了！

一切反动人物都谴责性快乐（然而不是不受惩罚的），因为性快乐既对他们有吸引力，又使他们厌恶。他们无法解决自身中性要求和道德主义禁锢之间的矛盾。革命者否定反常的和病态的快乐，因为这不是**他的**快乐，不是**未来的性**，而是**带有道德与本能的矛盾的快乐**；这是独裁社会的快乐，**低劣的、污秽的、病态的快乐**。只有在他本身并不清楚时，他才会犯只谴责病态的快乐，没有以自己的积极的性经济与这种病态的快乐相对立的错误。如果由于他自身的性禁锢，他没有充分理解建立在自由之上的社会组织的目

第六章　有组织的神秘主义是一种国际的反性的组织

标,那么他就易于完全否定快乐,成了一个禁欲主义者,从而丧失同青年建立密切关系的一切可能性。电影《生活之路》在其他方面堪称优秀,但没有把声名狼藉的人的性实践(在小酒馆的场景中)同那些自由的但带有禁欲主义和反性色彩的人的性实践形成鲜明对照;把青少年的性问题完全放在一边了。这是错误的,是混淆问题,而不是解决问题。在性领域中道德主义习俗的解体,最初表现为性**造反**;但在一开头它仍然是病态的性造反,是性经济主义者恰恰要躲开的东西。然而,我们的任务是给这种造反以合理的形式,将其引导进性经济的渠道,犹如生活自由一度带有生活的震动一样。

第七章　反神秘主义斗争中的性经济

1933年1月在柏林的一次群众集会上,国家社会主义党人奥托·斯特拉瑟向他的对手、社会学家和汉学家威特福格尔提出了一个尖锐得使人难堪的问题。与会者获得的印象是,威特福格尔的回答本能够指出神秘主义的灭亡。斯特拉瑟指责马克思主义者低估了心理生活和宗教感情的作用。他的论证如下:如果按马克思的观点,宗教真的只是对劳苦人类的剥削链条上的花朵,那么应如何解释宗教已盛行达几千年——的确,基督教几乎长达两千年保持不变——特别是在起初为了它的幸存而付出的牺牲要比所有革命所付出的总代价都多。这个问题没有得到回答,但它完全属于讨论的内容。应该承认,这个问题是有道理的。自然科学应该估量自身,以便确定它对神秘主义及其在人类性格结构中的积淀手段的理解是否非常彻底而充分。回答不能不是否定的:自然科学尚未成功地理解神秘主义的有力的情感内容。神秘主义的倡导者研究了这一问题的各个方面,在他们的著作和布道中做了实际的回答。每一种神秘主义的性政治性质是显而易见的。然而,自由思想家完全忽视了它,如同最著名的教育家忽视了同样显而易见的儿童的性生活一样。显然,神秘主义有一个隐秘的堡垒,它一直利用由它支配的各种手段来坚守这个堡垒,反对自然科学。科学只是刚刚开始推测出它的存在。

第七章　反神秘主义斗争中的性经济

宗教感情的三个基本因素

在这一点上我不想对宗教感情作彻底考察。我只想概括一下已知的东西。在某种程度上，性高潮激动现象同从最简单的虔诚屈从到总的宗教狂热一系列宗教激动现象之间有一种相互联系。宗教激动的概念不应只是指笃信宗教的人在参加宗教活动时幻想产生的感觉。我们应把所有以一种确定的心理和肉体激动状态为特征的激动都包括在内。换句话说，我们应把顺从的群众在聆听一位可爱的领袖演说时所体验到的激动，把一个人在情不自禁地被惊人的自然现象所征服时所体验到的激动包括在内。在着手进行性经济研究之前，我们先概括一下关于宗教现象已知的东西。

社会学研究可以表明，宗教**形式**以及各种宗教的内容取决于社会经济条件发展的阶段。例如，动物宗教相应于以狩猎为生的原始人的生活方式。人们感知神圣的超自然存在物的方式总是被经济和文化的水平所决定的。另一个对确定宗教概念非常重要的社会学因素是人克服自然和社会的困难的能力。在自然力量和根本的社会灾难面前束手无策，可导致在文化危机中发展意识形态。因此，对宗教的社会学解释涉及宗教崇拜由之而生的**社会经济**土壤。至于对宗教意识形态的动态，它是无可奉告的，而且对于处在这种意识形态影响之下的人们产生的心理过程，它也没有给我们提供任何线索。

因此，宗教崇拜的形态并不取决于个人的意志。它们是社会学的形态，产生于人与人的相互联系和人与自然的联系。

研究无意识现象的心理学，为宗教的**社会学**解释补充了一种**心理学**解释。宗教崇拜对社会经济因素的依赖性已被理解。现在人们开始研究受这些客观的宗教崇拜影响的**人民**心理过程。因此，精神分析学家可以说明，我们的**上帝**观念是和我们的**父亲**观念相一致的，**圣母**的观念是和每一个信教者的**母亲**相一致的。父亲、母亲和孩子的三角关系在基督教的**三位一体**中得到了直接反映。

宗教的心理内容来自幼年的家庭关系。

因此,心理学研究能使我们解释宗教崇拜的内容,但它没有向我们说明这种内容借以嵌入人类结构中的能量过程。尤其是,它没有对宗教观的狂热和高度激动拿出任何见解。此外,它对至上权威的父亲和仁慈的母亲的观念为什么成为神秘的观念,它们同个人的性生活有什么关系的看法,也是模糊的。

许多社会学家已经确定,某些父权制宗教具有一种情欲亢进的特点。他们还确认,父权制宗教总是具有政治反动的性质。它的总是服务于每一阶级社会的统治权力的利益,并**不遗余力地**阻止消除普遍的不幸,把这种不幸归因于上帝的意志,用关于来世的华丽言辞来剥夺对幸福的要求。

对于现有的关于宗教的知识,性经济研究又补充了下列问题:

1. 上帝的观念、原罪的意识形态和惩罚的意识形态——这些是由社会产生并在家庭中再产生出来的——**如何深嵌在个人心中?**换句话说,为什么人并不觉得这些基本的宗教概念是一种负担?什么东西迫使他不仅接受它们而且热烈地肯定它们,甚至迫使他不惜牺牲自己最根本的生活利益来维护和保存它们?

2. 这些宗教概念**在何时**深嵌入人心中?

3. 用什么样的**能量**来完成这件事情?

显然,在回答这三个问题之前,有可能对宗教作出社会学和心理学的解释,但不可能在人的结构中产生真正的变革。因为如果宗教感情不是强加于人的,而是埋嵌在并保持在他的结构中的,与他自己的根本利益相对立的,那么就需要在人的结构中来一个有力的变革。

一切父权制宗教的基本宗教观念是否定性需要。如果我们把在性上持肯定态度的原始宗教排除在外,那么这一点就是毫无例外的,因为在原始宗教中宗教和性经验还是一个统一体。当社会从建立在自然规律上的母权制组织向建立在阶级分化上的父权制组织过渡时,宗教和性崇拜的统一也就解体了,在这个时候,性崇拜不再存在了,并被妓院、色情文学和私通的野蛮状态所取代。无

第七章　反神秘主义斗争中的性经济

需更多的证据便可证明,一旦性经验不再和宗教崇拜构成一个统一体,而是成了它的对立面,宗教激动也就成了社会肯定的但已丧失的性生活的替代品。宗教激动既是反性的,同时又**是**性活动的替代品。只有依据宗教激动的这一矛盾,才能理解宗教的力量和稳固性。

可以简练地把真正信教的人的情感结构描述如下:在生物学上,他像其他人和生物一样受到性的压力。然而,由于他吸收了性否定的宗教概念,特别是害怕自己受到的惩罚,他完全失去了体验自然的性压力和性宽慰的能力。结果,他产生了一种长期的身体激动状态,他不得不连续不停地去控制这种状态。他不仅回避了尘世的幸福,而且这幸福甚至是不可向往的。既然他渴望在来世得到奖赏,他也就不得不感到在现世**不能幸福**。由于他是一个生物,在任何环境下都**不可能**放弃幸福、宽慰和满足,于是他就寻求**幻想**的幸福。他可以从宗教压力的**前快乐**,即我们熟悉的植物性肉体倾向和激动中得到这种幸福。他将和他的同类信徒一起安排娱乐,并创造能缓和这种身体激动状态并也能掩饰这种激动的真正性质的制度。他的生物有机体促使他构造一种乐器,一种管风琴,其声音能唤起身体中的这些倾向。教会的神秘阴暗面加剧了对一个人自身的内在生活和对布道声音、赞美诗等等的超人的敏感的效果,有助于达到这种效果。

在现实中,宗教信徒已成了完全无能为力的。由于压抑自己的性活力,他已失去了追求幸福的能力,以及为解决生活的困难所必需的攻击性。他越是无能为力,他也就越相信那些支持他并庇护他的超自然力量。因此,不难理解,在某些场合下他也能产生一种难以置信的信念力量,一种消极的视死如归态度。他从他对自己的宗教信念的热爱中获得了这种力量,正如我们所说的那样,这种宗教信念是由非常快乐的身体激动所产生的。自然地,他相信这种力量来自"上帝"。因此,在现实中,他对上帝的强烈渴望是一种出自他的性的前快乐的激动的渴望,是要求宽慰的呼声。解脱是而且只能是从不可忍受的身体压力下解脱出来,只有以幻想的与上帝即与满足和宽慰相统一来消除这些压力,才能有快乐可言。宗教狂热者的自残和受虐狂般的举止等倾向,证明了我们说的这些话。性经济的治疗经验表明,挨打或自笞的欲望是和**不想感到内疚的宽慰**的欲望相一致的。只要这种人觉得自身可以产生这样的宽慰,那么身体的压力就一定会产生愿意被鞭打或被折磨的幻想。在这里我们看到了所有真正宗教的受苦的消极意识形态的根源。

特别是在反对自己的邪恶冲动——叫做"肉欲原罪"——的斗争中,需要别人安慰、支持和帮助,原因在于自己实际上无能为力和有强烈的身体痛苦。如果一个信教者在宗教概念的影响下变得越来越激动,那么植物性刺激状态也就随着身体激动而加剧,并达到近乎满足的程度,但没有产生实际的身体上的宽慰。从对患精神病的僧侣的治疗中得知,在宗教狂热达到高潮时经常发生遗精现象。正常的性高潮的满足被一种普遍的身体激动状态所取代,这种身体激动与生殖器无关,仿佛偶尔违背一个人的意志而产生局部的宽慰。

起初很自然,性快乐是善、美、幸福,它使人与自然普遍地统一起来。当性感情和宗教感情彼此脱节时,性的东西就被迫成为恶的、地狱般的、凶魔似的。

在别的地方我曾试图说明**快乐**焦虑,即畏惧性激动的病因和机制。现在我来简短地概括一下:随着时间的流逝,那些无能力得到宽慰的人开始觉得性激动是折磨人的、破坏性的负担。的确,如果性激动不能得到宽慰,它就是破坏性的和折磨人的。因此,我们认为,作为一种毁灭性的凶残力量而注定使人走向最终灭亡的宗教的性概念,扎根在现实的生理过程中。由于性态度被迫发生分化,典型的宗教的和道德主义的价值"善"与"恶"、"天堂"与"尘世"、"神圣"与"凶残"等等,成为一者是性满足的象征,另一者是惩罚的象征。

深深的赎罪和宽慰的渴望——**自觉地**出于"原罪",**不自觉地**出于性压力——被窒息了。宗教狂热状态不过是植物神经系统的性

第七章　反神秘主义斗争中的性经济

激动状态,这些状态是决不能被宽慰的。如不首先理解那种支配宗教激动的矛盾,也就不可能理解并把握宗教激动。宗教激动不仅是反性的,而且在很大程度上也是性的。它不仅仅是道德主义的;它完全是不自然的。从性经济的观点来看,它是不卫生的。

在任何社会阶级中,歇斯底里症和倒错行为都没有达到像在教会禁欲集团中那样盛行的程度。然而,人们不应由此作出结论说。应该把这些禁欲主义者当作反常的罪犯来对待。在同宗教人士谈话时我们经常可以发现,他们完全了解自身的状况。像其他人一样,他们的人格分化成公开的一面和私下的一面。在正式场合,他们把性视为一种原罪;在私下,他们也非常清楚,没有自己的替代性满足,他们就活不下去。的确,他们中间许多人承认性经济对性激动与道德的矛盾的解决办法。如果人们承认他们也是人,并成功地赢得他们的信任,人们就会发现,他们完全清楚他们所说的同上帝的结合实际上是同整个自然过程相联系的感情,他们的个性是自然的一部分。像所有人一样,他们也感到自己是客观宇宙中的微观宇宙。我们不得不承认,他们的深刻信念有一个真实的核心。他们信仰的东西是真正真实的,即他们的身体的植物性倾向和他们能产生的狂热状态。特别是就那些来自贫困社会阶层的男女来说,宗教感情是绝对真正的。只是就宗教感情反对并掩饰自己的起源和对满足的无意识欲望而言,它才失去了自己的真正性。这样一来,产生了僧侣和教徒对它所持的**伪善**的态度。

这种表述是不完全的。然而,我们可以把基本要点概括如下:

1. 宗教激动是其性天性被伪装起来的植物性激动。
2. 通过把激动神秘化,宗教个体否定了自己的性。
3. 宗教狂热是性高潮的植物性激动的替代品。
4. 宗教狂热并不产生性快慰,充其量只产生一种肌肉和精神的疲劳。
5. 宗教感情在主观上是真正的,并且具有一种心理学基础。
6. 对这种激动的性天性的否定,导致一个人的性格失去了自己的真正性。

儿童并不信仰上帝。当他们不得不学会压抑随手淫而产生的性激动时,对上帝的信仰开始普遍嵌入他们心中。由于这种压抑,他们产生了对快乐的畏惧。由此他们开始认真地信仰上帝,并产生对上帝的畏惧。一方面他们把上帝当作一个无所不知、无所不能的存在物来畏惧,另一方面他们萌生对自己性激动的抵制。所有这一切都具有避免手淫的作用。在幼年,宗教观念便已嵌入心中。然而,如果上帝的观念不与现实的父亲和母亲的形象结合起来,它就不能够约束儿童的性活动。不尊敬父亲的人是有罪的。换句话说,不畏惧父亲并沉溺于性快乐的人是要受到惩罚的。严厉的父亲否定孩子的欲望的实现,他是上帝在尘世的代表,在孩子的想象中,他是上帝意志的执行人。如果因看出了父亲的软弱和人的机能不全而动摇了对父亲的敬重感,这不会使孩子否弃父亲。父亲依然保持有神秘的上帝概念的形像。在父权制社会组织中,求助于上帝实际上是求助于父亲现实的权威。当一个儿童喊出"上帝"时,他实际上是在呼唤他现实中的父亲。在儿童的结构中,**性激动**、**父亲**的观念和**上帝**的观念构成一种统一。在治疗中,我们发现这种统一表现为明显的生殖器肌肉痉挛状态。随着生殖器肌肉上的痉挛状态消除,上帝的观念和对父亲的畏惧也就失去了基础。因此,生殖器痉挛不仅代表着宗教畏惧在人类心理结构中的固定,而且同时它还产生快乐焦虑,这种焦虑成了每一种宗教道德的核心。

我不得不把确定不同类型的崇拜、社会经济组织和人类结构之间复杂而详细的相互联系留到以后考察。**生殖器的羞怯和快乐焦虑**一直是一切反性的父权制宗教的有力核心。

宗教靠性焦虑来固定

对性生活持敌视态度的宗教,是父权制权威主义社会的产物。我们在每一种父权制宗教中都能发现的父子关系,只是宗教经验的不可避免的由社会决定的内容。而这种经验本身却来自父权制

第七章　反神秘主义斗争中的性经济

的性压抑。宗教随着时间的流逝而开始出现的作用,即服从权威和克制的作用,也仅仅是宗教的第二位作用。宗教可以建立在一种稳固的基础上:**靠性压抑来塑造的父权制的人的结构**。对身体快乐的否定成了宗教观点活生生的根源,是每一种宗教教义的枢纽。这在基督教和佛教中特别明显。

神秘主义固定在儿童心中

亲爱的上帝,现在我去睡觉,
请派给我一个小天使。
父亲,你的目光
落在我的床上。
如果今天我有错,
忘掉它吧,亲爱的上帝。
父亲,你对我耐心,
宽恕我的罪过,
所有人,不论大小,
都希求你的怜悯。

这是儿童在睡觉前必须背诵的那些祷文的一段。这段祷文的内容被忽视了。然而,这段祷文集中表现了神秘主义的实质和情感内容。在第一对句,我们看到的是求助保护;在第二对句,重复这种求助,并直接转向"父亲";在第三对句,祈求宽恕自己的罪过:上帝—父亲可以**忘掉**我们的过失。这种内疚感指什么呢?期望上帝忘记的是什么?**在一系列被禁止的行为中,首当其冲的就是从玩弄自己的性器官所体验到的罪责。**

如果不向儿童灌输上帝**无所**不见的观念,灌输那种即使父母不在跟前儿童也应该"**规矩**"的观念,就无法禁止住儿童玩弄自己的性器官。如果有人认为这种说法是想象力的发挥,不屑一顾,我们不妨举下面这个给人以深刻印象的故事来说服他。这个故事非常清楚地说明了上帝的神秘观念是靠性焦虑来固定的。

有一个七岁的女孩一直没有受到上帝的观念的教育,这是她的父母有意识这样做的。有一天她突然产生了要祈祷的冲动。这冲动是强迫性的,因为她实际上不想祈祷,并且觉得这不利于她做出更好的判断。这个孩子产生祈祷冲动的原委是:她每一天在睡觉前都有手淫的习惯。出于某种理由,有一天晚上她对此感到害怕;于是她产生了跪倒在床前并背诵一种类似于我们前面引述的那样的祷文的冲动。"如果我祈祷,我也就不害怕了。"**正是在她第一次放弃手淫这一天,产生了畏惧。**这种自动放弃的原因何在呢?她把真相告诉了她完全信赖的父亲,几个月前在假期中她曾有过一次不愉快的体验。像别的儿童一样,她和一个男孩玩耍性交往游戏("玩过家家游戏"),突然又有一个男孩跑到他们跟前,大声"羞辱"他们。尽管她的父母以前对她说过这种游戏不是什么过错,但她还是觉得害臊,作为对这种游戏的替代,她在睡觉之前手淫了。在出现祈祷冲动前不久的一天晚上,她和几个孩子一起参加了一次家庭舞会。在回家的路上,他们唱起了革命歌曲。在路上他们碰见了一个长得像是《汉塞尔和格雷特尔》中巫婆模样的老妪,这个老妪斥责他们:"恶魔会把你们抓走,你们这帮无神论者!"这天晚上,当她又想手淫时,她第一次感觉到也许真的有一个能观察她并惩罚她的上帝。她不自觉地把老妪的威胁和她与那个男孩的体验联想起来。于是她开始抵制手淫,感到畏惧,为减轻自己的畏惧而开始身不由己地祈祷。**祈祷取代了性满足。**但畏惧并没有完全消除。于是她开始产生可怕的梦幻。从此时起,她害怕一个超自然的存在物因她的性过失而惩罚她。于是,她把自己托付给它庇护。这增强了她抵制手淫诱惑的斗争。

不能把这当作一件孤立的事情而忽略掉。这是上帝的观念靠之而嵌入绝大多数有宗教文化背景的儿童心中的典型过程。我们通过对童话的分析研究而得知,像《汉塞尔和格雷特尔》这样的童话也起了这样的作用,在其中有一种被掩饰的——但对儿童的无意识来说是不模糊的——惩罚手淫的威胁。在这里我们不能详细说明儿童的神秘思维在这种童话中的起源以及神秘思维与性禁锢之

第七章　反神秘主义斗争中的性经济

间的联系。在性格分析所研究的各种案例中,显而易见神秘的感情来自以普遍内疚感为形式的对手淫的畏惧。难以理解的是,迄今为止这一事实竟被分析研究所忽视。一个人的道德心、内在化了的戒律以及父母和教师的威胁,在上帝的观念中被对象化了。科学研究已经弄清楚了这一点。不怎么清楚的是,对上帝的信仰和畏惧是已经调换了自身目标和内容的有力的性激动。所以说,宗教感情同性感情是同一回事,所不同的是它充满了神秘的心理的内容。这说明了在许多禁欲做法中频繁出现性因素的原因,如一些修女幻想自己是基督的新娘。这些念头根本不可能达到生殖的意识。在大多数情况下,它们都回复到别的性道路,如受虐狂的殉难。

让我们再看看我们那位小姑娘的情况。当她意识到自己的畏惧的根源时,她的祈祷冲动也就消失了;这种意识使她有可能重新毫无内疚地手淫。尽管这种偶然性不大可能出现,但它孕育着性经济的意义。它表明了如何才能防止我们青年的神秘感染。在祈祷冲动消失几个月后,这位小姑娘从夏令营地给她父亲写了一封信:

> 亲爱的卡利,这里有一片玉米田,我们在田边建立了我们的医院(当然只是假装的)。我们一直当医生(我们五个女孩)。如果我们中间有人按我们规定的信号受了伤,他就到我们的医院去,我们备有药膏、乳剂和棉纱。我们偷来了这一切。

谁能否认这是性文化的革命。说是性革命,大家都赞成,但是不是文化革命呢?这个姑娘和那些一般比她大一两岁的孩子属于同一年级,她的教师亲眼看到了她的勤奋和才能。在政治上和一般知识上,她远远超出了和她同龄的其他姑娘,她对现实有非常活跃的兴趣。12年后,她在性生活上是健康的,在智力上是突出的,而且喜欢社交。

神秘主义在青少年心中的固定

我以这位小姑娘为例,说明了宗教畏惧是如何在儿童心中固定下来的。性焦虑是权威主义社会秩序在儿童的结构中得以固定下来的主要载体。现在探索一下青春期性焦虑的这种作用。我们先来看看一篇典型的反性的文章。

去陆地还是去海滨

尼采:他们的灵魂浸泡在泥潭之中,如果这泥潭有智慧,便是我们的不幸。

基尔凯郭尔:如果只有理性受洗礼,那么激情就是异教的。

在每个人的一生中都摆着两块岩石。他可以站立在它们上面,也可以搁浅在它们上面,可以使自己站立起来,也可以被摔得粉碎。这就是上帝和他的对立面——性。无数年轻人在生活中搁浅或失败,不是因为他们懂得不多,而是因为他们对上帝没有清楚的认识,因为他们无法对付本能。这本能能给人带来无法表达的幸福,但也能带来深重的不幸。这就是性本能。

有许许多多的男人从不具有充分的男子气概,因为他们被自己的本能所支配。实际上,单是强烈的本能还不算是悲哀的理由。相反,它们构成了生命的丰富和强度。它们是令人振奋的向强大人格的呼喊。但是,当人不再控制本能,失去了自己对它的权威并成为它的奴隶时,它也就成了自在的负担和违背造物主的原罪。在人身上,起统治作用的要么是精神的东西,要么是本能的,即兽性的东西。二者彼此不相容。因此,每一个有思想的人迟早要面临一个无比重要的问题:你是想知道自己生命的真正意义,使它光辉灿烂,你还是想在你放纵的冲动的炽热熔炉中耗费掉?

你打算像动物那样生活,还是打算像上帝的人那样生活?

获得男子气概的过程——我们在这里关心的事——好比炉火。经过回火和调节,火照亮房间并温暖房间,但如果火是从地狱里燃

第七章　反神秘主义斗争中的性经济

起来的,那该多么可怕!如果性本能完全支配了一个人,以致成了他一切思想、行为和努力的主人,那该多么可怕!

我们生活在有病的时代。在以前时代人们要求约束爱欲,使其成为可信赖的。今天我们认为,现代人不再需要纪律。然而,在这一方面我们没有看到,生活在大城市里的现代人更神经质,意志更脆弱,因而更需要纪律。

你环顾四周看一看,今天统治我们祖国的不是精神。放纵的冲动占了上风,在我们青年中主要是无纪律的冲动堕落成了不道德。在工厂里和办公室里,在舞台上和公共生活中,半个世界的精神起了统治作用;诲淫成了时代的秩序。不知有多少享乐的青年在大城市的瘟疫宫殿里,在舞厅和酒吧间、弹球戏馆和淫秽电影院里走向毁灭!今天的年轻人在坚持享乐主义理论时自以为非常聪明。然而实际上,歌德的靡菲斯特①的话适用于他:

"他把它叫作理性,借天上之光

在残忍上超过了野兽。"

的确有两种东西使我们获得男子气概的过程碰到了困难,这就是条件反常的大都会和我们心中的魔鬼。只身第一次从自己的也许安全的故乡来到大都会的年轻人,陷于丰富的新印象包围之中。他到处都能看到,无休止的喧闹,激动人心的景物,色情书籍和杂志,恶劣的空气、酒、电影、戏剧,以及打扮得花枝招展的姑娘。谁能顶得住这种一下子涌来的冲击呢?内心魔鬼肯定会高兴地接受这种外部的诱惑。尼采说得对,"灵魂浸泡在泥潭之中"。在所有人身上,"野狗正在地下室里嚎叫",等待着解脱。

许多人之所以成为不道德冲动的牺牲品,乃因为我们没有在适当时机向他们说明这些危险。如果我们开诚布公地向他们提出告诫和建议,使他们躲避危险,转过身来,他们会表示感谢的。

一般说来,人们起初受到不道德的影响是以手淫为形式的。诚然,这种坏习惯的后果经常被夸大。然而,可尊敬的医生的判断应

---

① 靡菲斯特是歌德《浮士德》一剧中欧洲中世纪传说的魔鬼。——译者注

该使每一个人冷静思考一下。长期在布雷斯劳的至圣医院任高级皮肤学医生的哈通教授,就这种行为指出:"毫无疑问,过分放纵这种癖好对身体有极大损害,在此后的生活中由于放纵这种恶习而造成精神失调。这些精神失调一般表现为总的神经官能症、无精力工作和体力衰竭等形式。"

哈通博士还强调,那种行手淫的年轻人使自己的意识有了某种肮脏的东西;他还失去了自己的自重和风度。由于不断故意地对别人掩饰讨厌的秘密,便在自己的眼中从道德上贬低了自己。哈通博士进而指出,那些放纵这些恶习的年轻人成了懒惰的和邋遢的,失去了工作欲望,各种神经质的和过敏的征状削弱了他们的记忆力和效率。其他就此类事情写过著作的可敬的医生们,同意哈通博士的意见。

但是,手淫不仅玷污了血统,而且还丧失了对获得男子气概的过程来说必需的精神力量和抑制。它使灵魂失去了坚定性。如果它成了习惯的东西,它就起蛀虫的作用。

然而,和异性进行不道德的行为所造成的后果更糟。男人最可怕的灾祸——性病——就是这种罪过的结果,这肯定不是偶然的。唯一令人吃惊的是,人们在这一领域愚蠢到了难以置信的地步,要不然他们早就对这种事情敏感了。

柏林大学教授保罗·拉扎勒斯描绘了因性病而给我们人民造成的深重的心理疾病和生理疾病,令人震惊。

应该把梅毒叫作我们民族活力的一个最有效的掘墓人。

另外,许多年轻人非常轻易地染上的淋病,也是一种严重的危险的疾病。医学科学还不能确有把握地治愈它,这一事实足以使我们在这种事情上不可轻率。

宾斯万格教授谈到性病时指出:"引人注意的是,看起来很微不足道的传染病,竟导致严重的苦难,从最初的感染开始,通常要经历许多年才爆发不可治愈的神经痛苦;在今天非常频繁发生并被门外汉叫作大脑软化的疾病,有60%的病例可以追溯到早年的性感染。"

第七章　反神秘主义斗争中的性经济

　　由于我们的青年犯有这些罪恶,所以那些有一天将和我们建立最密切关系的人——妻子和孩子——也许不得不染上这种可怕的疾病,这难道不能使我们从内心深处感到震惊吗?

　　我还必须提一下另一种心理失常,这种心理失常在今天要比人们想象的流行得多,这就是同性恋。我们首先需要说明的是:对那些由于具有这一方面的倾向或传统而进行平静而经常是殊死的斗争以努力保持自己的纯洁性的人,我们想给予最温暖的同情心和理解力。我们向那些取得了胜利的人欢呼,因为他们热忱祈求上帝站在他们一边。但正如耶稣爱个别的罪人并帮助每一个想获得帮助的人,然而又以神圣的认真态度来反对罪恶一样,我们也必须反对同性恋现象,因为这种现象腐蚀了我们的青年和我们整个民族。曾经有过这样一个时代,世界处在被堕落的洪水所吞没的边缘。在这个时代,正是福音战胜了那种完全陷入可憎的过失和淫荡的腐败中的文化,并建立了一种新的文化。保罗给罗马人写信,在谈到奴隶和这些罪行时指出:"……男人也放弃了和女人的自然关系,彼此贪恋,荒淫无度。男人和男人干无耻之事。……为此理由,上帝遗弃了他们。"(《圣经·保罗书上》27 和 26)同性恋是该隐的特性,是一种病入膏肓的无神的和无灵魂的文化的标志。它是流行的世界观和生活观的后果,是爱享乐的最高目的。福斯特教授在他的《性伦理学》中正确地指出:"在嘲笑精神英雄主义和炫耀人的放荡的地方,一切反常的、凶残的和卑鄙的东西都鼓起了公开表现自身的勇气;的确,它嘲笑健康是疾病,确定自身是生活的标准。"

　　今天我们看出了人在最隐秘的堕落中害怕承认的东西。完全不同的东西将显示出来,那时人们就会理解,只有伟大的精神力量——耶稣基督的福音——才对我们有所帮助。

　　然而,有人会不同意我们说的话。你也许会说:"我们所对付的东西不是必须得到满足的自然本能吗?"——不加约束的激情不是自然的东西,而是非常不自然的东西。几乎在所有情况下,只有通过一个人自己的罪恶或通过别人的罪恶,邪恶的欲望才会得以播种、燃烧和哺育。以酗酒或吸毒为例,难道人对酒或吗啡的渴望是自然的东西吗?只是由于一再放纵这种恶习,它才成为一种不自然的渴望。上帝为了婚姻和人类的延续而在我们身上埋下的本能,本身是善的,并不难以约束。成千上万的人都以正确的方式成功地控制了本能。

"但是,对一个成熟的人来说,戒除这些事情不是有害的吗?"我们想再引用哈通教授的话来回答这个问题。他毫不夸张地说:"我想简练而明确地回答你:决非如此。如果有人告诉你一个健康的人因为贞洁和节制(就广义而言)而生病,他这是在使你误入歧途。如果这个人对他告诉你的话真有过一番思索,那么他不是一个无知的人便是一个邪恶的人。"

人们应该密切警惕对避孕用具的使用。在结婚之前,唯一可靠的保护是禁欲。

我已经作出真诚而实在的努力来打开你的眼界,让你看看不道德行为的后果。你已经看到了那些沉溺于这些罪恶的人在身体上和精神上的崩溃。除此之外,这些罪恶还会给灵魂造成损害。我十分认真地向你发誓:淫荡是一种违背上帝的重罪。它使一个人失去了心灵的平静,阻碍他达到真正的喜悦和安宁。《圣经·加拉大书》第6章8写道:"那种在自己的肉体上播种的人,将从肉体上收获腐败。"

凡在失去了同超凡世界的联系的地方,半个世界的精神就以不可避免的必然性起作用。

然而,对所有不想犯或不想坚持不道德罪行的人,我想再说几句建议和鼓励的话。人们应该在思想上、言行上同不道德的罪恶完全决裂。那些不愿成为不道德的奴隶的人应该注意这件事。显而易见,应该找出腐败和罪恶的地点,应该尽一切可能避免各种有助于腐败的东西。因此,应该不惜一切代价避免同不道德的年轻男子和女子的联系和交往;也应该避免阅读淫秽书籍,观看色情照片和参加可疑的表演。一句话,你应该寻找好伙伴,你将通过他们而得到保护和提高。每一种锻炼身体和减轻、抵制不道德行为的

第七章　反神秘主义斗争中的性经济

斗争的东西,如体操、运动、游泳、徒步旅行和早早起床不睡懒觉,都应当推荐。在食物上,特别是饮料消费上要有节制。应避免嗜酒。然而,对许多人来说,即使他们遵循这种建议,所有这一切也不是足够的,因为他们不得不痛苦地发现,不加约束的本能太强烈了。

我们到哪里寻找为了抵制本能所必需的坚定性:如果我们不想失去我们身上最好的东西,即我们的人格,我们到哪里寻找为了胜利所需要的活力呢?当诱惑以耀眼的魅力向我们逼近时,当声色快乐的熊熊火焰喷射出来时,我们发现单靠教育是无能为力的。活力,生命力,这是我们为了控制我们的冲动并制服我们内心和我们之外的淫荡力量所需要的东西。只有一个人能给我们这种活力,他就是耶稣。通过他淌血的赎罪性死亡,他不仅为我们争得了宽恕——所以我们能从我们良心的控诉中找到和平——他还通过他的精神而成为我们新的纯洁的生活的生命力。通过他,甚至在罪恶的事业中瘫痪的意志也能再成为坚固的,并复活自由和生命,在同罪恶的艰苦斗争中成功地经受住检验。

让那种想取得真正自由的人来到活生生的救世主身边吧!这救世主使罪恶丧失了力量,并为每个人提供充沛的活力和帮助。这不是基督教的理论,而是许多悲哀苦恼的年轻人每天都经历并体验到的一种事实。只要有可能,就向一个真诚的基督教的真朋友吐露心事,他能给你忠告并帮助你斗争。因为将会有一场斗争,而这场斗争有胜利的指望。

现在在作出结论时,让我亲切地向你提出这样一个问题:我的朋友,你的情况如何,你打算如何对待这种劝告?

你想毁灭自己以取悦轻浮而不讲道德的人,还是想和纯洁高贵的力量联合,让他们的友谊提高你的灵魂,磨练你反对一切邪恶东西的斗争意志?你想成为一个一言一行对自己和别人来说都是祸根的人,还是一直非常强烈地想成为一个对自己的同类是福音的人?

你是想为了一些短暂的过渡性快乐而毁灭自己的身体、性格和灵魂——现在和永远——还是想得到永恒的拯救？

我请求你,诚实地回答这些问题,有勇气做上帝要你的良心做的事情！

诚实地选择吧！想要半个世界还是想要超凡世界？想做动物还是想做精神的人？到陆地还是到海滨？

在这篇文章中,向青年提出了二者必居其一的选择：要上帝还是要性。诚然,"十足的男子气概"以及"超人气概"单靠性是不行的,但性是它的第一前提。把"动物"和"精神的人"对立起来的作法,根源于把"性"和"精神"对立起来。正是这种对立,一直是每一种神学的道德哲学的基础。迄今为止,它一直是不容置疑的,因为它的基础,即对性的否定,没有受到批驳。

从幼年时起,正常的年轻人就面临着性和畏惧之间的尖锐冲突,这是权威主义的儿童教养院的遗俗。像上面引用的这种文章,迫使青年走上神秘主义道路,但没有消除困难。天主教会通过在定期忏悔中宽恕青年的手淫来解决这一困难。但这样一来,它又陷入了另一种困难。教会靠两种措施来保持它的群众基础：它靠性焦虑把群众束缚在自己周围,并且强调它的反资本主义立场。它谴责大城市的生活,利用多种机会把男女青年引入歧途,因为它必须首先反对因大城市的生活而在青年中觉醒的革命的性力量。但是,集中在大城市的群众的性生活的特征是迫切的性需要同物质上和结构上极少满足的可能性之间的尖锐矛盾。从根本上说,这种矛盾的性质是,曾被经济危机和性苦恼所摧毁的家庭权威又重新被每一种可利用的手段所维护。承认这种矛盾是非常重要的,因为这将为在最薄弱地方破坏政治反动的意识形态机器提供广泛的可能性。

青年到哪里寻找能抑制他生殖器兴奋的活力呢？在对耶稣的信仰中。事实上,他的确从他对耶稣的信仰中获得了抵制自己性活动的巨大力量。它的机制的基础是什么呢？神秘的经验使他处于植物式激动状态中,这种状态决不会最终达到自然的性高潮的

第七章　反神秘主义斗争中的性经济

满足。青年的性冲动按消极的同性恋方向发展。从冲动的能量来说，消极的同性恋是自然的肌肉的性活动的最有效的对应物，因为它以消极性和受虐态度代替了主动性和攻击性，也就是说，用那些在人类结构中决定着父权制权威的神秘主义的群众基础之态度取而代之。然而，同时这也意味着不加怀疑地忠诚、信仰权威，能够适应父权制的强制性婚姻制度。一句话，宗教神秘主义使一种性冲动同另一种性冲动相对立。它甚至利用性机制来达到自己的目的。它在某种程度上促动并使之达到顶点的那些非生殖器的性刺激，反过来决定着信徒们的大众心理：道德主义的受虐犯（经常带有本能的身体表现）和消极的服从。宗教从生殖器性活动的压抑中获得了力量，这种压抑在第二层次上要求循着消极和受虐的同性恋的道路退化。因此，从冲动的动力方面看，宗教依赖于生殖器的焦虑，依赖于用第二冲动来代替生殖器，这第二冲动对青少年来说不再是自然的。在宗教—神秘的青少年中，性经济的任务应是用自然的生殖器的要求抵制第二的（同性恋的）和神秘的冲动。它完全符合在性经济领域中社会进步发展的客观路线：**消除对生殖器的否定，肯定青少年生殖器的性活动。**

然而，这个问题是不能只靠揭示大众被感染的机制而彻底说清楚。在这方面，圣母马利亚崇拜有特别重要的作用。让我们看看另一篇典型的文章。

圣母马利亚崇拜与年轻人

格哈特·克雷默神学博士著

那些真正虔诚的天主教青年，永远对圣母玛利亚抱有一种真诚的爱慕之情。对圣母马利亚的崇拜好像不会贬损对基督的热切而强烈的忠诚。恰恰相反，对圣母马利亚的真正崇拜必使人走向基督和道德的生活信念。对于我们青年的道德和宗教教育来说，我们没有圣母马利亚的理想是不行的。

青年处在成长的年龄，进行着外部和内心的斗争。激情觉醒了，在人身上出现了骚动和搏斗，这是一种令人心烦意乱的渴望和觉醒。碰到这种苦恼,青年应该有一种强烈而有力的理想,一种闪闪发光的理想,这种理想将不被欲望和骚动所动摇。这种理想应该提高波动着的头脑,唤醒波动着的心灵。它的光芒可以使无知和邪恶黯然失色。这种理想就是圣母马利亚,因为正是她体现了光辉灿烂的纯洁和美丽。"可以说,有一些妇女的形像能给我们以教育;她们的行为能消除污秽的思想,防止一切不雅之语说出我们之口。圣母马利亚就是这种妇女的集中体现。一个忠诚于圣母马利亚的事业的年轻骑士是不可能粗野的。但如果——忘记了她的存在——他想逃避,那么对她的记忆将使灵魂感到极度的痛苦,同时帮助高贵的头脑恢复自己的权威。"(希尔根语)

对年轻人来说,圣母马利亚表现为无与伦比的优美、崇高和尊贵,她的形像在自然、艺术和人的世界中是找不到的。为什么艺术家和画家不厌其烦地一再用他们的技艺和创造力来描绘她呢?因为他们在她身上感知到了最崇高的美和尊严。这种美和尊严是决不会令人失望的。她是我们的女主人和女王,"为她服务,为她而活着,应是年轻人的最高荣誉。她是我们的高贵的妇女和精神的新娘,你可以把发自你年轻心灵的全部爱情力量奉献于她,用不着害怕堕落和亵渎"。

圣母马利亚的典范应该激励年轻人。特别是处在在暗无天日和泯灭崇高之物中获得快乐的年龄,应该把圣母马利亚的典范当作光芒四射的拯救力量。在这种典范中,年轻人将发现,在美和贞洁中的确有某种伟大和崇高的东西。在这里我们将找到沿着陡峭道路前进的力量,即使别人都在内心失去了他们最好的东西。圣母马利亚的典范将使优柔寡断的人增强信心,挽救失足的人并给他以力量。的确,它将完全征服那些失败的人,以使他们恢复新的勇气。圣母马利亚是灿烂的明星,将在黑夜里指引年轻人的激情,当一切都从这年轻人身上逃逸出去时,这明星仍将唤起他心中高贵的东西。

抬起头,年轻人,你们这些有理想的并为神圣美德而斗争的人,仰望你们的女主人和女王。一个年轻人仰望她,怎能不充满神

第七章　反神秘主义斗争中的性经济

圣的理想主义？在赞美她时,他怎能不觉得强烈渴望贞洁？在唱起歌唱圣母马利亚的颂歌时,他怎能不鼓起战斗的勇气？一个年轻小伙子把握了圣母马利亚的典范,怎能去使一位妇女失去贞洁呢？他怎能在把她叫作妈妈和女王时,又欣赏女性的卑贱呢？在严肃地看待圣母玛利亚的典范时,这种典范对每一个年轻男子都成了一种强烈的刺激,一种能产生纯洁和男子气概的力量。"注视着她,她的形像印在你的心上,不管你多么艰难地挣扎,你难道不应该纯洁吗？"

年轻男子对姑娘和妇女的态度,决定着他的道德行为。

"在以前时代,当骑士受封时,骑士必须作出庄重的许诺,保护无依靠的妇女。正是在此时,大教堂以上天女王的名誉建立起来了。"(格默尔语)在爱戴圣母马利亚和对女性有真正骑士风度之间有一种密切联系。为圣母马利亚的典范所激动的男子,必须记住,骑士封号来自对女性尊严和高贵的虔诚尊敬。因此,在中世纪授封骑士的荣誉使年轻人致力于神圣的女权主义事业,以及致力于保护妇女的荣誉。这种骑士封号的象征现已不复存在；但更糟糕而且越来越糟糕的是,男青年对妇女的少得可怜的尊敬正在枯竭,让位于一种轻浮的、邪恶的强盗式的骑士行为。正如过去的骑士佩戴盔甲和武器保护和庇护柔弱的女性和清白者一样,今天真正的男子也应该意识到自己受惠于妇女的荣誉和天真。女性将最容易而且最完美地了解真正的男子气概和真正的心灵高贵。那种能使自己的激情佩戴上这种盔甲的小伙子是幸运的！能发现这种小伙子的爱情的姑娘也是幸运的！"不要错误地对待一位姑娘,因为你的母亲也曾是一位姑娘。"

今天的小伙子是明天的丈夫。如果小伙子和未婚妻已经亵渎了爱情和婚约,那么丈夫和男人怎能保护妇女并保证获得女性的尊敬呢！订婚是一个未被亵渎的爱情的时期。如果圣母玛利亚的典范更强烈地活在青年的世界中,该有多少男人的命运更幸福！如果小伙子不会无耻地玩弄一位姑娘灵魂的爱,该能避免多少痛苦和后悔。听我说,年轻人,让圣母马利亚的典范的光芒照亮你们的爱情，这样你们就不会受挫和失败。

圣母马利亚的典范对我们年轻人可以意味着一种伟大的理想。正是为此理由，我们在青年俱乐部和集会上展开了圣母马利亚的旗帜。我们天主教青年将团结在这面旗帜周围。①

圣母马利亚崇拜非常成功地被改造成一种灌输贞洁的手段。此外，我们还应探索一下能保证这些意图获得成功的心理机制。这是遭受这种影响的青年男女群众的问题。它主要是一种征服生殖器的冲动的事情。正如耶稣崇拜动员消极的同性恋力量来反对生殖器一样，圣母马利亚崇拜也动员性力量，但这一次是来自异性恋领域。"不要错误地对待一位姑娘，因为你的母亲也曾是一位姑娘。"因此，在基督教青年的情感生活中，上帝之母扮演着一个人的母亲的角色，基督教青年把自己一度对母亲的爱全部倾注到上帝之母身上，这爱是他最初的生殖器欲望的非常强烈的爱。但**乱伦禁令**把他的生殖器欲望分裂为二，一方面是对性高潮的强烈渴望，另一方面是非性的温柔。对性高潮的强烈渴望不得不被压抑，它的能量加强了一个人的温柔动力，使他同神秘的经验结成几乎无法解脱的纽带。这种强烈的渴望产生了激烈的抵抗，不仅抵抗乱伦的欲望，而且抵抗同女人的**各种**自然的生殖关系。一个健康男子在和他的爱人的性高潮体验中所产生的那种生命力和巨大的爱情，**由于生殖器的肉欲受到压抑而被神秘主义者用来支持对圣母玛利亚的神秘崇拜。这是神秘主义的力量源泉。它们作为未得到满足的**力量，我们不应低估它们。它们使旧时代的神秘主义对人的权力以及阻止群众责任心的禁令，成了似乎合理的。

在这方面，问题不在于崇拜圣母马利亚还是崇拜其他偶像，而在于在每一新的一代**群众中都产生一种神秘的结构**。但神秘主义不过是对性高潮的无意识渴望（宇宙原生的感觉）。在性高潮上无能而身体又健康的男子，可能狂热地崇拜历史的人物。但他对人

---

① 1931年5月3日《天主教会报》第18期。

的原始历史的欣赏与他的性幸福之间没有任何联系。为了欣赏历史现象，他不一定成为神秘的、反动的或形而上学的奴隶。健康的青少年的性生活并不必然窒息对耶稣传说的崇拜。可以把《旧约全书》和《新约全书》当作人类头脑的巨大成就来欣赏，但不应用这种欣赏来压制性活动。我的医学经验告诉我，那些在性生活上有病的青少年对耶稣的传说持一种不健康的欣赏态度。

健康的自信与神经质的自信

对具有性经济结构并在性上成熟起来的年轻男子来说，同女人的性高潮体验是一个令人满意的纽带；它提高了配偶的地位，消除了任何贬低同样具有这种体验的妇女的倾向。在性高潮无能的情形中，起作用的只是心理的防卫力量，即对生殖器的性活动的恶心和掩饰。这些防卫力量从几个来源获得它们的能量。首先，防卫力量至少像被抵制的生殖器渴望一样强烈。它没有得到满足，这不仅强化了它，而且也同样说明它是无意识的。此外，现代人性生活的现实残忍化为掩饰性交提供了某种证明。这种**残忍化的**性活动成了一般性活动的原型。因此，强制性的道德产生的东西恰恰是它后来用来证明自己的存在合理的东西（"性是社会的"）。这种防卫的第三个情感来源是施虐狂的性概念，这种性概念是所有父权制文化界的儿童在幼年获得的。既然每一种对生殖器的满足的禁锢都增强了施虐狂的冲动，那么整个性结构就成了施虐狂的。此外，既然生殖器的要求被肛门的要求所取代，那么反动的性口号，即女人因性交而堕落，便在青少年的结构中敲响了一声和弦。一句话，正是由于在青少年的结构中已经存在着反常，这种口号才能是有效力的。正是从自己的亲身体验中，青少年产生了一种施虐狂的性交概念。因此，在这里我们也发现了对如下事实的证明：人的强制性道德防卫力量构成了政治反动权力的基础。更尖锐地说，神秘情感和性"道德"之间的联系成了焦点。不管神秘经验的内容如何，在本质上它都是对生殖器冲动的否定。它本质上是性防卫,它是借助于非生殖器的性激动而产生的。性反应和神秘反应之间的差别在于,即使在所谓宗教狂热的情况下,后者也不允许接受性激动,而是排除性高潮的**快慰**。

由于不允许接受性欲望并排除性高潮,神秘的激动便不得不在生物心理机制上造成一种永久变化。性行为本身被当作某种堕落的东西。决不存在完全的自然的体验。对性高潮欲望的回避迫使自我形成强制性的"纯洁"和"完美"概念。健康的意识和满足一个人自己欲望的能力,产生自然的自信。而防卫的形态则在神秘者身上造成从核心上腐烂的病态的自信。像道德主义者的自信一样,神秘主义者的自信也来自防卫态度。然而,即使在表面上,神秘主义者的自信也不同于从自然的生殖器满足中产生的自信。前者是夸大的,缺乏行为上的自然性,是以性卑贱的感情为特征的。这就解释了那种带有神秘的或民族主义的"伦理"倾向的人为什么非常容易受像**荣誉**、**纯洁**之类的政治反动流行语影响的原因。他总是不断地被迫记住自己是纯洁的和光荣的,却总是不想记住生殖器特性天然地是纯洁的和光荣的。

第八章　性政治实践的几个问题

理论与实践

　　反动的学术研究是以"现存的东西与应存在的东西相脱离",即"认知与行动"相脱离为出发点的。因此,它自以为是"非政治的",脱离政治的。的确,逻辑认为,应存在的东西是决不可能从现存的东西中推演出来的。我们在这里看出了一种限制,这种限制的目的是使学术研究者致力于研究,但没有使他必须从每一严肃的科学见解中得出内在的结果。这些结果总是进步的,经常是革命的。对我们来说,理论观点的发展是由根本生活的必要性,由解决**实践**问题的需要来支配的。我们的理论观点应该导致新的、更好的、更合适的行动,并把握实践的任务。我们的理论之所以有价值,只是由于它在实践中并由实践来证实。别的任何东西,我们都留给了思想魔术师,留给了"价值"等级的卫士。我们首先应纠正神学的根本错误,神学停滞在学术讲解上,因而不能给我们指出一条合理的出路。我们同意许多研究者的意见,一切宗教神秘主义形式都意味着精神黑暗和头脑狭隘。我们知道,几个世纪以来,人的宗教已成了权力的一种工具。在这一点上,我们也和一些研究者的看法一致。我们同他们的区别仅仅在于,我们有严肃的决心来成功地战胜神秘主义和迷信,把我们的知识变成艰苦的实践。在自然科学同神秘主义的斗争中,我们怀疑自然科学是否竭尽了它的全部能力。我们不得不作出否定的回答。所以,神秘主义把人民群众盲目地囚禁起来。在我们继续考察之前,我先简练地概括一下这场斗争的历史。

迄今为止反神秘主义的斗争

神秘主义的发展和反神秘主义的斗争可区分为四个一般阶段。第一阶段的特点是完全缺乏自然的科学观点;泛灵论的观点居统治地位。原始人害怕那些显得不可思议的东西,非常迫切需要找到对自然现象的解释。一方面他必须使自己的生活有安全感,另一方面他努力抗争自然的难以抗拒的力量。他通过神秘主义而获得这种和那种(主观上,不是客观上)关于自然过程,包括他内在的心理过程的迷信和泛灵论观点。例如,他相信他靠树立男性生殖器形状的塑像就能增加土地的产量,或他靠排尿就能摆脱旱情。在地球上的所有民族中间这种状况的基本特点一直未变,直到中世纪结束时,对自然的科学理解的初步努力,才由于一些技术发明所推动的努力而具有了严肃的特点。这些努力日益构成对神秘主义的威胁。在资产阶级大革命过程中,爆发了一场强烈的反宗教和争取启蒙的斗争。科学将取代神秘主义对自然的解释的时期到来了,在这个时期技术将在解决人类的安全需要上起更重要的作用(第二阶段)。但随着革命者掌了权,他们就不再是革命的了。他们来了个大转弯,造成了文化过程中的一个矛盾。一方面,他们利用各种手段来推进科学研究,因为这有助于经济发展。但另一方面,他们又鼓励神秘主义,使其成为压迫成千上万雇佣工人的最强有力的工具(第三阶段)。这种矛盾在《自然与爱情》这样的科学影片中得到了悲喜剧的表现。这种影片的每一部分都有两个标题。头一个标题是"地球靠宇宙的机械和化学过程而经历几百万年发展起来"。接着,我们又看到了这样的标题:"第一天,上帝创造了天和地"。倍受尊敬的学者们、天文学家们和化学家们坐在雅座上,安静地观看这种讽刺的统一,深信"宗教也有它好的一面"。理论与实践的脱节被最生动地描绘出来了!人民大众同科学发现

第八章　性政治实践的几个问题

始终保持距离和美国出现的那种"猴子审判",鼓励了谦卑行为、辨别力的缺乏、自愿的投降、对彼岸幸福的希望、对权威的信仰、对禁欲主义神圣性的承认和权威主义家庭的不可侵犯性。工人和与工人密切相关的资产阶级人士构成了自由思想家的运动,只要它不超出某些界限,自由资产阶级就允许它走自己的路。自由思想家的源泉被限定在思想论证上,而教会却享有国家权力机器的帮助,并利用了大众心理中最强大的情感力量,性焦虑和性压抑。这种情感领域中巨大的力量没有受到相应的情感力量抵制。就自由思想家采取的性政策而言,它们要么被精神化,要么限定在人口政治问题上。充其量,它包括了关于妇女经济平等的要求。然而,这不可能对神秘主义权力起重大影响,因为在大多数妇女中,经济独立是无意识地被对性义务的畏惧所控制的,这种畏惧是和经济独立齐头并进的。

在克服这些情感力量时所碰到的困难,迫使革命的自由思想家不再看重所谓的哲学问题,因为人们在这一方面获得的东西经常和他们的打算相反。既然神秘主义不能受到相应的情感力量抵制,这个观点肯定是有道理的。

俄国革命使反宗教的斗争达到了前所未有的高水平(第四阶段)。[①] 权力机器不再掌握在教会和大公司手中,而是掌握在苏维埃执行委员会手中。反宗教的运动获得了一个坚实的基础,即在集体的基础上重新组织经济。第一次有可能大规模地以自然科学取代宗教,以不断增长的技术取代由迷信提供的安全感,以对神秘

[①] 关于苏联宗教问题的文献,见《苏维埃俄国的学校和教会》,载于1927年9月9日《南德意志工人日报》,斯特帕诺夫的《苏维埃俄国的教会和国家》;雅罗斯洛夫斯基的《教会与国家》;穆扎克的《俄国的自由思想家运动》,载于《自由思想家》第6期;雅可比·韦马的《新俄国的教会和国家状况》,载于《新道路》,1928年;列宁的《论宗教》,载于《列宁选集》德文版第4卷;A.埃尔格斯的《苏联的文化革命》,无产阶级自由思想家出版社1931年;A.库雷拉的《五年计划期间的社会主义文化革命》,国际工人出版社;德多罗夫的《乡村的反宗教宣传》;沃根的《乡村的社会主义建设与宗教》。

主义作用的社会学解释摧毁神秘主义本身。本质上,苏联反宗教的斗争有三种方式:靠清除经济基础,即直接的经济方式;靠反宗教的宣传,即直接的意识形态方式;靠提高群众的文化水平,即间接的意识形态方式。

我们从一些统计中可以看出教会的权力机构的庞大性,这些统计说明了旧俄国的状况。1905年,俄国教会拥有大约200万公顷土地。1903年,莫斯科各教区教会占有906所房屋,各修道院占有146所。在基辅,大主教们的年收入相当于8.4万卢布;在彼得堡相当于25.9万卢布;在莫斯科相当于8.1万卢布;在尼希尼-诺夫哥罗德相当于30.7万卢布。每一次宗教盛典收入的实物和费用多得甚至无法计算。有20万人从事宗教事业,耗费群众的税金。平均每年有10万香客拜访特罗伊茨卡瓦·拉夫拉修道院,这个修道院拥有价值6.5亿卢布的圣杯。

教会以经济权力为后盾,能够发挥相当大的意识形态影响。毫无疑问,所有学校都是教派的,服从僧侣的控制和统治。沙俄宪法的第一条写道:"全俄国人的统治者是一个独裁的和绝对的君主,上帝要求自愿服从他的至上权力。"我们已经知道"上帝"代表着什么,这种权力要求建立在什么样的人类结构的幼稚感情上。希特勒正是以同样的方式重新塑造了德国的教会。他扩大了教会的绝对权力,并使教会有可恶的权力来熏陶小学生的情感以便接受反动的意识形态。提高"道德标准"的任务使希特勒获得了最有利的地位,他执行着我们最神圣的上帝的意志。言归正传,我们看一下旧俄国的情况吧!

在神学研究班和学院,为反对革命运动的斗争留有特殊的学术交椅。1905年1月9日,教会发表公告,指责造反工人被日本人收买了。1917年的2月革命只产生了微不足道的变化。所有教会都取得了一种平等的地位,但期待已久的教会与国家相分离却未能落实。大土地所有者勒沃夫亲王成了教会机关的头子。在1917年10月的一次教会会议上,布尔什维克们被逐出教门;蒂克昂大主教向布尔什维克们宣战。

第八章　性政治实践的几个问题

1918年1月23日,苏维埃政府颁布下列法令。

　　关于宗教,俄国共产党不满足于承认已经颁布的关于教会同国家和学校相脱离的法令。简言之,它不满足于在资产阶级民主的纲领中也出现的措施。由于资本和宗教宣传之间众多的实际联系,资产阶级民主在世界上任何地方都从未把这些措施贯彻到底。
　　俄国共产党深信,只有在群众的整个社会经济生活中实现条理化和自觉性时,才能完全清除宗教偏见。党努力完全消除剥削阶级和宗教宣传组织的一切联系。它已经组织了带有指导性的反宗教性质的广泛的科学宣传。这种宣传实际地促使劳动群众摆脱宗教偏见。然而,不应极力触犯信教者的感情,因为这只会加剧宗教狂热。
　　因此,要禁止那些限制信仰自由或为共和国领土上的某个特殊教派的成员提供特权的地方法规〔法令第2条〕。
　　每个公民都可以宣布他选择何种宗教或不选择任何宗教。取消以前在这方面的所有剥夺权利的规定。
　　应从所有正式文件中清除掉所有涉及公民的宗教派别或无派别的规定〔法令第3条〕。
　　一切公共的和其它官方的以及社会的机构举行的活动,将不带有任何宗教习惯和仪式〔第4条〕。
　　宗教习惯的自由行使受到保护,只要它们不扰乱公共秩序,不侵犯苏联公民的权利。在出现扰乱和侵犯权利的情况下,地方当局有权采取一切必要措施恢复和平和秩序。
　　任何人都无权根据自己的宗教观点而逃避公民义务。
　　这方面的例外,只有根据人民法庭在每一个别情况下的决定,根据一种公民义务被另一种公民义务所取代的条件,方可允许〔第6条〕。
　　废除宗教誓约。如有必要,可做形式上的宣告〔第7条〕。
　　公民状况登记唯一由民政机关掌管,即由婚姻和出生登记机关掌管〔第8条〕。

学校脱离教会。

在一切国家的、公共的和私人的学习部门禁止宣传宗教忏悔,这些部门应采用一般教育的课程〔第9条〕。

一切教会和宗教团体应服从负责管辖私人团体和联合组织的总调节机构的管理,它们不享有来自国家或自主的地方自治机关的任何特权或津贴〔第10条〕。

禁止为了教会或宗教团体的利益而在成员中强行征税〔第11条〕。

教会和宗教团体没有任何私有财产权,它们也不享有法人实体的权利〔第12条〕。

在俄国,教会和宗教团体的一切财产都是人民的财产。

为做圣事而必需的大建筑物和物品由各种宗教团体按地方和中央权力机构的特定规定免费使用〔第13条〕。

教士、僧侣和修女既不享有选举权,也不享有被选举权,因为他们没有从事生产劳动。

早在1917年12月18日,掌管公民状况登记的事务就已转交给了苏维埃权力机构。司法人民委员部专门设立了一个清理部门,着手清理教会财产。例如,在特罗伊茨卡瓦·拉夫拉修道院,建立了一个红军电力技术部门的学院和一个培训教师的学校。在这个修道院的地区,建立了工人游泳池和居民区。教堂逐渐变成了工人俱乐部和阅览室。反宗教的宣传着手揭露教会等级制度对人民的直接欺骗。所谓塞尔鸠斯教会的圣泉原来是设置的一个简单的水泵。许多圣徒的额头原不过是贴上了一块巧妙安排的皮革,而过去必须花钱才得以允许亲吻圣徒的额头。公开向人民群众做这种揭露,其效果是迅速的和彻底的。毫无疑问,无神论的宣传随几百万份阐释性小册子和报纸而遍及城市和乡村。建立反宗教的自然科学博物馆可以使科学的世界观同迷信的世界观形成鲜明对照。

第八章 性政治实践的几个问题

尽管如此,我 1929 年在莫斯科还是得知,唯一有组织的和基础稳固的反革命集团是宗教教派。**宗教教派与教派成员性生活的联系**,以及与整个社会的性结构的联系,不论在理论上还是在实践上在苏联都被大大忽视了。这种忽视造成了严重的后果。

因此,断定在苏维埃俄国"消灭了"教会,这是不正确的。人们可以自由地表白并实践他们选择的宗教。教会失去的只是它的社会的和经济的统治权。它不再有可能把人民排斥在它的信仰上帝的信徒圈子外。科学和无神论最终成功地获得了和神秘主义一样的社会权利。任何教会机构不再能做出流放一位自然科学家的决定。这就是一切。但教会是不满足的。后来,当性革命解体时(从 1934 年开始),教会又使人民群众回到了它的行列。

同神秘主义相对立的性幸福

彻底破坏教会在它直接影响的领域中的权力,仅仅意味着消灭了教会最坏的侵占行为。这种措施对教会的意识形态权力没有任何影响,因为这种意识形态权力依赖于大众普通个体的同情感和迷信结构。为此理由,苏维埃开始发挥科学的影响。然而,自然科学的启蒙和对宗教的揭露,仅仅是把一种尽管非常有力但纯属精神的力量摆到了与宗教感情并行的地位,而其余的则留给了人的理智感情与神秘感情的斗争。这种斗争只是在那些已开始在一个不同的基础上成熟起来的男女身上,才有助于科学。甚至在这些人身上它也可能失败,这已为一些并非不常见的情况所证明。例如,一些明确的唯物主义者以这种或那种形式产生了自己的宗教感情,即不得不去祈祷。一个聪明的宗教维护者力图从中获得对他有利的证明。他将断定,这就是宗教感情永远持续下去而不能被根除的证据。然而,他错了,因为这只是证明,尽管可以用理智的力量来反对宗教感情,但这触及不到宗教感情的根源。人们可以正确地作出结论说,如果不仅清除教会的社会统治权并用理智的力量来反对神秘情感,而且也使那些培育神秘情感的感情成为自觉的和无约束的,那么就可以完全彻底破坏神秘情感的基础。治疗经验无可辩驳地表明,宗教情感来自被禁锢的性活动,应到被禁锢的性激动中寻找神秘激动的根源。所有这一切不可避免的结论是,**明确的性意识和自然的性生活的调节注定着每一种神秘主义的破产**;换言之,**自然的性活动是神秘宗教的大敌**。教会在任何地方都极力从事反性活动的斗争,使这种斗争成为它的教义的核心并把这种斗争摆在它的群众宣传的前沿,这只能证明这种解释的正确性。

起初,当我说**性意识是神秘主义的终结**时,我只是力图把非常复杂的事实归纳成最简单的公式。我们不久将看到,尽管这种公式是简单的,但它的现实基础和实际贯彻的条件是极其复杂的。如果我们想成功地抵制狡猾的迷信机制,我们需要有全部科学的装备和对于进行一场不屈不挠的反神秘主义斗争的必要性的最深刻信念。最终结果必将报答我们所有的努力。

为了准确估价实际实行这种简单公式时所碰到的困难,我们应该彻底了解一下那些曾在性压抑中培养起来的人的心理结构上的一些基本事实。德国西部的一些文化组织(主要是天主教的)由于一直未能成功而拒绝继续进行反神秘污染的性经济斗争,这并不能使我们的意图失去效力,而只是证明了那些从事这场斗争的人对性生活胆怯、畏惧,以及缺乏性经济经验。更重要的是,它证明了缺乏适应、理解并把握复杂事态的耐心和愿望。如果我对一位在性生活上受挫折的基督教妇女说,她的受苦具有性的性质,只有靠性快乐才能摆脱她的心理痛苦,她一定会把我扔出去。我们面临两个困难:(1)每一个人本身都有一些矛盾,这些矛盾应个别地来理解;(2)这个问题的实践方面因地区和国度的不同而不同,因此应按不同的方式来解决。但肯定,我们的性经济经验越广泛,我们就越容易克服这些障碍。然而,只有通过实践才能消除这些困难。在取得任何进展之前,我们应该承认我们的基本公式的正确性,我们应该理解这些困难的真实性质。由于神秘主义已经统治人类达几千年,它至少要求我们这些新手不能低估它,我们要正确

第八章 性政治实践的几个问题

地把握它。我们有责任证明我们比它的维护者更智慧、更敏锐、更有知识。

从个人身上根除宗教感情

可以从对神秘主义的生物—心理固定现象的理解中获得群众精神卫生的方针。在性格分析治疗过程中神秘的人身上发生的变化具有决定性的重要意义。我们从性格分析治疗中获得的见解，不能直接应用于大众，但它们揭示了普通个人身上的矛盾、力量和反力。

我已经描述过神秘的观念和感情是如何在人类结构中固定下来的。现在让我们探索一下**根除**神秘主义的过程的主要特点。

可以认为，神秘的态度和作用是有力地抵制对无意识的心理生活的揭示，特别是抵制被压抑的生殖器。重要的是，神秘主义想回避自然的生殖器冲动，特别是童年的手淫，更不用说回避前生殖器的婴儿冲动了。病人坚持自己的美学的、道德的和神秘的观点，加剧了人身上"道德因素"与"动物因素"即自然的性生活在哲学上不可沟通的对立。他借助于道德主义的避邪符来抵制他的生殖器的性活动。他指责他周围的人不理解"精神价值"，是"粗鄙的、庸俗的和唯物主义的"。总之，如果一个人了解了神秘主义者和法西斯主义者在政治讨论中的论证，并且了解了性格学家和"学者"在自然科学讨论中的论证，那么所有这一切对他来说都是太熟悉不过了。这是同一回事。当一个人成功地放纵性压抑的因素时，在性格上对上帝的畏惧和道德主义的防卫也就直接得以增强。如果一个人成功克服了童年对手淫的畏惧，因而生殖器满足的欲望强烈地表现出来，那么理智的见解和性满足也就开始突出起来。随着对性的畏惧或对过去父母性禁锢的畏惧消失，神秘的情感也就消除了。以前是什么情况呢？在此之前，病人曾利用神秘主义压抑自己的性欲望。他的自我完全沉浸在畏惧之中，他的性生活完全被异化了，以致他不能支配和调节这些有力的自然力量。相反，他越是抵制他的性活动,他的欲望就越成为绝对必要的。因此,他也就不得不更苛刻地进行他的道德主义的和神秘的禁锢。在治疗过程中,自我得到了增强,童年对父母和教师的依赖性得以放松。病人认识到了生殖器的自然性,学会了把童年的本能上不再有用的东西同适合生活要求的东西区别开来。这个基督教青年将很快认识到,他强烈的裸露癖和倒错的倾向一方面归诸于向幼儿性形式的倒退,另一方面归诸于对生殖器性活动的**禁锢**。他也将认识到,他想和一个女人结合的欲望完全符合他的年龄和他的天性,确实有必要满足这些欲望。从此之后,他再也不需要靠对威力无比的上帝的信仰来获得支持,他再也不需要道德主义的禁锢了。他成了自己家室的主人,学会了调节自己的性经济。性格分析使这个病人摆脱了童年对父亲和父亲式人物的权威的奴隶般依附。自我的增强解开了童年对上帝的依恋,这种依恋是童年对父亲的依恋的继续。这些依恋失去了自身的力量。如果植物性疗法后来能使这位病人过上满意的爱情生活,那么神秘主义也就失去了它最后的阵地。教士的病态是很难解决的,因为他们长期从事他们的职业(他们在自己的身体上已感觉到了其生理后果),已使解决成了不可能的。他们许多人的唯一出路是用宗教研究或教育来取代他们的僧侣职业。

只有那些不了解自己病人的生殖系统紊乱情况的分析家,不能够在神秘者身上证实这些过程。然而,一些知名的精神分析学家和牧师也证实不了这些过程,因为他们认为,"只要伦理学许可,就可以把精神分析学的测锤沉入无意识之中"。我们最好少同这种"非政治的"、"客观的"科学打交道,就像最好少同那种不仅全力反对作为"政治"的性经济的革命后果,而且建议母亲反对通过教育儿童学会掌握自己的命运来培养儿童的科学打交道一样。在这些情形中,如下过程是大可怀疑的,即允许医生的良心采取这种推理路线并使他成为一个牧师,却又没有用政治反动的眼光来改造他。他的行为就像德国社会民主党的议会成员一样,这些议员在议会的最后一排热情地和恳切地唱德国国歌,最后免不了在集中营里

第八章 性政治实践的几个问题

作为"社会主义者"而告终。

我们不讨论上帝存在还是不存在,我们只想清除性压抑并解开幼年与父母的纽带。破除神秘主义根本不是治疗的一种目的。我们只把它当作一种心理事实来对待,它的作用是支持性压抑并逐渐削弱自然的活力。因此,性经济的过程并不在于把神秘的生活观同"唯物主义的"、"反宗教的"观点相对照。我们有意避免这样做,因为这在生物病态过程中不会造成任何变化。毋宁说,性经济的过程在于揭露神秘态度是一种反性的力量,那种哺育着它的能量被用到了别的目的上。如果病人以前的意识形态是道德主义的,同时他在现实中又是变态的、淫荡的和神经过敏的,那么他就开始摆脱自身的这种矛盾。与他的道德主义相应,在性经济的意义上他也丧失了他的性活动的反社会性和不道德性。**对性需要的性经济调节取代了不妥当的道德主义的和神秘的禁锢。**

因此,从其自身角度看,当神秘主义在人身上保存并再生自身时,它有理由采取这种强烈的反对性生活的立场。它的错误只在于它的一个许诺,在于它最重要的证明上:**正是它的"道德性"产生了荒淫性,而它却觉得自己应该对这种荒淫实行道德控制。废除这种"道德性",才是废除它徒劳地力图排除的不道德行为的先决条件**。这就是每一种道德和神秘主义的重大悲剧所在。对培育宗教神秘主义的性经济过程的揭示,将或迟或早导致在实践上消除宗教神秘主义,不管神秘主义者如何经常攻击和谩骂。

性意识和神秘情感不能共存。自然的性活动和神秘的情感在能量上是一样的,只要前者被压抑,就很容易变成神秘的激动。

这些性经济的事实必然对大众精神卫生产生后果。在我们回答一些显而易见的异议之后,我们再来论述这些后果。

性经济的实践与对它的异议

在性经济的实践中,人们习惯于把政治经济学家当作反对所谓的"过分强调和夸大性问题"的人。他们在这一新领域里一碰到哪怕最微不足道的困难，便立即力图排除这一整个领域。从一开始，这些性经济的反对者就应该知道，他们的妒忌是没有理由的。性经济的文化工作并不构成对他们自己的经济领域的侵犯或对他们的工作领域的限制。它的目的在于理解文化过程的一个迄今为止完全被忽视的极其重要的领域。性经济的斗争是被剥削和被压迫者反对剥削和压迫者的总斗争的一部分。目前，确定这场斗争多么重要和它在工人运动中起什么样的作用，纯属学术上无益而琐细的分析。在讨论性经济的作用和重要性时，人们不是把自己的评价建立在已以实践的方式完成了的东西之上，而是倾向于确定经济政策和性政策之间的对立。我们不必在这些讨论上浪费时间。如果各个知识学科的专家都尽最大力量克服专横形式，如果他们每一个人都非常精通自己的领域，那么所有关于各个学科的社会意义的讨论也就是多余的了。因为各个学科的社会重要性将是不证自明的。有必要坚持这样一个基本观点：经济形式也决定着性形式，除非经济和社会形式被改变，否则性形式就不会改变。

有许多像冰一样迅速冻结的口号，只有使用激进手段才能清除它们。人们经常碰到这样愚蠢的异议，即性经济是"个人主义的"，因而在社会上没有任何用处。诚然，用来获得性经济知识的方法是"个人主义的"。但社会对性生活的压抑难道与我们社会的所有成员无关吗？**性苦恼难道不是一种集体的事情吗**？因为对结核病的研究是在个别病人身上进行的，难道社会反对结核病的斗争就是个人主义的吗？革命运动总是犯把性活动当作一件"私事"的重大错误。对政治反动势力来说，它不是一件私事。政治反动势力总是同时走两条路：**经济政策**的路和"**道德更新**"的路。迄今为止，自由运动只走了一条路。因此，需要在社会规模上把握性问题，把个人生活的阴暗面**改造**成社会的精神卫生，使性问题成为整个战役的一部分，而不是只局限于人口政策问题。自由运动一直犯的错误是，机械地把政治口号从工联主义和政治斗争领域搬到所有其他社会生活领域，没有**为人类生活的每一领域提出一个适应而且只适应这个领域活动的观点和政策**。相对而言，正是这种错误

第八章　性政治实践的几个问题

促成了它的失败。因此，1932年德国性政治组织的领导官员想排除性问题，用"反饥寒"的口号来"动员"性领域的大众。他们把性问题同"社会问题"对立起来，仿佛性问题不是整个社会问题复合体的一部分！

使性改良受局限的人口政策，在严格的意义上并不带有性政治的性质。它们不关心性需要的调节，只关心与性行为有自然联系的人口增长。除此之外，它在社会和生物学的意义上同性生活没有任何关系。而且大众对人口政策的问题也丝毫没有兴趣，他们对这些问题毫不关心。他们对流产法的兴趣，不是出于政治原因，而是因为它关系到**个人痛苦**。就流产法造成痛苦、死亡和不幸而言，它是一个一般的社会政治问题。只是当明确而清楚地懂得人民之所以违犯这个法律，乃是因为**即使他们不想要孩子他们也要性交**时，流产问题才成为一个性政治问题。尽管这在情感上是这个问题**最重要的**要害，但迄今为止并未引起注意。如果一个反动的政治家斗胆告诉人民，"你们抱怨流产法使人们在健康和人的生活上作出如此多的牺牲，你们就不应该性交"，那么人们就不会只关心人口政策了。**只有当人们明确而且公开谈论满意的性生活的必要性时，这个问题才有意义**。突出强调那些不断使一切社会阶级的男男女女感到困惑的性需要，要比列举流产法造成的死亡更贴切得多。每一个人都对性需要有切身兴趣，而对流产法的兴趣则以某种水平的社会道德心和同情心为前提，但在现代人身上一直不能采取这种道德心和同情心。在关于粮食供应的宣传中，人们关心的是个人需要，而不是无关的社会和政治事实。在性经济领域的宣传中，也应如此。总之，性问题是一个适用于我们所有人的问题，是社会生活和群众精神卫生的第一位问题。

精神分析学家提出的异议较为严肃。他的异议可能是这样的：如果认为"在政治上"可以谈论人的**性不幸**就像可以谈论人的物质痛苦一样，那么这便是十足的乌托邦。在精神分析治疗中，要做几个月和几年的艰苦工作才能使一个病人意识到自己的性欲望。道德主义的禁锢像性要求一样是根深蒂固的，这些禁锢占了上风。

由于并不存在一种可同个体分析中使用的技术**相比较**的技术,你打算如何克服性压抑呢?这种异议值得严肃对待。首先,如果我允许这种异议阻止我在大众中从事实际的性经济工作和搜集经验,那么我也就完全同意了那些把性经济当作一个个人主义问题抛在一边的人的意见,等待着出现第二个耶稣来解决它。有一次,我的一个很要好的同事告诉我,我的尝试只构成一种肤浅的解释,把握不了根深蒂固的性压抑的力量。如果一个精神病学家提出这样的指责,它或许证明值得更详细地讨论这个困难。在我一开始工作时,我不知道这个问题的答案。然而,实践经验揭示了它。

一开始我们就应该明白,在性经济的大众卫生中,我们面临的任务不同于我们在个体植物性疗法治疗中所面临的任务。在后者中,我们应该消除压抑,并恢复生物的健康。这不是性经济社会学的任务,在这里它是**意识到**被征服的人身上的**矛盾**和苦难的事情。人们知道,一个人是道德主义的;但一个人具有必须得到满足的性冲动这一事实,要么人们没有意识到,要么人们对它的意识非常微弱以致它不能正当地起作用。在这里有人可以提出另一种异议,即为了形成对性需要的意识,还必需进行个体的分析工作。实践经验又一次作出了回答。当我在办公室里同一位遭受性禁锢的妇女谈论她的性需要时,我面对的是她的整个道德主义机制。我很难深入她的心里并使她相信什么东西。然而,如果这位妇女受到一群**民众**气氛感染,例如出席一次明确而公开地从医学和社会方面讨论性需要的大会,那么她也就不会感到自己是孤独的。毕竟,其他人也在听"被禁止的事情"。她个人的道德主义禁锢被一种**集体的性肯定**气氛,即被一种新的性经济的道德所抵销,因为她单独一人时有过类似的思想,所以这种性经济的道德能瓦解(不是清除!)她的性否定。在私下,她曾痛惜自己丧失的生活乐趣,或者渴望性快乐。大众状况使性需要有了信心;它采取了在社会上认可的姿态。当正确地提出这一主题来讨论时,性要求肯定比禁欲主义和克制要求更有感染力;它是更人道的,同个人有更密切的关联,毫无保留地被每一个人所证实。因此,它不会增强压抑,而只

第八章　性政治实践的几个问题

会使人们意识到压抑,用意识之光来阐明性与神秘主义的斗争,使它在大众意识形态压力之下进入头脑并把它变成社会行动。在这一点上,有人或许又会提出一种异议,认为这将是凶暴的尝试,因为它会使人民突然陷入极度苦恼状态中,即使他们没有病也会使他们真的有了病,却又没有能力帮助他们。人们也许记得帕伦伯格在《老实的罪人》中的巧妙说法:"多么不幸的人!幸亏他不知道不幸。如果他知道,他该多么不幸!"回答是,政治反动势力和神秘主义更凶暴得多。当然,从根本上说,这种异议也适用于饥饿的痛苦。那种无意识地肩负着自己命运重担的印度苦力或中国苦力,是顺从的和盲信的,他的痛苦要少于那种意识到丑陋的万物秩序并自觉地反对奴役的苦力。谁会企图使我们相信,应出于人道主义的理由而不让苦力知道他受苦的真正原因呢?只有神秘主义者、苦力的法西斯主义雇主或中国的某个社会卫生学教授才力图使我们相信这种胡说八道。这种"人道"是非人道的永恒化,同时是对非人道的掩饰。我们所说的"非人道"是指喋喋不休地空谈善和正义,却又听任自己直接陷入法西斯主义反对势力的陷阱中。因此,我们承认,始终如一的性经济工作给了沉默的痛苦一副喉舌,在加剧已经存在的矛盾同时又产生新的矛盾。它使人不能再容忍自己的状况。同时它也提供了解放的手段,即战胜苦难的社会根源的能力。确实,性经济工作触及到人类生活最敏感、最激动人心、最切身的领域,但群众的神秘感染不也是做同样的事情吗?重要的是一个人所向往的目的和其他人所向往的目的。那种一度有敏锐的眼光并参加性经济集会的人,那种听到并回答了几百个与人类存在最切身的领域相关的问题的人,已经毫不动摇地深信,社会的炸药就埋在这里,炸药能使这个自行毁灭的世界苏醒过来。然而,如果这项工作由那些同教会争相肯定并提倡道德主义的神秘主义的革命者来从事,他们就会把回答性问题当作有损于"革命意识形态尊严"的事情,把儿童的手淫当作"资产阶级的发明"而不屑一顾,一句话,他们——为了他们的"列宁主义"和"马克思主义"——在自己个性的重要角落里是反动的,因此,他们很容易拿出证据证明我的经验是不可能正确的。因为在这些革命者手中,大众会对性直接持否定态度。

我们有必要继续讨论一下在我们的工作中碰到的道德主义阻力的作用。我认为,与性要求相对立的个体的道德主义禁锢,是靠权威主义社会的整个性否定气氛来加强的,可以因创造一种相反的性肯定的意识形态而失效。人民会接受性经济的知识,因而可以免受神秘主义和反动力量的影响。显而易见,这种性肯定气氛只能靠一个强有力的国际性经济组织来创造。要想使政党的领袖们相信这是他们的一个主要任务,简直不可能。同时,这种政治已经显露出是反动的非理性主义。我们不能再信赖任何政党。这一任务属于自然的劳动民主发展的结构之列。

迄今为止,我们只提到了我们的工作能立足其上的群众个体的平静而缄默的需要。这是不够的。从本世纪初到第一次世界大战期间,这些需要及其压抑也表现出来了,然而当时性经济运动却几乎没有任何成功的前景。自那时以来,性经济工作的一些客观的社会先决条件已开始出现。如果人们想正确地着手工作,就必须彻底了解这些先决条件。在1931年到1933年的德国,许多具有各种形式和倾向的性经济集团开始出现,这一事实表明,一种新的社会观点正在社会过程中立住脚。社会的性经济的一个最重要的社会先决条件是,出现了雇佣工人和职员大军的大工业。于是道德主义的和反性的气氛的两个中心支柱,即小企业和家庭,也就动摇了。第二次世界大战明显加速了这一进程。与仍然局限于父母的权威主义家庭的妇女和姑娘所产生的观念相比,在工厂工作的妇女和姑娘产生了更自由的性生活观念。既然产业工人在任何时代都容易接受性肯定的影响,那么权威主义的道德主义的解体过程也就开始在下中层阶级中展开了。如果把今天的下中层阶级的青年同1910年的下中层阶级的青年比较一下,我们很容易看出,仍在加大的现实的性生活与社会意识形态的裂隙已成了广泛的和不可弥补的。想做一个禁欲的姑娘的理想已成为一种羞耻的事情,想当性软弱的禁欲的男子的理想肯定也是如此。甚至在下中

第八章 性政治实践的几个问题

层阶级中，对婚姻的强制性忠诚也开始越来越经常出现更开放的态度。大工业的生产方式使得有可能把反动的性政策的矛盾公开化。再也谈不上向过去的现实生活和禁欲的意识形态之间的和谐复归了，也就是说，恢复不了本世纪初之前那种样子了。一个人作为性经济主义者，对人类存在的秘密有了深刻的见解，可以觉察出那种直到今天仍被大加辩护的道德主义的禁欲生活方式的全盘解体。青春期生活的集体化不仅从根本上破坏了——即使不是消灭了——权威主义家庭的限制力量，而且也在现代青年身上唤醒了一种欲望，即渴望新的哲学，渴望关于争取性健康、性意识和自由的斗争的科学知识。在本世纪之初，对于一个基督教妇女来说，加入节育集团是不可能的事。今天，它越来越成为普遍现象。这一过程并没有因法西斯主义在德国掌权而中断，只是被迫转入地下。值得忧虑的是，如果法西斯主义的屠杀和野蛮状态持续得比我们担心的更久，这一过程将如何继续发展。

与上述观点密切相关的一个附带的客观因素是，神经和生物病态疾病作为被扰乱的性经济的一个表现而迅速增长，现实的性要求同旧的道德主义禁锢和儿童教育之间的矛盾加剧。生物病态的增长意味着人们更要准备承认许多病都有性原因。

政治反动势力面对实际的性经济工作而束手无策，这是对性经济极其有利的一点。众所周知，由于缺乏关于性的科学文献，人们在公共图书馆里看到的大多是性方面的废物。如果性经济工作能成功地把这种巨大的兴趣纳入科学的和合理的渠道，这将提供一个关于性经济问题的重要性的尺度。法西斯主义者可以靠自称代表着劳动权利和工人来长期欺骗顺从的和被神秘感染的群众。在性经济领域里却不同。政治反动势力只能用一种完全压抑和否定性活动的反动性政治纲领来反对革命的性经济。这种纲领会立即疏远群众，只有政治上不重要的一些老妇女和无望而愚钝的人例外。**关键的是青年！** 他们——这是非常肯定的——不再普遍地听任性否定的意识形态来左右。这是我们强有力的一点。1932年，德国的性经济集团成功地赢得了一直同"红色工联主义"的主体相关联的工业。显然,说到并做到所有这一切,性经济的精神卫生就应该和一般社会自由运动联合力量。而且在现实的实践中,它也正是这样做的。然而,我们应该明确认识到以下事实:法西斯主义的工人和雇员,甚至学生,是完全赞成对性活动的革命肯定的,这种肯定使他们同领导发生了冲突。如果想成功地解决这种冲突,这种领导会怎么做呢?他会不得不使用恐怖。但一旦使用恐怖,他也就失去了自己的影响。我要再一次强调,客观上反动的性束缚一旦松解,在任何情况下都不可能重新捆绑起来。这是我们最伟大的力量。如果革命工作未能在这一领域取得进展,结果将会使青年继续像以前一样过着私下受限制的生活,并且意识不到这种生活的原因和后果。然而,如果性经济工作坚持不懈地进行下去,政治反动势力就毫无办法,就拿不出相反的意识形态。只有当群众的性肯定属于私下的和残缺不全的时候,只有当这种性肯定没有集体地组织起来并指向政治反动势力的禁欲主义之时,政治反动势力的禁欲说教才是动摇不了的。

德国法西斯主义不遗余力地想在大众的心理结构中扎下根,因而极为强调向青年和儿童进行灌输。除了激发和培养对权威的奴性外,它没有别的手段。这种奴性的基本前提就是禁欲的性否定的教育。从童年时起就渴望得到满足的对异性的自然性冲动,主要被那些扭曲了的和倒错的同性恋和性虐狂感情所取代,部分地也被禁欲主义所取代。例如,在劳工征募营里培养起来的所谓团体精神就是如此,到处被宣扬的所谓"纪律和服从精神"亦是如此。在这些口号背后隐蔽的动机是,鼓动残忍,准备用于帝国主义战争。**虐待狂出自未被满足的性高潮渴望。**而门面上却刻着"同志关系"、"荣誉"、"自愿的纪律"这样的名称。在这一门面背后掩盖的是秘密的反抗,由于个人生活,特别是性生活的每一表现都受到阻碍,人们沮丧到了造反的程度。始终如一的性经济应该明确揭示严重的性贫困。如果它这样做,它将能听到来自青年的最有生气的回声。首先这将在法西斯主义领袖中间造成迷惑和困窘。不难看出,普通小伙子或姑娘会很容易意识到自己的性贫困。与那

第八章　性政治实践的几个问题

些在实践上从未这样做的青年领袖的断言相反，我们在和青年一起工作时获得的经验表明，一旦使青少年意识到性压抑并理智起来，普通青少年，特别是少女会更快、更有效而且更自愿地履行自己的社会责任。问题仅仅在于正确地理解性问题并说明它对一般社会状况的应用。有上千个证据支持上述论断。人们不应听任俗套的异议左右，而应唯一听任性经济实践的指导。

政治反动势力对德国青少年提出的一些问题不得不作出什么样的回答呢？

把德国的小伙子和姑娘征募到劳动营里，严重侵犯了他们的私人性生活。由于产生了严重的致命的弊病，有一些问题迫切需要解释和解决。由于青少年对公开讨论自己紧要的个人问题普遍感到羞怯和胆怯，这种状况便复杂化了，除此之外，劳动营当局也禁止谈论这些问题。但这是一件有关少男少女的生理和心理健康的事情！！！

在劳动征募营里小伙子和姑娘的性生活是什么样的呢？

一般说来，劳动征募营里的小伙子和姑娘都处在性发育的年龄。大多数小伙子以前都习惯于靠自己的女朋友来满足自己的性需要。当然，这些小伙子和姑娘的性生活甚至在他们进劳动营之前就受到了阻碍，因为缺乏过健康的爱情生活的合适的可能性（青年的住房问题），因为没有钱来买避孕用具，因为国家当局和反动团体敌视青少年健康的爱情生活，即敌视和他们的需要相一致的东西。这种可悲的状况因劳动征募而进一步恶化了！例如：

没有和姑娘在一起或继续保持并鼓励以前的私通的可能性。

不得不要么节欲，要么自慰。

这导致爱情生活的野蛮化和放荡，性猥亵和脏话大增，以及使人的意志和精力瘫痪的无法无天的狂妄举止（强奸、贪色、殴打）。

夜间不自觉地泄精,这既损害人的健康,也不会带来任何满足。

出现同性恋趋势,那些以前从未想到过同性恋的小伙子也开始结成同性恋关系;因同性恋伙伴而引起极度烦恼。

神经质、烦躁、身体疾病和各种心理紊乱情况增多。

给未来造成不幸后果。

所有青少年,特别是17到25岁的青年,没有满意的性生活,而这必将使他们未来的潜力受到干扰,造成严重的心理沮丧,心理沮丧又总会扰乱人的工作能力。如果一个器官或一种自然功能在一段时期不用,它后来就要退化。神经精神病、倒错行为(性反常行为)是常见的后果。

对我们的领导人在这些问题上采取的措施和管理,我们怎么看呢?

迄今为止,领导人只是很一般地号召"青年增强道德"。我们至今不明白这是什么意思。在过去的几年里,德国青年同他们的父母家庭和制度的巨轮做了艰苦的斗争,逐渐赢得了他们过健康的性生活的权利。尽管他们在现存社会条件下能达到自己的目标,但他们的观点已获得了众多的团体的了解:青年不得不坚决反对性偏执、性猥亵和性伪善,反对青年的性屈从所造成的后果。他们认为,少男少女彼此之间应有一种幸福的理智的性关系。他们认为,社会的责任是调节和改善他们的生活条件。政府对此持什么立场呢?

迄今所颁布的法令是同青年的观点尖锐矛盾的。由于禁止公开销售避孕用具,青年购买避孕用具是不可能的。汉堡警方依据道德采取的反对水上运动员的措施,发出的把那些"冒犯习俗和礼仪"的人投入集中营的威胁,是以法律为后盾的。如果一个小伙子在野营地和他的女朋友睡觉,这不是触犯礼仪了吗?

我们要问德国青年的领导人:**什么才是青年的性生活**?

只有四种可能:

第八章　性政治实践的几个问题

1. 节欲：难道青年在结婚之前要过节欲的生活，即遏制所有性活动吗？

2. 自慰：难道青年要靠手淫来满足自己的性需要吗？

3. 同性恋的满足：难道德国青年要和同性人从事性活动吗？如果是这样，那么如何从事呢？是靠互相手淫还是靠鸡奸？

4. 小伙子和姑娘自然的爱情和性交：德国青年是否要肯定和鼓励自然的性活动？如果是这样，那么：

在哪里性交呢（住房问题）？

怎样和靠什么来防止怀孕呢？

在何时性交呢？

是否允许青年干元首干的事情？

在儿童工作上也涉及到类似的问题。听起来也许奇怪——有点不可思议——但事实是：**总的说来，只有革命的儿童工作才是性经济的工作**。你不必大惊小怪，请安静地听下去。处在前发身期阶段的儿童能以最好而且最容易的方式受性教育指导。这是为什么呢？

1. 所有社会阶级的儿童，甚至那些遭受饥饿和贫困的阶级的儿童，都有性兴趣，而且不单是在后来的生活阶段。此外，我们还应记住，只有一些儿童饥饿到了身体受到摧残的程度，而**每一阶级的每一个儿童却毫无例外地**都受到性压抑。这极大地扩大了社会的攻击领域。

2. 自由运动用来组织儿童的一般方法是和反动势力在自己的儿童工作中使用的方法一样的：列队行进、唱歌、着装、小组比赛等等。除非儿童的父母偶尔是自由主义者——当然这种情况很少——儿童是无法把反动的宣传内容同革命的宣传形式区别开来的。争取现实不被掩盖，仅仅是反法西斯主义教育的最初要求。我们认为，既然儿童和青少年今天能按自由的音乐行进，那么他们明天也会愉快地按法西斯主义的音乐行进。而且，政治反动势力可以在儿童中创造不知比反法西斯主义运动好多少倍的团体宣传形式。在这一方面，后者总是落后的。例如在德国，与反动的运动相比较，社会主义运动在儿童工作上是非常软弱无力的。

3. 尽管政治反动势力在儿童工作上的确远远占了优势，**但有一件事它做不到：它不能给儿童传授性知识，它不能使儿童对性有明确了解，它也不能消除儿童的性混乱**。只有革命运动能做到这一点。首先，因为它不想对儿童进行性压抑。(恰恰相反，它所想的是儿童的性自由)其次，因为革命阵营一直提倡始终如一的自然的儿童教育。这一有力武器在德国是未曾使用的。那些掌管儿童组织的人最强烈地抵制这样一种建议，即应把性教育的一般个体治疗变成大规模的性教育。这些性经济工作的反对者在儿童中间号召维护马克思和列宁，这既是悲剧，也是喜剧。自然，不论是在马克思的著作中还是在列宁的著作中，我们都找不到关于性经济的东西。然而，事实却是，儿童**普遍**投入政治反动势力怀抱。尽管会碰到众多的困难，但在性经济的基础上开展儿童教育是有出人意料的可能性的。其中最重要的可能性是儿童本身强烈的兴趣。假如我们能成功地**大规模地**吸引儿童和青少年的性兴趣，那么，反动的污染也就会碰到一种巨大的反力，而且政治反动势力也就无能为力了。

对于那些怀疑、抵制，要么就担心儿童的"纯洁性"的人，我们想引用两个来自我们实际经验的例子。这两个例子是众多例子中的典型例子。

第一个：教会并非十分拘谨。有一个15岁的男孩，曾从法西斯主义组织转向共产主义青年组织，他告诉我们，在他以前的组织里，教士经常把男孩子一个接一个地叫到跟前，询问他们的性行为。他总是问他们是否有过手淫，这自然是实情，是羞于承认的。"这是一种大罪，我的孩子。但如果你勤奋为教会工作，明天去撒发这些传单，你可以赎罪。"神秘主义就是这样以性来实行政治的。然而，我们是"朴实的"；我们是"纯洁的"；我们不想和"这类事情"打交道。于是我们感到惊奇，神秘主义居然控制了大多数青少年。

第八章 性政治实践的几个问题

第二个：柏林的性经济工作团体曾决心在儿童的性经济教育上作出第一步尝试，为此目的集体编了一本故事书《粉笔三角形：研究成年人秘密的团体》。在该书付印之前先交给儿童团体的领导讨论，于是作出决定把它读给一组儿童听，看看他们对它有何反应。人们希望所有那些对社会的性经济表示不知可否的孩子参加。一开始，到了70名孩子，而不是通常的20名左右。通常孩子们听官方报告时总是表情冷漠，总是难以保持安静，而此时孩子们却被所讲的事迷住了，他们的眼睛闪出光芒，在听众席上他们的面孔显得异常兴奋。阅读不时地被同情的赞叹声所打断。讲完话后，要求孩子们表达他们的批评意见。许多孩子举手请求发言。在这些孩子面前，我们不禁得为自己的过份拘谨和窘迫而感到羞愧。编撰这个故事的老师们决定不提避孕问题，而且还略去了儿童手淫的论题。但有个孩子立即就提了这样的问题："你们为什么不说说关于如何不要孩子的事情？"一个男孩突然笑起来说："我马马虎虎知道一点。"第三个男孩问："妓女是怎么回事？在故事里根本没有谈这种事。"他们七言八语地说："明天我们去基督教徒那儿。他们总是谈论这些事情，我们会知道的"，"这本书什么时候出版？它卖多少钱？它是不是很便宜，我们能买得起，也能卖得出吗？"已经读过的第一部分差不多讲的全是性教育。但儿童团体有意用第二卷来补充第一卷，第二卷想说明这些问题的社会意义。孩子们得知这一消息后问："第二卷什么时候出版？它是否也这么有趣？"孩子们何曾如此热切地渴望一本社会学书籍呢？对我们来说，这难道不是一个教训吗？是的，应该是。**既然我们肯定孩子们的性兴趣并满足他们对知识的渴望，我们就应该教育孩子们对社会问题感兴趣。我们应该让他们确信，这是政治反动势力所不能给他们的东西。**他们将赢得许许多多的胜利，不受任何国家的反动影响，最重要的是，他们将坚定地支持革命自由运动。然而，目前阻碍这一目标实现的不仅有政治反动势力，而且还有自由运动阵营中的"道德主义者"。

性经济工作的另一个重要领域是阐明最近在德国由于妇女被

迫从工厂返回到厨房而造成的性状况。要完成这一工作,只有让妇女自由的概念具有**性**自由的内容。应该指出,使妇女感到讨厌的事情不是她家庭对男人物质上的依赖。从根本上说,与这种依赖相伴的性限制才是负担。其证据是,那些成功地完全压抑自己性活动的妇女,不仅容易不加抵制地保持这种经济依赖性,甚至会肯定它。使这些妇女意识到自己被压抑的性活动并强调禁欲生活的不愉快的后果,是从政治上改变对男人的物质依赖性的最重要的先决条件。如果性经济组织不能完成这一工作,那么,在法西斯主义那里妇女性压抑的新波澜将禁止她对自己物质奴役状况的意识。在德国和其他高度工业化的国家里,已经出现了妇女和青少年向性反动进行有力造反的一切客观的社会先决条件。如果把不屈不挠的、始终如一的、毫不畏缩的性政策应用于这一领域,那么,我们就会一劳永逸地摆脱一个曾一再使自由思想家和政治家感到困惑的问题,同时又不必回答:为什么妇女和青少年总是特别愿意听政治反动势力的话?其他任何领域都不会如此清晰地显示性压抑的社会作用、性压制和性反动观点之间的密切联系。

最后,我想再提一下一个精神病学家在读了本节之后提出的异议。这个异议是不容易反驳的。他说,毫无疑问,大众对性问题有强烈的兴趣,他们几乎对性问题着了迷,但能否由此而必然得出结论说,可以在政治上利用他们的兴趣来推进需要做出许多损失和牺牲的社会革命呢?一旦他们把握了性经济的观念,靠什么来防止大众趁机滥用性自由呢?在我们从事困难的工作时,我们应该非常认真地听取每一种异议,考虑它的有效性,表达我们对它的看法。我们应该防止我们希望的革命思想超越我们,把仅仅"如此"的东西视为现实的可能性。反饥饿斗争的成功或失败,并不取决于人们想不惜一切代价来消灭饥饿,而取决于是否存在为消灭它所必需的客观先决条件。换句话说,所有国家的大众的性兴趣和性苦恼能否像基本的物质兴趣那样,变成一种反对造成这种苦恼的社会制度的社会行动?我们已经用实践经验和理论思索表明,在个别团体和个别会议上进行的东西,在大众的规模上也应该是

第八章　性政治实践的几个问题

可能的。我们曾经忽略了几个**必不可少的**额外的先决条件。为了完成使社会的性经济成为有效的行动的任务,首先必须有一个统一的工人运动。没有这个先决条件,性经济工作就只具有预备性质。其次,绝对有必要建立一个紧凑的**国际**性经济组织,它的任务是从事并保证实际工作。最后一个必不可少的先决条件是,这一运动要有一批非常有纪律的领导干部。至于其他的,我们没有必要提前解决每一个别问题。这会造成混乱和停滞。实践本身将产生新的更详细的实践。本书不准备讨论这些细节。

非政治的人

最后,我们来看一下所谓非政治的人的问题。希特勒不仅一开始就利用那些以前基本上是非政治的人民大众建立他的权力,而且他还通过动员不下 600 万元投票权者,即非政治的人民,在 1933 年 3 月以"合法"方式完成了他走向胜利的最后一步。左翼政党尽管竭尽全力来争取无动于衷的大众,但没有琢磨"无动于衷或非政治"究竟意味着什么。

如果一个大企业家或大土地所有者支持一个极右政党,这不难根据他的直接经济利益来理解。在他那里,左的倾向是和他的社会地位不一致的,因此意味着不合理的动机。如果一个产业工人有左的倾向,这也一定是合理的、不矛盾的,因为这种倾向出自他在企业中的经济和社会地位。但如果一个工人、雇员或职员有一种极右倾向,这应归因于他政治上糊涂,即他忽视了自己的社会地位,一个作为广大劳动群众之一员的人越是非政治的,他也就越容易受政治反动意识形态的影响。所谓非政治的,不像人们所理解的那样,证明着一种消极的心理状态,而是证明着一种非常积极的态度,即抵制对社会责任的意识。分析这种抵制对自己的社会责任的意识,能使我们明确认识一些有关广大非政治的阶层行为的含混问题。在普通的"不想和政治打交道的"知识分子的情形中,我们很容易看出,与他的社会地位(这种地位依赖于舆论)相关联的直接的经济兴趣和畏惧,其基础是他不卷入政治。他的畏惧使他在知识和信念方面作出最荒唐的牺牲。这些以这样或那样的方式从事生产活动而又不承担社会责任的人,可以分成两个主要集团。在一个集团里,政治概念是不自觉地同暴力和身体的危险,即同强烈的畏惧相联系的,这种畏惧妨碍他们现实地正视生活。在另一个无疑人数最多的集团里,不愿承担社会责任是基于个人冲突和焦虑之上的,其中性焦虑占主导地位。当一个年轻女雇员有足够的经济理由意识到自己的社会责任却又不承担社会责任时,这百分之九十九归因于她所谓的爱情经历,更具体地说,归因于她的性冲突。属于这种情况的还有下中层阶级的妇女,她们应该调动自己的所有心理力量来支配自己的状况,以免完全被压碎。迄今为止,革命运动误解了这种状况。它只想靠使"非政治的"人意识到自己未实现的经济利益来唤醒他们。经验告诉我们,这些"非政治的"人绝大多数很难倾听关于他们社会经济状况的言论,他们反倒很容易听信国家社会主义党人神秘的华而不实的言辞,尽管后者很少提到经济利益。这应如何解释呢?只能解释说,严重的性冲突(在这个词最广泛的意义上),不管是有意识的还是无意识的,都禁锢着合理的思维和社会责任心的发展,它们使人们感到害怕,迫使他们沉默。如果这种自我包裹起来的人现在碰到了一个靠信仰和神秘主义来工作的宣传家,即碰到了一个靠性的、里比多的方法来工作的法西斯主义者,他就会把注意力完全转向这个人。这并不是因为法西斯主义纲领比自由纲领给他印象更深,而是因为他从对元首和元首意识形态的忠诚中体验到他持久的内在紧张心理暂时得到了缓解。他不知不觉地使自己的冲突有了一种不同的形式,以此"解决了"冲突。最终,这种倾向使他有时把法西斯主义者当作革命者,把希特勒当作德国的列宁。人们不一定非得成为一个心理学家,才能理解那种勃发爱欲的法西斯主义为何能为那种从未想到过社会责任的、在性上受挫折的下中层阶级妇女,成为一个由于性冲突造成的思想贫乏而不能获得社会意识的年轻女售货员提供一种被扭曲的满足。人们应该了解这 500 万优柔寡断

第八章　性政治实践的几个问题

的、"非政治的"、在社会上受压抑的男男女女的隐秘生活,以便懂得私生活,即主要是性生活在社会生活的骚动中平静而秘密地起的作用。这是不能在统计上来把握的,因此,我们也不完全依靠统计学提供的虚假的精确性,因为统计学忽视了现实的生活事实,而希特勒则由于他对统计学的否定并利用性痛苦的残渣夺取了政权。

那种在社会上不承担责任的人,是深陷入性冲突之中的人。迄今为止的情况表明,想靠排除性生活来使他意识到自己的社会责任,是绝对无希望的。而且,那种把他置于政治反动势力掌中的最可靠的方式,却毫不犹豫地利用了他的性不幸的后果。我们稍微估断一下便会得知,只有一种方式是可行的,这就是从社会角度来理解他的性生活。有一段时间我本人也曾回避这样的结论,觉得它很平庸。因此,我能理解饱经风霜的政治经济学家会把这种解释当作一个迂腐的、政治上无经验的、蛰居书斋的学者的想象物。然而,一个参加过性经济会议的人知道,绝大多数人以前从未参加过一次政治会议。无党派的和非政治的男男女女构成了西部德国性经济组织成员的绝对多数。下列事实最生动地证明了饱经风霜的政治经济学家在作出他们的判断时是多么轻浮:在过去几千年里,神秘主义的国际组织在世界的每一个角落至少每周召开一次**它所谓的**感人的性政治会议。因为伊斯兰教徒、犹太教徒等等的礼拜日和仪式显然是性政治会议。根据性经济工作的经验和我们已有的关于神秘主义和性压抑之间的关系的知识,对这些事实的忽视或否定是中世纪的精神统治和经济奴役的一个不可宽恕的反动支柱。

最后,我想论述一下一个远远超出日常任务之外的事实:**人类有机体的生物上僵化**及其与争取社会和个人自由的斗争的关系。

第九章　大众与国家

如果几批拓荒者在美洲森林地带迷了路,他们会努力寻找他们来时走过的路,以便重新从已知的地域向未知的地域推进。他们没有结成政党来做这件事,也没有开展无休止的关于未知地域的争论。他们没有敲打别人的脑袋或互相折磨,以便起草一份移民纲领。他们根据既定状况,按一种自然的劳动民主的方式来行动。他们作出一致的努力回到已知的地域,然后又作出新的努力由此向前推进。

当一个精神病医生为病人治病而对非理性的反应疑惑不解时,他不会去和病人争论"上帝是存在还是不存在"。他不会成为神经过敏的和非理性的,而是审查这种状况,努力清楚地描述以前的治疗过程。他会返回到以前他对治疗过程确有把握的那一阶段。

每一有生命的生物都会自然地试图揭示并排除它所面临的灾难的原因。它首先不会重复那些招致灾难的行动。这就是靠经验来克服困难。我们的政治家们根本不具有这种自然的反应。说政治家在本性上不会从经验中学到任何东西,这决非牵强附会。奥地利君主国在1914年发动了第一次世界大战,当时它用手中的武器反对美国民主主义者。而在第二次世界大战期间的1942年,它却提出了受到美国外交家支持的宣言,要求重建哈布斯堡王朝,以"避开"新的战争。这简直是非理性的政治胡言乱语。

在第一次世界大战中,"意大利人"是美国人的朋友和盟军,到了第二次世界大战的1942年,他们成了死敌。到了1943年,又成了朋友。1914年在第一次世界大战中,"意大利人"是"法国人"

第九章　大众与国家

的死敌,也就是说,是很久以来的"宿敌",而到了第二次世界大战的1940年,"意大利人"和"德国人"是**亲兄弟**,"有世世代代的基础"。如果到了下一次世界大战,比方说在1963年,"德国人"和"法国人"也会由"种族的宿敌"变成"种族的世世代代的朋友"。

这就是情感的瘟疫。这就像是说:16世纪出了个哥白尼,他断定地球围着太阳转;17世纪出了个哥白尼的学生,断定地球**并不**围绕太阳转,而到了18世纪,这个学生又断定地球确实围绕太阳转。然而在20世纪,天文学家们断定,哥白尼和他的学生都是正确的,因为地球围着太阳转,现在依然如此。在对付一个哥白尼时,我们准备了火刑柱。然而在对付一个政治家时,数百万人民却无所适从,一个奇迹发生了,因为这个政治家告诉人民,最不可信的胡说是真实的,他在1940年认为真实的东西恰恰是他在1939年认为不真实的。

只要旧的理论还很好地起作用,就不要提出新的理论,这是科学的规则。然而,如果旧的理论证明是不适当的或错误的,那么人们就要找出它的错误,批判它,并在新材料的基础上提出新的理点。这些自然的程序对政治家来说是陌生的。不管有多少新事实补充了旧事实,不管暴露出多少错误,旧理论继续作为**口号**而存在,而新事实则被当作虚幻之物受到掩盖或忽略。在欧洲,民主的俗套已使成千上万的人民感到失望,因而敞开了通向法西斯主义专政的道路。民主的政治家们未能返回到民主原则的出发点上,根据社会生活中发生的根本变化来纠正这些原则,使其向有益的方向发展。最近的投票是按俗套进行的,而正是这些俗套过去在欧洲被不光彩地废除了。

人们打算思索并设计一种和平制度,把它付诸于投票。显然,没等这一计划开始实施,人们就在这一制度面前退缩了。和平与人类合作的因素是在人的自然劳动关系中具体体现出来的,它们为和平保证的发展提供着基础。它们不应是"被引进的",而应是已经存在的。一个好医生不会给一个被判定有病的有机体"引进"一种"新的健康"。他寻找的那些健康因素是在生病的有机体中自发地呈现的。当他发现了它们时,他就用它们来抵制疾病。当人们通过**社会科学**,而不是用政治纲领和观念来对付生病的社会有机体时,亦是如此。唯一可行的是,发展那些呈现出来的现实的自由条件,排除阻碍这种发展的障碍。但这应该有机地来做。人们没有理由把有保证的自由强加给一个生病的社会有机体。

对大众与国家的关系的最好说明莫过于以苏联为例。其理由是:1917年社会革命的基础工作是由一种已经受10年检验的社会学理论来准备的。俄国革命运用了这种理论。成千上万的人民参加了社会大变动,经受住了社会大变动,为它而高兴并把它留传下来。在20年时间里,在这个"无产阶级国家",社会学理论和大众有什么变化呢?

如果人们严肃地关心什么是民主、它究竟是不是民主以及它如何成为现实的问题,就不能忽视苏联的发展。**克服困难**的劳动民主方式与形式的民主政治化之间的差别,非常明显地表现在各种政治和经济组织对苏联的态度上。

1936年:说出真理,但如何说、何时说?

意大利和阿比西尼亚的战争爆发了,一个接一个的事件蜂拥而来。没有人知道或能够知道在以后的几月和几年里世界会发生什么变化。有组织的工人运动没有调停这些事件。在国际上它分裂了。不管出于何种意图和目的,反正它缄默了,或者说它以非常随意的方式遵循这种或那种政治观点。应该承认,苏联在日内瓦通过利特维诺夫和约为和平作了斗争,但作为一个社会先驱,它完全失败了。新的梦想不到的灾难可能发生。人们不得不为此作好准备。从灾难中可以产生一种新的解决社会混乱的办法,但灾难也可能不留任何痕迹而消失,就像1918年和1933年德国的情况一样。人们应该确信,人们在结构上为社会大变动做了准备。人们应该特别小心,不要卷入许多混乱而矛盾的日常政治观点的绳索之中。有必要使自己摆脱日常的政治骚动,同时又同社会过程保

第九章　大众与国家

持密切接触。更重要的是在人类结构问题上多做工作。特别有必要弄清楚苏联的发展。德国、英国、美国、中国以及其他地方的亿万劳动人民紧跟着苏联迈出自己的每一步。那些通晓群众心理学的人知道，如果除了德国的灾难而外再加上对苏联的失望，那么，争取获得明确的认识将是科学地幸免于新的战争的首要先决条件。

欧洲战争，即一代人中的第二次世界大战迫在眉睫。但仍有时间思索这第二次世界大战会带来什么变化。人类思想仍有可能——即使对人类行动来说不再可能——对付新的大屠杀，了解战争精神变态，这种了解对战争贩子将是致命的。那些懂得这一点的人，渡过了一段艰苦时期，保持了自己头脑清醒和情绪稳定。但他们应该完成这一任务，因为这个在非洲开始并很快蔓延到全世界的第二次世界大战，终将不得不结束。所以，问题的答案是："处死战争贩子"和"消灭战争原因"。但没有人知道这个答案在实践中是什么样子。

显而易见，1935年苏联的发展遭受了严重厄运的打击。德国、斯堪的纳维亚各国的民主政治家尽管经常谈论这种厄运，却不力图追溯它的根源。他们未能返回到恩格斯和列宁的真正民主的努力上，更新他们关于苏维埃社会的社会学出发点的知识，并由此理解苏维埃社会以后的发展。在欧洲，不能忽视这些真正民主的先驱，正如一个真正民主的美国人不能忽视美国的宪法和像杰佛逊、林肯这样的美国先驱的基本思想一样。恩格斯是德国民主的最杰出的倡导者，就像列宁是俄国民主的最杰出的倡导者一样。他们没有落入俗套；他们进到了民主的核心。他们被人们回避了。不管是由于人们害怕被贴上共产党人的标签还是由于害怕丧失自己的学术或政治地位，反正他们被回避了。恩格斯是一个富有的工厂主，列宁是一个富有的官吏的儿子。他们是"统治阶级"的后代，他们力图从马克思主义的社会经济学（附带说，这也是在"资产阶级圈子"里产生的）中发展出一种真正民主的体系。

恩格斯和列宁的民主思想框架被忽视了。它对欧洲人的意识的要求太高了，而且正如后来所表明的那样，它对俄国政治家和社会学家的要求也是太高了。对他们来说，它是不可及的。

在 1944 年的今天，如果不回顾自然的劳动民主在恩格斯和列宁从 1850 年到 1920 年的社会政治观念中采取的形式，就不可能描述自然的劳动民主。我们还应回顾它在从 1917 年到 1923 年前后苏联早期发展阶段采取的形式。俄国革命是一次具有极其重要的社会意义的行动。正因为如此，从社会学的观点看，它持久的重要性是巨大的。对每一种真正民主的努力来说，它是一次巨大的教育。实际地说，现在不要过于指望那种对俄国反希特勒战争的英雄主义行动所抱的纯情感的同情。在 1919 年到 1923 年期间是没有这种同情的，而在 1943 年这种同情的动机也具有非常含糊的性质。它们与其说是出于达到真正民主的愿望，毋宁说是出于自私的战争利益。

以下对苏联发展的考察最早写于 1935 年。人们也许会问，它当时为什么没有发表呢？这需要作个简短的解释。在欧洲，在政党之外是不可能从事关于群众心理的实际工作的，谁要是不被政治利益吓住而从事科学考察，并作出和政党政治不一致的论断，谁就很容易被开除出组织，因而丧失同群众接触的机会。在这一点上，所有政党意见是一致的。政党不按真理，而按幻想来调整自己的方向，这些幻想通常都符合大众的非理性结构，这是政党的本性。科学的真理完全和政党政治家借助于幻想来千方百计地摆脱困难的习惯相抵触。可以肯定，从长远来看，幻想是毫无用处的，自 1938 年以来的欧洲已非常生动地证明了这一点。从长远来看，科学的真理是社会生活的唯一可靠的指导路线，但那些仅限于苏联范围的真理只不过是萌芽，还不足以激发舆论，更不用说激发大众热情了。它们不过是良心的责备。为了为第二次世界大战做准备，有必要普遍地促使人们接受事实，尤其向广大劳动人民阶层揭露一切政治的根本的非理性性质。

当人们确定一个事实时，人们不关心它是否受欢迎，只关心它是否适用。因此，人们总要和政治发生尖锐冲突，因为政治不关心

第九章 大众与国家

一个事实是否适用，只关心它同这个或那个政治集团是否相抵触。因此，科学的社会学家没有轻松的时候。一方面，他的任务是揭示并描述实际过程；另一方面，它必须同根本的社会运动保持接触。因此，在发表令人窘迫的事实材料时，他必须非常认真地考虑他的正确论述将对那些主要受政治非理性主义所影响的人民群众起什么效果。一种带有某种程度的理智性的社会科学观点，只有在它被生活中的大众自发地吸收时，它才能促成并成为社会实践。在关于社会基本必然性的合理观点能被普遍地和自发地吸收之前，过时的不利于自由的政治思想体系和制度就应该消除殆尽。但这些体系和制度的消除殆尽应该是**每一个人都能感觉到的**。例如在美国，政客的发怒和大惊小怪已使人们普遍地但不是很科学地认识到，政治家构成了社会机体上的癌变。在1935年的欧洲，人们根本没明确这种认识。政治家决定着应把什么东西当作真实的，应把什么东西当作虚假的。

通常，一种重要的社会意识早在它以有组织的形式表达和表现出来之前，就开始在人民中间具有一种或多或少明确的形式。今天，1944年，对政治的仇恨，一种建立在具体事实上的仇恨，无疑已成了普遍的。如果现在有一个社会科学家集团作出了正确的观察和概括，即明确反映着客观社会过程的观察和概括，那么，"理论"就必定和人民大众的根本感情相一致。仿佛有两个独立的过程按一个聚合方向运动，在**一点**上结合起来，而正是在这一点上社会过程及大众的意志和社会学知识**合而为一**。每一地方的重要的社会过程看起来都是如此。1776年美国从英国手中获得解放，遵循了这一过程，1917年俄国社会从沙皇国家中获得解放，也遵循了这一过程。离开了正确的社会学工作，会导致灾难性的后果。假使客观过程和大众的意志都已达到成熟的程度，但如果没有任何科学原则来使它们结合起来，这种成熟就会重新消失。1918年的德国就是这样，皇权被推翻了，但没有建立任何真正的民主。

如果科学意识的过程没有有机地从旧观点中成长起来，就像社会过程没有有机地从现实生活灾难中成长起来一样，那么，科学过程和社会过程也就不会融合成一个全新的社会秩序的统一体。我之所以说**有机地成长起来**,是因为不可能"发明"、"想出"或"设计"一种**新的**秩序。**它**应该在同人类动物生活的实践事实和理论事实的密切联系中,**有机地成长起来**。正因为如此,所有"从政治上掌握群众"、"把'革命观念'强加于群众"的企图都要失败,只会导致喧闹的和有害的发怒和大惊小怪。

对法西斯主义的特殊性质是不能用纯经济的社会生活观来解释的。对这种特殊性质的意识和对 1940 年苏联权威主义和民族主义结构的意识,在每一地方都自发地发展起来了。任何政党都对付不了它。人们普遍地、潜在地认识到,法西斯主义根本对付不了"资产阶级"的阶级统治,正如斯大林的"苏维埃民主"对付不了列宁的社会民主一样。到处都可以看到,旧的观念再也不适用于新的过程。那些直接关注人类基本生活的人,那些对生活各界和各民族的男男女女有确切认识的人,如医生和教育者,不容易被政治口号所迷惑。那些一直是非政治的并唯一为自己的工作而生活的人,处于一种特别好的地位。正是欧洲的这些"非政治的"各界人士,这些完全专注于自己的工作的男男女女,容易接受重要的社会见解;而那些在这一或那一时期在经济上和政治上同这一或那一政党机构保持一致的人,是僵化的,不容易接受各种新见解。一般说来,他们以非理性的仇视态度来维护自己,仇视各种揭示权威主义、"极权主义"、专制的政权的新现象的尝试。如果人们还考虑到,一切政党组织,不管倾向如何,都有一种纯经济倾向,而专制者却不把自己的政策建立在经济过程上,而是建立在大众的非理性态度上,那么,人们就容易理解,一个在大众心理学领域里工作的社会科学家不得不极其小心谨慎地行事。他所能做的一切是凭良心来记录社会发展是在证实还是在驳斥他的生物心理学见解。**社会发展证实了这些**见解!许多医生、教育工作者、作家、社会工作者、青少年、产业工人等,越来越深信不疑,政治非理性主义总有一天会死亡,自然的劳动、爱情和知识的要求将成为群众意识和群众行动的一部分,将不需要靠宣传运动来兜售理论。然而,我们不可

第九章 大众与国家

能知道,在劳苦大众生活的自然感情克服政治非理性主义之前,政治非理性主义会造成多大灾难,用多长时间它才会因自己的行为被阻止。

继1933年德国的灾难之后,苏联迅速倒退到权威主义和民族主义的社会领导形式。相当多的科学家、记者和工人职员清楚,它是向"民族主义"倒退。但不清楚的是,它是不是**步法西斯主义后尘**的民族主义。

像"资本主义"一词一样,"法西斯主义"一词不是一个滥用的词。它是一个概念,意指一种非常确定的大众领导和大众影响:权威主义的一党制,因而是极权主义的。它是一种重权力而不怎么重客观利益的制度,而且为了政治目的而歪曲事实。因此,有"法西斯主义的民主党人",也有"法西斯主义的犹太人"。

如果有人在当时发表这样的见解,苏联政府就会把他们当作"反革命倾向"和"托洛茨基的法西斯主义"的例子。苏联人民群众仍然具有1917年革命的动力。他们的物质状况在改善,根本没有失业问题。人们享有向每一个人推荐的体育运动、剧院、文学等等。经历过德国灾难的人知道,这些所谓的人民的文化享受根本说明不了该社会的性质和发展。一句话,它们没有告诉我们任何关于苏联社会的东西。看电影、上剧院、读书、搞体育运动、刷牙和上学,当然是重要的,但它们并不构成一个专制国家和一个真正民主的社会之间的区别。在专制国家和真正民主的社会里都"享受文化"。社会党人和共产党人的一个典型的根本错误是把公寓、公共运输系统或新学校赞颂为"社会主义的"成就。公寓、公共运输和学校可以告诉我们有关一个社会的技术发展的某种情况。**它们没有告诉我这个社会的成员是被压迫的臣民还是自由的工人,他们是有理性的男女还是非理性的男女。**

既然苏联人把每一种技术发明都当作"共产主义特有的"成就来颂扬,那么苏联人民就得到这样一种印象,这些东西在资本主义国家里是不存在的。因此,人民也就不可能理解苏维埃民主向民族主义的退化,或切身意识到这种退化。大众心理学的一个基本信念是,它并不因为一种东西是真理就宣称它为"客观的真理"。它首先要问普通劳动人民将对一种客观过程如何反应。

这种方式会自动地排除政治的滥用。也就是说,如果某人觉得他发现了一个真理,他就有义务等待它在客观上独立地表现出来。如果没有出现这种表现,那么,他的真理就根本不是真理,它仍不过是一种潜在的可能性。

欧洲和别的地方紧跟着苏联的灾难性倒退。因此,我把关于"大众与国家"的关系的考察印了大约100个副本送给欧洲、苏联和美国的从事性经济和大众心理学的各种朋友。我在1929年预言,苏维埃民主会退化成一种极权主义专政,我依据的事实是,苏联的性革命不仅受到阻碍,甚至被有意压制[①]。**众所周知,性压制会使群众机械化并奴役群众**。因此,凡在我们碰到对儿童和青少年的性生活进行权威主义和道德主义压制,即进行受法律支持的压制的地方,我们可以确定地推断,在这种社会发展中有强烈的权威主义专制的趋势,不管统治的政治家使用什么口号。相反,凡在我们碰到重要的社会制度对儿童和青少年的性生活持同情的肯定的态度的地方,我们可以推断出有真正民主的社会趋势,但只是就这些态度表现的程度而言。因此,早在1929年,当反动的性态度在苏联越来越盛行时,人们有理由作出结论说,在社会领导中正出现一种权威主义的专制的发展。我在《性革命》中非常彻底地考察了这一点。从1934年开始通过的官方法律,即重新制定的反动的性法律,证实了我的预言。

当时我不知道在美国已出现了对性经济问题的新态度。这种态度后来推进了对性经济的认可。

我再次要求那些得到我这本非正式的小册子副本的朋友,认真思考一下这个小册子,如果他们大致认可它,就把它转给附近的其他社会学家,以便使这些社会学家能够了解苏联发展中的矛盾。无论如何,这本小册子的内容没有在报纸上发表或在群众会议上

---

① 参见赖希《性革命》。

第九章 大众与国家

宣读过。事件本身将决定它何时公开讨论。在 1935 年到 1939 年期间，越来越多的重要的社会学学派从大众心理学的角度理解了苏联向权威主义形式退化的原因。这种理解取代了人们对这种"倒退"无益的愤慨。人们开始懂得，苏联的**进一步发展是建立在人民群众渴望权威的心理结构上的，而苏联领导却不关心这一事实**。这是一个非常重要的见解。

"人民大众中发生了什么？"

"**如何**"建立一种新社会秩序的问题，是和**广大群众**，即非政治的、受非理性影响的劳动人民的性格结构问题完全一致的。因此，一场真正的社会革命的失败，从根本上说是人民大众的失败：尽管他们有时在社会框架中成功地破坏了政治反动的意识形态和生活方式，但在他们自身的结构中，因而在每一新一代中再生了这种意识形态和这些生活方式。此时既没有提出，也没有理解"**广大非政治的人民群众如何思考、感觉和反应**"的问题。因此，几乎不可能以实践的方式来把握它：这造成了严重的混乱。在 1935 年萨尔举行的公民投票场合下，维也纳社会学家威利·施拉姆写道：

> 事实上，那个能使我们感受到社会大众为了靠自己的力量改进社会而受理性、受对自己生活状况的认识所指导的时代，已经过去了。事实上，大众具有塑造社会的作用的日子已经过去了。业已证明，大众是完全被塑造的，他们是无意识的，可以适应任何一种有权或无权现象。他们没有任何历史使命：在 20 世纪，在这个坦克和无线电的世纪，他们没有任何使命——大众已被排除在社会形成过程之外。

施拉姆是正确的，但也是拿不出果实的。他没有问大众的这种态度是如何产生的，它是内在固有的还是可以改变的。如果我对他没有理解错的话，即使部分说来，他也不抱任何希望。

应该明确地认识到,这些观察不仅是不流行的,而且经常是极其危险的,因为在那些还不是法西斯主义的国家里,社会民主党和自由党恰恰在幻想,这些群众实际上是自由的和自由主义的,只要那些可恶的希特勒们不存在,地上的天堂是有保证的。正如私下和公开的讨论一再表明的那样,社会民主党和共产党的政治家根本没有理解这样一个简单的事实:大众由于他们长达一个世纪的压抑,不可能是自由的。他们不仅不愿意承认这一事实,而且在提到这一事实时还经常作出不安和威胁的反应。然而,俄国自1917年以来在国际政治领域里发生的每一件事情,都证明了大众不可能自由这一断言的正确性。没有这种见解,就根本不可能理解法西斯主义的洪水。

在1930年到1933年期间,我对真实事态的认识越来越清晰了,我发现自己同善良的自由主义、社会主义和共产主义政治家发生了严重冲突。然而,发表我的观点的时机似乎成熟了,所以在1933年我写了本书第一版。在一个题为《什么是阶级意识?》的小册子里,恩斯特·帕雷尔阐明了我对社会主义政治的看法。

实际上,我的诊断很容易使人们感到绝望,因为如果一切社会事件都取决于大众的结构和行为,如果大众的确不能够自由,那么,法西斯主义专政的胜利就是确定无疑的了。但这种诊断不是绝对的,不是没有潜在含意的。它可以被两个附带的考虑根本改变:

1. **人民大众无能力自由不是内在固有的。人民并非永远无能力自由。因此,从根本上说,他们可以成为有能力自由的。**

2. 正如性经济社会学借助于治疗经验所彻底证明的那样,**对幼儿、青少年和成人的生殖器性活动的社会压抑,是使人民大众无能力自由的机制。**这种压抑不是万物自然秩序的一部分。它是作为父权制的一部分而发展起来的,因此从根本上说,可以被消除。总之,如果对群众的自然性活动的社会压抑能被消除,如果这种压抑是无能力自由的性格结构的核心机制,那么结论将决非是没有希望的。为了给社会清理道路,就要把握我们叫作"情感瘟疫"的

第九章　大众与国家

一切社会条件。

施拉姆的错误,以及其他许多社会学家的错误在于,在他们证实人民群众无能力自由这一事实时,他们未能从他们非常熟悉的性经济社会学中得出实际的结论,并倡导这些结论。特别是埃里希·弗洛姆①,后来完全无视人民群众的性问题及其同畏惧自由和渴望权威的联系。② 我对此一直不能理解,因为我没有任何理由怀疑弗洛姆的立场基本上是诚实的。但性否定在社会和个人生活中打出了许多不容易被合理理解的牌。

读者将注意到,着重点已从对政治和经济因素的社会学考察完全转向了对大众心理、性经济和性格结构的因素的考察。关于人民大众无能力自由,关于对自然的性活动的压抑是产生性格禁锢的主要机制的诊断,尤其是关于责任从个别组织或政治家向无能力自由的群众转移的诊断,是思想上,因而也是对社会问题的实际解决上的巨大调整。人们更可以理解各种政党无休止的抱怨:"至今还没有成功地影响劳动群众。"人们理解了大众为什么"是完全被塑造的,他们是无意识的,可以适应任何一种有权或无权现象"。尤其是,人们理解了法西斯主义是靠种族主义来麻醉群众的。人们理解了那些带有纯经济倾向的社会学家和政治家的束手无策和软弱无力,理解了他们面对 20 世纪上半叶的灾难事件而无能为力。现在可以把每一种政治反动形式都追溯到情感瘟疫上,因为自权威主义父权制侵入以来这种瘟疫日益在人民大众的结构中固定下来。

现在,真正民主的革命运动的唯一任务是指导(而不是自上而下地"领导")那些因几千年来基本生活的压抑而变得冷淡、无辨别力、生物病态和奴性化的人类群众,指导他们直接意识到每一种压抑,学会**迅速地**、**最终地**、**一劳永逸地**摆脱各种压抑。防止神经病

---

① 在他的著作《权威与家庭》和《逃避自由》中。
② 以前他曾在《社会研究杂志》上发表了一篇对《性道德的开始》的称赞性评论。该书研究原始社会性道德的侵入和性格奴役的侵入。

要比治疗神经病容易些。保持有机体健康要比消除有机体的疾病容易些。使社会有机体摆脱专制制度也比消灭专制制度容易些。真正的民主指导的任务是使群众超越现在的自身。但只有当人民大众在自身的行列中产生一些社会组织,这些组织不是同外交家在政治代数学上竞争,而是为人民大众思考和计算人民群众由于自己的不幸、缺乏训练、受元首思想和非理性主义瘟疫束缚而不能亲自思考和计算的东西时,人民群众才能超越自身。**一句话,我们使人民群众为每一社会进程负起责任**。我们要求他们负起责任,我们反对他们不负责任。我们把过失归于他们,但我们不像控告罪犯那样来控告他们。

对一种新的真正的社会秩序来说,单是消灭专制的权威主义社会制度是不够的。对它来说,还有比建立新制度更重要的东西,因为,如果在**人民大众**的性格结构中固定下来的权威主义的绝对主义没有通过教育和社会卫生而被清除,这些新制度还会不可避免地退化成专制的权威主义的形式。并非是我们一边有革命的天使,另一边有反动的恶魔、贪婪的资本家和慷慨的工人相对立。如果社会学和大众心理学想具有一种真正科学的实践功能,就必须尽一切努力使自己摆脱非黑即白的政治观察方式。它们应深入到以权威主义方式产生的人的矛盾性质核心之中,帮助查出、说出并清除掉劳动人民群众的行为和结构中的政治反动因素。应该特别强调,这些真正的社会学家和大众心理学家应该**把自身排除**在这一过程之外。现在人们已经明白,**生产的国有化或社会化本身不能使人类奴役起哪怕最微小的变化**。一个人买一块地皮来建造一所他生活和工作的房屋,这块地皮只是生活和工作的一个先决条件,不是这种生活和工作本身。把一个社会的经济过程当作人类动物社会的生物—社会过程的本质,无异于把这块地皮和这所房屋同抚养孩子等同起来,或把卫生和工作同跳舞和音乐等同起来。但正是这种纯经济的生活观(列宁甚至在他那时就强烈反对这种观点),迫使苏联倒退到权威主义形式。

苏联引入的经济过程也有可能改变人民的状况——这是1920

第九章　大众与国家

年前后的期望。诚然,扫除文盲并把一个农业国改造成一个工业国,是巨大的成就,但不能被吹成是社会主义特有的成就,因为超资本主义的政府也以同样的方式而且经常更大范围地取得这些成就。

自1917年以来,大众心理学的基本问题一直是:从俄国1917年的社会大变动中出现的文化是否将产生一种人类共同体,这种共同体**从根本上**和本质上不同于被推翻的沙皇权威主义社会秩序?俄国社会的新社会经济秩序是否将在人的性格结构中再产生出来,它将如何再产生出来?新的"苏联人"能不能是自由的、非权威主义的、有理性的、自治的,他能不能把这些能力传给他的孩子?以此方式在人类结构中发展起来的自由,能不能使各种权威主义的社会领导成为不必要的,甚至成为不可能的?苏联是不是存在着权威主义专制制度,这应是判断苏联人发展的性质的明确标准。

可以理解,整个世界以紧张的期待之情注视着苏联的发展——在世界的某些地区是忧心忡忡,在别的地方则是欢欣鼓舞。但总的说来,对苏联的态度是完全非理性的。不论是对苏联制度的维护还是对它的攻击,都是不加批判地。有一些知识分子团体采取的立场是:"苏联也有一两件可夸耀的东西。"这听起来就像是希特勒分子说"也有正派的犹太人"一样。这些情感判断既无意义,又无价值。一句话,它们是不结果实的。苏联领导人有理由抱怨,人们的确没有实际地为俄国社会做任何事情,只是对它吹毛求疵而已。

理性的进步的社会发展力量同反动的阻碍和倒退力量的斗争在继续着。由于马克思、恩格斯和列宁的努力,向前发展的经济条件明显比那些作为刹车闸的力量得到了更好的理解。没有人想到提出**群众的非理性主义**的问题。因此,初期大有希望的向自由的发展,停顿下来了,然后又向权威主义形式倒退。

理解这种倒退的机制,比起像欧洲各国共产党那样否认这种机制,更有意义。这些共产党虔诚地、狂热地和盲从地维护在苏联发生的每一件事情,使自身丧失了**解决**社会困难的各种实际能力。可以肯定,长远来看,对人类性格结构的非理性矛盾作出自然的科学阐释,比愚蠢地空嚷拯救更有利于苏联的发展。这种科学的方式也许是不愉快的和痛苦的,但实际上它是由更深刻的友谊感情而不是由政治口号激发的。那些从事日常实际工作的苏联人非常清楚这一点。我只能证实,在当时性经济的医生和教育工作者像苏维埃制度的战士一样是持关心态度的。

这种关心肯定是有理由的。在工厂里,权威主义的"负责任的"经理取代了起初的"三结合领导"和民主经济生产的建议者。

在学校里,最初的自治尝试(多尔顿计划等)失败了;不管怎样用形式上的学生组织来伪装,都重新引入了旧的权威主义的学校管理。

在军队里,严格的军衔等级制取代了最初的直接的民主的军官制度。而起初,"苏联元帅"是一种不可思议的发明,是一种危险的东西,它使人联想到"沙皇"和"德皇"。

向权威主义和道德主义观点和法律的种种倒退迹象,在性经济社会学领域搜集起来。我在1936年的《文化斗争中的性活动》[①]一书第二部分对此作了彻底描述。

在人类交往中,猜疑、玩世不恭、搞诡计和拜占庭式的服从越来越流行。如果说在1929年普通苏联人的气质充满了为五年计划而献身的精神并对革命的成功满怀希望,那么,在1935年人民的感情和思维中就明显有一种推诿、不稳定和为难的波动。人们感受到了玩世不恭、失望和某种"世俗的狡猾",而这些是同严肃的社会目的不相容的。

不仅苏联的文化革命失败了,而且在几年时间里文化过程中的这种倒退也窒息了整个世界的热情和希望。

如果发生了一种社会的倒退,这不是社会领导的过错。但如果这种社会领导(1)极力把这种倒退吹成进步,(2)自称是世界的拯救者,(3)枪毙那些要他记住自己的义务的人,那么这种社会领导就加剧了这种倒退。

---

① 英文版以《性革命》为名发表。

第九章 大众与国家

或迟或早他将不得不让位于一种不同的社会领导，即坚持社会发展的普遍有效原则的社会领导。

"社会主义向往"

早在对社会主义的社会先决条件有科学认识之前，就有了社会主义运动和社会主义向往。被剥夺者反对压迫者的斗争，几千年来一直不断。正是这些斗争提供了关于被压迫者的自由渴望的科学认识，而不是相反，像法西斯主义人物认为的那样。不能否认，恰恰是在从 1918 年到 1938 年这个具有极其重要的社会意义的时期，社会主义者遭受了非常严重的失败。恰恰是在一个应该为社会主义自由运动的成熟性和合理性提出活生生的证据的时期，工人运动分裂了，成了官僚的，越来越脱离它最初由之产生的对自由和真理的渴望。

亿万人的社会主义向往是摆脱**各种**压迫形式的强烈欲望。但**这种强烈的自由欲望伴随有责任畏惧，因而是以妥协的形式出现的**。人民群众对社会责任的畏惧，使社会主义运动进入了**政治**领域。然而，卡尔·马克思制定了社会独立的经济条件，在他的科学的社会学中我们发现根本没有提到**国家**是社会主义自由的目标。"社会主义的"国家是政党官僚的一种发明。现在，"国家"被认为带来了自由。你们看，带来自由的**不是人民大众，而是国家**。下面我想表明，社会主义的国家观念不仅同以前的社会主义者毫无关系，而且恰恰相反，代表了对社会主义运动的歪曲。不管它是多么无意识地产生出来的，这种歪曲应归因于人民群众**结构上的束手无策**，尽管人民大众充满了强烈的自由欲望。人民大众一方面强烈地渴望自由，另一方面在性格结构上害怕承担自治责任，这种状况在苏联产生了一种国家形式。这种国家形式越来越不符合共产党人最初的纲领，最终采取了一种权威主义、极权主义和专制的形式。

让我们勾画一下最重要的社会自由运动的基本的社会主义

特点。

人们经常恰当地把早期基督教运动叫做"社会主义的"。社会主义的奠基人也把古代奴隶造反和中世纪农民战争视为19和20世纪社会主义运动的先驱。由于缺乏工业条件的发展和国际交往手段,也由于缺乏社会学理论,这些造反和战争没有成功。根据社会主义奠基人的社会学,"社会主义"只有在**国际**规模上才是可思议的。民族的甚至民族主义的社会主义(国家社会主义=法西斯主义)是社会学的胡言乱语。在这个词的最严格意义上,它是一种群众蒙蔽。不妨想象一下,一个医生找到了一种药物来抵制某种疾病,把这种药物叫做"血清"。现在来了一个奸商,他想利用人民的疾病赚钱。他调制了一种造成这种疾病的毒药,而这种毒药又唤起人们重新恢复健康的强烈欲望,他把这种毒药叫作"良药"。这个奸商就是那个医生的民族社会主义继承人,如同希特勒、墨索里尼和斯大林是卡尔·马克思的国际社会主义的民族社会主义继承人一样。

正确地说,这个想在疾病上发财的奸商应该把他的毒药叫做"毒素"。但他却把它叫做"血清",因为他非常清楚他的毒素作为药是卖不掉的。"社会的"和"社会主义的"语词也是这样。

那些曾具有非常确定的意义的语词,如果被任意地使用,就会导致无可挽回的混乱。"社会主义"这一概念同"国际的"概念有不可分割的联系。社会主义的理论以一定程度的国际经济成熟为前提。帝国主义争夺市场、自然资源和权力中心的斗争,不能不带有掠夺性战争的特点。经济无政府状态不能不成为社会生产力进一步发展的主要障碍。经济的混乱将对每一个人来说都是显而易见的,例如,销毁过剩商品以阻止价格急剧下跌,而人民大众却忍饥挨饿。私人对集体产品的占有,不能不同社会需要发生尖锐冲突。国际贸易不能不开始感到,民族国家的关税限制和市场原则是不可克服的障碍。

自1918年以来,全球居民的国际态度和倾向已明显有了客观的社会经济前提。飞机缩短了各民族之间的距离,并沟通了以前

第九章　大众与国家

在文明程度上有着相当于几千年差异的地区。国际交通日渐迅速地发展起来，开始消除前几个世纪的文明裂痕。19世纪的阿拉伯人和英国人之间的裂痕不知要比20世纪中期的阿拉伯人和英国人之间的裂痕大多少倍。资本主义的冒险家受到了越来越多的约束。一句话，国际主义的社会经济前提飞跃地增长起来。[①] 然而，**人的结构和意识形态并没有随着这种国际主义的经济成熟而相应发展**。尽管国际主义的观念继续沿着经济路线发展，但它在人的结构和意识形态上几乎没有什么进展。这不仅表现在工人运动中，而且也表现在欧洲的**民族主义**独裁者的发展中，如德国的希特勒、意大利的墨索里尼、法国的多里奥和拉瓦尔、俄国的斯大林、芬兰的曼纳海姆、匈牙利的霍尔蒂，等等。没有人能够预料到社会经济进步同人的结构上的倒退之间的这种分离。工人国际向沙文主义的民族社会主义的堕落，甚于过去一直是**国际性的**旧自由运动的崩溃。它是被压迫社会阶层中间巨大规模的情感瘟疫的前所未有的爆发，而以前被压迫社会阶层的伟大心灵曾希望他们有一天会在世界上创造一种新秩序。这种"民族社会主义"堕落的最低点是美国的白人工人对黑人工人所抱的种族仇恨，以及一切社会政治的首创精神和大联合前景的丧失。当自由观念被军士们的精神所利用时，自由也就陷入困境之中。旧的残忍的非正义，向那些只有自己的劳动力可出卖的群众进行了报复。掌权的资本家的无耻剥削和不负责任，像飞镖一样投出后又返回来了。既然国际主义的观念未能在人的结构中扎下根，那么民族社会主义就利用对国际社会主义的强烈欲望，先发制人地占了上风。在那些由被压迫等级中提拔起来的"军士们"的领导下，国际社会主义运动分裂成局限于民族的、孤立的、互相敌视的群众运动，这些运动仅仅**给人以革命的外观**。为了使事态恶化，一些完全民族主义的运动成了国际运动，这无疑是由于其追随者过去的国际主义倾向的结果。意大利和德国的国家社会主义成了国际法西斯主义。按这个词的

---

① 这一过程因第二次世界大战而大大加速了。

严格意义,它在国际的规模上以一种反常的"民族主义的国际主义"形式吸引了群众。以这种形式,它粉碎了西班牙和奥地利的真正民主的起义。那些和人民群众相脱离的真正革命者的英勇战斗(1934—1936)成了又一次塞莫皮莱战斗。①

在所有这一切中明显表现出来了群众结构的非理性主义以及一般的政治。有几年,德国工人群众曾抵制革命国际主义的纲领。然而,从1933年开始,他们遭受了一场真正的社会革命所要承受的痛苦,却没有享受到这场社会革命会给他们带来的一丝成果。他们完全欺骗了自己,并被他们自己的非理性主义,即被他们对社会责任的畏惧所击败。

这些事实是很难理解的。然而,不管它们看起来多么不可思议,我们还应作出真诚的努力来理解它们。

自美国参加第二次世界大战以来,一种国际的普遍的人类倾向已有了越来越广泛的基础。然而,令人担心的是,如果负有责任的社会学家和心理学家未能**尽早地**摆脱他们夸张的学术主义,未能积极参加事件过程并作出真诚的努力来帮助澄清事件,那么迟早有一天会产生甚至更狂热的非理性的大众反应,更致命的社会灾难。在社会学的探索方式上已有了一种从经济学向**人民大众结构**的根本转变。我们不再探询劳动民主的国际主义的经济前提是否已经成熟。现在我们面临的是一个更重大的问题:**如果具有了充分成熟的国际的社会经济条件,那么,还会有什么样的障碍阻止国际主义观念在人的结构和意识形态中扎下根来并发展起来?如何不算太晚地克服大众的无社会责任心和权威癖好?**可以正确地说,在这第二次国际战争中,占据生死攸关地位的问题是意识形态问题,而不是经济问题。如何防止这次战争堕落成一种新的甚至更残忍、更致命的沙文主义的和法西斯主义专制的民族主义呢?政治反动势力以性格盔甲、畏惧责任、无能力自由为形式,而且同

---

① 塞莫皮莱是希腊东部一山隘,公元前480年斯巴达军队在此处为波斯军所歼灭。——译者注

第九章 大众与国家

样重要的是,作为一种摧残生物功能的流行病,存活在人类结构中和被压迫大众的思维和行动中,并在其中起作用。这些都是重大的事实。未来几个世纪的命运取决于我们有无能力以自然的科学方式来对付它们。各主要学派都有重大的责任。靠政治空谈和仪式,根本解决不了这样的决定性的任务。我们的基本口号"够了!不要更多的政治!要触及最根本的社会问题!"不是玩弄词句。最令人惊愕的事实是,世界的20亿人口并没有集合起消灭一小撮压迫者和变态的战争贩子的能量。由于人们对如何才能最好地达到自由而又不直接造成人类结构及其社会制度的痛苦调整问题众说纷纭,人的强烈的自由欲望未能成为一种现实。

无政府主义者(即工团主义者)极力想达到社会自治,但他们拒不承认人类无能力自由这一重大问题,他们反对对社会发展的任何指导。他们是空想主义者,他们在西班牙垮台了。他们只看到了强烈的自由欲望,但他们把这种强烈的欲望同实际的**能自由**的能力和摆脱权威主义的领导而工作生活的能力混为一谈。他们反对政党制度,但他们又说不清楚被奴役的人民群众怎样学会自己管理自己的生活。单是仇恨国家不会有更多的结果。裸体营[①]也不会带来更多的东西。真正的问题更深刻、更严肃。

国际基督教徒宣扬和平、博爱、同情、互助。在意识形态上他们是反资本主义的,他们从国际角度来设想人类存在。他们的观念基本上符合国际社会主义,例如在奥地利,他们自称是**基督教社会主义者**。然而,具体地说,他们反对而且继续反对社会发展的每一步,而这种社会发展恰恰趋向的是他们作为自己的理想来宣扬的目标。特别是天主教的基督教,早就丧失了最初的基督教运动的革命的即**造反**的特点。它诱使它的几百万信徒承认战争是命运的安排,是"对原罪的惩罚"。战争的确是罪恶的结果,但这种罪恶完全不同于天主教所想象的原罪。对天主教徒来说,和平只有在天堂里才可能存在。天主教会要求人们忍受现世的痛苦,因而系

[①] 裸体主义者实行其主张的场所。——译者注

统地毁灭了人达到自由目标、以真诚的方式为自由目标而战斗的能力。当它的主要教会,即希腊正教教会遭到轰炸时,它并不抗议;但当炸弹落在罗马时,它却强求于上帝和文化。天主教造成了人民群众结构上的无能,结果在他们遭受不幸时,他们不是信赖自己的力量和自信心,而是求助于上帝。天主教使人类结构既失去了能力也害怕快乐。由此而产生一大批性虐待狂。德国的天主教徒赐福于德国的武器,美国的天主教徒赐福于美国的武器。同一个上帝领导着两个死对头都去争取战争的胜利。这种非理性的荒谬性再明显不过了。

社会民主党,效仿伯恩斯坦来采纳马克思的社会学,但在大众结构问题上也失败了。它像基督教和无政府主义一样,靠大众在追求幸福和不负责任之间的妥协来生存。因此,它向大众提供了一种模糊的意识形态,一种"社会主义教育",而这种教育的基础不是有力地、真正解决具体的生活任务。他们**梦想**社会民主,但他们不理解人民大众的结构必须发生根本变化才能够是社会民主的,才能够以"社会民主的"方式生活。在现实实践中,它丝毫没有表明,公共学校、中等专业学校、幼儿园等等应在自我管理的基础上起作用。而且,它也没有认识到,应该尖锐而客观地反对各种反动的倾向——包括**本阵营内的那些反动倾向**,最后必须使"自由"一词具有实现社会民主的具体内容。更切合实际的是,在掌权时要利用一切力量反对法西斯主义反动势力,而不要等到丢了权之后才鼓励这样做。在欧洲许多国家里,社会民主党曾经有必要的权力来废除人内心和外在的父权制权力。这种父权制权力是在几千年里积累起来的,最后在法西斯主义意识形态中获得了它最血腥的胜利。

社会民主党犯的一个致命错误是,它假定那些因几千年的父权制权力而致残的人,无需任何进一步的准备,就有民主的能力,就能管理自己。它道貌岸然地反对那些为理解人的复杂结构所做的十分科学的努力,如弗洛伊德的努力。因此,它不得不在自己的队伍内采取专制的形式,并在队伍外进行妥协。我们可以对妥协作

第九章 大众与国家

善良的理解，认为应该理解别人、反对者的观点，如果别人的观点比自己的观点强，就赞同别人的观点；但那些由于害怕突然发生对抗而牺牲原则的妥协，则是没有任何道理的。在后一种妥协中，妥协者经常做出草率的努力来和那些大搞谋杀的死敌"融洽相处"。在社会主义阵营中不乏这种十足的宫廷管家。

在意识形态上，社会民主党是激进的；在现实实践中，它是保守的。"殿下和阁下的社会主义反对派"之类的话就表明了它的立场经常是多么荒谬可笑。无须深思便可看出，它帮助了法西斯主义，因为大众的法西斯主义不过是失望的激进主义加民族主义的"小资产阶级主义"。社会民主党建立在群众的矛盾结构上，但它并没有理解这种结构。

不能否认欧洲的**资产阶级政府**具有一种民主倾向，但在实践上它们是保守的行政机关，不愿意根据基本的科学知识做出自由努力。资本主义市场经济和利润利益的巨大影响远远超出了所有别的利益。欧洲资产阶级失去了它们在1848年最初具有的革命特点，比基督教失去自己的革命特点更迅速、更彻底。自由的措施是一种礼仪，是人们毕竟有"民主"的保证书。这些政府都没有说明被奴役的人民群众如何摆脱自己盲目接受和渴望权威的状况。它们手中握有一切权力，但社会的自我管理和自我调节仍是一本盖有七个印章的书。在这些政府的圈子里，甚至不可能提出基本的问题，即群众的性问题。把奥地利多尔福斯政府颂扬为民主行政管理的一种模式，完全是缺乏社会意识。

那些从欧洲的资产阶级革命中产生的强大的资本家，手中握有很大的权力。他们可以决定谁来执政。基本上，他们的行为是目光短浅的、自我毁灭的。凭着他们的权力和资料，他们能刺激人类社会取得前所未有的社会成就。我指的不是建造宫殿、教堂、博物馆和剧院。我指的是**他们的文化观的实际实现**。他们完全疏远了那些只有一种商品，即劳动力可出卖的人。他们从心底蔑视"人民"。他们是可怜的、受限制的玩世不恭的、傲慢的、贪婪的，而且经常是不讲道德的。在德国，他们帮助希特勒夺取了政权。他们证明自己完全不配社会曾委以他们的角色。他们滥用了他们的角色，而不是用来指导和教育人民群众。他们甚至不能制止那些威胁着他们自己的文化体系的危险。作为一个社会阶级，他们越来越堕落了。就他们本身熟悉劳动和生产过程而言，他们了解民主自由运动。但他们根本不帮助这些运动。他们鼓励的是出风头，而不是知识。封建领主一度鼓励艺术和科学，他们后来被资产阶级推翻了。但资产阶级的资本家对艺术和科学的客观兴趣，比显赫贵族对艺术和科学的客观兴趣，要少得多。在1848年，资产阶级的资本家的儿子尚能在街垒中洒热血，为民主理想而战斗，而1920年到1930年资产阶级的资本家的儿子却利用大学讲坛嘲笑民主的示威运动。后来，他们成了法西斯主义的沙文主义的精锐部队。诚然，他们起了从经济上打开世界的作用，但又用关税制度窒息了这些成就，他们根本不注意如何对待从经济成就中产生的国际主义。他们迅速老化，而且作为一个社会阶级，他们行将就木。

我对所谓经济巨头的这种评价，并不是出于一种意识形态。我来自这些集团，我非常熟悉它们。我为自己摆脱了它们的影响而感到高兴。

法西斯主义一方面产生于社会民主党的保守主义，另一方面来自资本家的头脑狭隘和老化。它不是在实践上，而只是**在意识形态上**体现了它的先辈曾提倡的理想（这是唯一和那些其心理结构充满了幻想和人民群众有关的事情）。它包括了最野蛮的政治反动，这种政治反动在中世纪曾蹂躏了人类生活和财产。它以神秘的残忍方式助长了所谓的本国传统，而这种传统同一个人对自己祖国的真正感情和对土地的依恋之情没有任何关系。它自称是"社会主义的"和"革命的"，接替社会主义者起他们未起到的作用。它通过支配工业巨头，接替了资本主义。从此时起，"社会主义"事业便委托给了上帝派来的威力无比的元首。元首意识形态以前是靠权威主义学校而埋在人的结构中并被教会和强制性家庭所培育的，现在人民群众的无力和无能又加强了这种元首意识形态。由

第九章 大众与国家

上帝派来的威力无比的元首"拯救"民族,这完全符合群众对拯救的强烈欲望。群众不能想象自己具有别的天性,他们的屈从结构渴望吸收关于人的不变性和"人类自然地分化成少数领导者和多数被领导者"的观念。于是,责任交给了一个强者手中。在法西斯主义或别的鼓励法西斯主义的地方,这种法西斯主义的元首意识形态依赖于关于人的不变本性和神秘世袭观念,依赖于人民群众的无能、渴望权威和无能力自由。即使这种"人需要领导和纪律"、"权威和秩序"公式可以用人目前的反社会结构来证明合理,那种想使这种结构内在化并将其视为不变的企图,也是反动的。这种法西斯主义意识形态有最好的意图。那些不承认这种主观真诚性的人,就根本理解不了法西斯主义及其对大众的吸引力。既然从来没有提出、讨论或把握人类结构的问题,那么,非权威主义的自我调节的社会也就被视为空想的和乌托邦的了。

正是在从1850年到1917年这段时期,俄国革命奠基人的批判性和建设性政策有了一个开端。列宁的立场是:社会民主党失败了;大众不能靠自己的意志自发地取得自由。他们需要一种领导关系,这种领导关系是按等级线索建立起来并在表面上权威地行事的,但同时内在地具有一种严格的民主结构。列宁的共产主义总是意识到自己的任务:"无产阶级专政"是从权威主义社会走向既不需要警察力量也不需要强制性道德的非权威主义的自我调节的社会秩序的社会形式。

从根本上说,1917年的俄国革命是一种政治—意识形态的革命,而不是纯社会的革命。它依据的政治观念是来自政治学和经济学的,而不是来自关于人的科学的。我们应该彻底弄懂列宁的社会学理论及其成就,以便理解那些后来使得俄国群众领导关系的权威主义的极权主义技术成为可能的弱点。有必要强调,俄国革命的奠基人根本没有关于人民群众的生物病态性质的暗示。但是,任何有理性的人也都不要指望,社会和个人自由在革命思想家和政治家的抽屉里是现成的。每一种新的社会努力都是建立在早期社会学家和革命领导人的错误和忽视上的。列宁的"无产阶级专政"理论包含着一些建立真正的社会民主的前提,但决没有包含所有前提。它追求一种自治的人类社会的目标。它认为,没有按等级线条建立的组织,当代人就不可能实现社会革命;没有权威主义的纪律和忠诚,就不可能完成伟大的社会任务。正如列宁所设想的那样,无产阶级专政应成为为了**废除各种权威**而创造的权威。从一开始,它就不同于法西斯主义的专政思想,因为它把**彻底破坏自身作为自己的任务**,也就是说,**把用社会自我管理来取代权威主义政府作为自己的任务**。

除了为社会民主建立经济前提而外,无产阶级专政的另一个任务是靠生产和商业的完全工业化和技术化来使人的结构发生根本变化。即使列宁本人没有用这样的语句说,但是使人的结构发生根本变化也是他的社会学理论的一个本质组成部分。根据列宁的观点,社会革命的任务不仅是消除奴役的表面形态和现实条件,而且根本上说,也是**使男人和妇女不受剥削**。

时间证明,创造社会民主的经济前提,与使群众的性格结构发生彻底变化的任务相比,是一件小事。为了理解法西斯主义的胜利和苏联民族主义的发展,人们首先应该懂得这个问题的极其重要性。

列宁的纲领的**第一个**行动,即建立"无产阶级专政",是一个成功。产生出来的国家机构完全由工人和农民的儿子组成。以前的封建阶级和上层阶级的后代被排除出去了。

第二个而且也是最重要的行动,即用社会的**自我管理来取代无产阶级国家机构,却未能实现**。在1944年,即俄国革命胜利后的27年,仍然没有任何迹象表明完成了第二个真正民主的革命行动。俄国人民被一种专制的一党制所统治,而位于这一党制顶端的是一个权威主义的元首。

这是怎么回事呢?是斯大林"欺骗"、"背叛了"俄国革命吗?是他"篡夺了权力"?

让我们看看所发生的事情。

第九章　大众与国家

"国家的消亡"

追求一种在社会上和历史上不可能的目标,这不符合科学的世界观。科学的任务不是编造体系,追求"更好的未来"的狂热梦想,而仅仅是**按其现实发生的情况**来理解发展,承认它的矛盾,帮助那些进步的和革命的力量取得胜利,解决困难,并使人类社会成为自身存在条件的主人。只有在出现了社会先决条件,人民群众的结构能利用这些条件取得最好的进展,即能够承担社会责任时,"更好的未来"才能成为一种现实。

让我们概括一下马克思和恩格斯关于"共产主义社会"发展的观点。在这里,我们将遵循列宁在 1917 年 3 月到十月革命这段时期在《国家与革命》中发表的关于马克思主义的基本看法和阐释。

恩格斯和列宁论自治

在恩格斯最通俗的著作《家庭、私有制和国家的起源》中,恩格斯摧毁了对"绝对的和永恒的国家"的信仰——用我们的话说,即那种认为社会的权威主义领导必不可少的观点。根据路易斯·摩尔根关于异教社会组织的考察,恩格斯作出结论说:**国家不是永恒存在的。曾有过没有国家而起作用的社会,这些社会没有任何国家和国家权力的痕迹。**当社会开始分裂成阶级时,当新兴阶级之间的对立对整个社会的存在构成破坏性威胁时,国家权力也就**必然地**产生出来。社会正迅速接近这样一个发展阶段,在这个阶段上,阶级的存在不仅不再是必要的,而且更重要的是,成了生产发展的直接障碍。"阶级不可避免地要消失,正如它们从前不可避免地产生一样。随着阶级的消失,国家也不可避免地要消失。以生产者自由平等的联合体为基础的、按新方式来组织生产的社会,将把全部国家机器放到它应该去的地方,即放到古物陈列馆去,同纺车和青铜斧陈列在一起。"①

---

① 《马克思恩格斯选集》第 4 卷,第 170 页。着重号系赖希所加。——译者注

社会生活的**自愿联合和自治**,在异教社会里占统治地位。① 国家随着阶级的出现而产生,"控制阶级对立",保证社会的延续。不过,国家"照例"是服务于"最强大的、在经济上占统治地位的阶级","这个阶级借助于国家而在政治上也成为占统治地位的阶级",因而获得了统治和剥削被压迫阶级的新手段。② 如果社会革命成功了,那么,用什么东西来取代国家,即自上而下的权威主义领导和自下而上的服从呢?

恩格斯向我们描绘了向一种新社会秩序的过渡。开始时,"无产阶级夺取国家权力",把生产资料变成国家财产。这样一来,它也就消灭了无产阶级自身,消灭了阶级之间的对立以及"**作为国家的国家**"。在此之前,国家是整个社会的正式代表,是社会凝结的一种有形的实体;但它之所以如此,只是就它是当时那个作为整个社会的代表的阶级的国家而言。在古代,它是占有奴隶的市民的国家;在中世纪,它是封建主的国家,后来它是资产阶级的国家。**如果国家有一天真的成了整个社会的代表,它也就成了多余的。**如果把国家当作它曾经成为的那种样子,恩格斯的概括是容易理解的。它不再是把阶级社会结合在一起的纽带,而是经济上占优势的阶级用来统治经济上软弱的阶级的一种工具。一旦不再有任何被压迫的阶级,一旦阶级统治和争取个体存在的斗争——在生产无政府状态中产生的斗争——随着暴行和冲突而消除,也就不再有可压迫的东西了,像国家这样的特殊压迫权力也就成了不必要的。国家作为整个社会的代表采取的第一个行动,即以社会的名义接管生产资料,也是它作为"国家"采取的最后一个独立行动。从此时起,"国家权力对社会关系的干预,……将在一个又一个的领域里成为多余的,直到它因自身而死掉为止"。对人民的管理由对物的管理和对生产过程的经营所取代。国家不是"被废除",而是

---

① 见马林诺夫斯基关于母系制的特洛布里安德人的劳动纪律的考察。《性道德的开始》1934年第2版对此有所阐述。〔《强制性性道德的入侵》企鹅版,1975年〕
② 《马克思恩格斯选集》第4卷,第168页。——译者注

第九章 大众与国家

"消亡"。

列宁在《国家与革命》中阐明了这一思想，并且一再强调它：在开始时，将不单纯是接管或稍微改变资本主义国家（国家机器），而是"打碎"它，用"无产阶级"和与它结成联盟的农民以及劳动者的"权力机构"取代资本主义国家机器、资本主义警察、资本主义官吏和官僚。这种机构**仍然**是一种镇压机构，但绝大多数生产者将不再受少数拥有资本的人压迫。相反，以前曾行使权力的少数人，将被多数人，即劳动人民所控制。这就是众所周知的"**无产阶级专政**"。

因此，恩格斯描述的国家消亡的前提是废除资本主义国家机器，建立"革命的无产阶级的国家机器"。列宁还非常详细地说明了这种具有无产阶级专政形式的过渡为什么是"必要的"和"必不可少的"，为什么**直接**实现**非权威主义的自由**的社会和"真正的社会民主"是**不可能的**。恩格斯和列宁都把"自由共和国"的社会民主口号当作华而不实的言辞来批判。无产阶级专政是从以前的社会形式向美好的"共产主义"形式的**过渡**。这个过渡时期的特点只能根据社会向往的最终目标来理解。只有就这些目标已经在旧社会的子宫里明显发育起来而言，这些目标才能被理解。在共产主义社会的组织中这些最终目标的典范是"自愿尊重"社会生活的规则，一旦国家（以及无产阶级国家）的作用得以实现，就建立一种**自由的**"共同体"取而代之，此外，还应努力在企业、学校、工厂、交通组织等等之中达到"**自我管理**"。一句话，所要达到的目的是组织"新的一代"，这一代是在新的自由的社会条件下培养起来的，将能抛弃国家的全部废物，"包括民主共和制"〔恩格斯语〕。只要国家"消亡"了，"自由的组织"会由此而生，正如马克思所设想的那样，在这种自由组织中，"每个人的自由发展"是"一切人自由发展"的基本条件。

与此相关联，产生了两个有关苏联的非常重要的问题：

1. "在自由的自治共同体里的自由一代的组织'是不可能'被创造的"。它只能"产生于""无产阶级专政"（以"国家的逐步消亡"

为形式），应该在这个过渡时期达到一种发展和成熟状态，就像"无产阶级专政"作为**暂时的**国家形式是从资产阶级——包括"民主的"资产阶级——专政中产生出来的一样。**在 1930 年到 1934 年期间，苏联是否有"国家的消亡"和自由的自治共同体的逐步实现呢？其证据如何呢？**

2. 如果有，那么这种"国家的消亡"的性质是什么，"新一代的发展"的**具体的、确实的和指导性的**标志是什么？如果不是这么回事，那么国家**为什么不消亡？**那些支持"无产阶级国家"的力量和其他代表国家消亡的力量如何相联系？**什么东西妨碍着国家消亡？**

无论在马克思的著作中还是在恩格斯和列宁的著作中，都没有研究这些可能的后果。在 1935 年，它们成了迫切的问题。它们需要得到直接的回答。**苏联的国家是否处在消亡过程中，如果不是，那么为什么？**

同权威主义的国家秩序相对照，可以把劳动民主的本质描述为**社会的自治**。非常明显，一个应由"自由的个人"来组成的，应构成"自由的共同体"并管理自己，即"治理自己"的社会，不可能靠法令一下子创造出来。它应有机地**进化**。只有当它成功地创造一种**运动的自由**，也就是说，当它使自己摆脱那些与所向往的状况相对立的影响时，它才能以**有机**的方式为所向往的状况创造所有先决条件。达到这一目的的第一个先决条件是关于**自然的劳动组织**的**认识**，即**劳动民主的生物学和社会学**先决条件。社会主义的奠基**人没有意识到**这些**生物学的**先决条件。**社会的先决条件是和**这样一个时期（1840 年到 1920 年前后）相关联的，在这个时期，只有资本主义私人企业和雇佣工人这两方。这时还谈不上具有政治倾向的中产阶级，也谈不上向**国家资本主义**的发展，而且也没有以反动方式结合起来推动**国家社会主义**走向胜利的群众。因此，呈现的这幅画面与其说和 1940 年相联系，毋宁说和 1850 年相联系。

在恩格斯的著作中，还没有像列宁的著作那样明确指出"无产

第九章　大众与国家

阶级夺取政权",即建立"无产阶级**国家**"与"国家完全停止下来"之间的差别。这是可以理解的,因为恩格斯不像列宁那样面临着做出明确区别这样的实践任务。在 1917 年,在夺取政权的前夕,列宁必须比恩格斯更为强调"过渡时期"的重要性。列宁更明确地规定了过渡时期的任务。

一开始,他要求用**无产阶级的国家**,即一种"**根本不同类型的**" **国家领导体制**来取代"资产阶级"国家制度。无产阶级国家的**根本 "不同之处"**是什么呢?列宁说,随着资产阶级国家的废除,必须把资产阶级民主形式改变成一种具有"**最大程度的完善性和一致性**"的无产阶级民主,把为了镇压某个阶级之目的而作为一种特殊权力的国家变成一种"不再是真正的国家"的制度。当绝大多数人镇压他们的压迫者时,一种特殊的镇压权力也就不再是必要的了。一句话,列宁不满意虚伪的纯形式的民主。他想要人民以**活生生的**和**具体的**方式来决定生产、产品分配、社会调节、人口增长、教育、性生活、国际关系等等。这就是列宁根据马克思和恩格斯的观点非常有力地而且一再强调的"国家消亡"的本质。列宁写道:"人民的多数可以不要那些享有特权的少数人的特殊机构(特权官吏、常备军长官),自己来直接进行这些工作,而国家政权职能的行使愈是全民化,这个国家政权就愈不需要了。"①

列宁无论如何没有把"国家"和"资产阶级统治"等同起来,否则他就不会谈论在"资产阶级失败"之后的"国家"了。列宁把国家当作"制度"的总和,这些制度曾为统治阶级,即有钱的资产阶级服务,但现在失去了它们**凌驾于社会之上**"的地位,因为人民的**绝大多数亲自**从事社会行政事务("自我管理")。因此,国家的消亡、向社会自治的进化,是靠那些曾作为自主的并凌驾于社会**之上**的组织逐渐**被废除**的程度,靠大众**绝大多数**人参与管理,即"**社会自治**"的程度来衡量的。

---

① 《列宁选集》第 3 卷,第 207 页。着重号系赖希所加。——译者注

> 在公社用来代替资产阶级社会贪污腐败的议会的机构中，发表意见和讨论的自由不会流为骗局，因为议员必须亲自工作，亲自执行自己通过的法律，亲自检查在实际生活中执行的结果，亲自对选民负责。代议机构仍然存在，然而作为特殊制度的议会制，作为立法和行政的分工以及议员们享有特权的议会制，在这里是不存在的。如果没有代议机构，那我们就很难想象什么民主〔即共产主义之前的那个阶段〕，即使是无产阶级民主；但是，如果我们对资产阶级社会的批评不是空谈，如果推翻资产阶级统治的愿望是我们真正的和真诚的愿望，而不是……那种骗取工人选票的"竞选"词句，那我们可以而且应当不要议会制。①
>
> 《国家与革命》

在这里我们看到了对"代议机构"和"议会"作了截然区别。前者得到肯定，后者受到拒斥。**丝毫没有谈到这些代议机构代表什么以及它们如何代表**。我们将会看到，正是列宁国家理论中的这个关键脱漏，使得后来的"斯大林主义"建立了自己的国家权力。

在苏联，所谓的"苏维埃"的代议机构是从工人的、农民的和士兵的委员会演化而来的。一方面，人们认为这些机构由于把资产阶级议会从"清谈馆"（马克思语）改造成**工作**机构，从而接管了资产阶级议会的职能。从列宁的思路中可以明显看出，代议机构的这种**特点**的改造意味着议员本身的变化。他不再是一个"饶舌者"，而成了一个**制定**并**执行**计划，而且对人民**负责**的革命者。另一方面，这些代议机构**不是毫无生气的**机关。它们**在不断成长**。越来越多的人民参与了社会行政管理的职能。社会的这种自我管理即人民亲自执行社会职能越完善，参与其中的人民的数目也就越多。同时这意味着，选举出来的苏维埃"代表"越少，掌握那些**决定**并**执行**社会计划的职能的总人数也就越多。因为在此之前苏维

---

① 《列宁选集》第3卷，第211页。括号内文字和着重号系赖希所加。——译者注

第九章　大众与国家

埃本身仍然是或多或少脱离整个社会的，尽管它们是从社会本身产生的机关和机构。从列宁的观点中还可以看出，无产阶级代议机构具有**暂时的职能**。它们被设想为那种**仍然必要**、**仍然起作用但已在消亡**的"无产阶级国家权力"和还不是完成了的事实的、尚未能自我运行的**社会自治**之间的中介。**仍需要充分发展的**，正是这种自治。苏维埃要么同正在向自治发展的整个社会越来越一致，要么成为无产阶级国家权力的纯粹附属物和执行机关。它们在两种力量之间起作用：**一种是仍然作为国家权力的力量，另一种是新的社会自治制度**。什么东西决定着苏维埃是实现它们的革命职能还是堕落成国家行政机构的空洞的纯形式的组织呢？显然，是由下列东西决定的：

1. 无产阶级国家权力是否依然忠实于它的**逐渐消灭自身**的职能。

2. 苏维埃是否不仅把自身当作无产阶级国家权力的良伴和执行机关，而且也当作它的监督者，当作一种完全承担责任以致**越来越多地把社会领导的职能从无产阶级国家权力手中转交给整个社会**的机构。

3. 群众个体成员是否日益掌握他们逐渐地而且不断地接管仍起作用的国家机器以及苏维埃的职能的任务，因为苏维埃仅仅是大众的"**代表**"。

这第三点是决定性的，因为在苏联"国家的消亡"和劳动人民大众接管苏维埃的职能取决于这一点的实现。

因此，无产阶级专政不应被当作一种永恒状态，而应被当作一个过程，这个过程**开始**于打碎权威主义国家机器和建立无产阶级国家，**结束于社会的完全自我管理、自治**。

为了准确评价这个社会发展过程，人们应该研究一下苏维埃的职能和发展。如果人们考虑到下列情况，就不会用幻想来掩盖这个发展过程了：它不是在形式上是有60％的人还是有90％的人参加苏维埃机构选举的问题，而是苏维埃选民（不是苏维埃代表）是否还**越来越多地实际参加社会领导**的问题。"90％的人出来选举"

并不能证明是向社会自治的进步发展,因为这根本说明不了大众活动的**实质**,而且这也不是苏维埃制度的唯一特点。资产阶级民主,甚至法西斯主义的"公民投票"也表明"有90%以上的人出来选举"。劳动民主的一个根本作用在于:估价一个共同体的社会成熟性,不是根据投票的数量,而是根据它的社会活动的现实的明确的实质。

因此,我们总要回到**每一**社会秩序的根本问题上:**人民大众中正发生着什么事?他们如何感受他们碰到的社会过程?**

劳动人民能否和怎样才能使凌驾于社会之上并反对社会的权力主义国家消亡,接管它的职能,即有机地发展社会自治?

显然,这是列宁想到过的问题,因为列宁认为,一下子彻底消灭各个领域里的官吏机构是不可能的,但旧的官吏机构肯定要被一个新的机器所取代,这个机器"**逐步消灭一切官吏机构**"。列宁写道:"这并不是空想,这是公社的经验,这是革命无产阶级当前的直接任务。"①列宁没有讨论为什么"消灭官吏机构"不是一种空想的意愿,也没有讨论为何**没有**官吏机构,**没有**"自上而下的"领导的生活不仅是可能的和必要的,而且更重要的,也是"**革命无产阶级当前的直接任务**"。

只有当人们记住人(他的大多数领袖)根深蒂固地、似乎不能根除地相信群众的幼稚病,尤其是相信没有权威主义领导就不可能生活时,人们才能理解列宁为什么这样强调。"自我管理"、"自治"、"非权威主义的纪律",这些新概念在法西斯主义看来,只能引起一阵宽容的嘲笑!无政府主义者的梦想!空想的!幻想的!的确,这些喊叫者和讥笑者甚至能以苏联为例,援引斯大林的话:**废除国家根本办不到**,恰恰相反,**无产阶级国家的权力应该加强并扩大**。所以,列宁竟错了!人现在是而且仍将是奴性的存在物。没有权威和强制,他就不会工作,只"沉溺于自己的快乐,是懒惰的"。不要在这种空洞的幻想上浪费你们的时间和精力!但如果是这么

---

① 《列宁选集》第3卷,第212页。——译者注

第九章　大众与国家

回事,那么苏联的国家领导就会要求正式纠正列宁的思想,就会表明,列宁在写下面这些话时错了:

> 我们不是空想主义者,我们决不"幻想"一下子就可以不要任何管理机关和任何服从;这种由于不了解无产阶级专政的任务而产生无政府主义幻想,是与马克思主义根本不相容的。实际上这种幻想只会把社会主义革命拖延下去,直到人们变成另一种人的时候。我们不是这样,我们希望由现在的人们来实行社会主义革命;现在的人们没有服从、没有监督、没有"监工和会计"是不行的。
>
> 但是所需要的服从,是对一切被剥削劳动者的武装先锋队——无产阶级的服从。国家官吏的特殊"长官职能"可以并且应该在一天之内就开始用"监工和会计"的简单职能来代替……
>
> 我们工人自己将以资本主义创造的成果为基础来组织大生产,将依靠自己的工人的经验,建立由武装工人的国家政权维护的最严格的铁的纪律,将使国家官吏成为不过是执行我们的委托的工作人员,使他们成为负有责任的、可以撤换的而且是领取普通薪金的"监工和会计"……,这就是我们无产阶级的任务,无产阶级革命实现以后,就可以而且应该从这里开始做起。在大生产的基础上,这个开始自然会使一切官吏机构逐渐"消亡",使一种不带引号的、与雇佣奴隶制不同的秩序逐渐建立起来,在这种秩序下,日益简化的监督和统计表报的职能将由所有的人轮流行使,然后将成为一种习惯,最后就不再成其为特殊阶层的特殊职能了。①
>
> 《国家与革命》

列宁未能看出新的国家官吏机构的危险。显然,他相信无产阶

---

① 《列宁选集》第3卷,第212—213页。着重号系赖希所加。——译者注

级官吏不会滥用他们的权力,会坚持真理,会教育劳动人民独立。他没有论述人类结构的深不可测的生物病态。的确,他根本没有提到它。

社会学文献很少注意这样一个事实,即列宁在他关于革命的主要著作中,并没有把大部分注意力集中在"推翻资产阶级"上,而是集中在**此后的任务**上:用无产阶级的机器取代资本主义的国家机器,**并**用社会的自治取代无产阶级专政(社会民主=无产阶级民主),社会的自治被认为是共产主义的突出特点。如果人们特别留意一下自1937年以来的苏联文献,人们就会看到,所做的最大努力是**加强**(而不是放松)**无产阶级国家机器**的权力。**不再提最终用自治来取代这种权力的必要性**。然而,为了理解苏联,这一点恰恰具有决定性的重要意义。显然,列宁有很好的理由在他关于革命的主要著作中详细论述这一点。它过去是、现在是而且将来继续是每一真正的社会民主的活生生的神经系统。过去和现在任何政治家都没有提到它。

苏联共产党的纲领(1919年第八次党的代表大会)

在列宁的领导下,俄国的专制主义被改造成俄国的"社会民主"。十月革命两年后,即1919年的苏联共产党的纲领,是它的努力的**真正民主**的特点的证明。它要求有一种国家权力来防止专制主义复辟,保证建立人民大众的**自由的自治**。但它**根本没有提及人民群众无能力自由**的性质。它没有认识到人的性结构的生物病态性堕落。从1917年到1920年颁布的革命的性法律在方向上是正确的,即它们**承认**人的生物动能。但它们陷入了法律形式主义。我在《文化斗争中的性活动》(1936)一书中努力证明了这一点。正是在这个问题上,人类结构重建起来,并随着它而实现民主纲领。对每一新的民主的革命来说,这种巨大的社会努力的灾难都是一个教训:除非人目前的生物病态的性结构也发生变化,否则任何提倡自由的纲领就不会有成功的机会。

第九章 大众与国家

下面是苏联共产党第八次代表大会的纲领的节录①：

1. 资产阶级共和国，即使是以"全民意志"、"全民族意志"或"超阶级意志"等口号来标榜的最民主的资产阶级共和国，由于存在着土地和其他生产资料的私有制，实际上也必然是资产阶级专政，是一小撮资本家剥削和镇压绝大多数劳动者的机器。与此相反，无产阶级的或苏维埃式的民主，恰恰把受资本主义压迫的阶级，无产者和贫苦农民或半无产阶级，即居民中的绝大多数人的群众性组织，变为地方和中央的国家机关的一个永久的基础。因而，苏维埃国家也就实现了广泛的无与伦比的地方和区域自治，没有任何一个政权机关是由上级任命的。② 党的任务就是要不倦地切实地全部实现这种高级类型的民主，这种民主为了正确地行使自己的职能要求不断地提高群众的文化水平、组织性和主动性。

2. 同掩饰自己国家阶级性的资产阶级民主相反，苏维埃政权公开承认：当社会划分为阶级的现象以及因此而产生的任何国家政权尚未完全消失的时候，任何一个国家都不可避免地具有阶级性。③ 苏维埃国家，就其本身性质来说，以镇压削剥者的反抗为目的，而苏维埃宪法也认为，任何自由，如果同使劳动摆脱资本压迫这一点相抵触，那就是欺骗，所以决然规定剥夺剥削者的政治权利。无产阶级政党的任务，就是一方面要坚定不移地镇压剥削者的反抗，并在思想上同认为资产阶级的权利和自由是绝对的那种根深蒂固的偏见作斗争，同时也要

---

① 引自 J. F. 特丽斯卡编：《苏联共产主义：纲领和规划》，旧金山 1962 年英文版。所有着重号均系赖希所加。
② 在这方面，参见美国 1776 年独立后的地方自治原则。
③ 这一重要的民主观点后来被丢弃了。人们强调"国家"，但又不进而指出"阶级统治"是每一种国家机器的一个本质特点。因为如果没有阶级，不管是统治阶级还是被压迫阶级，就不会有任何国家机器，而只有简单的社会管理机器。〔赖希〕

解释清楚：之所以必须剥夺政治权利并对自由作各种限制，只是为了反对剥削者企图维护或恢复自己特权而采取的暂时办法。将来，随着人剥削人的客观可能性的消失，这些暂时办法也将没有必要存在，同时党也将努力缩小其范围，并将其完全废除。

3. 资产阶级的民主，只是限于在形式上推广政治权利和自由，例如：一切公民都有集会、结社和出版的权利。然而，在实际上，当局的实践，以及主要由于劳动人民在经济上处于被奴役的地位，使劳动人民在资产阶级民主制度下从来就不可能些许广泛地享受到这些权利和自由。

相反地，无产阶级的民主不是在形式上宣布权利和自由，而是真正地把它首先和最多地交给居民中曾受资本主义压迫的那些阶级，即无产阶级和农民。为此，苏维埃政权就剥夺资产阶级的集合场所、印刷所、贮藏的纸张等等，并将其全部交给劳动人民及其组织支配。俄国共产党的任务就在于吸引日益众多的劳动群众来运用民主权利和自由，并扩大劳动群众运用民主权利和自由的物质条件。

4. 资产阶级的民主制几个世纪以来一直宣扬：人们不分性别、宗教信仰、种族和民族，一律平等，但是资本主义无论在什么地方都不允许真正地实现这种平等，而在其帝国主义阶段，使种族和民族的压迫更加尖锐化了。只有苏维埃政权，因为它是劳动人民的政权，才能够在一切生活领域中破天荒第一次彻底地实行这种平等，直到完全消灭妇女在婚姻和一般家庭权利上的不平等现象的最后遗迹。在目前，党的任务主要是进行思想教育工作，彻底消灭过去的不平等现象或成见的一切遗迹，特别是在无产阶级和农民的落后阶层中。

党不只限于使妇女获得形式上的平等权利，而且尽力使他们摆脱那些旧时家务的物质重担，其方法是用家务公社、公共食堂、洗衣站、托儿所等等来代替。

5. 苏维埃政权保证工农劳动群众比在资产阶级民主和议

第九章 大众与国家

会制下有更大的可能用最容易最方便的方式来选举和召回代表,同时消灭议会制的缺点,特别是立法权和行政权的分立、代表机关脱离群众等等。

苏维埃国家也以下列办法使国家机关同群众接近,即选举单位和国家建设的基本单位不按地域划分,而按生产单位划分(工厂)。

党的任务是:在进行这一方面的一切工作时,应在劳动群众在实践中日益严格、日益充分地实现民主制的基础上,特别是通过实行公职人员负责制和工作报告制的办法,使政权机关进一步接近群众。

6. 资产阶级民主违背自己的宣言,把军队变成有产阶级的工具,使军队脱离劳动群众,并同劳动群众对立起来,使士兵不能或难于行使政治权利;而苏维埃国家则在工人和士兵的权利完全平等和利益一致的基础上,把他们团结在自己的机关——苏维埃中:党的任务,就是要保护和发展苏维埃中工人和士兵的团结,巩固武装力量同无产阶级和半无产阶级组织的牢不可破的联系。

7. 城市工业无产阶级是劳动群众中最基本、最团结、最觉醒、在斗争中受到最大锻炼的一部分,它在整个革命中的领导作用,表现在苏维埃产生时,也表现为苏维埃发展成为政权机关的全部过程中。我们的苏维埃宪法反映了这一点,保留了无产阶级比农村中比较散漫的小资产阶级群众的某种优越地位。

俄国共产党应当解释:由于以社会主义原则组织农村比较困难而在历史上形成的这些优越地位,是暂时性的,同时党也应当坚定不移地、不断地利用工业无产阶级的这种地位,来消除资本主义在工人中间培养起来的那种狭隘行会利益和狭隘职业利益,使最落后最散漫的农村无产者和半无产者群众以及中农同先进工人更紧密地联合起来。

8. 只有依靠苏维埃国家组织,无产阶级革命才能一下子粉碎和彻底摧毁旧的、资产阶级的、官僚的、审判的国家机构。

但是,由于广大群众文化水平不够高①,被群众推荐到重要岗位上来的工作人员缺乏必要的管理方面的技能,在困难的条件下因为有必要而匆忙地吸收了一批旧的专家参加工作,调走了一批最先进的城市工人去担任军事工作,——由于这一切,就使得官僚主义在苏维埃制度内部部分地复活起来。②

俄国共产党在与官僚主义进行最坚决的斗争时,坚决采取下列措施来彻底消灭这一祸害:

(1) 必须吸收苏维埃的每一代表来担负一定的国家管理工作。

(2) 不断地变换他们的工作,使他们逐渐掌握所有管理部门;逐渐地把所有的劳动人民毫无例外地吸收来参加国家管理工作。

彻底而全面地实行这些措施,就是沿着巴黎公社所曾经走过的道路向前迈进一步,同时在劳动人民文化水平提高的情况下简化管理机关的职能,这将促使国家政权归于消灭。

我们把这个纲领的下列要点挑出来作为苏维埃民主的特点:

1. 地方和区域自治,没有一个政权机关是由上级任命的。
2. 群众的主动性。
3. 剥夺政治权利并限制自由,作为打垮剥削者的**临时**措施。
4. 不是形式地,而是**实际地**把所有权利和自由交给居民中一切非资本主义的阶级。
5. 直接的、简单的和径直的公民权。
6. 选举和召回代表的权利。
7. 不按区域选举,而按生产单位选举。

---

① "广大群众文化水平不够高"是关于生物病态结构的一个理性主义的概念。它表明充分理解了这样一个事实:奴隶精神深深地扎根在机体中,实际上已成了第二本性,以致**人民群众把他们的压抑一代代地传下来**。〔赖希〕

② 这里明显表达了官僚与人民大众的无能力自由之间的密切联系。〔赖希〕

第九章　大众与国家

8. 公职人员有责任和义务向工人和农民委员会报告他们的活动。

9. 苏维埃的成员轮回从事各个管理部门的工作。

10. 逐渐把所有劳动人民吸收来参加国家管理工作。

11. 简化管理机关的职能。

12. 消灭国家政权。

在那些在历史上起决定作用的原则中间，有**一种思想力图明确起来，即：在现实实践中社会生活如何能简化**？然而，不管它怎样努力，它仍然属于形而上学的政治思考。没有描述国家政治的**性质**。即使大众获得了自由的机会，他们依然确定不了任何**实际的社会任务**。它没有说明，**人民群众以其今天的样子，是不能接管国家，（后来）接管社会职能的**。目前关于国家的政治思考，是来自国家最早的等级代表的，一直是**反对**大众的。在政治上，不管我们怎样大谈特谈"民主"，我们仍旧固守着希腊和罗马奴隶国家的思想体系。如果社会自治要成为一种现实，那么应该改变的就不止国家的形式。**应该根据人民群众的任务和需要来改变社会存在及其管理**。社会自治应逐步取代国家机器或接管它的合理职能。

"引入苏维埃民主"

1919 年的苏联共产党第八次代表大会建立了苏维埃民主。而 1935 年 1 月，苏维埃第七次代表大会又宣布"引入苏维埃民主"。这种胡说有什么意义？

我想讲一个小故事，以说明这种造成在苏维埃民主产生后 16 年，即 1935 年"引入苏维埃民主"的过程。

一个刑事法学研究者在自己的研究过程中认识到，不能把一个人的反社会行为视为犯罪，而应视为病态；因此，这些行为不应受到惩罚，应该治愈它们，应努力防止它们重新发生。于是他放弃自己的法学研究，转而研究医学。他不再从事形式的伦理活动，而是从事实践的合适活动。过了一段时间，他进一步认识到，他的医学工作需要用一些非医学的方法。例如,他不愿用拘束衣作为治疗精神病人的方法,而愿用预防性的教育措施来取而代之。然而,不管他的判断多么好,他不得不使用拘束衣,因为精神病人太多。他对付不了所有病人,所以他不得不继续使用过时的可怜方法,但头脑里总想着**有一天应该用更好的方法代替它们**。

随着时间的流逝,他更难以承担这个任务。他胜任不了这个工作:他对精神病了解得太少了。精神病人太多了,而且教育每天都在产生数以千计的精神病人。作为一个医生,他应该防止社会犯精神病。

他不能实现自己良好的意图。恰恰相反,他不得不重新沿用旧的方法.而他以前却严厉谴责这些方法,想用更好的方法来取代它们。他越来越多地使用拘束衣。他的教育计划开始落空了。他想成为一个防止疾病而不是治疗疾病的医生的努力也失败了。他没有别的选择,只好回到旧法律上。他想把罪犯当作病人来治疗的努力,毫无结果。他不得不把这些罪犯重新**锁起来**。

但他并不承认自己的惨败,无论是对自己还是对别人。他没有这种勇气。也许他根本没有想到过这种勇气。于是他胡说什么:"**用拘束衣和监狱来对付罪犯和精神病人,代表着我们医术应用上的一个重大进步。它是真正的艺术**;它意味着达到我起初的目标!"

这个故事甚至在最微不足道的细节上都可以用来说明在"引入苏维埃民主"16年后的"引入苏维埃民主"。我们只有断定它反对列宁在《国家与革命》中提出的"**社会民主**"和"**废除国家**"的基本思想,才能理解它。苏维埃政府为这种措施所作的解释,在这里不是很重要的。1935年《国家与法》第7期上发表的这样的解释中有一句话表明,不管是否有道理,列宁的社会民主观这样一来也就被**取消了**。这句话是这样的:

> 无产阶级专政一直是人民的唯一真正的权力。它已成功地实现了它的两个主要任务:消灭作为一个阶级的剥削者,剥

第九章 大众与国家

夺他们的财产并镇压他们；对群众进行社会主义教育。**无产阶级专政不可阻挡地继续存在**……

如果作为一个阶级的剥削者已经被消灭，对大众的社会主义教育已经成功，而专政又"不可阻挡地"继续存在，那么就不难看出这整个观念完全是胡说八道。如果先决条件已经实现，为什么专政还要不可阻挡地继续存在呢？如果剥削者已被粉碎，群众已受到教育去承担社会职能的责任，那么专政又反对谁或反对什么呢？这种荒谬的公式一直掩盖着一个再真实不过的意思：专政继续存在，但它针对的不是过去的剥削者，而是群众本身。

该杂志继续说："这一更高的社会主义阶段，工人和农民的联盟，使作为工人民主的无产阶级专政有了一种新的更高级的内容。这一新的内容也需要新的形式，即向工人平等的、直接的无记名投票过渡。"

我们不想陷入无益而琐细的分析：**无产阶级专政**（它应立即让位于人民群众的自治）和**"最民主的"**民主同时存在。这是社会学上的胡说，是所有社会学概念的混淆。我们这里关心的是一个核心问题，1917年社会革命运动的主要目标，即**废除国家并引入社会自治，实际上是曾达到了吗**？如果达到了，那么，1935年的"苏维埃民主"和1919年的"无产阶级专政"同英国和美国的资产阶级议会民主就一定有一种本质差别。

有人提到了苏维埃制度的"进一步民主化"。这如何可能呢？我们有这样一个印象：根据"无产阶级专政"的性质、它的奠基人的思想以及它刚开始时的**实际情况**，它完全等同于**社会民主**（＝无产阶级民主）。如果无产阶级专政和社会民主是一回事，那么在建立社会民主16年后就不可能引入苏维埃民主，也不可能有"进一步的民主化"。"引入民主"肯定意味着——而且对此无可怀疑——以前没有社会民主，无产阶级专政并**不**等同于社会民主。此外，说社会民主是"最民主的"制度，这也是荒谬的。**资产阶级**民主只是"一点"民主，而社会民主才是"更多的"民主吗？这个"一点"和"更多"

究竟意指什么？实际上，资产阶级议会民主是一种形式上的民主；人民群众选举自己的代表，但他们不是通过自己的工人组织来管理自己的。列宁的**社会民主**应该是一种**在性质上**完全不同的社会管理，不单是形式上的议会主义的一种**量**的改进。应该用工人的现实的和实际的自治来代替国家的无产阶级专政。"无产阶级专政"和劳动群众的自治是不可能并行存在的。作为一种政治要求，它是混乱的和胡说八道的。在实际现实中，它是政党官僚的专政，以形式的民主议会主义为伪装来统治大众。

我们应该看到这样一个事实：希特勒一直立足于人民群众对虚伪民主和议会制度的仇恨上，所以他取得了很大成功！由于俄国共产党人的这种政治花招，法西斯主义的有说服力的口号"马克思主义和议会资产阶级自由主义相一致"，一定给人以非常深刻的印象！1935年前后，全世界人民群众对苏联寄托的希望开始越来越少。靠政治幻想是不能解决实际问题的。人们应该有坚定地面对困难的勇气。把已明确确定的概念相混淆，是不可能不受惩罚的。

在建立"苏维埃民主"的过程中，强调的是大众参加国家管理，明确的是保护工业重于保护政府的各个部门，赞扬的是工人和农民委员会在人民委员部"里"有发言权。然而，这并不是根本问题。只有下列问题才是重要的：

1. 群众**实际上**如何参与国家管理？这种参与是不是"社会民主"一词所意指的**日益接管管理职能**？这种"参与"的形式是什么？

2. 形式上保护工业重于保护政府部门，这不是自治。是政府部门控制工业还是相反？

3. 工农委员会在人民委员部"里"有发言权，意味着它们是人民委员部的附属部，至多是它的执行机关，而列宁的要求是：**用在群众中越来越扩大的苏维埃来代替一切公职官吏的职能**。

4. 如果在继续"加强"无产阶级专政的同时"引入"苏维埃民主，这只能意味着**已经放弃了无产阶级国家和无产阶级专政继续消亡**这一目标。

第九章 大众与国家

根据现有的事实和对这些事实的评价,在引入苏维埃民主16年后的引入"苏维埃民主",意味着:**从权威主义国家政权向社会自治的过渡是不可能的。**由于**没有认识到群众的生物病态结构和造成这种结构根本变化的手段**,所以这种过渡没有实现。毫无疑问,剥夺并限制个体资本家是非常成功的,但**教育大众,努力使他们有能力废除作为他们的唯一压迫者的国家、使国家"消亡"并接管其职能,却没有成功。**正是为此理由,在革命最初几年开始产生的社会民主不得不一点一点地死掉了。也正是为此理由,未曾用任何东西来取代国家机器,国家机器反而得以巩固,以便保护社会存在。除了政治重心转向集体农庄的农民群众而外,1935年的"引入普选权"意味着重新引入**形式的**民主。实质上,它意味着开始越来越强大的官僚国家机器给了人民大众毫无意义的议会权利,人民群众没有能力摧毁这个机器,未能学会管理自己的事务。在苏联,没有丝毫迹象表明哪怕作出一丁点儿的努力准备让劳动群众接管社会管理工作。教育人民学会阅读和写字,学会保持清洁和掌握发动机的技术,这肯定是必要的,但这同社会自治毫无关系。希特勒也是这样做的。

苏维埃社会的发展以一种新的自主的国家机器的形成为特征,这种国家机器已强大到了给人民大众以自由的幻想而又不威胁自身地位的程度,希特勒的国家社会主义也曾经是这样做的。引入苏维埃民主不是前进了一步,而是倒退了一步,是一连串的向旧的社会生活方式倒退的一步。**什么东西能保证苏联的国家机器将通过教育大众管理自己的事务来废除自身呢?**在这里感情是无济于事的。俄国革命碰到了一个它没有认识到因而被幻想所掩盖的障碍。**这个障碍就是人的人类结构,这种结构经过几千年的历程已成为生物病态的。**归"罪"于斯大林或别的任何人,都是荒谬的。斯大林只是环境的一个工具。仅仅是在纸上,社会发展进程才像在林间散步那样轻松快乐。在严酷的现实中,它碰到了一个接一个的新的料想不到的困难。经常有倒退和灾难。人们应该学会认识、考察并把握它们。总之,仍然有**一种**办法:一个有指望的社会计划的真实可靠性必须一再受到检验。应该诚实地确定这个计划是真实的还是虚假的,在它的发展中是否忽视了什么东西。只有这样,才能**自觉地**改变和改进计划,更有效地把握它的发展。动员许多人的思维来克服那些阻碍向自由发展的障碍,这也许经常是必要的。但用幻想来愚弄群众,却是一种社会罪恶。如果一个诚实的群众领袖碰到一个死胡同,知道自己不会有任何进展,他会**辞职**,把位置让给别人。如果没有出现一个更好的领袖,现在的这个领袖就会诚实地、确切地告诉大众现在的状况如何,他会和他们一起等待找到一种解决办法,这办法要么来自事件进程,要么来自个别见解。但政治家害怕这种诚实。

在维护国际工人运动时,应该指出,它争取现实的真正的民主——不是纯口头上的民主——的斗争难以令人置信地成了困难的。人们总是同意有些人的这样一种看法:"像其他任何专政一样,无产阶级专政也是一种专政。这是显而易见的,要不然为什么只到现在才'引入'民主?"没有任何理由为社会民主党对苏联的赞扬("反省的"、"民主的"、"最终地")感到高兴。它是一种苦药,一种俗套。**发展过程中出现的客观的倒退,经常是必然的,不得不接受的**,但用法西斯主义的撒谎办法来掩饰这种倒退,就毫无道理了。当列宁在1923年引入"新经济政策"时,他并没有说:"我们已经从无产阶级专政的低级阶段前进到高级阶段。新经济政策的引入构成了向共产主义前进的重大一步。"这类话会立即破坏掉对苏联领导的信任。当列宁引入新经济政策时,他说:

> 它是可悲的和残酷的,但现在没有别的办法回避它。战争给共产主义造成的经济影响,已使我们面临着预料不到的困难。我们不得不后退一步,以便更有把握地前进。诚然,我们是在给私人企业一点自由——我们没有别的选择——但我们确切地知道我们在干什么[①]。

[①] 赖希未注明此段引文出处。——译者注

第九章　大众与国家

在"引入苏维埃民主"的情形中,这种不证自明的洞见和坦率是没有的。1935年比以前更必需这种洞见和坦率。这种直率的诚实方式会赢得世界各地的亿万朋友。它会使人民思考。它甚至可以防止和希特勒的条约,而以前这种缔约的责任却被推到托洛茨基分子身上。但在实际上,一种新的俄国民族主义被强加在列宁的社会民主头上。

俄国布尔什维克的中央机关刊物《列宁格勒的红色时代》在1935年2月4日声称:

> 我们的所有爱情、我们的信仰、我们的力量、我们的心灵、我们的英勇壮举、我们的生命,这一切都是为了您,伟大的斯大林!一切都是您的,啊,我们伟大祖国的领袖!统帅着您的儿子们。他们可以在空中和地上,在水中和大气层中行动。①所有时代和所有民族的男女群众都把您的名字当作最伟大、最强劲、最智慧、最美丽的名字记在心中。您的名字刻在每一个工厂上、每一架机器上、世界的每一个地区、每一个人的心里。当我可爱的妻子为我生下一个孩子时,我教给他的第一个词就是"斯大林"。

在1935年3月19日的《真理报》上,我们发现了一篇题为《苏维埃爱国主义》的文章,其中的"苏维埃爱国主义"可以和"法西斯主义的爱国主义"相媲美:

> 苏维埃爱国主义——对自己祖国的无限的爱、无条件的忠诚的炽热感情,对祖国命运和保卫祖国的最深刻的责任感——在我们人民心中奔腾。为自己祖国而战斗的英勇壮举以前从未达到如此伟大的高度。苏联无与伦比的和光辉的历史表明,劳动人民为了自己祖国的前途是有何等的能力。我们亲爱的、

---

① 好像"德意志伟大祖国"或美国的儿子们不能这样做!

自由的和新型的祖国的不朽歌声,回响在街垒、布琼尼第一流骑兵部队的。行进中,风暴行动、无敌革命军队的排炮轰击、社会主义厂矿企业的和谐、城乡之间的劳动节律和共产党的活动中。

苏联,列宁和斯大林培育成长的国家!它沐浴在以十月革命为开端的春天的阳光下!千万条江河汇成巨流,奔流向前,劳动人民的全部力量开始为新的历史发展辅平道路。苏联的雄伟,它的名望和权力的光辉照耀着祖国的每一寸土地。我们把共产主义的红旗高高举起,直耸蓝天。

苏维埃爱国主义是我们人民对土地的热爱,这土地是我们用热血和剑从资本家和地主手中夺取的。它是对我们伟大人民创造的美好生活的依恋。它是东西方的强有力的军事卫士。它是对人类天才的伟大文化遗产的贡献,这文化遗产在我们祖国而且只在我们祖国①才如此完美地繁荣起来。那些来到苏联的外国人,那些具有不同教育背景的人,向这个文化天堂,向这个红旗的国家鞠躬致敬,这难道不令人惊奇吗?

苏联,人类的根源!莫斯科的名字响彻在全世界工人、农民、一切诚实而有教养的人民耳边,像海上大雾中的钟声那样声震四方,是光明的未来,战胜法西斯主义野蛮行为的希望。

……在我们社会主义祖国里,人民的利益和祖国及其政府的利益不可分离。苏维埃爱国主义的激情来自这样一个事实:在苏维埃党的领导下,人民亲自塑造自己的生活。它的激情也来自这样一个事实:只有现在,在苏维埃政权的领导下,我们美丽而富饶的祖国才向劳动人民敞开。对自己的祖国、自己的乡土,对自己一生下来第一次看到这个世界的光明天空的自然依恋,成长成为人们对自己的社会主义祖国、自己的伟大的共产党、自己的斯大林的强烈自豪感。苏维埃爱国主义的观念哺育着英雄、骑士和千千万万的勇敢士兵,他们像吞没一切的雪

---

① 着重号系赖希所加。

第九章　大众与国家

崩一样，准备向祖国的敌人猛扑过去，把他们从地球上消灭掉。吮吸着自己母亲的乳汁，我们的青年充满了对自己祖国的爱。我们有义务教育下几代苏维埃爱国者，让他们意识到自己祖国的利益比别的任何东西，甚至比生命更重要。……

……苏维埃爱国主义的伟大的战无不胜的精神是靠最大的认真、技艺和创造性培养起来的。苏维埃爱国主义是十月革命的一个突出表现。它包含着何等伟大的力量、勇敢、青春活力、英勇壮举、悲怆、美丽和运动啊！

在我们祖国里，苏维埃爱国主义散发出灿烂的光芒。它推动着生活前进。它启动了我们风暴般坦克的发动机、我们的重型轰炸机群、我们的驱逐舰团，并为我们的加农炮填上炮弹。苏维埃爱国主义护卫着我们的边境，而可恶的注定灭亡的敌人威胁着我们的和平生活、我们的政权和我们的荣誉。……

这是政治的情感瘟疫。它和人们对自己祖国的自然热爱没有任何关系。它是一个根本不知道激发人民同情心的客观手段的作家酒后的胡言乱语。它就像是一个性无能的男子，不得不靠性用具才能勃起。这种爱国主义的社会效果也就像是一个健康妇女对一种靠性用具才可能进行的性交的反应。

由于熄灭了革命热情，这种"苏维埃爱国主义"也许是以后反对"条顿爱国主义"斗争的一个必要准备。劳动民主和这种"爱国主义"没有任何关系。的确，人们可以有把握地认为，一旦这种性用具式的爱国主义出现，合理的社会领导也就失败了。人民对自己祖国的热爱，对土地的依恋和对本语言共同体的忠诚，是人类的经验，这些经验太深刻、太严肃，以致不能成为政治非理性主义的对象。爱国主义的这些性用具形式根本不能解决劳动者社会的任何客观问题。只要有精神痛苦的出现那些负责任的人中间就有畏惧。

当一种真正民主的，即劳动民主的努力使人民群众的结构发生根本变化时，那就很容易评价正在做的是进步还是不进步。例如，当人民大众吵吵闹闹地要求为他们的"元首"画超尺寸的画像时，他们就正在成为不负责任的。在列宁时代,备受宠爱的元首崇拜并不存在,也没有无产阶级元首高大的画像。大家知道,列宁根本不想要这些东西。

对技术成就采取的态度,也能说明人民是向真正的民主进步还是不进步。在苏联,"高尔基"客机的建造被颂扬为一种"革命成就"。但建造的这种客机和德国或美国的客机究竟有何本质区别呢?建造飞机是必不可少的,必须为现代劳动民主提供必要的广泛的工业基础。这是很明确的,对此不应有任何争议。重要的是,广大工人群众是靠一种幻想的民族主义—沙文主义方式而以建造飞机自居,即由于建造这些飞机而获得一种优于其他民族的优越感,还是以此有助于在各个国家和民族产生一种更密切的人类关系。换句话说,就人的性格结构而言,建造飞机是有助于反动的目的还是有助于劳动民主的目的。在渴望权力的政治家的管理下,建造飞机很容易被利用来产生民族主义的沙文主义。但飞机也能用于从德国到俄国,从俄国到中国和德国、从美国到德国和意大利、从中国到美国和德国的运输。这样一来,德国工人就有机会亲眼看到他和俄国工人没有本质差别,英国工人也会懂得,不能把印度工人当作天生的剥削对象。

在这里我们再一次明确看到,一个社会的技术发展并不等同于它的文化发展。人类性格结构代表着一种自在的社会力量,即使在同样的技术基础上,这种力量既能趋向反动的目标,也能趋向国际的目标。那种根据经济来看待每一事物的倾向,是灾难性的。应该尽一切努力来纠正这种倾向。

问题的实质在于:劳动人民群众应该不满足于幻想的报酬,因为这些报酬最终总要成为一种法西斯主义,而应坚持生活必需品的**真正满足**,并**为此承担责任**。

维也纳的社会民主党工人组织,把维也纳社会民主党社会引进有轨电车系统视为一个**特殊的社会民主成就**。莫斯科的共产主义工人,也就是说,那些从根本上敌视社会民主党的工人,把莫斯科共产主义市政管理机关建造的地铁视为一种**共产主义特有的成**

第九章　大众与国家

就。而德国工人也把计划的巴格达铁路视为一种**德国特有的成就**。这些例子说明了被政治非理性主义培养起来的幻想的满足之瘟疫性质。这种非理性主义掩盖了这样一个简单的事实：德国铁路、维也纳铁路和莫斯科铁路都是柏林工人、维也纳工人和莫斯科工人以同样的方式根据同样的在国际上有效的**劳动**原则建造的。各个民族的工人不会对自己说："我们都是通过我们的劳动原则和成就而彼此相联系的。让我们互相了解一下，考虑一下我们怎样教给中国工人使用我们的原则。"不会的！德国工人坚定地相信，他的铁路不同于俄国的铁路，而且更好，甚至说是神圣的。因此，他的头脑里根本不考虑帮助中国人建筑一条铁路。恰恰相反；他着迷于自己的幻想的民族主义满足，他追随着某个染上瘟疫的将军或别的想把中国已有的铁路也**霸占**的人。这样一来，政治的情感瘟疫就在同一个阶级中造成了分化和不共戴天的敌意；这样一来，它就造成了妒忌、自负、无原则的行动和不负责任。清除幻想的满足，用在劳动的真正兴趣中产生并与劳动相联系的真正的满足取而代之，并在工人中间建立国际合作，是根除工人性格结构中的权威渴望的必不可少的前提。只有这样，劳动人民群众才能发展起来为使技术适应群众的需要所必需的力量。

在1934年11月22日的《欧洲杂志》上刊登的一篇文章中，欣然得出了这样的结论："〔苏联的〕工人并不觉得自己是国家的直接统治者，青年也是这样看的。国家是统治者，但青年把这种国家当作他们自己的创造，正是从这种观念中产生了爱国主义。"

这些话在当时是常见的，它们无可怀疑地表明，不管人们如何评价，20世纪30年代的苏联社会同共产党的最初纲领格格不入，因为共产党的最初纲领要求逐渐废除国家。**这是一种客观的和实际的陈述，不是反苏联的政治纲领。**我要求在欧洲和美国的克格勃[①]势力承认这一点。暗杀那些说出这些陈述的人，并不能改变事实。

---

① 苏联秘密警察组织"国家安全委员会"的简称。

从合理的社会关系中产生的权威主义的国家机器

第二次世界大战再度证实了一个由来已久的一般认识：反动的政治家和真正的民主主义者的**根本**差别表现在他们对国家权力的态度上。一个人不管属于什么政党，都可以根据这种态度来**客观地**评价他的社会性。因此，法西斯主义者中有真正的民主主义者，政党民主主义者中间也有十足的法西斯主义者。像性格结构一样，这种对国家权力的态度并不限于某一个阶级或政治集团。在这里，把每一事物描绘成非黑即白也是错误的，从社会学的观点来看是不能允许的。思想态度和政治党派不能机械地等同起来。

典型的反动派鼓吹国家高于社会；他维护那种直接导致独裁专制主义的"国家观念"，不管它是体现在皇家的、内阁的国家形式中还是体现在公开的法西斯主义国家形式中。真正的民主主义者承认并维护作为国际和民族合作的自然基础的自然的劳动民主，总是努力通过消除其社会原因来克服社会合作的困难。正是这一目的，标志着他是一个真正的民主主义者！这需要彻底探讨权威主义国家内在的发展和合理职能。反对一种不合理的社会制度，却又不首先问问这种制度（不管多么不合理）能否幸存并显出必然性，这是无结果和无意义的。从我们对苏联国家机器的研究中，我们得知，这种国家机器随着时间的流逝而成了必然的。不难看出，不管它多么不合理，既然群众未能达到社会自治，它就具有团结和领导苏联人民的合理职能。

如果一位母亲以一种严厉的和权威主义的方式来对待她的有神经病的孩子，我们会毫不犹豫地说她的行为是不合理的。我们容易理解，正是这种严厉使她的孩子有了病，但我们不应忽视这样一个事实——这是权威主义教育斗争的要点：一个已经有了神经病并生活在神经病的家庭环境中的孩子，除非用权威主义手段，是无法控制的。换句话说，尽管母亲的严厉在根本上是不合理的，但它也有合理的一面，即使它完全是有条件的和有限制的。如果我

第九章 大众与国家

们打算使那种出于十足的必然性而坚持权威主义原则的教育者相信，**可以靠**预防孩子得神经病来消除神经病，我们就应该承认这种**有条件的**合理职能。

这种**有条件的**并**受限制的**合理性也适用于权威主义国家，但我们不愿意承认它，因为我们知道对它的承认在神秘的独裁者手中是多么危险。独裁者会说："你们听！甚至自由的劳动民主主义者也承认权威主义领导的必要性和合理性。"我们知道，**正是人民大众的非理性性格结构为权威主义领导提供了"证明"**。只有这样，我们才能理解专政，而且这种理解是把专政从人的生活中清除出去的唯一希望。承认群众结构中的非理性特点，使我们有了一个克服这种非理性、从而克服专制本身的社会基础——不是靠幻想克服它，而是客观地和科学地克服它。当社会合作受到腐蚀时，国家权力总要得到加强。这和肤浅地应付困难的道德主义—权威主义方法是一致的。这种方式当然不会真正清除社会邪恶，而只是把它推到背后，它后来还会从背后更强烈、更广泛地爆发出来。如果除了处死抢劫杀人犯而外没有别的手段可以对付抢劫杀人犯，那么人们就只好用这种方法。这就是权威主义国家运用的方式。然而，劳动民主接触到了事情的核心，它要问：如何能彻底消除抢劫和杀人现象？只有当我们理解了死刑的强制性同时又谴责它时，清除的问题才会成为突出的焦点。毫无疑问，清除社会邪恶是使权威主义国家消亡的主要手段之一。一般说来，只要不能用自治的方法取而代之，道德主义的权威主义的社会领导就会继续起作用。这既适用于一般的国家，也适用于社会生活的所有其他领域。

确确实实，权威主义国家本质上是一种镇压机构，但它并非仅仅如此。同时，特别是最初，在它成为社会的镇压机构之前，它是自主的社会关系的一个聚合体。起初，国家等同于社会。随着时间的流逝，它脱离了社会，开始越来越疏远社会，最终采取了一种凌驾于社会之上并反对社会的巨大力量的形式。

只要有不为严重的内部矛盾所驱使的社会组织（民族社会的组织），就不需要用一种特殊的权力把社会各有机体聚合起来。社会的性质是,当它被强有力的互相对立的生活利益和困难所撕裂时,它需要有一种权力来防止自己分解、衰亡和解体。许多不同的而又互相敌视的政党造成的德国社会的分裂,是使德国法西斯主义掌权的主要原因。法西斯主义迅速而有力地掌权,清楚地表明。对德国人民群众来说,最根本的不是个别政党纲领,而是许诺社会将依靠国家来团结。但这并没有改变这样一个事实:观念和政治意识形态消除不了社会的内部分裂,而且这种政治意识形态是极权主义的还是非极权主义的,并没有什么差别。法西斯主义者不是唯一鼓吹国家观念的人。他们只是比社会民主党政府、共产党人和自由主义者更急切而且更有效地鼓吹而已。因此,他们胜利了。所以说,是一个社会的政治分裂产生了国家观念,而不是相反,国家观念造成了社会分裂。这是一种恶性循环,只有追溯出这种分裂和这种国家观念的根源并找出一种共同特点,人们才能摆脱这种恶性循环。我们已经知道,这种共同特点是人民大众的非理性性格结构。不论是那些提倡国家观念的人,还是那些主张别的政治纲领的人,都没有提到这种共同特点。断言这个或那个独裁者违背社会意志而从外部对社会专断,这是对独裁的评价中所犯的一个重大错误。实际上,历史上每一个独裁者所做的事情不过是使已经存在的国家观念达到成熟程度而已。他仅仅是为了夺取政权而利用这种观念并排除别的无关的观念。

弗里德里希·恩格斯在上个世纪就明确评价了国家和国家观的合理的和不合理的双重职能:

> 可见,国家决不是从外部强加于社会的一种力量。国家也不像黑格尔所断言的是"伦理观念的现实","理性的形象和现实"。勿宁说,国家是社会在一定发展阶段上的产物;国家是表示:这个社会陷入了不可解决的自我矛盾,分裂为不可调和的对立面而又无力摆脱这些对立面。而为了使这些对立面,这些经济利益互相冲突的阶级,不致在无谓的斗争中把自己和社会消灭,就需要有一种表面上驾于社会之上的力量,这种力量

第九章 大众与国家

应当缓和冲突,把冲突保持在"秩序"的范围以内;这种从社会中产生但又居于社会之上并且日益同社会脱离的力量,就是国家。①

实业家和德国社会学家弗里德里希·恩格斯对国家概念所作的这种社会学阐释,彻底摧毁了所有以这样或那样的方式来自柏拉图抽象的和形而上学的观念的国家哲学。弗里德里希·恩格斯的理论并没有从更高的价值和民族主义的神秘主义上追溯国家机器;它以一种非常简单的方式描述了国家的两重性。就它澄清了国家机器的社会基础同时又指出了国家与社会的矛盾而言,它为精明的国务活动家——例如像马萨利克和罗斯福那样的人——和全世界的每一个劳动者提供了一个有力手段,以此手段可以理解社会的分裂和国家机器产生的必然性;它还提供了**消灭国家**的手段。

让我们用一个简单的例子来说明国家两重性的起源:

在人类文明的最初阶段,一起生活和劳动的社会任务是根本不成问题的。因此,人与人之间的关系也是简单的。我们可以从完整无损地保存到现在的古老而简单的文明的遗迹中研究出这种因素。我们不妨再一次用特洛布里安德人的组织来阐明我们的观点。特洛布里安德人有一种自然的经济,即使用经济。他们根本没有实行过任何市场经济。一个氏族捕鱼,另一个氏族种植农作物。一个氏族的鱼多,另一个氏族的粮食多。于是,他们用鱼换粮食,或用粮食换鱼。他们的经济关系是非常简单的。

在氏族成员中间,除了经济联系之外,还存在着一定的家庭关系。由于婚姻是族外婚,特洛布里安德人的一个氏族的青年就和另一氏族的青年结成性关系。如果我们所说的社会人际关系是指每一种有助于满足基本生物需要的关系,那么性关系就和经济关系相对等地共存。劳动本身越是脱离对需要的满足,而且需要本

---

① 《马克思恩格斯选集》第 4 卷,第 166 页。——译者注

身越是复杂化,社会的个体成员就越不能实现他应承担的多样化职能。例如:

我们不妨把特洛布里安德人社会及其自然经济放到欧洲或亚洲的任何地方看看。这是一种可以允许的设想,因为地球上的所有民族都是由部落形成的,而部落最初又是由氏族集团形成的。同样,市场经济和交换经济是从自然经济中发展起来的。我们不妨假定,在一个由两三百人构成的小公社里,产生了要同其他小公社建立联系的需要。这种需要是很少的。这个200人的公社里只有一个成员有事情要告诉另一公社的一个成员。他骑上马,亲自跑到另一个公社,传递他的信息。开始有了书写的艺术后,同其他公社进行社会交往的需要一点一点地增多起来。在此之前,每一个人亲自送自己的邮件,而现在则要求骑手送几个邮件。同时,公社人数增多了,大约由 2000—5000 人组成。与其他公社的成员通信的需要增多了,已经有几百人在交换信件。随着社交的发展,写信已不再是稀奇的古怪行为。送信成了一种日常的基本的必要任务,而这一任务按旧的方式是越来越难以解决的。一个公社讨论了这件事,决定雇用一个"送信人"。它免除了这个难以归类的成员所有别的义务,保证他有一定的收入,委托他负责公社的邮件。**这个最早的送信人就是写信和送信的人际关系的人身体现。**这样一来,一个**社会机关**产生了,它的唯一职能就是送信。我们的送信人是社会行政官吏的原始类型,他的这一在生活上必需的工作至今仍然非常明确地和唯一地是为社会群体服务的。

我们不妨进一步假定,许多年过去了,原始公社已发展成大约有 5 万居民的城镇。除别的原因而外,这些公社的发展还应归因于新的写信职能和与之相关的社会交往。一个送信人已经不够了,现在需要 100 个送信人。他们需要自己的管理机关,于是他们中间的一个当了**送信人的头**。这个送信人被免除了他以前的义务,只承担以最实际的方式组织 100 个送信人的工作这一更广泛的任务。然而,他并不"监督",他并不发布命令。他并没有站在送信人的群体之外。他只是促进他们的工作;他决定何时捡信,何时

第九章　大众与国家

送信。他产生了制造邮票的念头,简化整个职能。

这样一来,一种非常简单的而且生活上必需的职能成了自主的。"邮政系统"成了社会的一个"机构",它出于改进自己的协作之目的而从社会中产生出来。它还没有把自己当作一种**超越的力量**而与这个社会对立。

社会的这种管理机构怎么会成为镇压机构呢? 根据它最初的职能,它并不是镇压性权力。行政管理机构仍然具有这些社会职能,但它逐渐产生了一些特点,这些特点不同于那些和它的生活上必需的活动相关联的特点。现在我们不妨假定,在我们的大公社里,权威主义父权制的条件开始发展,完全独立于邮政系统。例如,出现了"贵族"家庭,这些家庭是从最初的部落首领中发展起来的。靠积累产业,他们有了双重权力:首先是内在固有的财产权,其次是禁止自己的子女和本公社的不怎么富有的阶层进行性交往的权力。随着经济奴役和性奴役的发展,这两种权力职能一直齐头并进。越来越强有力的权威主义的族长,想阻止本公社其他较弱的成员和其他公社交往。他不愿意让自己的女儿们和她们喜欢的人交换情书。他感兴趣的是,他的女儿们只和某些富有人的联系。他对性压制和经济压制的兴趣,使他去掌握那些最初由整个社会来管理的自主的社会职能。随着他的影响逐渐增长,我们的族长开始引入一种新的管理,禁止邮局不加区别地送任何信。例如,在新的管理制度下,不发送一般的情书和某些商业信件。为了履行这种新的职能,邮局委托一个送信人负责"**检查邮件**"的任务。这样一来,邮政的社会管理就具有了第二种职能,这种职能使它成了一种脱离并驾于社会之上的**权威主义权力**。这就构成了从社会管理机构向权威主义国家机构发展的第一步。送信人继续送信,但它们已经开始把他们的鼻子伸向信件的内容,并决定哪些人可以和哪些人不可以写信,能写什么和不能写什么。社会群体对此所作的反应无非是,要么容忍,要么抗议。社会群体的第一道裂缝出现了,不管把它叫做"阶级冲突"还是叫做别的东西,反正都一样。这不是一个语词问题,而是一种基本的职能和一种剥夺自由的职能之间的区别问题。从此时起,专制作法有了放手处理的权力。例如,耶稣会可以为了自己的目的而利用邮政检查制度。保安警察可以为了增强自己的权力而利用现在的检查制度。

不加任何改变,这一简单的例子就很容易运用到当代社会的复杂机器上。它既适用于我们的银行系统、我们的警察机关、我们的学校制度、食物分配机构,肯定也适用于社会与其他民族的关系。如果在评价任何一种国家职能时,我们坚持探索它的哪一部分同它最初执行社会任务的职能有关,它的哪一部分同后来所需要的压制社会成员的自由的职能有关,我们就可以理清混乱之处。起初,纽约、柏林或别的城市的警察局的任务是防止群体遭受谋杀和盗窃的危害。就它们现在仍然执行这一任务而言,它们是社会的一种有用的自由的职能。但是,当警察局开始禁止私人家庭的无害游戏,规定一个男子或女子能否在自己的房间单独会见一位异性,决定他们何时起床、何时睡觉时,那么,它们也就具有了暴虐的权威主义国家政权的形像,这种国家政权**驾于社会之上并反对社会**。

清除那些驾于社会之上并(或)反对社会的社会管理职能,是劳动民主的一个内在倾向。自然的劳动民主过程**只**容忍那些促进社会的统一并推进社会的基本作用的管理职能。由此可见,人们不能以机械、刻板的方式"反对"或"拥护"国家。人们应该把国家最初的社会职能同它的压迫职能区别开来。此外,当国家机构在实现自己的自然工作职能中按整个社会的利益发挥作用时,它就是而且必定是社会的执行机关。然而,一旦出现这种情况,它也就不再是"国家机构"了。它失去了一些特点,而正是这些特点使它疏远了社会,驾于社会之上并反对社会,从而在自身之中埋下了权威主义专政的种子。这就要求国家真正地消亡,即它的不合理职能消亡。而合理的职能是生活上必需的,它们继续存在下去。

这一区别有助于考察每一种生活上必需的管理职能,看看它是否力图使自身驾于社会之上并反对社会,看看它是否开始成为国家的一种新的权威主义工具。只要它服务于社会,它也就是社会的一部分。它就是可向往的、必需的，它就属于生活上必需的劳动领域。然而，如果国家机构把自身抬高成社会的主人和暴君，如果它要求自己的自主权力，那么它也就成了社会的头号敌人，相应地也就应该把它当作头号敌人来对待。

显然，没有管理机构，现代的复杂的社会有机体是不可能存在的。同样显然的是，消除管理机构堕落成"国家机构"的趋势，也不是一件容易的任务。对社会学家和社会心理学家来说，这里有一个广泛的研究领域。在权威主义国家被推翻之后，任务仍然是防止管理机构再度成为自主的权力。然而，鉴于权威主义的自主是劳动人民群众无能力支配、管理和控制自己命运的直接结果，所以，不再能脱离开人的结构问题来解决和把握权威主义国家的问题，反之亦然。

这直接导致了所谓的"**国家资本主义**"问题，这个问题在 19 世纪还是未知的，直到 1914—1918 年第一次世界大战才开始提出来。

国家资本主义的社会职能

俄国在第一次世界大战之前，美国在 1930 年前后的世界经济危机之前，私人资本主义制度和国家制度的关系是一种简单的关系。对列宁和他的同代人来说，"资本主义国家"仅仅是"私人资本家阶级"的权力工具。这种关系的简单性在俄国的革命电影中大致被描绘成下列样子：

工厂的私人占有者企图降低工资，而工人要求提高工资。资本家拒不答应这种要求，于是工人罢工，推进自己的要求。资本家给警察局长打电话，责成他"重建秩序"。在这种情形中，警察局长被描绘成资本家的公用工具，仅仅是证明，国家是"**资本主义的国家**"。警察局长命令警察去工厂，逮捕"魁首"，工人失去了领导。过了一段时间，工人开始感到饥饿的折磨，自愿或不自愿地重返工作岗位。资本家赢了。于是需要建立更好、更严格的工人组织。

按那些站在工人一边的社会学家的意见,这种电影反映了在美国国家和资本主义的关系。但过去20年重大的社会调整已经产生了一些变化,这些变化不再符合这种简单的观念。越来越多的通常被描述为"国家资本主义的"公司,从私人资本主义制度中产生出来。俄国社会用国家的无限权力取代了私人资本主义。在说法上没有造成什么差别,但在严格的马克思主义的意义上,**国家资本主义已经取代了私人资本主义**。正如我们已经指出的,资本主义的概念不是由个体资本家的存在来决定的,而是由市场经济和雇佣劳动的存在来决定的。

由于1929—1933年的世界性经济危机,在德国和美国也开始了走向国家资本主义的社会过程。作为一种驾于社会之上的组织,国家也开始对私人资本主义制度采取一种自主的立场,在某种程度上,它接管了以前留给私人资本家的一些职能:例如,以社会保障代替慈善事业。国家也对私人资本主义实行了工资控制,有些领域多些,有些领域少些。所有这一切都是因雇佣劳动者和雇员群众所形成的压力而产生的。正是以此方式,他们发挥了他们的社会影响:不是用**他们的**组织直接接管社会管理职能,而是以一种根本不同的方式,即对国家机构施加必要的压力,迫使它限制私人资本主义的利益,维护劳动者和雇员的权利。

换句话说,由于苏联的革命事件和其他主要社会的经济衰退(这日渐具有更大的影响),严重的危机已经产生了,随之也产生了动员现存国家机构防止解体的需要。作为一种自主的社会力量,"国家"重新加强了它最初的不惜一切代价维系社会的职能。

这一过程在德国非常明显。在1929—1939年的尖锐危机时期,增强内聚力的需要如此强烈,以致毫不困难地普遍接受了极权主义和权威主义的国家观念。即使社会稳固了,但那些促成社会危机的问题并没有解决。这是很容易理解的,因为国家的意识形态无能力以**现实的**和**实际的**方式来解决互相对立的利益。应该根据这个过程来解释法西斯主义采取的许多反资本主义的措施,这些措施诱使某些社会学家把法西斯主义当作一种革命的社会运

第九章 大众与国家

动。但法西斯主义根本不是一种革命运动。它仅仅是从私人资本主义向国家资本主义的急剧变化。在戈林的工业中,国家资本主义和私人资本主义融为一体。既然在德国工人和雇员中反资本主义的倾向一直是强烈的,那么只能利用反资本主义的宣传才能产生这种变化。正是这种矛盾使法西斯主义的胜利战斗成了社会非理性主义的原型,如此难以把握。既然法西斯主义向人民群众许诺进行反私人资本主义的革命,同时又向私人资本主义许诺将其从革命中拯救出来,那么它下的棋就是反动的、不可思议的和无结果的。这在很大程度上也说明了那种把德国国家机器拖入帝国主义战争中的强迫性。在德国社会中根本不存在以客观的方式来调节状况的可能性。用警察的棍棒和手枪来制造和平的外表,很难叫做"解决社会问题"。"民族的统一"曾以**幻想的**方式产生出来。我们已经知道,造成如此之大(即使不是更大)的影响的原因,既在于建立在严酷事实之上的过程,也在于建立在幻想之上的过程。教会等级制度的效果,几千年来一直是这方面的一个无可否认的证明。幻想的国家统一即使实际上没有解决一个现实的社会生活问题,也会使人认为它是法西斯主义的一个成就。随着时间的流逝,这种解决办法明显表现出是站不住脚的。社会分歧比以前更大了,但幻想的国家凝聚力足以保持德国社会十年内在形式上不会崩溃。**实际地**解决现存分歧的任务,留给了不同的而且更根本的过程。

不管我们注意的是资本主义国家还是无产阶级国家,把社会的分歧统一起来的职能都是一样的。但我们仍应记住它们起初在意图上的区别:在法西斯主义那里,权威主义国家成了国家观念的固定原型,这意味着人民群众被贬低到了永远服从的地位。列宁的无产阶级国家的意图是不断消灭自身,建立自治。然而,在这两种情形中,核心都是"国家控制消费和生产"。

让我们回头再看看其中的共同性,即劳动人民群众无能力亲自管理社会。我们将会更好地理解在过去 25 年里私人资本主义向国家资本主义发展的逻辑性。在俄国,劳动人民群众能够推翻旧的沙皇国家机器,并用一种国家机器取而代之,这种国家机器的领袖来自劳动人民群众队伍,但他们未能进而实行自治,并亲自担负起责任。

在其他国家里,在形式上高度组织起来的劳动人民群众未能推进并实行作为他们自己组织的意识形态一部分的自治。因此,国家机器不得不接管越来越多的实际上移交给了群众的职能。它代替他们接管了这些职能,例如,在斯堪的纳维亚和美国就是这样。

尽管在俄国、德国、斯堪的纳维亚和美国,由于其历史的发展,国家对社会生产和消费的控制有根本的差异,但仍有一个共同性,即人民群众无能力亲自管理社会。权威主义专政的危险合逻辑地而且简单地从这种向国家资本主义发展的共同基础中产生出来。一个国家工作人员是具有民主倾向还是作为国家的一个权威主义代表,这纯粹是偶然的。从劳动人民群众的结构和意识形态的角度看,从国家资本主义中不产生专制,这在现实中是根本没有任何具体保证的。正是为此理由,在争取真正民主和社会自治的斗争中,至关紧要的是重视并强调人的性格结构的作用和人的责任心转向爱情、劳动和认识过程。

不管多么痛苦和窘迫,事实依然是:我们面对的是一种几千年来被机械主义的文明所塑成的人类结构,这种结构现在表现在社会的无能为力和对元首的强烈渴望上。

德国和俄国的国家机器从专制主义中产生出来。正是为此理由,德国和俄国人民群众的人类性格的屈从性质突出地表现出来。因此,在这两个国度里,革命都以非理性的逻辑确定性导致一种新的专制主义。与德国和俄国的国家机器相反,构成美国国家机器的则是这样一些集团,这些集团曾躲开了欧洲和亚洲的专制主义,逃到了一个摆脱了直接传统影响的处女地。只有这样才能理解,在本书写作之前,在美国没能发展起极权主义的国家机器,而在欧洲,每一次以自由的口号进行的推翻政府的活动都不可避免地导致专制主义。对罗伯斯庇尔来说是如此,对希特勒、墨索里尼和斯大林来说也是如此。如果我们想公正地评价事实,那么我们就应

第九章 大众与国家

该指出，不管我们是否愿意，不管我们是否喜欢，那些把自己的权力建立在亿万人民之上的欧洲独裁者，总是来自被压迫的阶级。我毫不犹豫地断定，这个事实尽管是悲剧性的，但它比起那些与一个沙皇或一个威廉大帝的专制主义有关的事实来说，包含着更多的社会研究材料。比较起来，后一类事实是容易理解的。美国革命的奠基人不得不在**陌生的**土地上白手起家建立起他们的民主。那些完成了这一任务的人都曾反抗过英国专制主义。相反，俄国革命者不得不接管已经存在的而且非常严格的政府机构。美国人可以从头做起，而俄国人尽管极力搏斗，也不得不抱着旧的东西。这也可以说明，那些对自己摆脱专制主义的经历记忆犹新的美国人，对1940年的新流亡者采取了比苏联更开放而且更可行的态度，而苏联则对这些新移民关闭了它的大门。这还可以解释，为什么保护旧的民主理想的尝试和发展真正自治的努力，在美国要比在别的任何地方更强有力得多。我们并不忽视由传统造成的许多失败和延迟，但无论如何，真正民主的努力的复兴出现在美国，而不是苏联。只能希望，美国民主将彻底地认识到，而且不太晚地认识到，法西斯主义并不限于哪一个民族或哪一个政党；而且应该希望，它将成功地克服人身上走向专制形式的倾向。只有时间能告诉我们，美国人是将能抵制非理性的强制性还是将屈服于它。

我想强调，我们关心的不是罪恶或邪恶意志的问题，而仅仅是阐明在一定的现存条件基础上的发展。

让我们简单地概括一下群众结构和国家形式之间的种种联系。

不管人民大众的性格结构是消极地还是积极地表现出来，这种性格结构的影响都从根本上决定着国家采取的形式。正是大众的结构容忍了帝国主义。正是这种结构，积极支持着帝国主义。同样，即使人民大众的结构不具有阻止新专制主义产生的能力，它也能够推翻专制主义。当国家按真正民主的方向运行时，正是这种结构助长并支持着真正民主的努力。当真正民主的**国际**自由运动失败时，正是这种结构产生了民族的革命运动。当民主失败时，正是这种结构躲避到幻想的家庭、人民、民族和国家的统一中；但也正是这种结构，传递并发展着爱情、劳动和认识的过程。因此，只有这种结构能逐渐接管"驾于它之上"的管理职能，并学会靠**自己的工作组织来执行这些职能，从而吸收国家管理机构的真正民主的倾向**。在此之外，国家机构向自治的变化是快还是慢，不是至关紧要的。如果它能有机地而且不流血地发生，那对每一个人来说再好不过了。但只有当驾于社会之上的国家的代表充分意识到它们不过是劳动人民共同体选举出来的执行机关，它们是由最严格意义上的必然性产生的执行机关，即它们是因亿万人民的无知和不幸的生活状况而成为必要的执行机关时，这才是可能的。严格地说，它们承担良好教育者的任务，即承担认真自力地照料儿童的成年人的任务。一个力图实现真正的民主的社会，决不应忽视这样一个原则：国家的任务是使自己成为越来越多余的，犹如一个教育者在对儿童尽了他的义务之后也就成了多余的一样。如果没有忘记这一原则，那么流血不仅可以而且必将得以避免。只有在国家明确而毫不含糊地废除自身的情况下，劳动民主才可能**有机地**发展；相反，如果国家权力使自身永恒化并忘记了自己的教育任务，那么它就会使人类社会记住，它的产生是出于必然性，它的消失也一定出于必然性。因此，责任（就这个词的好意而不是坏意而言）既落在了国家肩上，也落在了人民群众身上。国家的义务不仅是鼓励劳动人民群众对自由的强烈渴望，**它也应该尽一切努力使他们能够自由**。如果它没有这样做，如果它压制了对自由的强烈向往，甚至滥用它，阻碍趋向自治的道路，那么显而易见，它就是一种法西斯主义国家。于是人们也就开始去说明因国家的错误所造成的危害和危险。

第十章　劳动的生物职能

"自愿的劳动纪律"问题

　　劳动是人的社会存在的基础。每一种社会理论都强调这一点。然而,在这里,问题并不在于劳动是人类存在的基础。问题在于劳动的性质:它是同人民群众的生物需要**相对立的**还是**相和谐的**?马克思的经济理论证明,以经济价值的方式生产的每一种东西都是通过人的**活**劳动力的消耗,而**不是**通过**死**材料的消耗而产生的。

　　因此,作为产生价值的唯一力量,人类劳动最值得注意和关心。在一个处在市场经济而不是处在使用经济强制下的社会里,根本谈不上关心和认真对待人类劳动力。像其他商品一样,这种劳动力被生产资料所有者(国家或个体资本家)购买和使用。劳动者收到的"工资"大致相当于他为再生自己的劳动力所必需的最低限度的生活资料。由于劳动进一步机械化和经济化,许多劳动力成了多余的,以致总是存在着被消耗掉的劳动力的后备力量。

　　苏联废除的是**私人**利润经济,而不是**国家**利润经济。它最初的意图是把资本主义的劳动"经济化"改造成社会主义的劳动"经济化"。它解放了国家的劳动生产力,并普遍缩短了劳动时间;这样一来,它成功地渡过了1929—1932年尖锐的经济危机,无失业现象。毫无疑问,苏联的经济化措施起初在某种程度上是社会主义的,它能满足整个社会的需要。然而,真正的民主,即**劳动**民主的基本问题不单是一个劳动经济的问题。**与别的事情不同,它是一**

件改变劳动的性质,使其不再是一项繁重的义务,而是令人满意地实现需要的事情。

对人类劳动职能的性格分析考察(这个考察绝没有完成)为我们提供了一些线索,这些线索使得有可能以实际的方式解决异化劳动的问题。我们可以以令人满意的准确性区别开人类劳动的两种基本类型:**强制性的不产生任何快乐的**劳动和自然的快乐的劳动。①

为了理解这种区别,我们首先应该摆脱几种机械的关于人类劳动的"科学"观点。经验的心理学只考虑用哪种方法有助于最大限度地利用人类劳动力的问题。当它谈到劳动**乐趣**时,它指的是一个独立的科学家或艺术家从自己的成就中获得的乐趣。甚至精神分析学的劳动理论也犯了唯一只注重精神成就的模式的错误。**从大众心理学角度对劳动的考察,是正确地从劳动者同自己劳动的产品的关系出发的**。这种关系具有一种社会经济的背景,与劳动者从自己的劳动中获得的**快乐**有关。劳动是一种基本的生物活动,这种活动像一般生活一样,依赖于快乐的搏动。

一个"独立的"研究者从自己的劳动中获得的快乐,不能被当作一般劳动的尺度。从社会的观点来看(别的任何观点都和社会学没有关系),20世纪的劳动完全是受**义务的法则**和**生存的必要性**所支配的。全世界几亿雇佣工人的劳动没有给他们带来丝毫的快乐或生物的满足。本质上,它是建立在**强制性劳动**的形式上的。它的特点在于,**它同劳动者的生物的快乐需要相对立**。它出于义务和道德心,以便不被分裂,而且通常是对别人而言的。劳动者对自己劳动的产品没有任何兴趣;因此,劳动是繁重的,缺乏乐趣的。建立在强制(不管是哪一类强制)基础上而不是建立在快乐基础上的劳动,不仅在生物学上是不能实现的,而且在经济上也不是很多产的。

这一问题是极其重要的,但人们对它不很了解。首先,我们先

---

① 参见赖希《性格分析》。

第十章　劳动的生物职能

作一个一般的描绘。显然，机械的、生物学上不令人满意的劳动，是普遍的机械生活观和机器文明的产物。劳动的生物职能能否和劳动的社会职能相和谐？这是可能的，但首先必须彻底纠正根深蒂固的观念和制度。

19世纪的工匠和自己的劳动产品有充分的联系。但是，当福特工厂里的一个工人年复一年地从事同一种操作，总是在一个环节上而不是在整个产品上劳动时，那就根本谈不上**满意的**劳动。专业化和机械化的劳动分工，连同一般的雇佣劳动制度，导致劳动者和机器没有任何关系。

在这一点上人们会提出异议说，确确实实存在着劳动的**需要**、劳动中的"自然的"满足，这种满足是劳动**行为**本身内在固有的。诚然，在活动中有生物的满足，但这种活动在市场经济中被硬挤压成的形式，扼杀了劳动的快乐和劳动的渴望，使它们不能表现出来。无疑，劳动民主的一个最迫切的任务是**使劳动的条件和形式同劳动的需要和劳动的快乐和谐起来**，一句话，**消除快乐和劳动的对立**。这里为人类思想打开了一个广阔的新领域：是否可能和如何可能既保持劳动的经济化和机械化，又不扼杀劳动的快乐？工人可以同完成了的劳动产品（他只构成这产品的一部分）有一种关系，而又不排除劳动分工，这肯定是可想象的。从劳动中获得的生活乐趣，是人从劳动的奴隶重新确立为生产的主人的一个根本的、必不可少的因素。如果人能重新同自己的劳动产品建立起直接的关系，那么他也会为自己的劳动承担起他今天没有或拒绝承担的责任。

人们可以以苏联为例说："尽管你为自己不动情感地看待事实感到自豪，但你的劳动民主是空想的和虚幻的。在苏联的工人天堂里，哪里废除了劳动分工？哪里有劳动的快乐？哪里废除了雇佣制度和市场经济？你难道从工人革命的结果中看不出你的享乐主义劳动观是多么不可能和空想吗？"

对这种论点的回答是：在1944年，尽管自然科学有了进步，但群众的神秘主义也比以前更强大了。这是无可辩驳的。但是，一个人未能达到自己追求的目标——因为人民群众的非理性——并不意味着这个目标**不可能**达到。根本的问题是：快乐劳动的目标是一种现实主义的目标还是一种空想的目标？如果它是一种现实主义的目标，如果它是每一个人都强烈向往的，那么我们就应该问什么东西阻碍着它的实现。这个问题既适用于技术领域，也适用于科学领域。如果登上珠穆朗玛峰现在还不可能，这并不意味着它是一种不可能的技艺！它只是关于最后800米的问题！

正是在这一点上，劳动民主同政治的对立被明确而简单地揭露了：我们的报纸充斥的尽是那些根本不考虑人民群众劳动过程的困难的政治讨论。这是可以理解的，因为政治家一点不了解劳动。我们不妨想象，一个劳动民主的共同体一旦从它的报纸上清除一切非理性主义，就会尽力讨论快乐劳动的条件。劳动人民群众将争相提出大量的建议和提案，一劳永逸地排除任何政治化。可以想象，一个老板、工程师、专家将高兴地描绘劳动过程的每一方面和步骤，提出改进的建议和计策。他们会彼此争论和竞争，会有热烈的争吵。这该是多么美妙。人们用了几个世纪才想出了把工厂建成像康复院一样而不是像监狱一样，建立有照明设备、良好通风设备、洗澡间和厨房等设施的工厂。战争经济的压力把广播音乐引入了工厂。如果由劳动人民而不是由政治家控制着新闻，这个过程将进行到何种程度，真是难以估量。

在苏联经济的头五年，有劳动民主的迹象。例如，避免了对新一代的**片面化**的专业训练，尽一切努力使男女青年对职业生活有了**多才多艺**的准备。这样一来，就为抵销劳动分工的危害做了尝试。"脑力"劳动和"体力"劳动之间的差距缩小了。青年为自己以后的职业生活有了多方面的脑力和体力准备，以致社会的任何成员都可以在劳动过程的任何地方就业。例如，大公司的雇员周期性地从一个岗位转换到另一个岗位。不同公司的雇员可以交流。当训练有素的专家当了一段时间的企业管理者后，就被派回到机器旁，以防止他们脱离劳动成为行政官僚。

所谓的"三结合管理体制"的建立，表现了**企业的自治**。每一

第十章 劳动的生物职能

个企业都由整个企业为此目的而选举出来的雇员来管理。这样一来,全体雇员就直接参与了管理。而且经常召开专门的"生产会议"。这些因素以及其他许多因素表明,为重建快乐和劳动的统一尽了努力。在这一点上,劳动民主的反对者会高兴地指出,这些改进大多数都维持不下去,例如,企业全体雇员的生产会议会随着时间的流逝而蜕化成纯形式,或完全消失。对此我们的回答是:尽管古代的德狄勒斯①和伊卡尔斯②以及中世纪的达·芬奇的飞行努力失败了,但赖特兄弟不是已使飞行成为可能的事了吗?**苏联企业劳动民主管理的最初尝试之所以失败,乃因为企业管理的重新组织没有和人类结构的重建携手并进**。这是一个教训,下一次它能做得更好。

当**一个**管理者成了一个企业的**经理**,承担个人责任并进而占据独立的领导地位时,**三结合管理体制**和**企业的自治**也就被废除了。确确实实,这个"经理"依然来自工人,即来自一个企业的全体工人,但企业的这个**自主**的经营者会很快具有一个监工、官僚或统治者的全部特征,他不再是劳动人民群众的一部分。的确,正是在这里我们找到了苏联"统治阶级"的根源。但这并不否定有这样一个事实:每一劳动过程本质上必然是一个**劳动民主的过程**。劳动的自我管理自发地呈现出来。它大大改变了劳动者的结构,以致把这种自然的劳动民主从官僚的障碍中解放出来,帮助它发展**自己的形式和组织**。熟悉劳动过程的劳动民主主义者并不否认困难;恰恰相反,他集中自己的所有力量来对付困难,因为在他看来,重要的是理解并克服一切困难。他不会因存在着困难、挫折和失败而幸灾乐祸。只有把自己对人民群众的权力建立在这些困难之上的政治家,才在这里寻找胜利的理由。劳动民主主义者并不利用这些失败来说明使用经济是不可能的,人是永远不变的,正是从自

---

① 希腊神话中传说的建造迷宫的名匠。——译者注
② 德狄勒斯之子,传说他以蜡和羽毛造成翅膀飞行,因接近太阳翼毛融化,堕海身亡。——译者注

己的失败中,他学会了更好地工作。当一个赛跑者跨栏失败时,一个跛脚者很容易幸灾乐祸。

苏联政府一开始碰到的一个主要困难,恰恰是至关重要的熟练工人很少对政治表现出热情。我们引用一位官员的话来证明这一点。他说:

> 对自己职业的热爱是最重要的事情。合格的工人是党的最好的后备军。他们总是对自己的职业感到满意,总是在寻找新的方式来改进自己的工作。他们是非常自觉的。当人们和他们交谈并问他们为什么不入党时,他们的回答是没有时间。他们说:"我感兴趣的是如何改进钢制品和混凝土。"于是他们发明了一些东西,如工具等等。我们感兴趣的正是这些工人,但我们还没有找到调动他们政治兴趣的方式;然而,他们是最优秀、最成熟的工人。他们忙得很,总是在寻找改进自己生产的方式。①

这个官员触及到了一个有关政治和劳动的关系的基本问题。在德国,人们也经常听说:"我们这些追求自由的人所走的道路肯定是正确的,工人理解我们,但他们不想和政治打交道;我们和产业工人有同样的困难。"在1923年以后的岁月里,除了政治上的失望使德国产业工人疏远了共产党而外,还有一种人们一再忽视或不能理解的非常重要的环境。**作为一个集团,政治家根本不理解技术问题,他们完全脱离了具体劳动的领域。**那种对自己劳动的技术问题有强烈兴趣的工人,如果在晚上听了党的政治家的话他就不得不"使自己服从政治"。政治家不能从劳动过程本身来提出社会革命的态度和观念;他们根本不了解劳动。他们力图用关于高级政治的抽象观念来说服工人,但工人对这些观念毫无兴趣。然而,劳动民主的每一细节都能有机地从**劳动的技术**方面发展起

---

① 着重号系赖希所加。

第十章 劳动的生物职能

来。当我们管理我们的企业时,我们将如何进一步建设它?我们将不得不克服什么样的困难?我们将采取什么措施使我们的劳动更轻松?为了更好地经营我们的企业,我们还应学些什么?关于**生活空间、牛奶、抚养孩子**等等,我们将做出什么安排?这些问题将激励所有负责任地工作的人,他们感觉到**这个企业是我们的难管教的儿童**。只有当工人学会掌握他们企业技术的各个方面,而这些方面又是他们为了实现所有意图和目的而具有的时候,工人同自己劳动的异化才能被克服。这样也就弥合了熟练劳动和社会责任之间的裂痕这一社会祸因。熟练劳动和社会责任应该携手并进,这样才会**排除带来快乐的劳动和机械的劳动条件之间的对立**。在德国法西斯主义统治下,工人对劳动过程一点也不感兴趣。他是一个"被指挥的"不负责任的臣民,不得不服从负有全部责任的企业经理的命令。要么他具有民族主义的幻想:他把企业当作一个"德国人",而不是当作社会上负责任的使用价值生产者,仅只当作一个"德国人"。这种幻想的民族主义的态度是德国整个NSBO[①]工作的特点,它以同"国家"的幻想的统一极力掩盖工人非常明显地缺乏劳动兴趣的现象。现在,不论是在德国还是在美国或檀香山,社会就是社会,机器就是机器。作为劳动本身,社会和机器是**国际性的事实**。"德国的劳动"是胡说八道!自然的劳动民主消除缺乏兴趣的现象。它不以同"国家"的幻想的统一、发色或鼻型来掩饰它;它消除缺乏兴趣的现象,使得工人能感觉到对自己产品的现实责任,并感觉到:"这个企业是我们的。"这不是产生**形式的**"阶级意识"或归属于一个特定阶级的事情,而是对自己的职业有技术兴趣,同自己的劳动有客观联系的事情,这种客观联系以**对自己技艺的意识**取代了民族主义和阶级意识。只有当人们客观地密切同自己的劳动相联系时,人们才能理解专制的和形式民主的劳动形式不仅对劳动本身,而且对劳动快乐该是多么大的破坏。

  当一个人从自己的劳动中获得快乐时,我们把他和劳动的关系

[①] 国家社会主义企业局(企业局是德国劳动部的一个行政部门)。

叫做"里比多的"。既然**劳动和性**(无论从这个词的狭义和广义上说都)密切地缠绕在一起,那么,人同劳动的关系也是人民大众性经济的问题。劳动过程的卫生取决于人民大众用来满足自己生物能量的方式。**劳动和性出自同样的生物能量**。

工人进行的政治革命没有灌输这样的感情:工人要对一切事情负责任。这个过失导致向权威主义措施倒退。差不多从一开始苏联就不得不对付这样的困难:工人根本不尊重自己的工具。无休止地抱怨工人擅离职守,抱怨缺乏各类企业需要大量补充的工人等等。1934年5月22日某报纸详细报导了矿区,特别是非常重要的"顿巴斯"地区现在的"不令人满意的"状况。该报导指出。只有采取非常措施,即从办公室里抽出额外的工程师和技术员,把他们派到矿上,他们才能成功地把当年1月的日产量由12万吨提高到14.8万吨;即使这样,也并非所有的机器都在运转,1934年3月的日产量再度降到14万吨。这种生产衰退的一个主要原因是"粗心大意地"对待机器。另一个原因是,"**随着春季的到来**",许多**工人想离开矿井**。根据这个报导,这归因于"**缺乏兴趣**"。在1月和2月,3.3万(!)名工人离开了矿井,不得不雇佣2.8万名新工人。人们相信,如果厂方能**为工人提供更好的生活条件并为他们的闲暇时间提供娱乐的可能性**,这种大迁移是本可以避免的。

对纯经济学家的禁欲主义和人类异化来说,这像是他的胡思乱想。肯定,"闲暇时间"是用于娱乐和享**受生活乐趣**的。当然,在企业里建立了俱乐部、剧院和其他娱乐设施。因而,人们感受到了享乐对于劳动过程卫生的重要性。但在官方,特别是在社会意识形态上,"劳动"被确定为"生活的**实质**",并被断定为性活动的**对立面**。

在电影《生活之路》中,**春天**一个工厂里爆发了一场由年轻的违法者操纵并进行的造反。他们砸毁机器,拒绝工作。在该影片里,这场造反被归因于这样一个事实:铁路线被洪水淹没了,因而无法供应劳动材料。也就是说,这场"造反"归因于"缺乏劳动材料"。然而,我们不难看出,那些过集体生活而没有姑娘相伴的小

第十章　劳动的生物职能

伙子有春倦症，无法劳动只是释放出而不是造成这种春倦症，**未被满足的性生活容易变成愤怒**。"炸狱"是由于性满足的缺乏而造成的施虐爆发。因此，3.3万名工人**正是在春天**一下子离开了他们的劳动岗位，毫无疑问，在苏联不令人满意的性经济状况才是原因。我们所说的"性经济状况"不单是指有规则的令人满意的爱情生活的可能性；而且也指每一种与快乐和劳动中的生活乐趣相关的东西。然而，苏联政治家却用一种劳动疗法来抵制性需要。这些作法肯定是事与愿违的。在十几年里，我一直阅读苏联官方文献，我发现根本没有提到这些决定性的生物关系。

　　工人的性生活和他的劳动表现之间的关系具有决定性的重要意义。好像劳动不会妨碍性能量的满足，不会一个人劳动越多，他对性满足的要求也就越少。事情恰恰相反：如果一切外部条件具备的话，**一个人的性生活越是满意的，他的劳动就越是有成果的和快乐的**。被满足的性能量自发地转化为劳动的兴趣和活动的渴望。与此相反，如果一个人的性需要未被满足，而是被压抑，那么他的工作也就在各方面受到**干扰**。因此，劳动民主社会的劳动卫生的一个基本原则是：**不仅有必要建立最好的劳动外部条件，而且有必要创造内部的生物前提，以便最充分地实现生物的活动渴望**。所以，**保证劳动群众有完全满意的性生活，是快乐劳动最重要的前提**。在任何社会里，劳动扼杀生活乐趣的程度，劳动被当作义务的程度（不管这些幻想是借用"祖国"、"无产阶级"、"民族"的名义，还是借用别的名义），是衡量这个社会的统治阶级反民主特点的确切尺度。"义务"、"国家"、"纪律和秩序"、"牺牲"之类的东西是彼此密切联系在一起的，而"生活的乐趣"、"劳动民主"、"自治"、"快乐的劳动"、"自然的性活动"也是不可分割地结合在一起的。

　　学院哲学就生物的劳动需要是否存在的问题作了大量无聊的琐细而无益的分析。像其他许多领域一样，这里也缺乏必不可少的经验，妨碍了这个问题的解决。劳动渴望产生于有机体激动的生物根源；因此，它是一种自然的渴望。但劳动的形式不是在生物学上，而是在社会上被决定的。人的既自然又轻松的活动渴望，带着客观的任务和目的自发地实现自身,有助于满足社会和个人的需要。**就劳动卫生问题来说,应该以发展并满足活动的生物渴望的方式来安排劳动**。这一职能排除了各种在义务强制下从事的道德主义—权威主义的劳动,因为它不能容忍任何专横。它要求:

1. **建立最好的劳动外部条件**(劳动保护、缩减劳动时间、劳动职能的多样化、确立工人与自己产品的直接联系)。

2. **解放劳动的自然渴望**(防止形成僵化的性格盔甲)。

3. 创造先决条件,使性能量能转化成劳动兴趣。为此目的,性能量必须——

4. **能得到满足并实际地得到满足**。这要求维护所有对全体男女劳动者的完全**满意的、性经济的、社会肯定的性生活**来说必需的先决条件(体面的生活空间、避孕、在儿童和青少年的性活动管理中持肯定态度的性经济)。

应该客观地理解苏联的种种倒退,所以,我们将看到:在改变群众的结构时所碰到的困难,受到了不正确的估价。有人认为,人们所对付的是第二位的纯"意识形态的"因素。这种或多或少被**道德主义地**谴责为"旧传统"、"懒惰"、"下中层阶级习惯的癖好"的东西,实际上是一个比工业机械化更复杂而且更难解决的问题。苏联政府受到了好战的帝国主义力量的威胁,不得不最迅速地完成工业化。为了做到这一点,它重新采用了权威主义方法。它忽视甚至抛弃了最初向社会自治的努力。

尤其是,把强制的权威主义的劳动变成自愿的生物的快乐劳动的努力失败了。劳动依然是在严酷竞争的压力下或在同国家的幻想的统一下进行的。正如斯大林在苏联共产党第17次代表大会上所注意到的,"劳动的非人化"出现了,人们对劳动的"材料"和为消费者生产的产品"漠不关心"。在1971年的中央委员会中设置的对中央委员会起监督作用的工农检查院,尽管是一个十分民主的组织,但已证明是不妥当的。斯大林说:

> 工农检查院按其组织来说,不能够满足对执行情况进行很

第十章 劳动的生物职能

好的检查的要求。几年以前,当我们的经济工作还比较简单,还不大令人满意,还可以指望有可能检查各人民委员部和各工业组织的工作的时候,工农检查院是胜任的。但是现在,我们的经济工作已经扩大并更加复杂了,已经既没有必要又没有可能由一个中央机关来检查经济工作了,因此,工农检查院应当改组。现在我们需要的不是一般的检查,而是对中央机关决议的执行情况的检查,——现在我们需要的是对中央机关决议的执行情况的监督。现在我们需要一个不以检查所有一切为目的,而能把自己的全部注意力集中于监督工作,集中于检查苏维埃政权中央机关决议的执行情况的组织。只有苏联人民委员会苏维埃监察委员会才能成为这样的组织。苏维埃监察委员会按照人民委员会的指示进行工作,在各地有不受地方机关支配的代表。为了使苏维埃监察委员会有充分的权威,使它能够在必要时处分任何负责工作人员,必须使它的委员候选人由党的代表大会提名,经苏联人民委员会和中央执行委员会批准。我认为只有这样的组织才能加强苏维埃监督工作和苏维埃纪律。……

必须使它的委员只有党的最高机关即党的代表大会才能选举和撤换。毫无疑问,这样的组织完全能够保证对党中央机关决议的执行情况的监督并加强党的纪律。①

这里,明确表现了企业自治向权威主义监督方向的转变。最初具有监督国家领导的职能的工农检查院完全消失了,取代它的是由国家所任命的机关,这些机关的职能是监督指派给工人和农民的劳动。工人和农民无发言权;劳动民主**彻底**惨败了。既没有说出也没有感觉到人民群众无能力自由。

为了巩固俄国社会,这种转变曾是必要的。**一度提出的自治,没有发展起来**或没有充分发展起来。它之所以不能发展,是因为

---

① 《斯大林全集》中文版第13卷,第329—330页。着重号系赖希所加。——译者注

共产党尽管宣布自治的原则，但没有认识到实现这种自治的手段。起初，工农检查院作为被选举出来的苏维埃代表大会的代表，具有监督和检查各苏维埃人民委员部和各经济组织的任务，也就是说，那些理所当然地选举出苏维埃的劳动人民群众，**一度监督着党和经济**，而现在这种职能则交给了党及其**独立于地方苏维埃组织的机关**。如果说工农检查院是趋向**群众自我管理和自治**的社会倾向的一种表现，那么，新的"**监察委员会**"则是**权威主义地执行党的决议的表现**。简言之，它是从自治意图向社会及其经济的权威主义监督的许多倒退的一种。

能不能把这一步视为苏维埃的大可怀疑的性质的后果呢？回答是：惨败的不是作为男女劳动者的代表的苏维埃，而是政治家对这些苏维埃的操纵。无论如何，苏维埃政府**不得不**对付经济问题和劳动纪律问题。这并不意味着我们宽恕权威主义原则。正相反，如果我们强调这种灾难性的倒退，我们这样做是因为我们想知道这种挫折的**原因**，以便**排除困难**，帮助自治最终获得胜利。**这种失败的责任沉重地落在劳动人民群众身上**。除非他们学会靠自己的独创性来**克服**自己的软弱性，他们便不会有指望摆脱权威主义的政府形式。没有人能帮助他们，他们，只有他们才负有责任。唯有这才是真实的，才是有希望的。不能责备苏联政府重新采用了权威主义和道德主义方法。如果它不想毁掉一切的话，它**没有**别的选择。应受到责备的是，它忽略了自治，封闭了自己的未来发展，而且没有为它创造先决条件。应该责备苏维埃政府**忘记了国家应该消亡**。应该责备它没有把群众自治和自理的失败当作新的更大努力的出发点；责备它极力使全世界相信，不管怎样，这种自治在发展，"完全的社会主义"和真正的民主兴起了。幻想一直阻碍着他们声称的东西获得**真正的**实现。因此，每一真正的民主的第一个任务显然是承认这些发展的困难，揭露它们，帮助克服它们。专制的公开宣告远不如伪善的民主危险。人们可以抵制前者，而后者则像一个打捞钩一样抓住落水者的尸体不放。苏联政治家甩不掉不诚实的丑名。对真正民主的发展来说，他们比希特

第十章　劳动的生物职能

勒更有害。这是一种严厉的谴责,但这是不可避免的。仅仅谈论自我批评,是无用的。不管多么痛苦,人们都应该作出这种谴责。

苏联的自我管理和自治的失败,导致去组织劳动纪律,这种纪律明显地表现在对第一个五年计划的军国主义式的炫耀上。经济科学是一个"**堡垒**",年轻人的目的是"占领"它。报纸像在战时一样登载关于"战役"和"前线"的报导;工人军队"进行战斗",各队猛攻"狭窄的通道"。"铁军"冒着枪林弹雨"占领了"防区"。任命了"干部"。"逃兵"被揭露出来,并受到公众的嘲笑;举行了"对抗演习";向人民"拉响警报"并"动员"他们。在危险的"进攻"中"轻骑兵"打"前哨"。

这些来自苏联文献的例子足以表明,只有借助于来自战争气氛的意识形态并创造**战争气氛**,才有可能执行伟大的五年计划。所有这一切就是群众无能力自由的具体事实的基础。加速工业化有助于建立国家的军事力量。由于西方的社会革命未能成功,特别是由于苏维埃社会的自治没有发展起来,所以苏联的状况的确比得上战争状态。当时苏联外交的任务是延缓各种军事对抗,特别是延缓在中东铁路和满洲里问题上同日本的对抗。然而,由于当时的客观发展环境,这种不可避免的而且也直接有用的办法——因为实际上能使苏联武装起来抵御帝国主义的进攻——具有两个极大的副作用:

1. 如果一个有1.6亿人口的国家连续几年处于战争气氛中而且充满了一种军国主义的意识形态,那么,即使达到了这种战争意识形态的目的,这也不可避免地对人类结构的形成产生一种影响。大众领袖的军国主义结构具有了自主的力量。在大众教育中被当作生活**理想**来宣扬的"无私奉献",塑造了大众心理,使得有可能进行各种清洗、处决和强行制裁的专制过程。鉴于所有这一切,显然,在向自由社会发展中,生物心理的作用不可低估。

2. 如果一个感到自己被好战的武力所包围的政府,连续几年对群众实行某种军国主义的意识形态影响,并在解决最困难的直接任务的混乱中忘记了自己的使命,那就很容易出现这样的情况:

即使在政府的目的实现之后，它还将继续保持并不断强化这种气氛，而这种气氛已显得多余。人民大众是而且仍将是异化的、局外的、植物似的，或者超出自己的需要而走向非理性的沙文主义。

对劳动过程的权威主义管理，完全符合苏联人生活于其中的军国主义气氛。没有想到而且也不可能想到把劳动方法变成自治。就此而言，英雄主义，特别是在建设工业的斗争中由共青团员显示的英雄主义，是值得称赞的。然而，如何把共青团员的英雄主义的性质和希特勒的青年或帝国主义武士的英雄主义区别开来呢？如何看待为**人类**（不是民族）自由而战呢？认为英国或德国士兵的英雄主义要次于一个共青团员在建设苏联工业中的英雄主义，这是在骗人。如果我们不能把英雄主义的情感和自由的目标明确区别开来，我们就很容易落入常规，根本谈不上追求这一目标（自治！）。是的，英雄主义是"必不可少的"，但使人民群众的结构发生根本变化的努力却没有什么结果，因此，几代自由战士曾为之献出最好的思想和生命的那种社会状态，也未能建立起来。既然工人不再对自己的劳动抱有"切身"兴趣，那么就必然重生"求生冲动"。奖金制度重新起用了。工人是按自己劳动力的价值来评价的；多干的人得到了更好的滋补品和生活空间。但最糟糕的是，重新起用了最严格的竞争雇佣制度。所有这一切都是"必要的"，但应该清楚，它是和最初的目标截然对立的。

用"锁"来防止工人离开工作岗位，这也是对劳动的道德主义、权威主义管理的明确标志。例如，工人不得不一直坚持到五年计划的结束。当时，40%的苏联工业在生产战争物资。这意味着不得不增强生产消费品的企业里的劳动，以保持同样的水平。出于刺激雄心之目的，连晚上都用来工作。在这样的"晚上"，举行竞赛，看谁排字最快，谁包糖果最快。在各个工厂都设立了黑红两色公告板。"懒惰的"工人的名字写在黑色公告板上，"优秀而勤奋的"工人的名字写在红色公告板上。对某些人的道德褒扬和对另一些人的道德贬低，究竟对性格形成有什么影响，我们无从得知。但从我们关于这些措施的采用所了解的情况中，可以可靠地作出

第十章　劳动的生物职能

结论说,这种对人类结构的形成的影响是灾难性的。那些名字上了黑色公告板的人禁不住产生羞耻、妒忌、自卑乃至仇视的感觉;而那些名字上了红色公告板的人,战胜了自己的竞争者,自以为是赢者,可以发泄他们的残忍,使得自己的雄心超越一切自然的界限。尽管如此,那些在这种竞争中失败的人并不必然是"低下"者。恰恰相反,我们可以认为,就其性格结构而言,某些"黑人"是更自由的人,即使他也更神经质。那些达到顶端的人不一定是自由的人,因为我们知道,在他们身上刺激起来的性格,正是我们在野心勃勃的人、能干而进取的人、爱炫耀的人,一句话,在染上瘟疫的人身上发现的性格。

有一首诗被用来当作刺激劳动纪律的手段,这首诗表明了人们对国家的消亡及其职能向人民的转移考虑得是多么少。

> 国家需要集体农庄,
> 这钢铁造成的搅拌器。
> 从太平洋到明斯克,
> 从维亚特塔到克里米亚,
> 肥沃的土地等待着拖拉机。
>
> 国家召唤你!
> 前进!前进!全体一起!
> 排起队伍!
> 不分昼夜,我们抡起
> 铁锤,敲击再敲击,
> 每天数百次,我们为祖国
> 造出一匹铁骑。

注意,这里说的是"**国家需要**",而不是"**我们需要**"。这种区别对于那种用经济观点来看待一切的政治家来说也许毫无意义,但它对重构人的性格具有决定性的重要性。

所谓的斯达汉诺夫运动[①]，突出标明了劳动职能的不幸。那些在生产率上远远超出普通工人的人，被命名为斯达汉诺夫工作者。斯达汉诺夫是第一个在劳动表现上创纪录的产业工人。显然，工人群众对自己的工作缺乏兴趣，根子就在斯达汉诺夫主义。自命不凡在这里没有少意义。苏联不得不加强自己的生产。由于全体工人未能自愿地完成生产定额，苏维埃政府就不得不采取措施，利用工人好胜的雄心。它也不得不引入严格的报酬标准。但我们不应让这一过程必要性掩盖住主要问题：每个工人的劳动兴趣和能力稍有增长，便会使斯达汉诺夫运动成为多余的。反过来，这会要求在苏联社会的性政策和性教育上来一个完全的颠倒。所缺乏的是为完成这一任务所需要的知识和意志。

向斯达汉诺夫主义的倒退，对人的性格结构的形成产生了灾难性的影响。只有那些雄心勃勃而且残忍的人，才能在竞争性的计件工作上超过别人。绝大多数工人要么远远落后，要么完全停止不前。大多数普通工人和极少数劳动健将之间出现了分裂，这些劳动健将很易发展成为一个新的统治阶级。只要**绝大多数**工人对自己的劳动没有热情，对自己劳动上的**个人责任**没有任何意识，就根本谈不上从强制性纪律向快乐劳动的转变。对工人的抱怨将继续存在，如低产量、旷工、粗枝大叶地操作机器。这种新的裂缝在软弱的工人中间产生妒忌和野心，在强壮的工人中间产生专横和十足的傲慢。不可能产生集体的归属感和劳动感。作为情感瘟疫之特点的责怪和反动，将兴盛起来。

国家社会主义或法西斯主义理论家用来评价一个过程的民主或非民主特点的方式，是一个不错的标准。当民族主义的、沙文主义的、军国主义的、帝国主义的有纪律的政治家慷慨地称赞某件事情时，人们应该警惕。例如，梅奈特说：

[①] 1935年在苏联由"中央伊尔敏诺"矿井采煤工人阿列克塞·斯达汉诺夫发起的群众生产运动。——译者注

第十章 劳动的生物职能

经常有这样的事情，那些来工厂帮助增加生产的共青团员，没有受到非常诚心的接待，因为他们用来鼓励工人增加生产的方法，一般不是考虑得很周到。特别可恨的是那些工人记者，他们把所有事情都公开刊登在他们的报纸上。缺乏工具和原料，生活条件普遍较惨淡，许多工人消极抵抗，这些通常对共青团员来说都太重要不过了。有好几次他们唱着胜利的歌而来，不得不带着绝望的眼泪离去。

这是实际的报道。现在我们看一看法西斯主义对苏维埃精神的称赞：

这个神话是简单明了的。在我们这个既缺乏又渴望神话的时代，它具有一种迷人的效果。像每一种神话一样，它创造了一种精神气质，今天的亿万人民每年都把这种精神气质记在心中，而且这种精神气质征服了他人。对俄国人来说，这种精神气质意味着："我的需要是伟大的，我们为自己设定的目标是遥远的。我们只有靠同害怕并仇恨我们的整个世界斗争，同我们周围和我们队伍中的敌人斗争，才能达到这些目标。只要我们接近社会主义，我们也就解脱了苦难。但只有当我们大家为一人，而且一人为大家时，我们才能胜利。我们互相负责任。如果一个工厂在战争时期生产了劣质武器，它就犯了反对整个民族的罪恶，不单是对那些因这些武器而失去了生命的士兵犯了罪。今天，如果一个工厂生产了劣质机器，它就是对社会主义的犯罪，就是对我们所有为建立社会主义而奋斗的人的犯罪。在战争期间逃离前线，不是触犯长官，而是背叛自己的同志。逃离五年计划的前线，逃离社会主义，不是向雇主罢工，而是对我们每一个人的犯罪。因为这是我们的祖国、我们的工厂和我们的未来。"

由这种劳动"纪律"形成的人类结构，还充满了宗教狂热和迟钝的消极抵抗。总有这样的情况：有纪律的极少数人的"精神气质"，导致绝大多数人民的无能。神话和精神气质也许是英雄般的，但它们总是危险的、不民主的和反动的措施。**问题在于广大男女劳动群众的性格、意志、信念、承担责任的喜悦和热情。**他们本身应该自愿地能够维护自己的生活，不断丰富自己的经验。那种建立在群众的痛苦之上，并要求只有少数人才能做到的如此巨大的牺牲和守纪律的精神气质，那种如此严厉而且继续如此严厉以致那些支持它的人都跟不上的精神气质，也许有一种振奋人心的效果，但它根本解决不了社会群体的任何客观问题。真正的民主主义者，即劳动民主主义者，由于这种精神气质而不能对群众产生影响，将立即呐喊：**让这种精神气质见鬼去吧！**

在苏联，权威主义、民族主义的劳动管理有无必要呢？

有必要！

它能否把全国武装起来呢？

能！

这种管理是不是旨在建立起苏联社会自治的进步措施呢？

不是！

它是否解决了日益增多的社会问题或为解决这些问题铺平了道路呢？它是否有助于和在哪些方面有助于社会的满足呢？

否！

恰恰相反，它产生了一种充满民族主义并局限于民族主义的人性，从而为**红色**的一人专制奠定了基础。

在根据一个社会的自由程度来评价该社会的结构和倾向时，该社会的军事力量不起任何作用。与创造自由的人类的任务相比，战争行为、工业建设、挥舞红旗、占领天堂简直是小孩子的游戏。在军国主义和沙文主义的爱国主义盛行的地方，朋友和死敌很容易妥协。巴比伦的胡言乱语根本赶不上围绕"自由"概念出现的混乱。我们想在一个军事实施纪律者的陈述中再次找到我们的意思，这个人会以同样主观的真诚和信心既为追求民主的美国而战，也会为向法西斯主义倒退的美国而战。

第十章　劳动的生物职能

1943年，里肯巴克海军上校正式访问了苏联。他回来后，8月18日的《纽约时报》上刊登了一篇详细介绍他的印象的文章。我摘引如下：

……里肯巴克海军上校评论说，最近几年俄国一直在向右转，而此时美国却在"向左转"。

他说："如果他们像现在这样继续发展下去，你将发现俄国人在这次战争中表现出世界上最伟大的民主，而我们这样继续下去，我们将处在他们20年前所在的地方。"

有人问里肯巴克海军上校："你是说俄国正在走向资本主义，而我们正在走向布尔什维克主义吗？"

"在某种意义上，是这样的。"他回答道。

……他在俄国感受印象特别深的事情是：工厂里实行铁的纪律，对长期旷工行为严惩不贷，失业去领救济的范围，刺激性报酬，强制性超时劳动以及"没有什么劳动困难"。里肯巴克海军上校说，俄国人每天工作八小时，每周工作六天，经常有半数的日子都要加班三小时。……

"……我们并没有因为对俄国的共产主义同情心而不得不去相信俄国的布尔什维克主义。在最近一年里，俄国人一直不断地向右转，其表现是多方面的。在世界的任何地方我们都没有看到像在俄国这样从下至上地如此敬重高级军衔，这符合资本主义和民主的方向。军官制度大部分是按过去沙皇军队的样式制定的，报界向人民宣扬革命前的英雄。"

我们已经学会了听保守的声音，理解它们，当它们符合真相时就承认它们的实际陈述的有效性。我们还学会了理解由人民大众的生物病态造成的保守事实和反动发展。我们不同于像里肯巴克这样的权威主义者，因为我们不觉得掩饰对不愉快事实的揭露有什么意义。我们只是研究自然的过程，因为正是当这些过程被堵塞时，实施纪律者的观点才是正确的。如果里肯巴克理解的民主在苏联盛行起来,我们不想和它有什么关系。"资本主义"和"民主"不能等同起来。军事的正当性不能推论出自由。称赞今天的苏联,反对列宁时代俄国社会民主的发展,就排除了每一种澄清问题的可能性。只有在不了解一个国家的历史及其争取摆脱奴役的艰苦斗争时,上述如此可笑的陈述才成为可能。里肯巴克把1943年的苏联推崇为美国的一个样板。他之所以推崇它,是因为他对美国工厂里的旷工感到苦恼。他深信专制能熟练地对付社会困难。如果是这么回事,何必对自由、解放战争、新世界大惊小怪呢?这种巴比伦式的胡言乱语是"政治主义"的一个后果。在结束本章之前,尽管还有时间,但我只想补充这样一句告诫之言:如果事情如此下去,美国将很快同苏联开战,这是一种非常现实的可能性。苏联将既不容忍一个真正民主的美国,也不容忍一个真正民主的德国。这方面的理由很多,其中之一就是加之于一个国家的领袖头上的可恶的道德心,这个领袖起初为世界争取自由,最终却奉行过时的沙文主义,而这种沙文主义又是这个国家的奠基人曾坚决反对的。

第十一章　把责任交给生活必需的劳动！

全世界的社会条件最近已呈现一种流动状态。意大利政治非理性主义元首的投降促动了这一过程，或迟或早德国政治非理性主义也将投降。欧洲的社会重建过程将以社会生活的一种真空为开端，这种真空的主要特点是政治混乱。为了对付这种社会混乱，所有生活必需的职业和组织的男女劳动者都应意识到实现自己社会劳动义务的重要性。不能指望有哪一个旧的或新建立的政党能**实际地**并合理地重新组织社会条件。因此，只要环境许可，所有生活必需的劳动领域最杰出、最敏锐而且与政治无牵连的代表，就有必要在民族的和国际的会议上团结起来，在劳动民主合作中讨论并解决他们有责任承担的个人和社会生活的实际任务。一旦这些非政治的、完全实际的劳动会议开始起作用，它们的活动就将按照作为客观的合理的劳动之特点的逻辑性和一致性发展起来。用不了多久便会明白，一切未来发展的责任落在了各行各业生活必需的劳动上。一句话，它落在了这些职业的代表身上，而不是落在某种具有纯意识形态倾向的机构身上。这就是欧洲各国和美国独立地得出的结论。

什么是"劳动民主"？

劳动民主是爱情、劳动和认识的自然过程，只要过去、现在和将来有社会，这一过程就不仅在过去、现在，而且也在将来支配经济和人的社会文化生活。劳动民主是所有由合理的人际关系支配的生活职能的总和，这些人际关系是以自然的有机的方式产生、成长并发展的。

劳动民主不是一个意识形态体系。它也不是由政党、个别政治家或任何具有一种共同意识形态的集团的宣传强加于人类社会的一种"政治"体系。靠形式的政治措施是根本不可能"带来"劳动民主的。根本不可能像引入一个共和的或极权主义的专制者那样引入劳动民主。因为有一个非常简单的理由：**不管这一或那一政党和意识形态集团是否知道自然的劳动民主的存在，自然的劳动民主总要呈现出来，总要起作用**。自然的劳动民主过程可以和社会制度正相反对，它也可以和社会制度或多或少相符合。然而，只要它起作用，这种自然的劳动民主过程就要求社会的意识形态和制度与自然的需要和人际关系相一致，其方式如同明确表现在自然的爱情、生活必需的劳动和自然的科学中的方式。这些根本的社会职能可以被阻挠，也可以受到鼓励；男女劳动者可以意识到它们，也可以意识不到它们。但**它们决不会被摧毁**。因此，它们构成了每一合理的社会过程的坚实基础。

意识形态的政治体系是建立在关于自然的生活过程的观点之上的。它们可以推进或阻碍自然的生活过程。然而，这些体系不是人类社会**基础**的一部分。就它们推进自然的生活过程而言，它们可以是民主的，就它们同这一过程发生根本冲突而言，它们也可以是权威主义的和专制的。

不能把劳动民主作为一种政治体系强加于人民。那些从事生活必需的劳动的人，要么意识到自己对社会进程的责任，要么这种意识像一棵树或一个动物的身体那样有机地进化。这种对社会责任的意识，是防止政治体系像肿瘤一样在社会有机体上扩散的最重要的先决条件，因为政治体系或迟或早**必定**导致社会混乱。此外，各种职业的男女劳动者对社会责任的意识，是逐渐使人类社会制度与自然的劳动民主职能相和谐的最重要的先决条件。政治体系翻来复去，而社会生活基础上却没有任何根本变化。社会生活

第十一章　把责任交给生活必需的劳动！

也没有不再起作用。但如果自然的爱情、劳动和认识的职能有一天真的停止下来，那么，人类社会的脉搏也就永远不再跳动了。

自然的爱情、生活必需的劳动和自然的科学，是**合理**的生活职能。在本性上，它们只能是合理的。因此，它们是各种非理性主义的死敌。败坏、玷污并毁灭我们生命的政治非理性主义，就其真正的精神病学的意义而言，是社会生活的反常，这种反常的产生是因为认识不到自然的生活职能，使这些职能不能管理和决定社会生活。

每一种极权主义—权威主义的统治，都是建立在向人民大众反复灌输的非理性主义基础上的。每一种专制的政治观点，不管由谁来提倡，都仇恨并畏惧它的头号敌人，即爱情、劳动和认识的职能。只有压制自然的生活职能，或为了自己狭隘的目的而利用这些职能，专制才成为可能。专制不会促进并保护这些职能，也不会亲自履行这些职能。这样一来，它也就毁灭了自身。

由此可见：

1. 引入新构想的政治体系，是不必要的，而且只能是灾难性的。所需要的是，使自然的生活职能和调节未来的社会进程协调起来。没有必要创造什么新东西；我们只应该清除那些妨碍自然的社会职能的障碍，不管这些障碍以何种形式表现出来。

2. 这些自然的生活职能的代表，是那些在所有生活必需的职业上最优秀地工作的人。使他们能以劳动民主的方式发挥作用的，不是他们的政治倾向，而只是他们作为产业工人、农民、教师、医生、儿童教育者、作家、职员、技术员、科学家、研究者等等的活动。如果这些生活必需的劳动的代表形成了一个具有具体的社会和法律权威的国际组织，这个组织将是战无不胜的。它将决定国际政治非理性主义的命运。

3. 社会的生产和消费是自然地、有机地互相交织在一起的。建立起能在实际上和形式上表现这种自然纽带的组织，将是抵制由非理性主义产生的进一步灾难的强有力的社会保证。满足人类需要的责任，将唯一地落在生产者和消费者身上，这责任不应是违背他们的意志和抗议而由权威主义国家机构强加给他们的。这种为自己的命运而承担的责任，表现在现存的（即不是新创造的）各个领域的生产者和消费者的组织中，它将是向社会的劳动民主自治的建立迈出的决定性一步。既然所有劳动过程都是互相依赖的，既然消费决定着生产，那么，自然发展的并有机地起作用的组织就存在于社会基础中，唯有这种组织能担负起欧洲社会进一步发展的责任。

4. 在政治上，劳动民主既不向"左"转，也不向"右"转。它容纳每一个从事生活必需的劳动的人；因此，它唯一着眼于**未来**。反对意识形态或反对政治意识形态，不是它的内在意图的一部分。但是，如果它要起作用，那么按它的本性它必然要尖锐地反对每一种意识形态倾向，坚决地反对每一个以非理性方式来阻碍它的政党。但归根到底，劳动民主不像通常的政治情形，它不是"反对"。它**主张**具体地概括和解决问题。

劳动民主的新意是什么？

无论认为民主是最好的社会共居方式的观点，还是认为劳动和消费是社会存在的自然基础的观点，都不是新的；它的反专制的态度或它为这个星球的各个民族的男女劳动者的自然权利而斗争的决心，也不是新的。所有这些要求、理想、纲领等等，几个世纪以来已经在自由主义的、社会主义的、早期共产主义的、基督教社会主义的和其他的政治组织中得到提倡。

真正的新意是：劳动民主的代表既没有建立作为推进劳动民主组织之手段的政党，他们也没有单纯重复过去的要求、理想和纲领，并就此为止。劳动民主主义者以真正**科学的**方式探索，为什么迄今为止一切民主的要求、纲领和理想遭到了如此多的失败，而且在欧洲和亚洲不得不让位于反动的独裁者。

在社会学史上，第一次不是从应被创造的意识形态或条件中，而是一开始就从已经呈现并一直在发展的自然过程中，产生了对

第十一章　把责任交给生活必需的劳动！

人类社会的一种**可能的**未来管理。劳动民主的"政治"特色在于，**它反对一切政治和煽动主义**。男女劳动群众将不逃避他们的社会责任。他们将**承担**这种责任。劳动民主主义者没有想成为政治领袖的野心，他们也不允许产生这样的野心。劳动民主自觉地把表现在单纯选举政治代表上的、不要求全体选民有进一步责任的形式民主，发展成一种国际规模的、真正的、现实的和实际的民主。这种民主是靠爱情、劳动和认识的职能产生的，并有机地发展起来的。它不是通过政治态度，而是通过服从自身规律的实际的生活职能，来反对神秘主义和极权主义国家观念。所有这一切就是劳动民主的新意。

劳动民主为那些与自由相联系的观念补充了一部分决定性的认识。那些从事劳动并肩负着社会存在重担的人民大众，既没有意识到自己的社会责任，也不可能为自己的自由承担这种责任。这是长达一个世纪压制合理的思维、自然的爱情职能和生活的科学理解的结果。与社会生活中的情感瘟疫相联系的每一事物，都可以追溯到这种无能力和缺乏意识上。劳动民主主义者认为，政治在本性上是而且一定是不科学的，也就是说，它是人类无能、贫乏和压抑的一种表现。

一句话，劳动民主是社会的新发现的生物—社会学的、自然的基本职能。它不是一种政治纲领。

唯有我敢于为这个简短的概括和声明承担责任。

第十二章　人类自由斗争中的生物学错误估计

我们对自由发展的兴趣

本章将研究一切自由运动已被历史证明所犯的生物学错误估计。这种错误估计使自由的努力泯灭在萌芽状态，或者挫败了已经达到的满意的社会生活管理。我之所以这样做，是因为我相信，只有**劳动民主**能创造**真正**自由的基础。我在社会讨论中的经验使我知道，揭露这种错误很可能被人见怪。这种揭露向我们每一个人的真理意志提出了最高的要求。在现实实践中，它意味着日常生存斗争中的一副重担，因为**它把一切社会责任都交给了工厂、农场、诊所、办公室、实验室里的男女劳动者**。

我们已经发现，有人以各种论据反对有关**根本性质**的事实，即那些超出日常生活的政治吵闹而与人类的古代史相关联，同人的生物素质相关联的事实。然而，归根到底，这种动机总是不合理的。在和平时期，当一切都在一个从容的空间中进行时，人们可以说："每一事物都适得其所；国际联盟是和平的保证；我们的外交以和平的方式调停了冲突；将军只是装饰品。为什么要提出只在战争情况下才合适的问题呢？我们为了结束一切战争而刚刚结束了一场战争——没有必要激动起来。"但是，一旦这些论点被证明是建立在幻想上的，当国际联盟和外交已充分证明无能力对付迫切

第十二章 人类自由斗争中的生物学错误估计

问题时,当一场新的战争——这场战争是世界性的而且比历史上任何战争更残酷——在怒吼时,于是一切注意力也就集中在"打赢这场战争"上。于是,人们又可以说:"我们首先必须打赢这场战争。现在没有讨论远大真理的时间。在赢得战争后,我们将需要这些真理,因为那时我们还将不得不保证和平。"因此,在战争行为和赢得战争之间,在敌对的结束与和平的结局之间形成了一种截然的区别。只有在赢得战争和缔结和平后,人们才想到去保证和平。人们没有看出,恰恰是**在战争的压力中,产生了深刻的社会震动,这些震动破坏了旧制度,重新塑造了人**,换句话说,**和平的种子萌生在战争的破坏中**。人对和平的强烈渴望,从未像现在在战争时期这样强烈。因此,在其他社会环境里,从未有过如此之多的强烈冲动,想改变造成战争的条件。当人遭受水患时,人也就学会了建造堤坝。**只有在战争时期,只有此时,才能锤炼出和平。**

如果没有现场学到战争的教训,不去立即建立一个新世界,那么就会拖延重要的决定,直到外交家和国务活动家完全卷入和平条约和赔款中,从而再一次没有机会考虑"基本事实"。在从停止敌对到缔结虚假的和平的过渡时期,我们听到这样一些话:"首先应该弥补战争的损失;应该把战争生产转到和平生产上来;我们的人手是充足的。在解决这些基本事实之前,先让我们和平地安排一切。"与此同时,战争的教训则被遗忘了;一切又重新这样安排起来,以致在一代人期间又爆发了一场新的更可怕的战争。还是没有"时间",还是"太忙",关心不了"基本的真理"。战时情感迅速让位于旧的僵化和情感冷漠。

如果有人像我一样目睹过这种对基本问题的拖延情况,并在45年的生涯中第二次听到这些同样的论调;如果他在新的灾难中看出了旧的灾难的特点,那么,不管多么勉强,他都一定承认,自第一次灾难以来没有发生任何根本变化(除非人们把破坏手段的改进和人类施虐狂的更广泛发展当作根本变化)。在这种人的心中缓慢地而且肯定地形成这样的信念:**出于这样或那样的奇怪理由,人民群众并不想触及战争秘密的根源。他们害怕真理**,真理会给他们带来痛苦的治疗。

人民喜欢把战争当作一场"社会风暴"。有人说,它"净化"了大气;它有很大的好处——它"锻炼了青年",使他们有了勇气。人们说,就此而言,我们过去一直有而且将来也永远有战争。他们有生物学上的动机。在达尔文看来,"生存斗争"是生命的规律。那么,为什么要召开和平会议呢?我从未听说过,熊或大象分裂成两个阵营,互相残杀。**在动物王国里,同类中间是没有战争的。像施虐狂一样,同类之间的战争是"文明人"的获得物。**出于这样或那样的理由,人们避免触及战争的原因。毫无疑问,有比战争更好的方式,能使青年健全而健康,如令人满意的爱情生活,愉快而稳定的劳动,一般的体育运动,摆脱老处女恶毒的流言蜚语。总之,上述论点是空谈。

事实究竟是什么?

人民为什么害怕它呢?

有无可能,在每个人的内心深处都知道这个事实,但不论对自己还是对别人都害怕承认它?

这一事实的实质是:**由于几千年来的社会教育歪曲,人民大众已成了生物学上僵化的、无能力自由的。他们不能和平地共存。**

尽管这两个简单的句子听起来是玩世不恭的和无望的,但它们构成了对上述三个问题的回答。没有人想承认它们包含的真理,甚至不愿听听它们。所有民主的国务活动家都不知道如何对待这一事实。但每一个真诚的人都知道它。**所有独裁者都是把自己的权力建立在人民大众的不负社会责任上的。**他们毫不犹豫地故意利用这个事实。连续几年,一大半文明的德国人都听到过这样的断言:大众只是反刍那些通过漏斗漏给他们的东西。他们对此的反应是奴隶般的忠诚。他们自己造成了这种耻辱的状况。认为精神变态的将军能只靠自己来压迫7000万人民,这是荒谬可笑的。

温和的政治家和慈善家会问:"怎么会那样呢?你说美国人无能力自由?捷克斯洛伐克、南斯拉夫、英国突击队、挪威殉难者、苏联军队的英勇造反又是怎么回事?你怎敢诽谤民主!"

第十二章　人类自由斗争中的生物学错误估计

我们指的不是军事集团、政府、少数民族、个别科学家或思想家！但真正的社会自由不单是各集团的问题。**这一社会趋势唯一是由占压倒多数的男女劳动者决定的**，不管他们是消极地容忍还是积极地支持暴政。离开了告诉他们做什么和如何做的国务活动家或政党，**大众本身**能否管理社会？诚然，他们能够享有**一定**的自由，从事**指派**的工作，反对战争，拥护和平。然而，他们根本不能保证劳动不被滥用，不能通过自己的组织来管理劳动，加快发展，防止战争，控制自己的非理性主义等等。

大众不可能做这些事情，因为迄今为止他们从未获得和使用过这种能力。大众对社会的自我管理，他们对负责生产和消费的组织的管理，可以是对这场战争的唯一可能的回答。**那种掌握大众的人，严肃地要求大众有充分的责任心，因为只有他们可以被和平地处置**。除了热爱和平而外，现在还必须加上自由的责任和能力。

不管多么痛苦，事实依然是：人民大众的不负责任，成了一切国家、民族和种族的法西斯主义的基础。法西斯主义是几千年来人的扭曲的结果。它可以在任何国家或民族发展起来。它不是一种专门限于德国人或意大利人的性格气质。它表现在世界的每一个人身上。奥地利谚语"不问他人事"像美国俚语"让别人去干吧"一样，表达了这个事实。尽管这种状况可以追溯到几千年来的社会发展，但这并不能改变这一事实本身。应该承担责任的是人本身，而不是"历史发展"。正是由于把责任从现实的人身上推卸给"历史发展"，造成了社会主义自由运动的没落。**总之，过去 20 年的事件要求劳动人民群众承担责任**。

如果我们所说的"**自由**"首先指的是**每个人为了以合理的方式塑造个人的、职业的和社会的存在而承担的责任**，那么可以说，**最大的畏惧莫过于畏惧创造普遍的自由**。除非把这个基本问题摆在完全优先的地位并加以解决，否则就不会有能持续一两代人的自由。这个问题的解决比起以前在战争中所作的一切努力（而且在未来的战争中也将作出努力）和战后采取的重建纲领来说，将需要更多的思想、更多的正派、更多的良心，更多的人民大众生活中的经济调整、教育调整和社会调整。这个问题及其解决办法,包含着历史上最大胆、最痛苦的思想家曾以国际社会革命的观念力图把握的一切东西。我们是令人震惊的革命起义的倡导者和承担者。如果人们必须痛苦,那么,"血、汗、泪"至少有一个合理的目标,即:**劳动人民群众对社会生活的责任!** 这个结论以严格的逻辑性来自下列断言:

1. 每一社会进程都是由大众的态度决定的。
2. **大众无能力自由。**
3. **当大众靠自己的努力而获得能自由的能力时**,才有了真正的社会自由。

什么东西促使我脱离那种掩盖这些众所周知的事实的一般政策,特别是我根本不主张政治领导呢?

有几个动机。几年来,我迟迟不去探寻这些动机,只是因为我害怕后果。我一再犹豫不决是不是把我的观点写出来。我告诉自己,我当然不是政治家,而且我也不关心政治事件,我力图以此摆脱这种困惑。要么我自认为,我过多地忙于我的宇宙原始生命能的生物物理学研究,我没有理由非要琢磨一个短期不会有什么指望的劳而无获的社会基本问题,我以此来回避问题。我极力使自己相信,我秘密的政治雄心使我陷入了非理性的政治意识形态的混乱中。我迟疑不敢纵容这种雄心。负责任的政治家和国务活动家迟早会说出这些事实!

经过几年痛苦而烦人的摇摆和各种克服畏惧这些事实的尝试之后,我最终由于我和我的同事对生活现象的考察而感到了我们共同的压力。一个研究者应**忠诚于真理**,除此之外,别的任何忠诚不管受到多么高的评价,都不重要。对于实现这种忠诚来说特别困难的事情是,真理的交流,不仅没有被视为自然的,而且实际上具有一种非常危险的潜能。

从根本上说,这仅仅是概括了长期以来以孤立的方式为我们众所周知的事实:

1. 人类在生物学上是有病的。

第十二章　人类自由斗争中的生物学错误估计

2．政治是这种疾病的不合理的社会表现。

3．在社会生活中发生的任何东西都是积极地或消极地、自愿地或不自愿地由人民大众的结构决定的。

4．这种性格结构是由各种社会经济过程形成的，它固定并长期保持着这些过程。人的生物病态的性格结构实际上是历史的权威主义过程的化石。它是在生物物理学上再生的群众压抑。

5．强烈渴望自由和畏惧自由之间的矛盾激化了人类结构。

6．人民大众对自由的畏惧表现在有机体的生物物理学的僵化和性格的凝固上。

7．每一种社会领导关系仅仅是人民大众这种结构的这一或那一方面的社会表现。

8．这不是关于凡尔赛和平条约、巴库油井或二三百年的资本主义的问题，而是关于4000年到6000年的权威主义机械文明的问题，这种文明毁灭了人的生物职能。

9．对金钱和权力的兴趣，是受人民大众的生物僵化所支持的未实现的爱情幸福的一种替代品。

10．对儿童和青少年的自然性活动的压抑，帮助塑造了人类结构，以致人民群众成了机械的权威主义文明的自愿奉行者和再生产者。

11．几千年的人类压抑处在被清除的过程中。

这些或多或少就是我们研究性格及其与社会过程的关系的结果。

我们对自由世界的发展有个人的、客观的和社会的三重兴趣。

1．**个人的**兴趣是由我们作为这个病入膏肓的社会的成员的存在所感到的威胁来决定的。像我本人一样，那些在第一次世界大战中失去了自己的家园、家庭和财产的人，那些在战争中亲眼目睹三年半的残杀的人，那些看到许多朋友死掉并被炸成碎片的人，那些目击了大迁徙和财产破坏的人，懂得今天这个星球上的亿万男女正经受着什么。我们想结束这种耻辱！一小撮普鲁士的无赖和精神变态者充当了这样或那样的"元首"，利用了几亿勤奋而正派的男女的社会无能，这是一种耻辱。由于这几亿男女无意地和朴实地听任自己被这些政治骗子所利用（不仅在德国是这样，在其他地方也是这样），这种耻辱便显得更可悲。我们都想和平地干我们的工作，毫无危险地爱自己的妻子或丈夫，无病无灾地抚养我们的孩子。一句话，我们不想在我们短暂的一生中被一小撮政治骗子烦扰、欺骗并牵着鼻子走。我们的生活早已被政治粉碎了！我们想结束它！永远结束它！

2. 法西斯主义瘟疫的传播者已经看穿了人民大众无能力自由，并声称这是**一个绝对的生物学事实**。他们把诱人的不合理的种族理论散布到世界上，把人类分成生物学上永恒不变的优秀种族和劣等种族，并把他们这些最病态最邪恶者冠以"超人"的生物学名称。我们对这种欺骗作出的回答是：**种族理论是神秘的生活观**。**人的自然的爱情幸福和生活安全将是这种观点的厄运**。

3. 我们的基本原则面临着一个暂时的任务。我们不得不应付两种根本不同的可能性：

（1）如果这第二次世界大战将迫使这种对社会混乱的回答呈现于表面并成为社会意识，那么我们将有义务从事伟大的任务。我们将不得不承担一种重大的责任。我们**不得不提前为这种可能性做好准备**。我们必须对我们的任务有明确的概念。如果我们不想失败的话，我们就不得不明确概括我们对人类反动势力和法西斯主义瘟疫后果的认识。只有在争取**真正的**自由的总斗争的框架里，我们的任务才能实现。如果我们幻想，人的结构直接能够自由和自治，也就是说，我们只需要清除政党法西斯主义的瘟疫，使社会自由能够起作用，使正义战胜不正义，使真理战胜谬误，使正派战胜卑鄙，那么，我们将随着建立在这些幻想上的一切别的东西一起灭亡。这是很明显的。**自由的发展要求人们无情地摆脱幻想，因为只有这样，人们才能成功地把非理性主义从人民大众中根除掉**，为**责任心**和**自由**开辟道路。把人民大众理想化和同情他们，只会产生新的不幸。

欧洲的各种自由组织像庸医为瘫痪病人看病一样来对待人民

第十二章　人类自由斗争中的生物学错误估计

群众的这种疾病,即力图使病人相信自己实际上没有瘫痪,如果不是因为可恶的狼(在 1914 年是战争实业家,在 1942 年是精神变态的将军),他本可以跳波尔卡舞。一个瘫痪病人也许喜欢听这样的安慰,并欣喜一阵,但他还是不能走路。**正派的**医生会"无情地"行事;他非常留意不在病人心中引起任何虚假的幻想。他利用一切手段来确定瘫痪的性质,并决定它是不是可以治好。如果从根本上说它是可治的,他将寻找治疗的手段。

法西斯主义专制者声称,人民大众在生物学上是劣等的而且渴望权威的,从根本上说,他们**在天性上**就是奴隶。因此,对人民来说,极权主义的权威主义政权是唯一可能的政府形式。有意义的是,所有在今天使世界陷入不幸中的专制者都来自被压迫的人民群众。他们极为熟悉人民群众的这种疾病。他们缺乏的是对自然进程和发展的真知灼见、真理和研究的意志,所以他们决不会产生想**改变**这些事实的欲望。

另一方面,形式的民主的领袖们幻想地相信人民大众能自动地自由;因而只要他们掌了权,他们就放弃了在大众中**建立**自由和自我责任心的各种可能性。他们陷入灾难中,难以自拔。

我们的回答是**科学的和合理的**。它是建立在人民大众的确无能力自由这一事实上的,但它并不像彻底的神秘主义那样,把这种无能力当作绝对的、内在的和永恒的。它把这种无能力视为以前的社会生活条件的结果,因而视为**可改变的**。

由此产生了两个重要的任务:

第一,考察并阐明人无能力自由所表现出来的形式;

第二,考察为越来越彻底地和越来越广泛地确立自由**能力**所必需的医学的、教学的和社会的工具。

在这一点上,可以回忆一下民主政府所犯的"错误":与染上瘟疫的专制者缔结和约,许多背叛民主联盟(英国与西班牙的联盟,苏联与捷克斯洛伐克的联盟等等)的行为,商业利益重于原则(在埃塞俄比亚战争期间苏联为意大利提供油料,在西班牙反法西斯主义战争期间墨西哥为德国提供油料,瑞典为纳粹德国提供钢铁,美国为日本提供钢铁和煤炭,英国人在缅甸和印度的行为,社会主义者和共产党人的宗教神秘信仰,等等)。但把这些错误同人民大众的错误,即他们的社会冷漠感、消极、渴望权威等等相比较一下,这些错误也就不那么严重了。不可避免的事实是:**男女劳动群众,只有他们才应对所发生的一切,好的东西和坏的东西负责任**。诚然,他们遭受战争之苦最深,但正是他们的冷漠、渴望权威等等,对战争的可能性负有最大的责任。从这种责任中必然得出结论:**男女劳动群众,只有他们才能建立持久的和平**。这种结论的要义不过是要消除无能力自由。只有人民大众才能完成这一任务。**为了有能力自由并保证和平,那些无能力自由的人民大众将必须掌握社会权力**。这就是矛盾及其解决办法。

(2) 如果这场战争的结果没有把这些基本事实提到社会意识的表面,过去的幻想继续存在,那么就应该假定,我们目前的状况将不会有大的变化。如果是这样的话,我们就不得不作出结论说,幻想的"**药丸**"、**形式的**自由、**形式的**喜悦和**形式的**民主将很快产生新的专制者和新的战争。在这种情况下,我们将继续是"孤立的",并反对这种社会不幸;我们的任务将是同样困难的。在这种总的幻想框架里,我们将不得不保持一种主观的和客观的诚实。我们将不得不尽一切努力保持我们对人性的洞见**不被玷污**,同时深化它们。对宇宙生命能的生物物理学、结构心理学和性经济领域里的工作者来说,逃避幻想的影响,为未来几代人以**纯洁**而**水晶般明晰的**形式保存他们的知识,不是容易的。如果在第六次、第十二次或第二十次世界大战后,仍然有大规模的精神瘟疫,那么,他们的知识就一定是特别有用的。在这种情况下,我们传给我们后代的将不是英雄主义的行为、战斗勋章、"英雄的回忆"和前线的经验,而是一种温和的、谦逊的、不傲慢的知识,这知识**孕育着未来的种子**。即使在最坏的社会条件下,也能完成这一任务。**当克服情感瘟疫的时机成熟时,我们不想要这一代人犯不必要的错误,我们不想要他们找到对这些瘟疫论点的回答。我们想让他们回到过去的但被忽视的真理上,能比 1940 年这一代人更诚实、更得体地塑造**

第十二章　人类自由斗争中的生物学错误估计

自己的生活。

在这一点上,有些朋友或别的人也许禁不住要问:"为了基督的缘故,为什么你不为社会权力而战斗,以推进你已获得的重要真理呢?尽管你声称拥有至关紧要的事实,但你坐在这里,在政治上消极,你这不是怯懦吗?该死的,要为了卫生部长、教育部长、国务活动家这样的职位而战斗!"

我们理解这种论点。我们中间许多人一再提出过这种论点。因为它,我们度过了许多不眠之夜。进退两难的是:

没有把真理付诸实践的权力,真理就毫无用处。它们只是学术的东西。

权力,不管什么样的权力,如果没有真理基础,就是一种专制,只是或多或少和这样或那样而已,因为它总是建立在人对"自由"所要求的社会责任和个人重担的畏惧上的。

专制的权力和真理并不是结合在一起的。它们是互相排斥的。

一旦真理的倡导者获得了社会权力,真理总要死亡,这是一个历史事实。"权力"总是意味着别人的屈从。然而,真理的事实决不能靠屈服来付诸于实践,而只能靠说服。我们从法国革命和俄国革命中懂得了这一点。它们的任何一个真理都没有幸存几十年以上。耶稣宣布了一个在他的时代了不起的真理。当他被教皇们取代后,这种真理也就在基督教世界里死掉了。对两千年前人类不幸的深刻洞见让位于套话;简朴的僧衣让位于金饰的礼拜用品;反对压迫穷人的造反让位于巩固彼岸的幸福。法国大革命的真理在法兰西共和国里死去了,在政治权力的贩卖中,在贝当的无知和拉瓦尔的商业买卖中结束了。当"社会"一词被"国家"一词所取代,"国际人类"的观念被民族主义的爱国主义和与希特勒的和约所取代时,马克思的经济学的真理也就在俄国革命中死去了。尽管欧洲伟大的自由战士的后继者掌握了所有社会权力,但这些真理在德国、奥地利和斯堪的纳维亚死去了。1848年的真理诞生了近100年了,但几千年前的粪土仍然存在。**权力和真理不是结合一起的。这也是一个苦涩而不幸的真理。**

诚然,我们中间那些具有政治经验的人,可以像别的政治家一样为权力而拼搏。**但我们没有时间;我们有更重要的事情要做。**毫无疑问,我们奉为神圣的知识在这个过程中会丧失。为了取得权力,千百万人民不得不接受幻想。的确,列宁以一种同俄国党的基本的集体倾向不一致的口号,赢得了千百万俄国农民,而离开了这些农民,俄国革命就是不可能的。这种口号是:"夺回大地主的土地。这应是你**个人**的财产。"农民听信了。如果他们在 1917 年就得知这些土地有一天将被集体化,他们就不会献出他们的忠诚了。这个真理是被 1930 年前后俄国农业集体化的艰苦斗争所证明了的。在社会生活中,存在着**各种等级**的权力和各种等级的虚假。**人民大众越是坚持真理,权力贩卖也就越少**;人民大众越是充满不合理的幻想,个人的权力贩卖也就越广泛、越残忍。

断言**人民大众本身**,而不是个别精神变态者对社会的不幸负责任,**他们本身**,而不是他们选举或拥戴的领袖为他们的命运负责任,**只有他们**为世界上发生的**一切**负责任,力图以这样的断言来获得群众,这是愚蠢的。这完全不符合他们一直听说并一直接收取东西。力图用这些真理来获得权力,是愚蠢的。

另一方面,世界灾难将达到一个阶段,在这个阶段人民大众将**被迫对自己的社会态度有真正认识,被迫改变自身并承担社会责任的重担**,这肯定是可思议的。但在这种情况下,**他们**将亲自获取权力并正确地抵制那些"以人民的名义""夺取"政权的集团。因此,我们没有任何理由为权力而战斗。

我们确信,如果人民大众能按合理的方向改造自身,他们将需要我们,召唤我们并委给我们重要的职能。我们将是他们的一部分,不是他们的领袖,不是他们选举的代表,不是他们的"看护人"。这样一来,正如很多年前在奥地利和德国的情况,人民大众将蜂拥到我们的诊所、学校,听我们讲授和论证科学事实,获得生活基本问题的答案。(他们并不要求我们或期望我们告诉他们如何解决自己的生活任务)但**只有当我们保持诚实时**,他们才向我们蜂拥而至。所以,当人民大众**必须**亲自为社会存在**承担**责任时,他们就不

第十二章　人类自由斗争中的生物学错误估计

可避免地反对自己的软弱，反对邪恶过去的遗物。一句话，他们将反对他们的结构、思想和感情中被我们概括为"无能力自由"的事实。作为一个社会机构，我们将和成千上万个朋友一起，揭露无能力自由的机制和自由发展的一切障碍，帮助人民大众获得真正的自由。

因此，我们不需要任何权力。各种年龄、职业、肤色和持各种生活观的男女大众对我们医生、研究者、教师、社会工作者、生物学家、物理学家、作家、技术人员的绝对正直的**信任**，将比政治家所取得的任何权力持久得多。这种信任越大，我们的科学和实践活动也就越反映现实。这种信任不是征服来的；它是人们在诚实地坚持自己的工作时自己显露出来的。无论如何，我们不想为"赢得影响"之目的而使我们的见解迎合大众目前的思维方式。对我们的活动的广泛信任，只能来自我们对瘟疫性质的总认识的深化。

一旦我们得到召唤，这将标志着社会生活的自治正在站稳脚跟，"远大的真理"、富有成效的自我批评的意志正在男女劳动群众中觉醒。既然我们的组织是唯一看穿政治和旧的意识形态的不合理性的组织，那它就不可能有别的方式。反过来说，如果我们继续是在"对立"面，这将可靠地标志着，社会并不准备看穿并清除它机制上的不合理性。然而，在这种情况下，任何权力都无助于我们，我们只会堕落进非理性之中。

人们不要因这种自觉放弃权力而低估我们的工作。我们并不扮演"谦卑的"、"不摆架子"的科学家的角色。我们的工作是在生活的根源上完成的，是同根本的自然科学一致的。在这里，虚假的谦虚等于自我毁灭。诚然，在学术团体之外，"性高潮的潜能"声音很小；与"突然眩晕"相比，"性格盔甲"几乎没有意义；在"巴丹半岛和托布鲁克"之外，"宇宙生命能"是学术性的。从一种**现代**的观点来看，就是这样。但是，与刻普勒的规律相比，亚历山大大帝又留下了什么呢？与力学的规律相比，凯撒又留下了什么呢？与微观有机体或无意识心理生活的发现相比，拿破仑的战役算得了什么？与宇宙的原始生命能相比，精神变态的将军们又留下了什么呢？

放弃权力并不意味着放弃人类存在的合理管理。它的效果是不同的,它是目光长远的、深刻的和革命的、真实的和维护生命的。它并不在乎我们是否感觉到明天或后天的效果。它适合于男女劳动群众在今天而不是在后天来检验新知识的结果。他们对自己的生活和活动而承担的责任,不过是个体鞋匠为鞋子、医生为病人、研究者为自己的论断、建筑师为自己的建筑物而承担的责任。我们并不想成为人民的恩人或同情者。**我们严肃地对待人民!** 当他们需要我们时,他们将召唤我们。于是我们就出现在那里。就我本人而言,我反对为了强行推行我的认识而追逐权力。

生物的僵化、无能力自由与机械的权威主义生活观

我们面临着一个不容置疑的事实:**在人类社会的历史上,人民大众没有任何机会保存、组织并发展他们在血腥的战斗中取得的自由和和平。** 我们指的是个人和社会发展的**真正自由**,毫无畏惧地面对生活的自由,摆脱了一切经济压迫形式的自由,摆脱了各种发展的反动禁锢的自由,一句话,**自由的生活自治**。我们不得不清除一切幻想。在人民群众中,有一种既反动又凶恶的阻碍力量,它一再阻挠自由战士的努力。

人民大众中的这种反动力量表现为普遍**畏惧责任和畏惧自由**。这些不是道德主义的评价。这种畏惧深深扎根在现代人的生物构造上。然而,这种构造不像典型的法西斯主义者所认为的那样,是人天生的;它是在历史过程中成为这种样子的,因而从根本上说是可以改变的。简洁而清楚地说明畏惧自由的社会作用,是不容易的。也许最好以詹姆士·奥尔德里奇的一篇报导为开头,这篇报导刊登在1942年6月24日的《纽约时报》上,题为《英国人在非洲缺少凶手的冲动》。现摘引如下:

> 德国的非洲军团击败了英国军队,因为它速度快、怒气足、精力充沛和能吃苦耐劳。作为传统意义上的士兵,德国人是低

第十二章 人类自由斗争中的生物学错误估计

劣的,绝对低劣的。但欧文·隆美尔元帅一伙人怒气十足,他们坚韧不拔到了愚蠢的程度。他们精力充沛而且迅猛,他们是很少或根本没有想象力的暴徒。他们是讲究实际的人,从最实际的艰苦生活到实际的战斗:纳粹分子受到过屠杀训练。德国指挥员是科学家,他们不断地试验并改进严格的数学的屠杀公式。他们是训练有素的能应付复杂问题的数学家、工程师和化学家。其中没有任何艺术,没有任何想象力。战争对他们来说是纯物理学。德国士兵在心理学上被训练成胆大妄为的追踪骑手。他是一种冷酷无情的职业杀手,他相信自己是地球上最能吃苦耐劳的人。实际上,他很容易垮掉,并非如此坚强,如果他的敌人也使用同样残忍而快速的方法,就可以彻底而迅速地击败他。……英国士兵是地球上最英勇的士兵,但没有把这种英勇和军事上的坚韧结合起来。他的决心是坚韧的,但他没有能使他科学地杀敌人的坚韧。

这是我所看到的对机械的军国主义的最好描述。它一下子揭露了**机械的自然科学、机械的人类结构和施虐狂的杀手的完全一致性**。这种一致性在德国帝国主义的极权主义专制意识形态中得到了它最高和最圆满的表现。这种机械的三位一体同这样一种生活观形成鲜明对比,即不把人当作机器,不把机器当作人的主人,不把军国主义当作人的最大财富。这种在现实中起作用的观点已在西方民主国家找到了它最后的避难所。但依然有待于看看它是否将消除混乱。

不管对一位将军的耳朵来说是多么陌生,我还是坚持认为,民主国家的失败尽管实际上是悲剧的和危险的,但充满了一种人性,这种人性是和机械的自动论直接对立的:**赞赏人类生活**。奥尔德里奇错误地责备民主的司令官力图不伤害生命,而没有模仿人类机器人。他错误地要求反法西斯主义战士要学习甚至比普鲁士机械人更机械、更自动、更科学地杀人。那些想按机械人的方法来打败机械人的人,只会跳出油锅又入火坑,也就是说,在他们努力成为更有效率的科学杀手时，他们**本身**也就成了机械人，把他们的对手发动的过程继续保留下去了。在这种情况下，关于一个不同的人类社会、一个永远和平的社会的一切现实希望的最后痕迹，也就丧失殆尽了。

我们的反法西斯主义战斗的概念是不同的。它明确而无情地认识到了导致这种残杀的历史原因和生物原因。对法西斯主义瘟疫的根除只能来自这种认识，而不是靠模仿这种瘟疫。人们不可能靠模仿法西斯主义和用法西斯主义方法来战胜法西斯主义者，同时又不成为法西斯主义者。法西斯主义的方式是机械的、死亡的、僵化的、无望的方式。而有生命力的方式则根本不同，它更困难、更危险、更诚实、更有希望。

让我们摆脱关于目前政治兴趣的事情，集中注意**一个问题：机器、人和科学杀手这三者职能上的完全统一是如何产生的**？这个问题也许和造船的速度能否赶得上沉船的速度或机器怪物是否影响巴库的油井之类的问题无关。我们不去琢磨当前这些问题的重要性。如果我的房子着了火，我当然首先要努力扑灭火，尽可能抢救重要的手稿、书籍和设备。但我迟早要建造一所新房屋，我将认真考虑以前房子着火的原因，这样我就能防止不幸事件再次发生。

人在根本上是一种动物。与人相对照，动物不是机械的或施虐狂的，它们的社会（在同类内部）相比之下要比人的社会更和平。根本的问题是：什么东西使人类动物堕落成机器人似的？

当我使用"动物"一词时，我指的不是某种邪恶、可怕或"劣等"的东西，而是指一种生物事实。然而，人却奇特地认为，自己是"人"，自己早已摆脱了"邪恶"和"残忍"。人极力使自身脱离邪恶的动物，证明自己"是更好的"，因为自己的文化和文明使他同动物区别开来。人的整个态度、人的"价值理论"和道德哲学、人的"猴子审判"全都证明，人并不想记住自己在根本上是一种动物，比起人和人梦想成为的那种东西的关系来说，人和"动物"有更多的共同之处。德国超人理论的根源在于人努力使自己脱离动物。人的邪恶、人不能和自己同类和平生活的行为、人的战争证明：人只是靠

第十二章 人类自由斗争中的生物学错误估计

一种无限的施虐狂,靠权威主义生活观、机械科学和机器的机械三位一体而有别于动物。如果人们回顾一下人类文明结果的漫长过程,人们就会发现,人的要求不仅是虚假的,而且特别能使他忘记自己是一个动物。**人在哪里和如何获得这些关于自身的幻想呢**?

人的生活分为两部分:一部分是由**生物**规律决定的(性满足、食物消费、自然关系);另一部分是由机械文明决定的(关于自己的组织、自己在动物王国中的优越地位的机械观念,对其他人类集团的种族态度或阶级态度,对于所有权和非所有权的种种评价,科学、宗教等等)。一方面由于**人既是一个动物又不是一个动物的生物学根源**,另一方面由于**技术**的发展,分裂了人的生活和思想。人关于自身形成起来的一切概念,都一直来自于他创造的机器。机器的建造和使用使人总是相信,他正在机器中并通过机器向某种"更高级的"东西进步和发展。但他也使机器带有了动物的外观和结构。火车头有能观察的眼睛、能跑的腿、消耗煤的嘴、排废渣的排泄口、杠杆和其他发出声响的部件。这样一来,机械技术的产物就成了人本身的延伸。事实上,机器的确构成了人的生物组织的巨大延伸。比起他的手来说,它们能使他在更大的程度上支配自然。它们使他支配时间和空间。因此,机器成了人本身的一部分,一个可爱的并受到高度评价的部分。他梦想这些机器能使他的生活更轻松,将使他有很大的享受能力。靠机器来享受生活一直是他的梦想,在**现实**中如何呢?**如果他不使自己有别于机器的话,机器不仅在过去:现在而且在将来都是他最危险的破坏者**。

被机器的发展所决定的文明进展,是和**对人类生物组织的灾难性误解**携手并进的。在建造机器时,人遵循了力学和无生命的能量的规律。早在人开始探问如何建造并组织**自身**之前,这种技术就已经高度发达了。当他最终逐渐地、小心地而且经常在他的同类的致命威胁下敢于去揭示自己的器官时,他是按自己许多世纪以前已经学会的建造机器的方式来解释这些器官的功能的。他以一种机械的、无生命的和僵化的方式来解释它们。**机械的生活观是机械文明的摹本**。但生命的职能是根本不同的,它不是机械的。

特殊的生物能量,宇宙原始生命能,服从那些既非机械的亦非电的规律。人陷入一种机械的世界图画之中,不能够把握特别的生命力的非机械的职能。人梦想有一天造出弗兰肯斯坦的侏儒[①],或至少造出一种人工心脏或人工蛋白质。人在自己的幻想中产生的侏儒概念,投射出一种极其残忍的、像人一样的但机械的愚蠢的、生硬的而且强大的力量的形像,如果这些力量得以解脱,将无法被控制,自然地造成浩劫。在电影《幻想曲》中,沃尔特·迪斯尼天才地描绘了这一事实。从他和他的公司的这些幻想作品中,我们看不到那种极有生命力的、仁慈的、社会的并与自然相联系的东西的各种表现。相反,令人惊奇的是,人使人描绘的动物带有了在人身上看不到的而且不带有人的丑陋形像的那些特征。在迪斯尼的动物影片里,这也卓越地显示出来了。

在人的幻想作品中,人表现为一种机械的、邪恶的、傲慢的、无心肠的、无活力的怪物,而动物却表现为一种社会的、仁慈的和充满活力的创造物,具有一切人类的力量和弱点。我们不得不问:人在这些幻想作品中是否反映了现实?回答是:**是的**。人非常生动地描绘了自己内在的生物矛盾:

1. 在意识形态上:邪恶的动物——崇高的人;
2. 在现实中:仁慈的自由的动物——残忍的机器人。

因此,机器对人自己的组织概念有一种机械的、呆板的、"迟钝的"和"僵化的"影响。人是这样看待自身的:大脑是"最完美无缺的发展的产物"。人的大脑是一个"控制中心",像一个国家的"统治者"管理自己的"臣民"那样给每个器官以命令和冲动。身体各器官的电话线,即神经而与"大脑"这个主人相联系。(当然,这完全是误解,因为早在几十亿个有机体出现大脑之前,有机体的器官就具有一种方便的职能。正如生理学在实验上所证明的那样,在一个切除了大脑的狗或鸡身上,生命的基本职能可以持续一段时

[①] 弗兰肯斯坦是英国作家 M. W. 谢利于 1818 年所著的小说中的一个生物学家,他创造了一个怪物,自己却被这个怪物所毁灭。——译者注

第十二章　人类自由斗争中的生物学错误估计

间。)婴儿必须按固定的时间间隔喝一定数量的奶,并睡一定时间的觉。他们的饮食必须有 x 盎司的脂肪、y 盎司的蛋白质和 z 盎司的碳水化合物。在结婚之前,一个人没有性冲动;恰恰在结婚这一天,性冲动开始起作用。上帝正好在六天之内创造了世界,并在第七天休息,就像人离开机器休息一样。儿童必须学习 x 小时的数学、y 小时的化学、z 小时的动物学,一切都是这么准确,所有儿童都必须获得同等数量的智慧。优等的智力达到 100 分,普通的智力达到 80 分,愚笨者只有 40 分。到了 90 分,一个人就能得到哲学博士学位,而 89 分就得不到。

甚至在我们这个时代,心理生活对人来说也只是朦胧和神秘的东西,至少大脑的秘密实际上几乎被关进了单间。它并不比肠子的排泄物有更大的意义。几个世纪以来,人不仅否定了灵魂的存在;更糟糕的是,人否认了各种理解感觉和心理经验的尝试。然而,同时他也产生了体现他的情感生活的神秘概念。那些怀疑人的神秘生活观的人,受到了死亡的迫害和惩罚,不管被怀疑的是"圣徒"、"种族纯洁性"还是"国家"。这样一来,人同时发展了关于自己组织的机械的、呆板的和神秘的概念。因此,人对生物学的理解远远落后于他在建造机器时的灵巧,他放弃了理解自身的可能性。他创造出来的机器足以解释他的有机体的表现。[①]

杰出的工业上的灵巧和生物学的理解之间的这种裂隙,只是由于缺乏知识吗?或者说,我们能否假定,存在着一种无意识的意图,即无意识地任意放弃对自身组织的见解?(在宇宙生命能实验研究中,我一直奇怪,几万个杰出的学者居然完全忽视了大气的宇宙生命能。)

无可辩驳的回答是:我们在理解生命之物上的落后,对它的机

[①] 人的生物组织与技术组织之间、非常有生命力的东西与自动的机械的东西之间的这种悲剧二重性,明显表现在下列事实上。构成这个世界的群众的每一个人都不想要战争。他们毫无例外地都无望地成了它的牺牲品,就像成了古怪的自动机的牺牲品一样。**但僵化的人本身就是这种怪物。**

械的误解和对机器的过高评价,过去和现在都是无意识的意图。没有任何理由说人不能既机械地建造机器,同时又以**活生生的**方式理解有生命的、非机械的生活。对重要生活环境中人类行为的彻底考虑,揭露了这种意图的性质。

对人来说,机器文明不仅构成了人的动物存在的一种改进,尤其是它还具有一种在主观上更重要但**不合理的**职能,即一直强调**人不是动物**,人在根本上**不同于动物**。接下来的问题是:不论是在人的科学、宗教、艺术中还是在其他生活表现上,什么利益使人不断叫喊:人**不是**一种动物,而是**人**;人类存在的最高任务是"扼杀他的动物一面"并培养"价值";儿童应从"小野兽"变成"高级的人"?我们不禁要问,人想彻底脱离他由之而生并根深蒂固是其一部分的生物分支,这如何可能呢?我们应该进一步问,人怎么可能看不到这种生物学上的决裂所造成的对人的健康、文化和精神的危害(精神病、生物病、施虐狂和战争)呢?人类智慧有无可能承认,只有当人充分承认自己的动物本性时,才能清除人类不幸?人难道不应懂得,那种使人区别于其他动物的东西只是生活的安全因素的改进,他应放弃那种对自己真正本性的不合理的背弃?

"远离动物,远离性活动!"这是一切人类意识形态的指导原则。差别只在于它的外衣是法西斯主义种族纯洁的"超人"、共产主义的无产阶级阶级荣誉、基督教的人的"精神和道德性质",或是自由主义的"更高级的人类价值"。这些观念唠唠叨叨地重复同一种凶恶的论调:"我们不是动物;是我们,不是动物,发明了机器!**我们没有像动物那样的生殖器!**"所有这一切意味着过分强调智性、"纯"机械之物;强调同本能相对立的逻辑和理性,同自然相对立的文化,同身体相对立的心灵,同性相对立的劳动,同个人相对立的国家,同劣等人相对立的优等人。

在数百万汽车驾驶员、广播听众中间,只有极少数人知道汽车和广播发明者的名字,而每一个儿童都知道政治瘟疫和将军们的名字,这应如何解释呢?

自然科学不断地使人意识到,从根本上人是宇宙中的一条虫。

第十二章　人类自由斗争中的生物学错误估计

政治瘟疫贩卖者不断地喊叫,人不是一种动物,而是一种"发育完全的政治人",即一种非动物,一种价值的支持者,一种"道德的存在物"。柏拉图的哲学长期以来产生了多么大的危害! 这完全可以说明为什么人们都知道政治家而不知道自然科学家:人不想记住自己从根本上是一种性动物。**他不想成为一种动物**。

　　根据这种观点,动物没有任何智慧,只有"邪恶的本能";没有任何文化,只有"基本的冲动";没有任何价值意义,只有"物质需要"。正是那种典型的用赚钱来看待整个生活的人,喜欢强调这些"差别"。如果一场像目前的这场战争那样的凶恶战争有一丝合理的职能,那么,这种职能就是暴露这些观念的十足的非理性和虚假性。如果人摆脱了施虐狂、变态和庸俗,像任何一种动物,不管是蚂蚁还是大象那样充满了自然的自发性,人就完全有理由是幸福的。尽管人非常自负地假定地球是宇宙的中心或唯一能居住的星球,但人把动物当作没有任何道德的"无灵魂的"、在道德上可恶的生物的那种哲学,仍然是非常不现实的和有害的。如果我在自称是一个乐善好施的圣徒的同时,我却拿起斧头砍下了我的邻居的头颅,那就完全有理由把我关到精神病院里或送上电椅。但这种并存情况恰恰反映了在人身上人的理想"价值"和人的实际行为之间的矛盾。人用"战争和革命的世纪"、"提高前线的经验"或"军事战略和政治策略的最高发展"之类的听起来高超的社会学公式来表达这种矛盾,并不能改变这样一个事实:正是在自己的生物和社会组织方面,人在黑暗中瞎摸着,而且如此无望地糊涂了。

　　显然,这种心灵框架并没有自然地进化;它是机器文明发展的结果。很容易证明,在社会的父权制组织取代了母权制组织时,对儿童和青少年生殖器性活动的压制和压抑也就成了适应权威主义秩序的人类结构的主要机制。对儿童的天性、"动物性"的压制,一直是产生机械的臣民的主要工具。[①] 社会的社会经济发展以一种

[①] 在《性道德的开始》中描述了这种社会经济过程及其对人类意识形态和人类结构形成的影响。

独立的方式使它的机械过程继续到了今天。一切意识形态和文化形态的基础,和社会经济发展一起发展并扩充起来:"远离生殖器"和"远离动物"。人摆脱自己的生物根源的努力,在社会过程和心理过程中越来越明显和广泛。商业和战争中的施虐狂般的残酷性、人本性上的机械化、人外部表达上的模棱两可、抵制情感的盔甲、变态和罪恶的倾向,所有这一切都越来越明显和广泛。

不久以前,我们才开始承认这种邪恶的生物发展的破坏性效果。人们很容易乐观地看待这种事态。人们会这样认为:毫无疑问,当人按照机械文明来解释自己的天性时,人就误入了歧途。既然我们承认了这种错误,就很容易纠正它。文明不得不是机械的,但人机械的生活态度很容易变成一种立足于实际的生活过程之上的态度。一个精明的教育部长可以出于改造教育之目的而颁布妥当的法令。在一两代人中会纠正这种错误。这就是一些聪明的人在 1917—1923 年俄国革命时期指出的道路。

如果机械的生活观仅仅是一种"观念"或"态度"的话,这种论点确实是正确的。然而,对处在各种社会地位上的普通人所做的性格分析,阐明了一个我们不能低估的事实。显然,机械的生活观不单像马克思所假定的那样,是社会过程在人的精神生活中的一种"反映",而且还有更多的东西:

经历了几千年的机械发展过程,机械的生活观已经一代接一代地在人的生物系统中越来越根深蒂固。在这个发展过程中,人的职能实际上已按一种机械的方式被改变了。人在扼杀自己的生殖职能的过程中已在血浆上僵化了。人穿上了盔甲反对自身的自然的和自发的东西,失去了同生物的自调职能的接触。现在人充满了对生活和自由的致命畏惧。

这种**生物僵化**本质上表现在有机体的总僵硬中,表现在血浆流动性明显减弱中:智力变弱了,自然的社会感受到阻塞,精神病猖獗起来。在《性高潮的功能》中,我彻底揭示了有利于这一论断的事实。所谓文明起来的人实际上成了生硬的和机械的,失去了自己的自发性,即发展成为一种自动机和"大脑机器"。因此,他不仅

第十二章　人类自由斗争中的生物学错误估计

相信自己像一架机器那样运转，而且**他实际上的确是自动地、机械地、呆板地运转的**。他越来越机械地生活、做爱、仇恨和思维。随着他的生物僵硬和他天然的自调职能的丧失，他有了一些性格态度，这些态度在专制瘟疫的爆发中达到了顶点：等级的国家观、机械的社会管理、畏惧责任、强烈渴望元首和权威、严格执行命令、自然科学中的机械思维、战争中的机械屠杀。柏拉图的国家观念诞生在希腊奴隶社会，这决非偶然的。它一直存在到今天，这也不是偶然的：内在的奴役取代了农奴制。

法西斯主义瘟疫问题已把我们深深引入人的生物组织上。它关联到可追溯几千年的发展，而不像那些按纯经济观点来看待社会的人所认为的那样，关联到过去 200 年甚至 20 年帝国主义的利益。因此，决不能把目前的战争限于帝国主义在巴库油井或太平洋橡胶种植园的利益。凡尔赛条约在第二次世界大战中起的作用，犹如机器轮把煤的能量传到蒸汽活塞中。纯经济的生活观，不管它多么有用，都对付不了我们生活的震动过程。

《圣经》中那种关于按上帝的样子来造人、要人统治动物的传说，明显反映了人对自己的动物本性进行的压抑行动。但人每一天都因自己身体的功能，如生殖、生育、死亡、性欲和对自然的依赖，而记起自己的真正本性。人实现自己"神圣的"或"民族的""号召"的努力成了越来越奋发的；对一切真正的自然科学，即与建造机器无关的科学根深蒂固的仇恨，由此而生。人类经历了几千年，达尔文才成功无误地证明了人类动物的后裔性。又经历了很长时间，弗洛伊德才揭示了一个平凡的事实：儿童完全是有而且**尤其是有性活动的**。当人这种动物听说这些事情时，是多么大惊小怪！

对动物的"统治"和对"黑人、犹太人、法国人"的"统治"之间有一种直接联系。显然，人总是宁愿作一个绅士，也不愿当动物。

为了使自身脱离动物王国，人类动物否定并最终不再承认自己器官的感觉；在这一过程中，人在生物学上成了僵化的。自动的功能是体验不到的，自动的生命神经是僵化的，这仍然是机械的自然科学的一个教条。尽管每一个三岁小孩都非常清楚快乐、畏惧、生气、渴望等等是在腹中发生的,情况依然如此。尽管一个人对自身的体验不过是自己器官的全部体验,情况依然如此。由于丧失了自己器官的感觉,人不仅失去了动物的智力和自然的反应能力,而且也毁掉了克服自己生活问题的机会。人用头脑里的妖怪取代了身体体原生质自然的自调智慧,以一种在各方面都形而上学的方式使头脑带有了形而上学的和机械的特点。人的身体感觉**的确**成了僵化的和机械的。

在人的教育、科学和生命哲学中,人不断地再生着机械的有机体。在"远离动物"的口号下,这种生物的畸型在"超人对低等人"(等于有腹鳍的人)的战斗中,在科学的、数学的和机械的屠杀中取得了最令人惊异的胜利。但被用来去屠杀的不单是机械论的哲学和机器。于是由此产生了施虐狂,这种第二冲动是被压制的天性的后代,是使人的结构同动物的结构区别开来的唯一重要特性。

然而,这种实际上被扭曲的悲剧的机械的—机械论的发展,并没有根除它的对立面。按其天性基础,人仍然是一种动物。不管他的骨盆和脊部多么固定,不管他的脖子和肩膀多么僵硬,也不管他的腹部多么紧绷,不管在自豪和畏惧中他多么高尚地挺起自己的胸脯,但在他的感觉最深处,他觉得自己只是有生命的组织起来的自然的一部分。可是由于他否定并压抑这种自然的每一方面,他便不可能以合理的和活生生的方式把握它。**因此,他不得不以神秘的、另一个世界的和超自然的方式体验它**,不管是以宗教狂热、与世界灵魂的宇宙统一、施虐狂的嗜血形式还是以"宇宙的热血沸腾"的形式。我们知道,这种无能的怪物在春季感觉到了自己最强烈的屠杀冲动。普鲁士的军事检阅显示了神秘的和机械的人的一切特点。

代表生命力最后痕迹的人类神秘主义,在希特勒主义那里也成了机械的施虐狂的源泉。尽管有各种僵化和奴役,但从自然存在的生物职能的最深刻根源中,"自由"的呼声一再表达出来。没有一个社会运动会把"压抑生活"当作它的一部分纲领来提倡,指望赢得人民群众。许多不同的社会运动都压抑生命能量的自我调

第十二章　人类自由斗争中的生物学错误估计

节，但其中每一个运动都以这样或那样的方式提倡"自由"：摆脱原罪的自由，从"尘世"中获得拯救的自由，生活空间的自由，民族的自由，无产阶级的自由，文化的自由，等等。各种自由的呼声像人类血浆的僵化一样由来已久。

自由的呼声是压制的一个信号。只要人觉得自己受约束，这种呼声就不会停息。不管自由的呼声多么不同，归根到底，它们总是表达同一种东西：**不能容忍同生活的自然感觉尖锐冲突的有机体的僵化和机械的生活制度。**如果出现了一个使得一切自由的呼声都消失了的社会，那么人也就最终克服了自己生物的和社会的畸形，并获得了真正的自由。直到人承认自己在根本上是一种动物时，人才能够创造真正的文化。

人的"向上的冲动"不过是生命力量的生物发展。只有在生物发展规律的框架里，**不是**同这些规律**相对立**，这些冲动才是可理解的。自由的**意志**和自由的**能力**不过是承认并促进人的生物能量（借助于机器）的展现的意志和能力。如果阻碍并畏惧人的生物发展，就根本谈不上自由。

在政治家的影响下，人民大众倾向于把战争的责任归于在既定时代行使权力的人。在第一次世界大战，有罪的是军火商，在第二次世界大战是精神变态的将军。**这是在推卸责任。战争的责任唯一在这些人民大众肩上，因为他们手中握有防止战争的一切必要手段。**部分地由于他们的冷漠，部分地由于他们的消极，部分地由于他们的积极，这些人民大众使得这些战争成为可能，而他们本身又倍受这些灾难之苦。**强调人民大众的这种罪过，唯一让他们承担责任，**这意味着严肃地看待他们。相反，把人民群众当作牺牲品怜悯，意味着把他们当作束手无策的小孩子来对待。前者是真正的自由战士所持的态度，后者是渴望权力的政治家的态度。

人类自由的武库

国王和皇帝总是检阅他们的军队。钱商总是死死盯住能给他们带来权力的金钱数目上。一切法西斯主义独裁者都估量人类反应中的非理性程度,因为这种非理性使得他们有可能赢得并保持他们对人民群众的权力。自然科学家衡量认识的程度和研究的方法。但任何自由组织都没有估量过为建立并保持人类自由提供必需武器的**生物武库**。不管我们的社会机器多么精确,对**自由**一词仍然没有一个自然的科学定义。其他任何词都没有像这个词这样被滥用,被误解。**但没有人想公开地陈述它**。人们经常有这样的印象:提倡个人和社会自由是同畏惧和犯罪感联系在一起的。仿佛自由是一种被禁止的原罪,或至少是不很体面的。性经济理解这种犯罪感:缺乏性自调的自由,本身就是一个矛盾。然而,根据占主导地位的人类结构来说,性的就意味着"有罪的"或罪恶的。只有一些人体验到了没有犯罪感的爱情。"自由的爱"成了一个诽谤词,失去了过去的自由战士赋予它的意义。在电影中,刑事犯和有强烈的性欲被说成是同一回事。因此,毫不奇怪,禁欲的和反动的人比南海的多情民族博得了更高的评价;崇高的社会地位是和自然的性行为不相容的;在官方,"权威"不应有"私生活";像德·拉·美特利这样的伟大学者受到了诽谤和迫害;任何变态的道德家都可以不受惩罚地侮辱一对幸福的人;青少年会因为性交而被关押起来,等等。

在本章,我们着手说明迄今为止所有自由战士所做的错误估计:**社会的无自由能力在性生理学上锚定在人类有机体中**。因此,克服生理上的无能力自由,是每一真正的自由斗争的一个最重要的基本前提。本章的目的不是揭示那些众所周知并被提倡的自由因素,即言论自由、不受经济压迫和剥削的自由、集会和结社的自由、科学研究的自由,等等。对我们来说,根本的是要集中阐释对所有这些努力形成的**最强大的障碍**。

我们理解为什么人民大众的普遍的性格上的无能力自由从来没有成为公众争论的主题。这一事实如此隐秘,如此令人沮丧,如此不流行,以致未能得到公开讨论。它要求占压倒多数的主体进行肯定令人窘迫的自我批评,要求这些主体在自己的整个生活方

第十二章 人类自由斗争中的生物学错误估计

式上来一个重大的重新定向。它要求把一切社会事件的责任由社会的少数人和孤岛转移给那些将其劳动作为社会之基础的占压倒多数的人身上。这绝大多数劳动者从未管理过社会事务。迄今他们所能达到的，充其量是把他们生活的领导权委托给正派的而不是平庸的人。"议会的""政府"形式经不住事实的压力，因为**其他社会集团和大多数人使残忍的施虐狂和帝国主义分子有了支配他们命运的权力**。这种危险太大了，以致一个形式民主的社会组织在被迫抵制它的生活的权威主义独裁者时，将退化成一种专制的组织。既然劳动人民群众本身没有以**实际的**和**实践的**方式决定自己的生活，那么，在政府的偶然构成的过程中就已经呈现出压迫的萌芽。这看起来是一个众所周知的事实。我们越来越明显地从各方面听说，再也谈不上旧秩序的复辟，一种全新的世界秩序将不得不建立起来。这是绝对正确的，但忽视了具体的东西。**所忽视的是使绝大多数劳动人民为自己未来的命运承担责任，因为迄今为止他们只起了一种消极的社会作用**。仿佛普遍地秘密地害怕把责任从一个民主的本意良好的政府手中放在那些迄今为止只是选民而不是**社会责任承担者**的人肩上。这种害怕与邪恶精神或可恶倾向无关，而只与对人民群众既定的生物心理结构的认识有关。按大众负责制方向开始的俄国革命破灭了，并因此而终止于一种专制。然而，靠把形式民主改造成完全的实际民主来进行的社会革命，是从目前战争中得出的最本质的结论，一切事情都导致这个结论。我想重复一下从上述事实中得出的这个不可避免的结论：

1. 人民群众无能力自由。

2. 普遍的自由能力只能在日常的争取自由的生活方式的斗争获得。

3. 因此，那些目前无能力自由的人民大众必须掌握社会权力以便能够自由并能够建立自由。

我想用一个植物生活的例子来说明目前的实际任务。一段时间，我一直观察杂草对冷杉树苗成长的影响。那些周围没有许多杂草的树苗，在各方面都茁壮成长；几乎刚一露出地面，树干就抽出长长的枝条,针叶蓬勃旺盛。这些树苗努力向着太阳长,不顾任何阻碍;它们是"健康的",它们的发展是"自由的"。但如果冷杉树种偶然落在一块杂草丛生的地方,那么,它便被杂草所包围,只长出一根光秃秃的弯弯曲曲的树杆,树枝稀少,针叶枯萎,其他方面也不发达。许多这样的树苗都无法在杂草中开辟自己的道路。杂草的影响直接表现在植物的畸型上。树苗不得不经过艰苦的斗争才能接触到阳光,与此同时它也被扭曲了。如果这种树苗摆脱了杂草,它可以长得更好、发展得更充分,但早期杂草的影响是不能根除的。这棵冷杉的成长发育不全,它的树干是弯曲的,它的针叶是不怎么蓬勃茂盛的。而每一个落在没有杂草的地方的新种子,从一开始就可以自由而充分地发展起来。

我想,我们完全可以把一个社会的自由发展比作一个不受杂草影响的冷杉树苗,把专制社会比作杂草包围树干,把任凭压力集团摆布的形式民主比作一个尽管拼搏但在成长过程中仍然受到生物上的扭曲的树干。在目前,任何民主社会都不可能按照自然的、自由的、自我调节的规律发展起来,即摆脱社会内部或外部的专制权力条件的影响。对法西斯主义的体验使我们有了众多的在其内部或外部识别刚开始的希特勒主义的手段。**从生物学的观点来看,希特勒主义不过是机械的机械论加人民大众的神秘的非理性主义的完满形式。**个人和社会生活的残缺,不过是一切权威主义和非理性的制度对现代人积累起来的世俗影响。法西斯主义并没有重新创造这些条件;它仅仅是利用并完善了过去用来压制自由的那些旧条件。在本性上带有老一代权威主义秩序残余的一代人,只能希望更自由地呼吸。甚至在杂草被清除之后,即在法西斯主义机器被打碎后,它仍不能根据冷杉树的自然规律生活和成长。

换句话说,目前这一代人的生物僵化是不可能消除掉的,但在他们身上仍起作用的生命力可以获得更好地发展的空间。总之,新的人类每天都在诞生,在 30 年的过程中人类种族将在生物学上得到更新;它将不带有任何法西斯主义扭曲痕迹而来到世界。问题在于这新一代将诞生在什么样的条件下;这些条件是能保证自

第十二章　人类自由斗争中的生物学错误估计

由的还是权威主义的？由此便明确和突出了社会卫生和社会立法的任务：

应该尽一切努力并利用一切手段来保证未来几代人免受过去一代人生物僵化的影响。

德国法西斯主义是从前一代德国人的生物僵化和畸型中产生的。普鲁士军国主义以其机械的纪律，以其正步走和"挺胸收腹"，成了这种僵化的一个极端表现。德国法西斯主义还可以依赖于别的国家的人民群众的生物僵化和畸型。这是它在国际上成功的原因。在一代人的时间里，它成功地清除了德国社会的生物自由意志的最后痕迹，并用十年多一点的时间把新一代重塑成僵化的、机器人似的战争机器自动装置。因此，显而易见，社会自由和自我调节对生物僵化的机械人类来说成了不可思议的。**每一代新人极其强烈的自由渴望是自由武库的主要武器。社会自由的可能性在本质上依赖于这一武器，而不是别的东西。**

我们不妨假定，在这场战争中形式的民主国将取得胜利。我们不妨进一步假定，它们将忽视或拒不承认这种生物学上的错误估计的社会重要性，即人类群众普遍的生物僵化的社会重要性。它们将以这样或那样的方式产生新的畏惧生活的权威主义生活观。尽管苦苦地战斗，但在这些条件下取得的自由将充满漏洞和裂隙，它们的作用将在生物学上受到阻碍。人民大众将不能充分发展对社会存在的责任。因此，那些对社会的自我管理**毫无兴趣**的人，只需要不惜采取任何金钱、地位或武力的权力手段来**防止新一代人从过去一代人的僵化压力下解放出来。**

任务是由社会的、医学的和教育的行为构成的：

在社会上，问题在于找出人的生物孤独的一切根源并制定保证自由发展的合适法律。像"出版、集会和言论自由"这样的一般概括是显而易见的，但它们是根本不够的。在这些法律下，非理性的人和自由的人有同样的权利。既然杂草一直在激增，总比茁壮的树长得快，那么，长远来看希特勒主义者就不得不占上风。问题在于要认识到"希特勒主义"并不限于那些佩戴法西斯主义明显徽章的人，问题在于要以科学的人道的方式在日常生活中找到它并同它斗争。只有在这个从日常生活中清除法西斯主义的过程中，才能顺理成章地制定出妥当的反法西斯主义的法律。

举一个例子也就足够了：一个想开汽车的人必须通过驾驶员考试，这是为了保证别人的安全而必需的要求。一个买不起一所大房子的人不得不租房或买一所较小的房子。一个想开鞋店的人必须证明他有能力这样做。但在我们这个20世纪，没有任何法律能保护新生者不受无能力抚养他们的父母所支配，不受父母的神经病影响。根据法西斯主义的意识形态，大量的儿童可以而且**应该**降临到世界上；但没有人问问他们能不能得到妥当的哺育，他们能不能受教育以符合高度赞美的理想。关于大家庭的情感口号，不管是谁宣扬的，都是典型的法西斯主义的。[①]

在医学和教育上，应该纠正一个可叹的事实：几十万医生和教师尽管不懂得幼儿生物性发展的规律，手中却握有新一代人的祸福。在发现了儿童的性活动40年后，情况依然如此。由于教育者和医生的无知，法西斯主义精神每日每时都在灌输给数百万儿童和青少年。在这一点上有两个要求摆到了前沿：第一，每一个同儿童和青少年打交道的医生、教育者和社会工作者等等，必须证明自己从性经济的观点来看是健康的，而且对1到18岁的人的性活动有准确的认识。**换句话说，性经济教育者的教育应该成为义务性的**。性观点的形成不应受到神经质的强制性道德的危害、专断和影响。第二，**儿童和青少年自然的生活爱情应明确受到确定的法律保护**。这些要求听起来是激进的和革命的。但每一个人都承认，从儿童和青少年的性活动的挫折中产生的法西斯主义，所起的**否定**作用要比社会的自然保护所起的肯定作用更激进而且更革命得多。每一现代民主社会都充满了这一领域里进行变革的个别尝试。但这些明智的孤岛消失在由凌驾于整个社会之上的生物僵化的道德主义教育者和医生扩展的瘟疫海洋中。

---

① 不幸的是，它在1942年英国进步的贝弗里奇计划中出现了。

第十二章　人类自由斗争中的生物学错误估计

在这里进一步详究没有多大意义。只有**坚持性肯定的基本原则和儿童、青少年的性活动的社会保护**，才会自发地产生每一个别的措施。

在经济方面，只有自然的劳动关系，即人们彼此之间自然的经济依赖性，能为人民群众的生物重建创造出框架和基础。

我们把所有自然的劳动关系的总和叫做劳动民主；它是自然的劳动组织的形式。就其性质而言，这些劳动关系是**机能的**，不是机械的。它们是不能任意组织的；它们自发地出自劳动过程本身。木匠和铁匠、自然科学家和磨镜工、画家和油漆匠、电工和脑力劳动者之间的相互依赖性，是由各劳动**职能**的相互联系决定的。人们不能设想一个任意的规律来改变这些自然的劳动关系。靠显微镜工作的人离不开磨镜工。透镜的性质唯一服从于光和技术的规律，犹如感应线圈的形式服从于电的规律，人的活动服从于自己的需要的性质。劳动过程的自然职能是和各种人类机械论的、权威主义的论断不相干的。它们**自由地**起作用并且在严格的意义上是**自由的**。唯独它们是合理的，因而唯独它们能决定社会存在。甚至精神变态的将军们也依赖于它们。爱情、劳动和认识包含了在劳动民主概念中所意味着的每一种东西。

诚然，劳动、爱情和认识的自然职能会被滥用并被窒息，但它们可以靠自己的本性来调节自身。从人类劳动一开始就一直是这么回事，只要存在着社会进程，它们就将继续调节自身。它们构成着劳动民主的**实际**基础（不是"要求"）。劳动民主的概念不是一个政治纲领；它不是对一种"经济计划"的思想预见，也不是一种"新秩序"。劳动民主是迄今为止使人类知觉困惑的一个**事实**。比起自由来，劳动民主是不能被组织的。一棵树、一个动物或一个人的成长是不能被组织的。**在其生物职能上，一个有机体的成长在最严格的意义上是自由的**。一个社会的自然成长也是这样。它是自我调节的，不需要任何立法。再说一遍，它只能被阻碍或滥用。

问题在于，一切权威主义统治形式的职能是**阻碍**自然的自我调节职能。因此，一个**真正自由的秩序**的任务应该是**清除**对自然职能的一切障碍。需要用严格的法律来完成这一任务。这样,一个具有严肃的真正意图的民主就成了爱情、劳动和认识的自然的自我调节的直接表现。换句话说,专制,人的非理性也就成了阻碍这种自然的自我调节的直接表现。

由此可见,反对专制和人民群众的非理性权威渴望的斗争,仅仅在于一个根本的行动:

个人和社会中的自然的、有生命力的力量,应该明确摆脱一切不利于这种自然生命力的自发作用的障碍。

应该助扬前者,清除后者。

人为的社会存在的管理同自然的劳动职能决无联系。积极的文明的唯一意义在于为爱情、劳动和认识的自然职能的**展现**创造最好的条件。由于任何组织都是与自由相违背的,所以自由不能被组织。尽管如此,那些为生命力量的自由展现清理道路的**条件**,却是可以而且应该被组织的。

我们不去告诉和我们一起工作的人应如何思考或思考什么。我们不去"组织"他们的思维。但我们要求,我们领域里的每一个工作者都要使自己摆脱在自己的成长过程中获得的虚假的思维和行动方式。这样一来,他或她的自发的、合理的反应能力也就成了自由的。

可笑的是,有人认为自由意味着谎言和真理在法庭面前有同样的权利。真正的劳动民主不承认神秘的非理性有真理那样的权利;它也不允许对儿童的压抑达到像儿童的自由那样的范围。可笑的是,有人竟论证凶手杀人的权利。人们在对待法西斯主义者时,一再犯了这种荒谬的错误。没有把法西斯主义理解成国家组织起来的非理性和平庸,而是视为一种有同等权利的"国家形式"。其理由是,每一个人**自身**都具有法西斯主义。当然,即使法西斯主义"有时"也是正确的。精神病人也有这种情况。问题在于当他正确时他并不知道自己正确。

照此看来,自由成了一个简单的、容易理解而且容易驾驭的事实。自由不是必须达到的,它是自发地呈现在每一生活职能中的。**必须达到的是清除自由的一切障碍。**

第十二章　人类自由斗争中的生物学错误估计

照此看来,人类自由的武库是巨大的,有丰富的生物学手段和机械手段。不必为超常的东西斗争。生活本身就应该是自由的。一旦理解了现实,古代的梦想也就能成为现实。在这个自由的武库里,我们发现了:

对于自然的生活规律的**现实的自发的认识**,这种认识是每一时代、每一社会地位和每一肤色的男女都具有的。应该清除的是严厉的、僵化的、机械的、神秘的观点和制度对这种认识的阻碍和曲解,这些观点和制度敌视生活。

男女之间自然的劳动关系和他们劳动中的自然快乐,充满了活力和希望。应该清除的是武断的权威主义限制和管理对自然的劳动民主的阻碍,这些限制和管理敌视生活。

自然的社会性和道德性,体现在男女身上。应该清除的是令人作呕的道德化,这种道德化阻碍自然的道德性,于是也就说明了它本身产生的犯罪冲动。

与其他战争不同,目前的战争正在清除自然的自我管理的许多障碍,如强制性地把妇女驱赶到厨房里、野蛮的商业交易、粗鄙的剥削、人为的民族界限等等,而对这些障碍的清除在和平时期是不可能的。我们并不认为战争对于人类文化的发展来说是必不可少的。事情是这样的:人类社会和人类结构的机械的、神秘的权威主义组织,在战争中加速了对人类生活的机械破坏。人和社会中的有生命力的而且自由的东西起来反抗这种破坏。既然人和社会的生物残疾在战争中突破了一切限制,那么,真正有生命力的东西就被迫做出它以前在不怎么邪恶的环境中做不出的努力,因为它以前没有理解自身。

在这一点上出现了一种有道理的异议,即:

我们承认,过去几千年,特别是自从人受机器生产影响以来,人使得自己的身体越来越像架机器,使得自己的思维越来越不合理。但如果人民群众继续生活在机器的压力和影响下,我们就看不出消除有机体的机械退化并解放人的自我管理力量的可能性。任何有理性的人都不要求或指望我们废除机器文明。机器技术在生物学上的破坏性影响,不是靠任何重要的砝码来抵销的。需要用比科学的阐释更麻烦的事实来使人摆脱自己的生物僵化。很有可能,由于这场战争使人的活动更僵化,更无头脑,从而增强了而不是消除了生物的僵化。

这种异议是完全正确的。就人目前的技术手段而言,的确没有希望消除人这种动物种族的邪恶的生物发展。事实上,我用了很长时间才决定发表我关于机器文明的生物再生产的见解。我对自己说,它决不是为了宣扬那些不会有任何实际效果的真理。

当我要求自己在精神病学、社会学和生物学上得出一些实际的概括,这些概括能非常成功地阐明这三个领域里的机械化和神秘主义并能取而代之时,摆脱这种困境的出路也就自发地出现了。我并不把自己当作某种罕见的超人。我和普通人没有多大差别。那么,我是如何碰上了使别人为难的解决办法的呢?越来越明确的是,我长达几十年的对生物能量问题的专业研究使我摆脱了机械的、神秘的观点和方法。假如我没有摆脱这些观点和方法,我就没有能力从事我关于生命有机体的工作。一句话,**我的工作迫使我学会实际地思考**。如果我只是培养我的教育灌输给我的机械的、神秘的结构,我就不会发现有关宇宙生命能生物物理学的事实。然而,这条通向揭示宇宙生命能的隐蔽道路之所以被察觉,恰恰是我涉足于性高潮的原生质矛盾禁区之时。现在回过头来一看,我发现我没有忽略这一发展过程中的一些关键之点,在这些关键之点上我有可能从现实的、实际的观察事物方式又回到机械的、神秘的世界观上。我根本没有考察如何躲开这些圈套。可以肯定,这种包含着对目前混乱状态的许多根本答案的实际生活观,是由我研究生物能量,即宇宙生命能的工作所培育的。

不了解生物作用的规律,必然导致机械化和用神秘主义取代活生生的现实。宇宙生命能,即宇宙中特殊的生物能量,不是机械地起作用的,它不是神秘的。这种宇宙生命能有着**自身特有的机能规律**,这些规律不能物质地、机械地或僵化地来理解,也不能按正负电流的概念来理解。它服从**机能的**规律,如吸引、分散、扩张、收

第十二章　人类自由斗争中的生物学错误估计

缩、辐射、脉动等等。我认为这种宇宙生命能量甚至不适用于任何种类的屠杀,因而不适用于机械的屠杀技术。这场战争或下一场战争将大大增强生命安全职能的需要。宇宙生命能幅射不是性经济对人类进一步发展的平庸贡献。或迟或早,将有越来越多的集团和学派熟悉宇宙生命能的职能。在研究宇宙生命能量的过程中,男女将**不得不**学会从现实的机能方面思考,以便能把握宇宙生命能。同样,当通向认识儿童性活动之门打开时,他们就学会了从心理学方面来思考,当经济规律被发现时,他们就学会了从经济方面来思考。在理解并掌握无生命的自然的机械规律的过程中,人不得不成为机械般僵化的。同样,随着每一新的一代越来越多地把握宇宙生命能的生活职能,他们将理解**有生命力的东西**,学会爱戴、保护和发展它。这个类比的结论肯定是有道理的。

因此,我要求你们不要把这种思路与救世主义的断言混同起来。正如我在自己的许多著作里一再强调的那样,我把自己当作"宇宙中的一条虫",当作某种科学逻辑的纯工具。那种促使染上瘟疫的将军完成他的罪恶行为的欺骗性性格,在我这里肯定是没有的。我没有想当超人的信念,因而我也不会认为大众在种族上是低等的。我从宇宙生命能的发现中得出的意义深远的结论,是一个谦虚但真实的结论,也许不亚于这样一个结论:给汽球充上比空气还轻的气体,它就能克服地球的引力。我并不像我的许多朋友所期待的那样,有一种能使我们进行直接的政治变革的疗法。"生物的和自然的自我管理"、"自然的劳动民主"、"宇宙生命能"、"生殖特性"等等事实,是性经济为了根除奴役状况而交给人类掌握的武器,奴役状况包括"生物的僵化"、"性格和肉体盔甲"、"快乐焦虑"、"性高潮无能"、"形式的权威"、"权威的奴役"、"社会的不负责任"、"无能力自由"等等。劳动时的快乐、研究和发现中的快乐、感知自然的自发的恰当性和智慧时的快乐,是劳动的本性。不能为了得到奖章、财富、学术上的承认和名望而劳动,劳动也不是出于在拷打、压制、制造谎言和骗局时产生的施虐狂快乐,不是出于战争行为和残杀生命。只能如此。

第十三章 论自然的劳动民主

为了克服情感瘟疫而考察自然的社会力量

在本章我想表述的内容是广泛的自发的人类认识，这种认识不是社会地组织起来的，因而尚未发展到对广大公众产生实际影响的程度。

社会事件再一次卷入巨大的震动之流中。全世界人民都在问：我们由此走向哪里？现在应该做什么？哪个党、哪个内阁、哪种政治集团将为欧洲社会的未来命运担负起责任？我不回答这些挂在每一个人的嘴上的问题。本章也无意于进行政治考察。它唯一的意图是注意一个具体的、实际的而且合理的事实，这个事实不涉及许多关于战后应如何组织世界的政治争论。这个事实曾被叫做**自然的劳动民主**。现在我想描述一下什么是自然的劳动民主，请注意，我描述它**实际上**是什么，而**不是**它应该是什么？

在1937年，即第二次世界大战爆发前两年，欧洲上空风云密布，一个题为《劳动民主中的自然的劳动组织》的小册子出现在斯堪的纳维亚。它没有署上作者的名字，只是注明它是由一个实验工作者经本领域从事实际工作的男女同事的一致同意而写作的。它也出现在德国，不是以铅印的形式，仅仅是油印的。后来，它被译成英文。它没有得到广泛传播，因为它没有受到任何政治宣传机构的支持，没有提出任何政治主张。但它所到之处，受到了欢呼。它在巴黎、荷兰、斯堪的纳维亚、瑞士和巴勒斯坦的一些小圈

第十三章　论自然的劳动民主

子里得到了传播。有几十份还被偷运进入德国。只有巴黎的一个德国社会党人的周报对它作了一次评论,但没有引起一丝一毫的波动。在当时的政治事件中,它根本没有起到革命作用,很快就消失在混乱中。因此,它不是一个政治小册子;恰恰相反,它是一个**反对**政治的小册子,是由一个劳动者写的。然而,有两种东西不知为何却深入进了人们的头脑,持各种政治倾向和信念的男女在讨论中一再——也可以说,**顺便地**——提到它们。一种东西是"劳动民主"一词。另一种东西是两句话。这两句话听起来是不谙世故的、远离政治的、空想的、归根到底是无望的:"**够了,让我们一劳永逸地打倒政治吧!让我们立足于现实生活的实际任务上吧!**"

非常奇怪,那家刊登对这本小册的长篇评论文章的政治性报纸,也把批判集中在"劳动民主"一词和这两句听起来像一句口号的句子上。这篇评论文章对劳动民主持同情态度,但断然反对这句口号。这种矛盾说明那些熟悉这个小册子的人并没有真正理解它。表面上,这个小册子是由一个以前的社会主义者写的,但它却明确摆脱了社会党的所有方法和利益。然而,和它的基本口号相矛盾的是,它充满了政治概念和政治讨论。

尽管它有缺陷并且缺乏明晰性,但它还是受到了一个德国社会主义者的同情理解,并被偷运到德国。在此后的六年战争里,再也没有听说更多的有关它的东西。然而到了1941年,这最初的小册子的续本以《劳动民主的附带问题》为名出现了。像它的前驱一样,它也被偷运到欧洲几个国家,甚至受到了美国秘密警察联邦调查局的"拦截"。

劳动民主一词在完全不定形的性经济学家和植物疗法学家的圈子里找到了永久的立足点。这个词开始了它自己的生活。它越来越经常被人使用;人们谈论劳动民主制度、"劳动家庭"等等,人们开始严肃地思考这些事情。在战争混乱之中,一位性经济学家从一个被占领的欧洲国家来了一封信,他在信中说,这个小册子已翻译出来,一俟环境许可就直接付印。

在战争的最后四年里,我钻研了**劳动民主**的概念内容。我努力理解并阐释这个词的内容。我越是深钻这一概念，我就越明确地看出了它的轮廓，我就越完整地、有力地感知到它的实质，最终我形成了一幅画面：这幅画面完全符合许多被忽视但却是决定性的社会学事实。

我想尽自己的能力描述一下这幅画面所意味的东西。我决不打算从事任何关于它的宣传。我也无意从事关于它的耗费时间的争论。

下面就是我所理解的自然的劳动民主。

与政治相对立的劳动

一个想干医学职业的医学学生，必须为自己的医学理论和实践知识拿出令人满意的证据。相反，一个以决定数百万男女劳动者的命运，而不是像医学学生那样以决定数百人命运为己任的政治家，在我们的社会里却不必证明他的品质和知识。

这种环境看起来是社会悲剧的一个根本原因，这种社会悲剧几千年来以个别尖锐冲突为形式密密麻麻地遍布了人类动物社会。让我们尽最大努力来探索一下这个已简洁地描述过的矛盾。

不管是在哪一个领域，不管是来自富裕家庭还是来自贫困家庭，凡是从事实际工作的人，都必须经过一定的学校训练。他不是被"人民"选举出来的。有经验的工人的技艺已经得到了长期检验，他们应以或多或少彻底的方式决定本领域的学徒有无资格从事自己的职业。这是要求，即使它经常过了头。无论如何它提供了指导。在美国这个要求已被彻底执行了，以致百货商店的女售货员都必须受过大学教育。这个要求也许被夸大了，也许在社会上是不公平的，但它明确表明了社会对哪怕最简单的工作形成了多么大的压力。每一个鞋匠、细木工、车工、机修工、电工、泥瓦匠、建筑工等等，都必须符合严格的要求。

相反，一个政治家却摆脱了这样的要求。一个人所需要的只是非常狡猾，有神经质的野心和权力意志，再加上残忍，以便当出现

第十三章 论自然的劳动民主

合适的社会混乱条件时夺取人类社会的最高职位。在过去的 25 年里，我们已亲眼看到一个平庸的记者竟能使有五千多万人的意大利民族残忍起来，并最终把它拉入不幸处境之中。22 年来，人们对任何事情都不大惊小怪，不管是大洪水还是雷电，直到有一天骚乱无声无息地消失。支配人们的感情是：**一切全无用！**这种使整个世界不敢出声并使许多民族脱离自己习惯的生活的大骚动，留下了什么呢？**什么也没有**。没有留下一个永久的思想，没有留下一个有用的制度，甚至没有留下一个美好的记忆。这种事实比别的东西更清楚地表明了那种周期性地把我们的生活拖向深渊边缘的社会非理性主义。

一个年轻的粉刷匠在自己的职业选择上不幸地失败了，却可以在 20 年的时间里空谈整个世界，不干一点有用的、客观的、实际的工作。即使这样，巨大的喧闹声终有一天要悄悄地消失在"一切都没有用"之中。劳动的世界继续行进在自己平静的、安宁的、生活必需的道路上。至于大骚乱，只会在虚假的史书上留下一章，而这些史书却是我们孩子们的负担。

如果人们不怕麻烦把它们搜寻出来，人们将会发现在劳动与政治的截然对立中包含着对实际社会生活的前所未有的后果，这种对立对每一个人来说都是可理解的，每一个男女劳动者早已意识到了它。首先，这些后果与政党制度有关，政党制度决定着这个星球的任何地区的人类动物的意识形态和结构形态。我们这里的目的不是探询目前的政党制度是如何从最早的父权制、等级制的欧洲和亚洲政府制度中产生的。在这里，重要的只是政党制度对社会发展的影响。读者将会预言，自然的劳动民主是一种已经存在的社会制度。它不是应该被建立的，它和政党制度有着水火不相容的关系。

劳动与政治的矛盾使我们认识到：不管是在社会的、动物的机体中还是在死寂的机体中，澄清并消除混乱状态都需要长期的科学工作。用不着细究，我们可以简练地把从事某种需要理解事实的**生活必需的**劳动的人叫做**科学的**。按这种意思，工厂里的一个车床操作工就是科学的,因为它的产品是建立在他的劳动和研究以及别人的劳动和研究的成果之上的。现在让我们把这种科学的人同神秘的人,包括政治理论家对照一下。

每一个科学的人,不管是教育者、车床操作工、技术员、医生还是别的什么,都必须实现并维护社会的劳动过程。在社会上,他有一种非常负责任的立场:他必须以实践的方式来证明他的每一个断言。他必须勤奋工作,思索,寻找改进自己劳动的新方式,承认错误。作为一个研究者,他必须考察并摒弃虚假的理论。凡是在他成功地完成某种全新的东西时,他都必须同人类邪恶作斗争,并开辟自己的道路。他不需要任何权力,因为没有一个发动机是靠政治权力来建造的,没有一种血清是靠政治权力来生产的,没有一个儿童是靠政治权力抚养长大的。科学的劳动者的生活和操作用不着武器。

与男女劳动者相反,神秘的政治理论家有一种便利的社会立场。没有人要求证明他们的断言。他们可以许诺使上帝从天堂降到人间,把恶魔从地狱里抬出来,从他们的政府大楼里建立尘世的天堂,而且在他们这样做时他们很清楚没有人要求他们证明自己的骗局。不可侵犯的言论自由的权利保护了他们的野蛮断言。如果我们非常认真地考虑一下,我们就会发现,"言论自由"的概念肯定有某种错误的东西,因为一个失败的粉刷匠有可能利用这种权利以**完全合法的**方式在几年之内在世界上达到一种地位,而人类历史上科学、艺术、教育和技术的伟大先锋却从未享受到这种地位。由此可见,我们对社会事情的思考在某个领域有灾难性的错误,需要彻底纠正。依据认真的性经济的诊断考察,我们知道,对幼儿的权威主义培养,使他们畏惧和屈从,为政治权力的贩卖者提供了成千上万的勤奋男女的奴性和轻信。

我们不妨按另一种方向来探索一下劳动与政治的矛盾。

宇宙生命能研究所的正式出版物的封面上一直印着这样一句

第十三章　论自然的劳动民主

箴言：“爱情、劳动和认识是人类存在的根源，也应该支配人类存在！”①没有夫妻、母子和同事之间的自然的**爱情**作用，没有劳动，没有认识，人类社会一下子就四分五裂了。我作为一个医生没有必要顾忌这样或那样的意识形态，顾忌某种目前的外交必要性，不管它显得多么重要。我唯一的任务是阐明那些重要的但未知的事实。不管显得多么令人为难，毕竟社会生活的这三种基本职能都没有受到普选权和无记名投票的影响，或在议会民主的历史上起什么作用。相反，同自然的爱情、劳动或认识的职能毫无关系的政治理论家，却依靠普选权和政党制度而不受妨碍地、无限制地接近了各种社会权力。我得早一点声明，我一直是**拥护**普选权的。但这改变不了一个稳固确立起来的事实：议会民主的普选权社会制度决不符合社会存在的这三种基本职能。它使议会投票有了维护或破坏这些基本社会职能的偶然性。在议会民主立法中没有任何承认爱情、劳动和认识在管理社会命运上有某种特权的规定。民主选举和基本的社会职能之间的这种分化，对社会进程的基础有灾难性的反响。

我只想提一下许多明显妨碍这些职能的制度和法律。我并不认为已经有哪个科学或政治集团以某种方式明确而尖锐地指出了这个基本矛盾，以致对每一个人来说都是可理解的。然而，这一矛盾构成了人类动物的生物社会悲剧的核心。政党制度根本没有实现人类社会的条件、任务和目的。这明显而简单地表现在这样一个事实上：一个鞋匠根本不可能简单地成为一个裁缝，一个医生不可能简单地成为一个采矿工程师，一个教师不可能简单地成为一个细木工，相反，美国的一个共和党人可以从某一天起变成一个民主党人，同时在自己的思维上并不发生任何客观的变化。在希特勒之前的德国，一个共产党人可以简单地变为一个法西斯主义者，一个法西斯主义者可以变为一个共产党人，一个自由党人可以变

---

① 这句箴言已以下列变化形式出现在各种出版物上："爱情、劳动和认识是我们生活的源泉，也应该支配我们的生活。"

为一个共产党人或社会民主党人,一个社会民主党人可以变为一个德国国家社会主义党人或基督教社会党人。这些变化可以加强或削弱有关政党的党纲的意识形态,一句话,它们可以以最无良心的方式决定整个民族的命运。

这明显表明了政治的非理性性质及其同劳动的对立。我不想探究政党在社会机体内是否有一种客观的合理的基础。在这里它是无关的。**今天**的政党没有任何具体的东西可说。一个社会的实际的和积极的事件同政党的界限或政党意识形态没有任何关系。罗斯福的新政之类的东西就是这方面的证据。所谓的政党联盟是缺乏客观倾向和实际解决办法时的权宜之计。稳固确立起来的现实是不能靠意见来把握的,意见就像人们换衬衫那样多变。

这些对劳动民主概念的初步阐释,已经产生了一些关于社会混乱的重要见解。这迫使我们继续循着我们关于自然的劳动民主的思路走下去。不这样做就是一个不可原谅的疏忽。因为任何人都无法预见人类思维将在哪里、将在何时对政治产生的混乱拿出答案。因此,我们将沿着我们已走上的道路走下去,就像人们在原始森林中寻找一个合适的定居点一样。

甚至这种着眼于社会混乱的尝试,也应该被视为一种实际的合理的工作。既然自然的劳动民主是建立在劳动之上而不是建立在政治之上的,那么,这种"社会有机体的劳动"有可能导致一种实际的可行的结果。这将是**劳动**第一次支配社会问题。就其可以把其他社会学家、经济学家、心理学家纳入社会有机体的劳动而言,这种劳动将是劳动民主的。既然这种劳动抨击作为原则和制度的政治,那么,毫无疑问它将反对政治意识形态。有意义而且重要的是看看劳动民主的意识形态是如何在实践中确立起来的。按我的理解,劳动民主用**社会职能**和**社会发展**的观点,简言之,用事实和可能性来反对政治意识形态。它不是以另一种政治观点来反对政治意识形态的。它走的道路类似于人类在道德领域里所走的道路:性经济研究的是强制性道德造成的危害,不是像政治习惯那样研究另一种道德,而是研究关于自然的性作用的具体知识和实际材

第十三章 论自然的劳动民主

料。换句话说,劳动民主的社会经济将在实际生活中证明自身,正像蒸汽包含着能量这一断言是由蒸汽机车的运动来证明的一样。因此,我们没有任何理由对劳动民主的存在或不存在,它的实际可用性或不可用性等等作意识形态的或政治的论证。

那些以劳动民主的方式来思考和行动的男女劳动者,没有挺身**反对**政治家。他的劳动的实际结果显露了政治的幻想性和不合理性,但这不是他的过失或他的意图。那些从事实际工作的人,不管他们在什么领域,都强烈关心改进生活的实际任务。那些从事实际工作的人并不**反对**这一或那一事物。只有那种没有任何实际任务的政治家,才总是**反对**而且决不**拥护**某种事物。总的说来,政治是以"反对"这一或那一事物为特征的。实践中的生产性的东西,不是由政治家,而是由男女劳动者完成的,不管这是否符合政治家的意识形态。多年的经验已经明确证明,从事实践劳动的男女一直是同政治家相冲突的。因此,那些**为了**生活职能而劳动的人是反对政治的,不管他们是否想这样做。教育者**拥护**对幼儿的客观培养,农民**拥护**农业中必需的机器,研究者**拥护**科学发现的证据。人们可以满意地认为,只要一个男或女劳动者**反对**这一或那一成就,他或她就不是作为一个劳动者说话的,而是处在政治的或别的不合理的影响压力之下的。

说一种积极的劳动成就决不反对而总是拥护某种东西,这听起来像是不大可能的和夸大的。其理由是,我们的劳动生活是和不合理地激发起来的意见表达融合在一起的,而这些意见表达又是和客观的评价区别不开的。例如,农民反对工人,工人反对工程师。这个或那个医生反对这种或那种药物。据说民主的言论自由意味着一个人的"拥护"和"反对"。但我认为,正是这种对言论自由概念的形式主义的和非客观的理解,造成了欧洲民主国家的失败。我们不妨举一个例子,一个医生**反对**使用某种药物。其理由可能是下列两者之一:

要么这种药物确实有害,而这个医生是有良心的。在这种情况下,药物的制造者就干了**粗劣的**劳动。他的劳动不能说是成功的,显然,他的动机不是为了生产一种有效而无害的药物这一强烈的客观利益。这个制造者的头脑里没有考虑药物的作用,而是受金钱利益所驱使的,即抱有不合理的动机。这种动机并不符合目的。在这种情况下,这个医生的行动是合理的。他是为人类健康的利益说话的,也就是说,他由于**拥护**健康而自动地反对坏的药物。他合理地行动,因为劳动的目标和意见表达的动机彼此相一致。

要么这种药物是好的,而这个医生是不讲道德的。这个医生如果**反对**一种好药,那么他的行动的动机就不是为了人类健康的利益。也许他收取了另一个与之竞争的商行的报酬,要他宣传一种不同的药物。他没有履行他作为一个医生的劳动职能;他的意见表达的动机既同其内容无关,也同任何劳动职能无关。这个医生表示反对这种药物,乃因为他私下是为了**利润**,而不是为了健康。但牟取暴利不是一个医生劳动的目的。因此,他强烈地表示"**反对**"某种东西,而不"**拥护**"它。

我们可以把这个例子应用到其他任何劳动领域和任何意见表达上。我们可以满意地认为,**拥护**某种事物,这一直是合理的劳动过程的一个内在部分。"反对"某种事物,这不是出于劳动过程本身,而是出于存在着不合理的生活职能这一事实。由此可见:**就其性质而言,每一合理的劳动过程都自发地反对不合理的生活职能**。

熟悉世路的认真的读者将乐意赞成,这种对言论自由概念的阐释使民主运动有了一个新的更好的观点。**对生活利益有害的东西是粗劣的劳动,因而根本不是劳动**,这一原则使劳动民主的概念具有了一种合理的意义,而这种意义在形式的或议会的民主的概念中是没有的。在形式的民主中,由于在社会组织中占主导地位的是政治的利益,不是客观的利益,所以农民反对工人,工人反对工程师。如果把责任从政治家手中不是转交给男女劳动者,而是转交给**劳动**,那么,农民和工人的合作将自动地取代政治对立。

我们将进一步探索这种思想,因为它具有决定性的重要意义。首先,我们想详细谈谈所谓民主批评的问题,民主批评也依赖于言论自由的民主权利。

第十三章　论自然的劳动民主

论客观的批评和不合理的吹毛求疵

劳动民主的生活方式强调每一个劳动者自由讨论和批评的权利。这个要求是合理的，必不可少的，而且应该是不可侵犯的。如果不实行它，人类生产力的源泉就容易枯竭。然而，由于普遍的情感瘟疫的影响，"讨论"和"批评"或多或少构成了对严肃劳动的重大威胁。我们想用一个例子阐明这一点：

我们不妨设想有一个技师在修理一台有缺陷的发动机时碰到了困难。这是一种复杂的工作，这个技师必须发挥自己的全部智慧和能量来克服困难。他牺牲了自己快乐的闲暇时间，一直工作到深夜。在完成自己的工作之前，他不允许自己休息片刻。过了不久，一个与此无关的人来了，看了一会儿，捡起一块石头把导线砸坏了。因为早晨他的妻子在餐桌旁唠唠叨叨地责骂了他。

又有一个与此无关的人来了，他嘲笑这个技师，说他根本不懂发动机，要不然他早就把发动机修好了。瞧，这个技师多么脏，身上尽是汗渍和油污。这还不够，这个技师还是一个不讲道德的人，要不然他就不会置自己的家庭于不顾。在对技师做了一番心理上的羞辱之后，这个人也走开了。这天早晨这个技师收到了自己公司的一封信，通知他解除了他的电气技师职位，因为他在自己的领域不是一个优秀工作者。

第三个与此无关的人也来了，朝这个技师的脸上吐口唾沫就走掉了。因为他的继母对折磨人有特殊才能，刚刚给了他一阵难堪。

我举这些例子的目的是为了说明，无关的过路人的"批评"像拦路强盗一样蛮横地扰乱了诚实的劳动，而对这种劳动他们是一无所知的，他们既不理解又不关心。这些例子是各个社会领域里的一部分所谓"自由讨论"和"批评权利"的典型。精神病学家和癌症病理学家的传统学派对尚在孕育中的仿生研究所做的抨击，就带有这种性质。他们无心帮助改进一项困难的工作，只是热衷于蛮横地攻击。当然，他们没有违背自己的动机。这种"批评"是有害的，而且在社会上是危险的。它的动机与被批评的事毫无关系，它与客观的兴趣毫无关系。

真正的讨论和**真正的**批评是不同的。我们想再用一个例子说明这一点。

在我们上面所说的那个技师修理发动机时，另一个技师途经这里。他以自己在这方面的丰富经验，一眼就看出这个技师忙得不可开交。他脱下外衣，挽起袖子，先帮助这个技师找出方式上的错误。他指出了第一个技师所忽略的重要地方；他们一起考虑在工作中会犯的错误。他帮了这个技师一把，讨论并批评了这项工作，以便使这项工作**做得更好**。他的动机不是他继母唠唠叨叨的责骂，也不是他职业上的失败，而是对这项工作成功的客观兴趣。

上述两种批评经常难以区别开来。不合理的吹毛求疵经常狡猾地伪装上一种虚伪的客观性。这两种根本不同的批评，通常都被**一**种"科学的批评"的概念包括进去了。

就其严格的客观的和科学的意义而言，只有所谓的内在的批评才是可取的，也就是说，进行批评的人在履行批评的权利之前首先应该满足一些要求：

1. 他本身应该非常了解他批评的劳动领域。

2. 如果不是更熟悉，至少他也应该像他批评的人一样熟悉这个领域。

3. 他应该有兴趣看到这项劳动的成功，而不是看到它的失败。如果他只想干扰这项劳动，如果他的动机不是客观的兴趣，那么，他就是一个神经质的爱发牢骚的人，而不是一个批评家。

4. 他必须从**被批评的劳动领域的角度**来进行他的批评。他不能从一个外在的角度，即同这一劳动领域无关的角度进行批评。不能从表层心理学的角度来批评深层心理学，但可以从深层心理学的角度来批评表层心理学。其理由是简单的。深层心理学必须把表层心理学纳入自己的考察之列。因此，它熟悉表层心理学。相反，表层心理学只是**表层的**心理学；它并不寻找心理现象背后的生物动机。

第十三章 论自然的劳动民主

我们不能从具有加热房间功能的机器的角度来批评一个电力机器。只是就热力理论能使电力技师防止电动机过热而言,热力理论才能在电力机器上起作用。在这一方面,一个热学理论家的有益建议肯定会受到电力技师的欢迎。但因为电机不能加热房间而羞辱它,这是滑稽可笑的。

由此可见,性经济想把儿童、青少年和成人**自然**的性活动从神经病、变态行为和犯罪行为中解放出来,不应受到来自反性的道德主义角度的批评,因为道德主义者想压制而不是解放儿童和青少年自然的性活动。一个音乐家不能批评一个矿工,一个医生不能批评一个地理学家。我们对一项具体工作的感情或许愉快或许不愉快,但这并不影响这项工作的性质或有用性。

这些对批评和吹毛求疵的考察的唯一目的是缓和年轻的性经济学家和宇宙生命能生物物理学家看待批评的立场。

劳动是内在地合理的

正如我们所看到的,对劳动民主概念的分析使我们来到了人类生活的一个领域,这个领域尽管几千年来一直被认为是极其重要的,但却被视为绝对的和不可把握的。这就是复杂而广泛的所谓"人性"的领域。哲学家、诗人、浅薄的政治家,还有伟大的心理学家用"这就是人性的样子"这句话所称呼并叹惜的东西,完全相当于性经济的诊治概念"**情感瘟疫**"。我们可以把它定义为**人类动物的一切不合理的生活职能的总和**。如果所谓的不朽的"人性"等同于情感瘟疫,如果情感瘟疫又等同于人类动物的一切不合理的生活职能的总和,如果自在的并独立于人的劳动职能是合理的,那么,我们面对的就是两个重大的人类活动领域,这两个领域是彼此根本对立的:一方是作为合理的生活职能的生活必需的劳动,另一方是作为不合理的生活职能的情感瘟疫。不难预断,劳动民主把一切没有建立在认识、劳动和爱情基础上的、因而是不合理的政治,视为情感瘟疫的一部分。我们何以能以一种简单的方式把握我们"臭名昭著的"人性？这是一个永恒而古老的问题。劳动民主对这一问题的回答是：教育、卫生和医学自有史以来就同人性的问题搏斗，但没有取得满意的结果，它们现在在生活必需的劳动的合理职能中找到了反对情感瘟疫的有力同盟军。

为了把劳动民主的思路贯彻到底，我们首先应该摆脱习惯的政治的和意识形态的思维。只有这样，才有可能使来自爱情、劳动和认识界的根本不同的思路同来自浮华环境、外交和政治会议圈子的思路形成对照。

政治家从"国家"和"民族"方面来思考；劳动者"友好地"和"社会地"**生活**。政治家从"纪律"和"法律与秩序"方面来思考；普通劳动者体验"劳动的快乐"和"劳动的秩序"，"管理"和"劳动合作"。政治家从"道德"和"义务"方面来思考；劳动者体验或喜欢体验"自发的正派"和"自然的生活感情"。政治家谈论"家庭的理想"；劳动者享受或喜欢享受"丈夫、妻子和孩子的爱"。政治家谈论"经济和国家的利益"；简单的劳动者想"满足需要和不限量的食物供应"。政治家谈论"个人的自由首创性"并考虑"利润"；简单的劳动者想要做自己的事情的自由，成为自己想成为的人的自由。

即使劳动者没有受到政治非理性主义的严重阻碍，政治家也以不合理的方式支配着劳动者以合理的方式对待或能对待的那些生活领域。尽管不合理的和合理的标签可用于同样的生活领域，但它们是直接对立的，不是可以互相替换的词。在现实实践中，它们是互相排斥的。这出于这样一个事实：在人类社会的整个历史中，国家的权威主义纪律一直阻碍着、自然的社交和劳动快乐，国家已经阻碍了社会，家庭的强制性神圣性已经阻碍了丈夫、妻子和孩子的爱；强制性的道德已经阻碍了从生活乐趣中产生的自然的正派；政治家不断妨碍着男女劳动者。

从根本上说，我们的社会是被一些概念统治的——注意，被政治的不合理的概念所统治——这些概念凭借强力来利用人类劳动达到不合理的目标。需要有效的制度来为人民大众的日常生活保证行动和发展的自由。这些制度的社会基础不能是旧的任意的、

第十三章　论自然的劳动民主

可互相替换的政治倾向或意识形态；它只能是生活必需的劳动的社会职能，因为它自然地来自整个劳动领域中各种生活必需的劳动范围的交融。

让我们循着劳动民主的思路进一步去探索纠缠不清的合理的和不合理的生活职能的灌木丛。在这种探索中，我们想严格地坚持思维的逻辑结果，并尽可能排除我们个人的兴趣。为了达到一个可行的结论，即使在这些对劳动民主概念的考虑中我们也不得不站在劳动民主的立场上，即我们的所做所为必须像是我们**想使自然的劳动民主为社会存在负起责任**。一句话，我们不得不以完全**客观**的方式从各个角度检验它的恰当性。如果我们听任自己对这一或那一不必要的活动的个人兴趣左右我们，那我们也就自动地把自己排除在这种讨论的框架之外了。

如果只有各种情感瘟疫存在，那么人类早就灭亡了。不论是政治意识形态还是神秘的礼仪，不论是军事权力机构还是外交讨论，本身都不能为任何国家的人民提供哪怕一小时的食物，不能保证交通通畅，不能提供生活空间，不能治愈疾病，不能抚养儿童，不能找出自然的秘密等等。在劳动民主观看来，政治意识形态、神秘礼仪和外交策略只有在社会非理性主义的框架内才是必需的。在实际的生活领域里，它们是不必要的，实际的生活领域是被爱情、劳动和认识支配的。这些生活必需的职能服从它们自己产生的规律；对任何不合理的意识形态来说，它们是不易理解的。爱情、劳动和认识不是"观念"、"文化价值"、"政治纲领"、"精神态度"或"信念的表白"。它们是**具体的现实**，没有它们，人类社会就一天也不能存在。

如果人类社会是合理地组织起来的，那么爱情、劳动和认识的优先地位就无可怀疑；有权利决定社会存在的是它们，而不是不必要的制度。在劳动民主观看来，个别集团可以武装起来并互相残杀，其他集团可以炫耀神秘的礼仪，还有些集团可以热衷于意识形态讨论，但它们不能出于自己自私的目的而支配、利用并主张社会的基本生物职能。而且，它们不能使这些职能失去各种起决定性

影响的权利。

在对待这两种人类活动领域的态度上，社会非理性主义是浓厚存在的：

一个政治家能够欺骗数百万人民，即，他可以许诺建立自由而实际上并不这样做。没有人要求证明他的软弱无能或他的许诺的可行性。无须引导或阻碍，一个神秘主义者就可以使人民群众充满死而复生的信念，他不需要拿出一丝一毫的证据。我们不妨把一个政治家或一个神秘主义者的权利和一个铁路工程师的权利比较一下。如果后者极力说服 20 多个想从一个城镇到另一个城镇旅行的人相信，他可以飞到月亮上，人们就会立即把他投入监狱或精神病院。我们不妨进一步设想，这个铁路工程师拿着一杆枪，**坚持认为**他的断言是真实的，如果候车的乘客不相信他的话，他就把他们关起来。这个铁路工程师**不得不**把人们从一个地方转移到另一个地方；如果他想保持自己的职位的话，他就必须尽可能实际地和安全地这样做。

一个建筑师、医生、教师、车床工、教育者在开始建一所学校、诊治病人、做一件家具或培养儿童时，他是法西斯主义者、共产党人、自由主义者还是基督教徒，这完全无关紧要。这些劳动者没有一个能作长篇讲演或作出狂热的许诺；他不得不从事具体的实际的工作。他不得不一块一块地砌砖，而且在动手之前，他必须认真考虑并画出蓝图，说明一所学校应具有的房间数目、安置通风设备和出口的位置、窗户应在何处、办公室和厨房应在何处。自由主义的、社会民主的、宗教的、法西斯主义的或共产主义的意识形态，对于从事实际工作毫无用处。劳动者不会在闲聊中浪费自己的时间。每一个工人应该知道自己该做什么，而且他一定会这样做的。但一个理论家却不断纵容自己的狂想，而不干一点实在的工作。一群政治家完全毁灭了这个或那个国家之后，他们还会在别的国家继续进行乏味的意识形态争论。真正的进程对政治家来说是完全陌生的。实际上，如果政治家满足于只在他们自己中间进行争论，并不力图把他们的意识形态强加于别人或决定民族的命运，这

第十三章　论自然的劳动民主

也许没有什么值得反对的。

我一度力图亲自检验上面列举的劳动民主思想体系。1933年,当我开始预言宇宙生命能的存在是一个假说时,如果我公开断定这种能量真的存在并能破坏癌细胞,那么,我只能会证明过分热忱的精神分析学家为我已经下的精神分裂症诊断,并会被送到精神病院里去。根据我在生物学领域里的研究,我本可以传播一些意识形态,可以建立一个政党,假如说,建立一个劳动民主的自由党。毫无疑问,我可以和别的不怎么有实际经验的人做这件事。凭借我对人民的影响,在我周围聚集起我的党卫队,让几千人佩戴劳动民主的徽章,这是很容易的事。但所有这一切不会使我更进一步地接近癌症问题并理解人类动物的宇宙般或海洋般的感情。我会稳固地确立劳动民主的意识形态,但仍然发现不了自然地呈现的而尚未被领悟的劳动民主过程。连续几年,我非常刻苦地工作,进行观察,纠正错误,尽力克服自己的非理性主义,理解为什么生物学既是机械的又是神秘的。我没有抱怨。我不得不读书,解剖老鼠,以上百种不同的方式研究各种材料,直到我实际地发现了宇宙生命能,直到我把它搜集到存储器里,使它成为可见的。只是在完成了这些工作之后,我才能提出问题的实际方面,即宇宙生命能是否有治疗效果。在这一点上,我是听任劳动过程的有机发展指导的。这意味着每一生活必需的实际劳动本身都是合理的有机的发展,它无论如何不能被征服或战胜。这一概括包含着一个根本的生物学原则,我们叫做"有机发展"。一棵树在长到两码[①]高之前必须先长到一码高。一个儿童在达到理解别人的作品的意思之前必须先学会阅读。一个医生在理解病理学之前必须先学习解剖学。在所有这些情形中,**发展都来自一个劳动过程的有机进步。男女劳动者是这种劳动的职能器官**。不管他们是好的还是差的职能器官,劳动过程本身并不发生根本的变化。一个男人或女人是一个好的还是一个差的职能器官,从根本上取决于他或她的性格

[①] 1 码=0.914 米。——译者注

结构的非理性主义程度。

可以认为,这种"有机发展的规律"在不合理的职能中是没有的。在这些职能中,早在开始实际工作之前,目标就作为一种观念而存在了。活动遵循着一个固定的预想的计划;因此,在本性上它一定是不合理的。这明显而简单地表现在这样一个事实上:在世界著名的非理性主义者身后,的确没有留下任何东西可为后代所用。

几千年来,有机发展的规律已明显表现在所有技术的科学的艺术上。伽利略的成就来源于对托勒密体系的批评,并且扩展了哥白尼的工作。刻卜勒接过了伽利略的工作,牛顿又接过了刻卜勒的工作。许多代的男女劳动者和研究者是从客观自然过程的这些职能器官中发展起来的。相反,所谓的亚历山大大帝、凯撒、尼禄、拿破仑,什么也没有留下来。我们在非理性主义者中间也找不到任何连续性的痕迹,除非把拿破仑梦想成为第二个亚历山大或凯撒当作一种连续性。

在这些人身上,非理性主义完全表现为一种非生物的和非社会的,甚至反生物的和反社会的生活职能。它缺少合理的生活职能的本质特点,如萌芽、发展、连续、不偏离过程、与其他职能相交织、断裂和生产性。

现在让我们用这些见解来看看能否从根本上克服情感瘟疫。回答是肯定的。不管人类动物是多么施虐狂的、神秘的、爱闲聊的、不审慎的、无常的、有盔甲的、肤浅的和乐于空谈的,**但他们在自己的劳动职能上自然地先倾向于合理的**。正如非理性主义在意识形态过程和神秘主义中发泄并传播一样,人的合理性也在劳动过程中得以证实和传播。人在自己的劳动职能上**不能是不合理的**,这是劳动过程的一个内在部分,因而是人的一个内在部分。在人的天性上,在劳动本身的性质上,人**不得不**是合理的。由于非理性主义**败坏**劳动过程并使劳动的目标成为达不到的,非理性主义也就自动地排除了自身。情感瘟疫和劳动过程之间的不可调和的尖锐对立明显表现如下:作为一个劳动者,一个人总是想在关于劳

第十三章　论自然的劳动民主

动职能的讨论中同技术员、产业工人、医生等等达成非正式的理解。然而，一旦转到意识形态的话题上，这种理解也就破灭了。有迹象表明，许多独裁者和政治家一旦进入政治领域，也就符合惯例地放弃了他们的劳动。一个鞋匠如果沉浸在神秘的狂热之中并自认为是上帝派来的人民的救世主，将不可避免地把鞋底割坏并乱了针法。随着时间的流逝，他将面临着挨饿。而政治家却靠这个过程而强大富裕起来。

情感的非理性主义只能扰乱劳动，决不能完成劳动。

我们不妨从**劳动民主的角度**来考察一下这种劳动民主的思路。我们这里研究的是一种意识形态，一种对"劳动"的炫耀或理想化吗？鉴于我的医生和教育者的任务，我向自己提出了这个问题。把生活必需的合理的劳动同不必要的不合理的意识形态区别开来，即辨别劳动的合理的和合理地起作用的特点，是我作为一个医生、研究者和教师义不容辞的责任。我不能靠给我的一个植物治疗的学生灌输更好的来世希望或指定他是"植物治疗大师"，来帮助他克服自己结构上或工作上的实际困难。植物治疗大师的称号根本无助于他解决困难。我指定他是植物治疗大师，只会给他带来危险，甚至可能带来灾难。我应该告诉他有关他的弱点和短处的全部真相。我不得不要求他亲自承认这些弱点和短处。这样，我也就听任了自己的发展过程和实际经验的指导。我没有什么意识形态来迫使我出于道德的或别的理由而成为合理的。合理的行为是由我的劳动以客观的方式加于我的。如果我不努力合理地行动，我就会挨饿。如果我极力用幻想来掩盖困难，我的劳动就会直接纠正我，因为我不能靠幻想消除生物病态的瘫痪，就像一个机械师、建筑师、农民或教师不能靠幻想来完成自己的劳动一样。我也不要求合理性。它是不依赖于我的样子，不依赖情感瘟疫而客观地呈现于我的。我不命令我的学生是合理的，因为这无济于事。我教育他们，告诉他们按自己的兴趣并根据实际劳动过程，把自己身上的和世界上的合理的东西与不合理的东西区别开来。我教育他们发扬合理的东西，抑制不合理的东西。在社会生活中情感瘟疫的一个根本特点就是,靠躲到意识形态、神秘主义、残忍或政党之中来逃避负责任的困难和日常生活与劳动的现实。

这是一种全新的立场。新不在于劳动的合理性,也不在于它对男女劳动者的合理影响,而在于劳动本身就是合理的并且具有一种合理的效果,不管我是否知道它。如果我知道它,那就更好。于是我就能和合理的有机发展保持一致。对心理学和社会学来说,这也是一种新立场。对社会学来说它之所以新,乃因为迄今为止社会学一直把社会的不合理活动当作合理的;对心理学来说它之所以新,乃因为心理学不怀疑社会的合理性。

生活必需的劳动与其他劳动

人们越是深刻地钻研自然的劳动民主的性质,人们也就越多地在人类思维中发现邪恶,这种邪恶是由政治意识形态造成的。让我们通过考察**劳动**概念的内容来阐释这一论断。

我们已经把劳动与政治意识形态作了对照,把劳动等同于"合理性",把政治意识形态等同于"不合理性"。但真正的生活决不是机械的。因此,我们最好不要建立一种新的黑白分明的对立。但是,就政治的确本质上是不合理的,而相形之下劳动本质上是合理的而言,这种生硬的二分法又是有道理的。例如,如何看待建立一个娱乐场呢?这个例子迫使我们把生活必需的劳动同生活不必需的劳动区别开来。在"生活必需的劳动"标题下,我们应包括每一种对维护人类生活和社会机制**必不可少的**劳动。因此,如果缺少了哪种劳动就会对生活过程有害或禁锢生活过程,那么,这种劳动就是生活必需的。相反,如果缺少了哪种劳动也不会改变社会过程和人类生活,这种劳动就不是生活必需的。我们把那种对生活过程有害的活动叫做**非劳动**。

连续几个世纪,不劳动的统治阶级的政治意识形态贬低的正是生活必需的劳动。另一方面,它又把非劳动当作高贵血统的标志。一切社会主义理论家对这种作法的反应是机械的和僵化的颠倒的

第十三章 论自然的劳动民主

评价。社会主义者想象"劳动"唯一和那些在封建主义中被贬低的活动有关,即本质上和体力劳动相关;而统治阶级的活动则被当作非劳动。诚然,这种对意识形态评价的机械颠倒,完全符合有关两个在经济上和人格上截然区别的社会阶级,即统治阶级和被统治阶级的政治概念。从纯经济的观点来看,社会的确可以分成"拥有资本的人"和"拥有劳动力商品的人"。然而,从生物社会学的观点来看,不论是从意识形态上还是从心理学上都不存在这一阶级和那一阶级的截然区分,肯定在劳动的基础上是没有这种区分的。一个人民集团的意识形态并不必然和它的经济地位相一致,经济状况和意识形态状况经常是尖锐对立的,这一事实的发现能使我们理解迄今为止从未被了解的法西斯主义运动。在1930年,明显存在着意识形态同经济的"分裂",某个阶级的意识形态可以发展成一种社会力量,而这一社会力量并不限于一个阶级。

首先,联想到儿童和青少年自然的性活动的压抑可以看出,存在着同各阶级的经济分配没有任何关系的人类动物的基本生物职能,阶级界限是彼此交合和交叉的。性活动的压制不仅同每一父权制社会的一切阶层和阶级有关,而且正是在统治阶级中这种压制经常显得最为突出。的确,性经济能够表明,统治阶级用来压迫和剥削其他阶级的那种施虐狂,绝大部分主要归因于从被压制的性活动中产生的施虐狂。施虐狂、性压抑和阶级压迫之间的关系,在德·科斯特①的《关于乌兰斯比格的传说》中得到了卓越表现。

劳动的现实社会职能还与政治意识形态的界限相迭合和交叉。在社会主义党内,许多主要的政治家从不从事生活必需的劳动,根本不了解劳动过程。通常当一个工人成为一个政治官员时,他就放弃了自己的职业。另一方面,政治社会主义叫做与工人相对立的"统治的非劳动的阶级"的那些阶级,却构成了工人的基本主体。最适合用来证明典型的政治意识形态的现实盲目性的,莫过于政治反动派(例如在奥地利)的主要成员来自于技术大学的学派这一

---

① 德·科斯特(1827—1879),比利时作家。——译者注

事实。这些技术人员是煤矿工程师,火车、飞机、桥梁、公共建筑等等的建造师。

现在让我们用劳动民主的批评来看看资本家概念。在政治意识形态上,资本家要么是"经济领袖",要么是"不劳动的寄生虫"。这两种概念都是机械的、意识形态的、政治上不现实的和不科学的。有**劳动的资本家**,也有**不劳动的资本家**。有些资本家的劳动是生活必需的,也有些资本家的劳动是不必要的。在这方面,一个资本家的政治倾向或意识形态是完全无关紧要的。劳动与政治的矛盾既同资本家有关,也同雇佣工人有关,犹如在同一个人身上。就像一个石匠可以是一个法西斯主义者一样,一个资本家也可以是一个社会主义者。一句话,我们要认识到,根据政治意识形态来确定自己在社会混乱中的方向,是不可能的。具体的重新定向的可能性是由劳动民主的观念提供的,这观念是建立在对劳动概念的现实主义评价上的。因此,在生活必需的劳动问题上,政治的资本家阶级分成两个集团,它们不仅是彼此对立的,而且经常是彼此对抗的:一个集团包括那些拥有资本、既不劳动也不计划、而是让别人为自己的利润劳动的人。亨利·福特可以持这种或那种政治观点,在意识形态上他可以是一个天使或者是一个道德败坏的人,但这并不改变这样一个事实:他是第一个建造汽车并完全改变美国技术面貌的美国人。在政治上和意识形态上,爱迪生无疑是一个资本家,但人们很难碰到一个工人运动的政治官员不使用托马斯·爱迪生费了很大劲才发明出来的白炽灯,或敢于公开说爱迪生是社会的一个不劳动的寄生虫。从劳动民主的观点看,赖特兄弟、琼克斯、赖克特、蔡斯也属于这种情况。除此之外,我们还可以列举一些名字。这些从事客观劳动的资本家与那些**仅仅利用**他们拥有的资本而不劳动的资本家,有明显的区别。在劳动问题上,后者并不构成一个特殊的阶级类型,因此在根本上他们相当于那些坐在这间或那间办公室里决定"工人阶级政策"的社会主义政党官僚。我们已经饱尝了不劳动的资本占有者和不劳动的政治官员的灾难性后果。我们很清楚不能按意识形态概念定向,而应该按实

第十三章　论自然的劳动民主

践活动定向。

从生活必需的劳动的观点出发,许多根深蒂固的政治概念和依赖于这些概念的"政治科学"被补充和改变了。"工人"的概念必须扩大。经济阶级的概念由人类结构的事实所补充,因而经济阶级的社会重要性大大减弱了。

继而,由于全新的社会事件的出现和自然的劳动民主事实的发现,必定产生一些本质变化,这些变化会强行干预概念。至于人们将如何认识到这些变化,我不抱任何幻想。这种或那种政治意识形态将产生一种非常尊贵的、听起来调子很高很洪亮的叫喊。但不管是否运用武力,这将对事实和过程的现实没有任何影响,不管一个政治过程有多么深远的意义,不管怎样处死几百种"主义者",事实依然是:在美国、印度、德国或别的地方,医生或技术员、教育者或农民都要从事生活必需的劳动。而且在日常实际生活中,他们要比早在1923年建立的第三国际能为生活过程完成更多的东西,不管完成得更好还是更坏。在1943年第三国际解散时,人的生活没有任何变化。但我们不妨设想一下,如果中国或美国有一天把所有教师或所有医生从社会过程中排除出去,那该是何种样子!

过去20年的历史确证无疑,政治意识形态宣扬"消灭阶级差别"、"建立民族统一"等等,但根本没有使阶级差别的存在、人类共同体的瓦解及其对自由和正派的压制起任何变化。它们只是使事态白热化,甚至达到了灾难的程度。因此,科学地解决人类动物的社会悲剧,应始于澄清并纠正那些使人类社会永久瓦解的意识形态政党概念。

劳动民主并不把"工人"概念限定在产业工人上。为了避免误解,劳动民主把每一个从事生活必需的社会劳动的人都叫作**工人**。"工人阶级"概念是一个在政治上和意识形态上限定在产业工人身上的概念,使产业工人疏远了技术员和教育者,制造了各种生活必需的劳动过程的代表之间的敌意。的确,这种意识形态使医学和教育职业者服从"革命无产阶级",他们被叫作"资产阶级的奴仆"。

不仅职业医务和教育工作者,而且还有工业无产阶级,都不赞成这种归类。这是可以理解的,因为在工业中心,医生和工人的客观的现实的联系和合作,要比产业工人和那些行使政治权力的人的联系更深刻、更严肃得多。既然劳动共同体和各种生活必需的劳动部门的交叉是出于自然的过程,并为自然的兴趣所哺育,那么,唯有它们能抵制政治分裂。显然,如果一个生活必需的产业工人集团把一个同样必需的医生、技术人员或教师集团贬低到"奴仆"的地位,并把自己抬高到"主人"的地位,那么,教师、医生和技术人员就会跑到宣扬种族优势的人的队伍里,因为他们不想成为奴仆,甚至不想成为"革命无产阶级的奴仆"。"革命无产阶级"跑到一个政党或工会的队伍里,而这个政党或工会并没有使他们承担任何责任,而是使他们幻想自己是"领导阶级"。这并不改变这样一个事实:业已明确证明,这个"领导阶级"担负不起责任,它甚至会实行种族仇恨,例如在美国,**白人**工会否认**黑人**工人有会员资格。

所有这一切都是根深蒂固的意识形态政党概念的结果,在这种概念支配下,劳动产生的共同体被窒息了。因此,只有新的**工人概念**,即**从事生活必需的劳动**的人这一概念,才能弥补裂痕,使社会机构和生活必需的劳动的组织相一致。

毫无疑问,政党理论家是不欢迎这样澄清概念的。我们可以肯定,在对这种澄清概念的态度上,不管这一或那一权力机构如何,这些意识形态的秕糠都将明显而自发地脱离实际的谷粒。实际的谷粒就是那些肯定并提倡自然的劳动共同体的人,而一切生活必需的劳动的交织则提供了这一劳动共同体的基础。相反,那些认为政党意识形态和概念(即那些全面阻碍和妨碍我们的社会的意识形态和概念)比一切男女劳动者的共同体更重要的人,将在这样或那样的借口下制造混乱,从而证明自己是秕糠。但对这些概念的澄清将是和围绕这些关系自然地呈现的知识相一致的,因而是和根据所有劳动部门的交叉来安排社会生活的需要相一致的。

在对工人概念的这种讨论中,我完全遵循了劳动民主的思维强加于我的逻辑。不管我是否愿意,我**不得不**得出上述结果。其中

第十三章 论自然的劳动民主

一个非常简单的理由。正当我写这几页的时候,我恰恰正需要为奥格侬①做些标记和招牌。我不是木匠,我自己做不成招牌。我也不是画家,也写不出漂亮的字。但我们的试验室又的确需要有招牌。于是,我不得不同木匠和画家接触,平等地讨论制作和写招牌的最好方式。离开了他们的经验和实际建议,我就解决不了这个问题。我是否把自己当作非常博学的学者和自然科学家,这完全无关紧要,正像这个画家或木匠对法西斯主义或新政持这样或那样的"观点"无关紧要一样。木匠不会把我看作"革命无产阶级的奴仆",画家也不会把我当作完全多余的"知识分子"。劳动过程使我们有必要互相交流知识和经验。例如,如果这位画家想做好自己的工作,他就必须理解我们的机能研究方法的象征。事实上,当他懂得了这种象征的意义时,他就对自己的工作充满了热情。另一方面,我也从这位画家和这位木匠那里学会了许多关于文字布局和招牌制作的事情,这有助于我们向外界正确表达研究所的职能。

这个关于各劳动部门的客观的和合理的交叉的例子,是非常明确的,足以使我们理解那种支配舆论形态因而压制自然劳动过程的深不可测的非理性主义。我越是具体地与其他劳动部门相联系来表现我的劳动过程,我就越能更好地理解劳动民主的思想眼界。毫无疑问,当我自愿接受显微镜制造者和电气工程师的指教时,当他们又自愿听取我在透镜或电气设备的特定宇宙生命能物理学的用途上对他们的指教时,劳动过程就很顺利。离开了磨镜工和电气工程师,我在宇宙生命能的研究上就不能前进一步。反过来说,电气工程师和磨镜工要努力解决光学和电学理论的一些未解决的问题,而这些问题的某些方面有希望通过宇宙生命能的发现而得以澄清。

我之所以不厌其烦地故意以原始的方式描述各劳动部门交叉这一明显事实,是因为我非常清楚,尽管所有这一切如此简单,但

---

① 赖希在美国缅因的朗格勒的家和研究所的名称"Orgonon"。——译者注

对男女劳动者来说仍像是陌生的新东西。可以肯定,这听起来难以置信,但却是真实的、可以理解的:一切劳动过程的自然相互联系和不可分割的相互依赖的事实,不是明确而简单地表现在男女劳动者的思维和感情上的。诚然,每一个男女劳动者都根据自己的实际工作而自行地熟悉这种相互联系,但当他们得知社会离开了他们的劳动就不能存在或他们对自己的社会劳动组织负有责任时,这听起来就陌生了。生活必需的活动和对自己为这种活动所负的责任的意识之间的这种裂隙,是由政治意识形态体系造成并长期保持下去的。这些意识形态应对实践活动和男女劳动者的不合理倾向之间的裂隙负有责任。这个论断听起来也是奇特的和陌生的。但是,如果人们捡起欧洲、亚洲或别的地方的不管何时的报纸认真研究一下,人们也就容易相信这个论断的准确性了。人们很难找到而且仿佛是偶尔找到关于爱情、劳动和认识过程的基本原则和性质、它们的生活必要性、它们的相互联系、它们的合理性、它们的严肃性等等的谈论。相反,报纸充满了高级政治、外交、军事和仪式的事件,这些事件对日常生活的现实过程没有任何影响。这样一来,普通男女劳动者就会觉得,与高级的、复杂的和"聪明的"关于"战略和策略"的争论相比,自己实际上是无足轻重的。普通男女劳动者感到自己是渺小的、不得体的、多余的和被压迫的,不过是生活中的偶然事件。在大众心理学上,这个论断的准确性是很容易证明的。我经常进行这样的证明,而且总是得出同样的结果:

1.某个工人有一种好想法,这能使他的工作有重大改进。我们要求他把自己或大或小的发现写出来并送去发表。当我们这样做时,我们碰到了奇特的反应。这个从事重要的必不可少的工作的工人似乎想躲进甲壳里。他似乎想说——而且他经常正是这样说的——"我是那号写文章的人吗?我的工作不值得。"一部分工人对自己工作所持的这种态度是大众心理的一个典型现象。我在这里对它的描述非常简单,但说出了它的本质,每一个人都不难相信的确如此。

第十三章 论自然的劳动民主

2. 现在我们再来看看报纸的编辑。我们建议他把形式的、完全政治的"战略和策略问题"缩减到报纸的两个版面，留出**一两块**版面多登载关于技术、医学、教育、矿业、农业、工厂劳动等日常实际问题的文章。他会完全不理解地而且茫然不知所措地瞪着我们，他会怀疑我们的精神状态是否健全。

这两种基本态度，即人民大众的态度和舆论制造者的态度，是互相补充和互相决定的。舆论的性质实质上是**政治的**，它对日常的爱情、劳动和认识生活的评价是很低的。这是与那些有爱情和认识并从事劳动的人体验到的社会地位卑贱感相一致的。

只要政治非理性主义对舆论的形成，因而对人类结构的形成所起的作用占99％，而社会生活的基本职能所起的作用只占1％，就根本谈不上对社会状况的合理评价。如果人们想剥夺政治非理性主义的权力并达到社会的自我管理，那么至少必需完全颠倒一下这种关系。换句话说，**实际的生活过程也应该在新闻界、在社会生活的形式上发出有力的呼声，它应该和它们一致起来。**

在这种对政治概念的展开和纠正中，我们碰到了一种难以对付的论点。这种论点是：政治意识形态不能被简单地清除掉，因为工人、农民、技术人员对社会趋势的决定作用，不仅要靠他们的生活必需的劳动，而且也要靠他们的政治意识形态！中世纪的农民战争是一种具有革命化的社会效果的政治造反。俄国共产党改变了俄国的面貌。可以说，人们不能禁止或防止"政治化"和政治意识形态的形成。像爱情、认识和劳动一样，它们也是人类需要，具有社会效果。我们对这些论点的反驳如下：

1. 劳动民主的思想并不想禁止或防止任何东西。它唯一指向的是爱情、劳动和认识的生物生活职能的实现。当它受到某种政治意识形态支持时，自然的劳动民主只是得以助扬而已。但如果一种具有不合理要求和主张的政治意识形态阻碍了道路，那么，劳动民主的行动就像一个伐木者在伐树时受到毒蛇的攻击一样。他将杀死毒蛇，以便不受阻碍地继续工作。他不会因为树林里有毒蛇而放弃自己的伐木工作。

2. 诚然,政治意识形态是一些也具有社会效果的事实,它们不能被简单地打发掉或靠空谈来抹掉。然而,劳动民主的观点认为,正是这些事实构成了人类动物悲剧的一个可怕的部分。政治意识形态是纠缠不清的现实,这并不能证明它们具有生活必需的特性。淋巴腺鼠疫是一种异常有力的社会现实,但没有人会认为它是生活必需的。人类在原始森林中的定居,是一件极为重要的事情,一个现实的而且复杂的社会事实。但洪水也同样是事实。谁会仅仅因为洪水的破坏力量和人类定居活动都具有社会效果而把它们等同起来呢? 是的,正是因为我们未能区别开劳动与政治、现实与幻想,正是因为我们错误地把政治当作一种可以和播种或盖房相提并论的合理的人类活动,才造成了这样的情况:一个不合格的画匠可以把整个世界投入不幸之中。我曾一再强调,本书的主要目的——毕竟不是为了娱乐而写的——是证明人类思维中的这些灾难性错误,并把非理性主义从政治中清除出去。农民、产业工人、医生等等不仅通过自己的社会活动,而且还主要通过自己的政治意识形态来影响社会存在,这是我们社会悲剧的一个根本部分。因为政治意识形态阻碍着客观的职业活动;它把每一职业分裂成敌意的意识形态集团;使产业工人分化为二;限制医学职业的活动,危害病人。总之,政治活动阻碍着它声称为之奋斗的东西的实现,如和平、劳动、安全、国际合作、自由而客观的言论、宗教自由等等。

3. 诚然,政党有时改变了一个社会的面貌。然而,从劳动民主的观点来看,我们认为,这些都是**强制性的成就**。最初,当卡尔·马克思开始他的政治经济学批判时,他不是政治家,也不是哪一个党的党员。他是一个科学的经济学家和社会学家。正是人民大众的情感瘟疫阻碍了他的声音的传播;正是这种情感瘟疫使他陷入贫困和不幸之中;正是这种情感瘟疫迫使他建立了一个政治组织,即著名的"共产主义者同盟",不久他亲自把它解散了。正是这种情感瘟疫使科学的马克思主义成了政党的马克思主义,政党同科学的马克思主义不再有任何关系,甚至对法西斯主义的产生负有

第十三章　论自然的劳动民主

很大一部分责任。马克思感叹自己"不是一个马克思主义者",就是这一事实的一个确证。如果在人民大众中占主导地位的是合理的思维而不是不合理的思维,他决不会想起去建立一个政治组织。诚然,政治机器经常是必要的,但它是一种因人类非理性主义而成为必要的强制性措施。如果劳动和社会意识形态彼此相一致,如果需要、需要的满足和满足需要的手段与人类结构相统一,就不会有任何政治,因为那时政治就是多余的了。当人们没有房屋时,人们或许不得不生活在树洞里。一个树洞不管是比房屋好还是比房屋坏,但它不是房屋。即使人们不得不在树洞里生活一段时间,体面的房子仍然是人们向往的目标。清除政治和政治由之而生的国家,恰恰是社会主义奠基人忘记了的目标。我知道提到这些事情是令人窘迫的。一个医生如果认为自己活动的主要目标是为了拯救生命而防止那些必须治愈的疾病,就需要有很多的思想、真诚、知识、自我批评。我们将把那些帮助人类社会非常彻底地揭露政治存在的不合理动机及其"必要性",以使每一种政治都成为多余的政治家,视为客观的合理的社会学家。

劳动民主对政治的这种批判不是孤立的。在美国,对政治权力贩子的仇恨和对其社会危害性的认识是普遍的。从苏联我们得知,许许多多的技术人员越来越明确地反对政治家。也许政治家们对苏联一些政治领导人的处决具有一种我们大家不了解的社会意义,但我们已经学会把这些处决当作政治非理性主义和施虐狂的表现了。欧洲独裁者的政治在整整十年中是无敌的。如果人们想不费劲地认识政治的本质,不妨思索一下这样一个事实:一个希特勒竟能遏制整个世界的气息这么多年。希特勒是一个政治天才,这一事实比其他任何事实更能暴露政治的本性。随着希特勒,政治达到了它最高的发展阶段。我们知道它的结果是什么,我们知道整个世界对这些结果如何反应。总之,我认为,20世纪以其惨重无比的灾难标志着一个新的社会时代的开始,即摆脱政治。当然,我们不可能预见政治本身仍将在根除政治情感瘟疫上起多大作用,自觉组织起来的爱情、劳动和认识的职能将起多大的作用。

特殊用语表

生体（Bions） 代表着从无生命物质到有生命物质各过渡阶段的泡囊。它们靠那种现已能在实验上再现的无机物和有机物的分解过程而在自然中不断形成。它们饱含宇宙生命能，并发展成原生动物和细菌。

生物病态（Biopathy） 整个有机体因生物脉动失调而引起的一种紊乱。它包括所有在自主的生命器官中所发生的一切疾病过程。核心机制是释放生物的性激动时的失调。

性格分析（Character Analysis） 传统的精神分析学的症状分析技术的一种改进，其方式是把性格和性格阻力纳入治疗过程。

性格结构（Character Structure） 一个人的典型结构，他的行动和反应的综合方式。宇宙生命能学的性格概念是机能的和生物学的，不是静态心理学的或道德学的概念。

性高潮焦虑（Orgasm Anxiety） 因本能的满足在外部受挫而引起的，并因内心害怕被阻塞的性激动而锚定下来的性焦虑。它构成那种作为占主导地位的人类结构的一个内在部分的一般快乐焦虑的基础。

性高潮无能（Orgastic Impotence） 缺乏性高潮的潜力，即在性交顶点时不能完全沉醉于机体的不自觉的痉挛，不能完全释放性激动。它是今天普通人的最重要的特点，而且——由于阻塞机体的生物的（宇宙生命能的）能量——为各种生物病态症状和社会非理性主义提供着能源。

宇宙生命能（Orgone Energy） 原生的宇宙能量；是普遍呈现

的,在视觉上、热力学上,靠验电器或靠盖格尔计算器可以证明的。在生命机体中它是生物能,生命能。由威尔海姆·赖希在1936—1940年间发现。

宇宙生命能(能量)机能主义(Orgonomic 〔Energetic〕Functionalism)　指导宇宙生命能的诊治和实验研究的机能的思维技术。指导性的原则是,各个变体统一于共同的机能的原则(CFP)。这一思维技术是在对人类性格形成的研究过程中产生的,并导致发现机能的宇宙生命能量,由此证明自身是对有生命的和无生命的基本自然过程的正确反映。

性经济(Sex-economy)　这个术语指调节生物能量的方式,或者说,调节个人的性能量的经济的方式。性经济意味着一个人操纵自己的生物能量的方式;他在多大程度上阻塞它,以及在性高潮时他在多大程度上释放它。影响这种调节方式的因素具有社会学的、心理学的和生物学的性质。性经济的科学由研究这些因素所获得的全部知识构成。这一术语适用于从赖希驳斥弗洛伊德的文化理论到发现宇宙生命能这一段时期的工作,后来赖希用宇宙生命能学,即关于生命能量的科学取代了它。

性政治(Sex Politics)　"性政治"或"性政治的"术语指性经济的概念在大众基础上对社会舞台的实际应用。这个工作是在1927到1933年奥地利和德国精神卫生和革命自由运动中做的。

性政治家(Sexpol)　德国从事群众的性政治活动的组织的名称。

植物性疗法(Vegetotherapy)　随着肌肉盔甲的发现,性格分析的治疗过程被改用来解放被束缚的植物性能量,以此使病人恢复自己的生物物理的能动性。性格分析和植物性疗法的结合,叫做性格分析的植物性疗法。后来由于宇宙生命能(生物能)的发现和用宇宙生命能存储器搜集大气中的宇宙生命能,便有必要使性格分析的植物性疗法进一步发展成一种范围广泛的生物物理学的宇宙生命能疗法。

劳动民主(Work-democracy)　劳动民主不是一种意识形态体

系,也不是一种能由某个政党、个别政治家或任何具有一种共同意识形态的集团的宣传强加给人类社会的"政治"体系。自然的劳动民主是由以一种自然的和有机的方式存在、成长并发展起来的合理的人际关系支配的一切生活职能的总和。劳动民主的新意在于,在社会学史上第一次一种**可能的**人类社会的未来管理不是来自应被创造的意识形态或条件,而是来自从一开始就已经呈现并发展的自然过程。劳动民主的"政治"特色在于,**它反对一切政治和煽动主义**。男女劳动群众不会推脱自己的社会责任。他们将**承担社会责任**。劳动民主主义者决没有想成为政治领袖的野心。劳动民主自觉地把在纯粹政治代表的选举中表现出来的、不让选民承担进一步责任的形式民主,发展成一种国际规模的真正的、事实的和实际的民主。这种民主由爱情、劳动和认识的职能产生,并有机地发展。它反对神秘主义和极权主义国家观念,但不是靠政治态度,而是靠服从自身规律的实际的生活职能。总之,自然的劳动民主是一种新发现的生物—社会学的、自然的和基本的社会职能。它不是一种政治纲领。

上海三联人文经典书库

已出书目

1. 《世界文化史》(上、下) 〔美〕林恩·桑戴克 著 陈廷璠 译
2. 《希腊帝国主义》 〔美〕威廉·弗格森 著 晏绍祥 译
3. 《古代埃及宗教》 〔美〕亨利·富兰克弗特 著 郭子林 李凤伟 译
4. 《进步的观念》 〔英〕约翰·伯瑞 著 范祥涛 译
5. 《文明的冲突:战争与欧洲国家体制的形成》 〔美〕维克多·李·伯克 著 王晋新 译
6. 《君士坦丁大帝时代》 〔瑞士〕雅各布·布克哈特 著 宋立宏 熊莹 卢彦名 译
7. 《语言与心智》 〔俄〕科列索夫 著 杨明天 译
8. 《修昔底德:神话与历史之间》 〔英〕弗朗西斯·康福德 著 孙艳萍 译
9. 《舍勒的心灵》 〔美〕曼弗雷德·弗林斯 著 张志平 张任之 译
10. 《诺斯替宗教:异乡神的信息与基督教的开端》 〔美〕汉斯·约纳斯 著 张新樟 译
11. 《来临中的上帝:基督教的终末论》 〔德〕于尔根·莫尔特曼 著 曾念粤 译
12. 《基督教神学原理》 〔英〕约翰·麦奎利 著 何光沪 译
13. 《亚洲问题及其对国际政治的影响》 〔美〕阿尔弗雷德·马汉 著 范祥涛 译
14. 《王权与神祇:作为自然与社会结合体的古代近东宗教研究》

(上、下) [美]亨利·富兰克弗特 著 郭子林 李 岩 李凤伟 译
15.《大学的兴起》 [美]查尔斯·哈斯金斯 著 梅义征 译
16.《阅读纸草,书写历史》 [美]罗杰·巴格诺尔 著 宋立宏 郑 阳 译
17.《秘史》 [东罗马]普罗柯比 著 吴舒屏 吕丽蓉 译
18.《论神性》 [古罗马]西塞罗 著 石敏敏 译
19.《护教篇》 [古罗马]德尔图良 著 涂世华 译
20.《宇宙与创造主:创造神学引论》 [英]大卫·弗格森 著 刘光耀 译
21.《世界主义与民族国家》 [德]弗里德里希·梅尼克 著 孟钟捷 译
22.《古代世界的终结》 [法]菲迪南·罗特 著 王春侠 曹明玉 译
23.《近代欧洲的生活与劳作(从15—18世纪)》 [法]G.勒纳尔 G.乌勒西 著 杨军 译
24.《十二世纪文艺复兴》 [美]查尔斯·哈斯金斯 著 张 澜 刘 疆 译
25.《五十年伤痕:美国的冷战历史观与世界》(上、下) [美]德瑞克·李波厄特 著 郭学堂 潘忠岐 孙小林 译
26.《欧洲文明的曙光》 [英]戈登·柴尔德 著 陈淳 陈洪波 译
27.《考古学导论》 [英]戈登·柴尔德 著 安志敏 安家瑗 译
28.《历史发生了什么》 [英]戈登·柴尔德 著 李宁利 译
29.《人类创造了自身》 [英]戈登·柴尔德 著 安家瑗 余敬东 译
30.《历史的重建:考古材料的阐释》 [英]戈登·柴尔德 著 方 辉 方堃杨 译
31.《中国与大战:寻求新的国家认同与国际化》 [美]徐国琦 著 马建标 译
32.《罗马帝国主义》 [美]腾尼·弗兰克 著 宫秀华 译

33.《追寻人类的过去》 [美]路易斯·宾福德 著 陈胜前 译
34.《古代哲学史》 [德]文德尔班 著 詹文杰 译
35.《自由精神哲学》 [俄]尼古拉·别尔嘉耶夫 著 石衡潭 译
36.《波斯帝国史》 [美]A. T. 奥姆斯特德 著 李铁匠等 译
37.《战争的技艺》 [意]尼科洛·马基雅维里 著 崔树义 译 冯克利 校
38.《民族主义:走向现代的五条道路》 [美]里亚·格林菲尔德 著 王春华等 译 刘北成 校
39.《性格与文化:论东方与西方》 [美]欧文·白璧德 著 孙宜学 译
40.《骑士制度》 [英]埃德加·普雷斯蒂奇 编 林中泽 等译
41.《光荣属于希腊》 [英]J. C. 斯托巴特 著 史国荣 译
42.《伟大属于罗马》 [英]J. C. 斯托巴特 著 王三义 译
43.《图像学研究》 [美]欧文·潘诺夫斯基 著 戚印平 范景中 译
44.《霍布斯与共和主义自由》 [英]昆廷·斯金纳 著 管可秾 译
45.《爱之道与爱之力:道德转变的类型、因素与技术》 [美]皮蒂里姆·A. 索罗金 著 陈雪飞 译
46.《法国革命的思想起源》 [法]达尼埃尔·莫尔内 著 黄艳红 译
47.《穆罕默德和查理曼》 [比]亨利·皮朗 著 王晋新 译
48.《16世纪的不信教问题:拉伯雷的宗教》 [法]吕西安·费弗尔 著 赖国栋 译
49.《大地与人类演进:地理学视野下的史学引论》 [法]吕西安·费弗尔 著 高福进 等译 [即出]
50.《马丁·路德的时运》 [法]吕西安·费弗尔 著 王永环 肖华峰 译
51.《希腊化文明与犹太人》 [以]维克多·切利科夫 著 石敏敏 译
52.《古代东方的艺术与建筑》 [美]亨利·富兰克弗特 著 郝

海迪　袁指挥　译

53.《欧洲的宗教与虔诚：1215—1515》　[英]罗伯特·诺布尔·斯旺森　著　龙秀清　张日元　译

54.《中世纪的思维：思想情感发展史》　[美]亨利·奥斯本·泰勒　著　赵立行　周光发　译

55.《论成为人：神学人类学专论》　[美]雷·S.安德森　著　叶汀　译

56.《自律的发明：近代道德哲学史》　[美]J.B.施尼温德　著　张志平　译

57.《城市人：环境及其影响》　[美]爱德华·克鲁帕特　著　陆伟芳　译

58.《历史与信仰：个人的探询》　[英]科林·布朗　著　查常平　译

59.《以色列的先知及其历史地位》　[英]威廉·史密斯　著　孙增霖　译

60.《欧洲民族思想变迁：一部文化史》　[荷]叶普·列尔森普　著　周明圣　骆海辉　译

61.《有限性的悲剧：狄尔泰的生命释义学》　[荷]约斯·德·穆尔　著　吕和应　译

62.《希腊史》　[古希腊]色诺芬　著　徐松岩　译注

63.《罗马经济史》　[美]腾尼·弗兰克　著　王桂玲　杨金龙　译

64.《修辞学与文学讲义》　[英]亚当·斯密　著　朱卫红　译

65.《从宗教到哲学：西方思想起源研究》　[英]康福德　著　曾琼　王涛　译

66.《中世纪的人们》　[英]艾琳·帕瓦　著　苏圣捷　译

67.《世界戏剧史》　[美]G.布罗凯特　J.希尔蒂　著　周靖波　译

68.《20世纪文化百科词典》　[俄]瓦季姆·鲁德涅夫　著　杨明天　陈瑞静　译

69.《英语文学与圣经传统大词典》　[美]戴维·莱尔·杰弗里（谢大卫）主编　刘光耀　章智源等　译

70.《刘松龄——旧耶稣会在京最后一位伟大的天文学家》　[美]斯坦尼斯拉夫·叶茨尼克　著　周萍萍　译

71.《地理学》　[古希腊]斯特拉博　著　李铁匠　译

72.《马丁·路德的时运》 [法]吕西安·费弗尔 著 王永环 肖华锋 译

73.《希腊化文明》 [英]威廉·塔恩 著 陈恒 倪华强 李月 译

74.《优西比乌:生平、作品及声誉》 [美]麦克吉佛特 著 林中泽 龚伟英 译

75.《马可·波罗与世界的发现》 [英]约翰·拉纳 著 姬庆红 译

76.《犹太人与现代资本主义》 [德]维尔纳·桑巴特 著 艾仁贵 译

77.《早期基督教与希腊教化》 [德]瓦纳尔·耶格尔 著 吴晓群 译

78.《希腊艺术史》 [美]F·B·塔贝尔 著 殷亚平 译

79.《比较文明研究的理论方法与个案》 [日]伊东俊太郎 梅棹忠夫 江上波夫 著 周颂伦 李小白 吴玲 译

80.《古典学术史:从公元前6世纪到中古末期》 [英]约翰·埃德温·桑兹 著 赫海迪 译

81.《本笃会规评注》 [奥]米歇尔·普契卡 评注 杜海龙 译

82.《伯里克利:伟人考验下的雅典民主》 [法] 樊尚·阿祖莱 著 方颂华 译

83.《旧世界的相遇:近代之前的跨文化联系与交流》 [美] 杰里·H.本特利 著 李大伟 陈冠堃 译 施诚 校

84.《词与物:人文科学的考古学》修订译本 [法]米歇尔·福柯 著 莫伟民 译

85.《古希腊历史学家》 [英]约翰·伯里 著 张继华 译

86.《自我与历史的戏剧》 [美]莱因霍尔德·尼布尔 著 方永 译

87.《马基雅维里与文艺复兴》 [意]费代里科·沙博 著 陈玉聃 译

88.《追寻事实:历史解释的艺术》 [美]詹姆士 W.戴维森 著 [美]马克 H. 利特尔著 刘子奎 译

欢迎广大读者垂询,垂询电话:021-22895557

图书在版编目(CIP)数据

法西斯主义大众心理学/[奥]威尔海姆·赖希著；张峰译.—上海：上海三联书店，2017.11
(上海三联人文经典书库)
ISBN 978-7-5426-6084-8

Ⅰ.①法… Ⅱ.①威…②张… Ⅲ.①群体心理学－研究 Ⅳ.①C912.64

中国版本图书馆 CIP 数据核字(2017)第 219509 号

法西斯主义大众心理学

著　　者 / [奥]威尔海姆·赖希
译　　者 / 张　峰

责任编辑 / 黄　韬
装帧设计 / 鲁继德
监　　制 / 姚　军
责任校对 / 张大伟

出版发行 / 上海三联书店
　　　　　(201199)中国上海市都市路 4855 号 2 座 10 楼
邮购电话 / 021-22895557
印　　刷 / 常熟市人民印刷有限公司

版　　次 / 2017 年 11 月第 1 版
印　　次 / 2017 年 11 月第 1 次印刷
开　　本 / 640×960　1/16
字　　数 / 300 千字
印　　张 / 23
书　　号 / ISBN 978-7-5426-6084-8/C·564
定　　价 / 68.00 元

敬启读者，如发现本书有印装质量问题，请与印刷厂联系 0512-52601369